普通高等教育材料科学与工程专业规划教材

高分子材料概论

吴其晔　冯莺　编

机械工业出版社

本书共六章，前四章介绍高分子科学（高分子化学、高分子物理）基本概念和理论，后两章分别介绍通用高分子材料和功能高分子材料的种类、特性和加工使用方法。篇幅紧凑，信息量大，读者可以利用不多时间，系统掌握高分子材料科学的基本内容，依据材料的“组成（合成）—结构—形态—性能（或功能）—加工、使用”这条主线，综合了解高分子科学全貌。

本书供高等学校材料专业（非高分子材料专业方向）本科生教学使用；也可供高分子材料专业专科生及继续教育学生使用。作为参考书，可供从事材料领域科研和技术工作的专业人员阅读。

图书在版编目（CIP）数据

高分子材料概论/吴其晔，冯莺编. —北京：机械工业出版社，2004.6（2026.2 重印）

普通高等教育材料科学与工程专业规划教材

ISBN 978-7-111-14543-1

Ⅰ. 高…　Ⅱ. ①吴…②冯…　Ⅲ. 高分子材料－高等学校－教材　Ⅳ. TB324

中国版本图书馆 CIP 数据核字（2004）第 048802 号

机械工业出版社（北京市百万庄大街 22 号　邮政编码 100037）
责任编辑：冯春生　版式设计：冉晓华　责任校对：陈延翔
封面设计：张　静　责任印制：郜　敏
河北虎彩印刷有限公司印刷
2026 年 2 月第 1 版第 11 次印刷
169mm×239mm · 16.75 印张 · 323 千字
标准书号：ISBN 978-7-111-14543-1
定价：45.00 元

电话服务　　网络服务
客服电话：010-88361066　机　工　官　网：www. cmpbook. com
010-88379833　机　工　官　博：weibo. com/cmp1952
010-68326294　金　书　网：www. golden-book. com
封底无防伪标均为盗版　机工教育服务网：www. cmpedu. com

前　言

材料、能源、信息和生命科学是当代科学技术的四大支柱，材料又因是人类社会生活和所有科学技术的物质基础而尤显重要。高分子材料是材料领域的后起之秀，它的出现带来了材料领域的重大变革，形成了金属材料、无机非金属材料、高分子材料和复合材料多角共存的格局。随着高分子材料科学以及石油化工的蓬勃兴起，高分子材料在尖端技术、国防建设和国民经济各个领域得到广泛应用，已成为现代社会生活不可或缺的重要资源。

高分子材料原料丰富，制造方便，品种繁多，性能特异，加工容易，用途广泛，在材料领域中地位日益突出，所占比重愈来愈大。早在20世纪80年代中期，世界上塑料的体积产量已接近钢的体积产量；化学纤维年产量已接近天然纤维；合成橡胶年产量已是天然橡胶的两倍。从某种意义来说，人类已进入高分子合成材料的时代。

鉴于此，普及高分子材料知识，使人们利用较短的时间，就能够通晓高分子材料科学的基本内容，掌握高分子材料的基本结构、性能、用途、合成制造和加工方法，乃是一项重要而富有意义的工作。本书的出版宗旨也在于此。本书适合于高等学校材料专业（非高分子材料专业方向）本科生教学使用；也可作为参考书，供从事材料领域科研和技术工作的专业人员阅读。

本书第二、六章由冯莺教授编写，第一、三、四、五章由吴其晔教授编写，最后由吴其晔教授统一校定。尽管我们常年从事高分子材料科学教学和科研工作，终因学识浅陋，错误、疏漏之处在所难免，恳请读者指正。书中摘选了若干经典著作中的图表公式，未及面询允肯，敬请海涵。全书经青岛大学周漪琴教授审阅，作者谨此表示衷心谢意。

另外，作者诚恳感谢北京科技大学毛为民教授的支持。成书期间，青岛科技大学高分子科学与工程学院研究生李守平、崔陇兰、温学明、陈骁、熊忠、李鹏、陶雪钰等给予作者诸多帮助，一并表示感谢。

吴其晔

于青岛石老人国家旅游度假区科大花园

E-mail:qiyewu@public.qd.sd.cn

目　录

第一章 绪　论

第一节　高分子材料的基本概念

高分子材料(Polymer materials)是以高分子化合物为基材的一大类材料的总称。

高分子化合物(macromolecular compound)常简称高分子或大分子(macromolecule)，又称聚合物(polymer)，或高聚物(high polymer)。通常情况下，人们并不严格区分这些概念的微细差别，而认为是同一类材料的不同称谓。

高分子化合物的最大特点是分子巨大。大分子由一种或多种小分子通过共价键相互连接而成，其形状主要为链状大分子或网状（体型）大分子。低分子化合物和高分子化合物之间并无严格界线，化学结构相同的化合物，相对分子质量小者称低分子化合物，相对分子质量大者（通常在10000以上）称高分子化合物。高分子材料的许多奇特和优异性能，如高弹性、粘弹性、物理松弛行为等都与大分子的巨大相对分子质量相关。

构成大分子的最小重复结构单元，简称结构单元，或称链节。构成结构单元的小分子称单体。例如聚乙烯大分子是由乙烯单体通过聚合反应首尾重复连接而成：

$$\sim —CH_2—CH_2—CH_2—CH_2—CH_2—CH_2—CH_2— \sim$$

为简便计，可缩写成：　$\left[CH_2—CH_2 \right]_n$

上式为聚乙烯大分子的一种结构表示式。其中$—CH_2—CH_2—$为结构单元(链节)。式中下标 n 代表重复结构单元数，又称聚合度，是衡量相对分子质量大小的一个指标。

严格地讲，高分子化合物与聚合物不完全等同，因为有些高分子化合物并非由简单的重复单元连接而成，而仅是相对分子质量很高的物质。聚合物按重复结构单元的多少，或按聚合度的大小又分为低聚物（Oligomer）和高聚物（Polymer）。

由一种单体聚合而成的聚合物称均聚物，如聚乙烯、聚丙烯、聚苯乙烯、聚丁二烯等；由两种或两种以上单体共聚合而成的聚合物称共聚物，如丁二烯与苯乙烯共聚合而成丁苯橡胶；乙烯与辛烯等共聚合而成聚烯烃热塑性弹性体等。共聚物又可根据结构单元的排列方式不同而分成接枝共聚物、嵌段共聚物、交替共聚物、无规共聚物等，参看图 3-1。

有一类聚合物是由两种单体通过缩聚反应连接而成的，其重复单元由两种结构单元合并组成。这类聚合物不称共聚物，而称缩聚物，如聚酰胺、环氧树脂、聚酯等。例如尼龙 66（属于聚酰胺的一种）由单体己二胺和己二酸缩聚生成，其结构式为：

$$\left[NH \left(CH_2 \right)_6 NH - CO \left(CH_2 \right)_4 CO \right]_n$$

←单体结构单元 →← 单体结构单元→

⟵ 重复结构单元 ⟶

可以看出，其重复结构单元由 $-NH\left(CH_2\right)_6NH-$ 和 $-CO\left(CH_2\right)_4CO-$ 两种单体结构单元组成，它是由两种单体通过缩水聚合反应生成的。

相对分子质量是表征高分子材料物性的最重要物理量。聚合物的相对分子质量有两大特点：一是相对分子质量很高，达几万至几百万；二是具有多分散性。也就是说，一种聚合物的大分子虽然化学结构相同，但分子链长度不等，聚合度大小各异，因此，聚合物可看成是由相对分子质量不等的同系列物组成的混合物。原则上，聚合物的相对分子质量或聚合度只有统计平均的意义，根据统计平均的方法不同，有数均相对分子质量$\overline{M}_n$、重均相对分子质量$\overline{M}_w$、粘均相对分子质量$\overline{M}_\eta$ 之别。根据相对分子质量分布函数或分布曲线，还可定义相对分子质量分布的宽度（molecular weight distribution），用以表征其多分散性的程度。

第二节 高分子材料的命名和分类

一、高分子材料的命名

迄今已有的高分子材料约几百万种，命名比较复杂，主要根据大分子链的化学组成与结构而确定。国际纯化学和应用化学联合会（IUPAC）于 1973 年提出了以结构为基础的系统命名法。

最简单的化学结构名称由构成高分子材料的单体名称，再冠以“聚”字组成。大多数烯烃类单体高分子材料均采用此法命名，如聚乙烯（PE）、聚丙烯（PP）、聚苯乙烯（PS）、聚丁二烯（PB）、聚甲基丙烯酸甲酯（PMMA）等。

有些高分子材料，以这类材料中所有品种共有的特征化学单元名称来命名。如环氧树脂（EP）是一大类材料的统称，该类材料都具有特征化学单元——环氧基，故统称环氧树脂。另如聚酰胺（PA）、聚酯、聚氨酯（PU）等杂链高分子材料也均以此法命名，它们分别含有特征化学单元——酰胺基、酯基、氨基。各类材料中的某一具体品种往往还有更具体的名称以示区别，如聚酰胺（PA）中有尼龙 6、尼龙 66 等品种；聚酯中的 PETP 称聚对苯二甲酸乙二醇酯，PBTP

称聚对苯二甲酸丁二醇酯等。

还有些高分子材料，取生产该聚合物的原料名称来命名。如生产酚醛树脂的原材料为苯酚和甲醛，生产脲醛树脂的原料为尿素和甲醛，取其原料简称，后面再加上“树脂”二字，构成高分子材料名称。

共聚物的名称多从其共聚单体的名称中各取一字组成，有些共聚物为树脂，则再加“树脂”二字构成其新名，如 ABS 树脂，A、B、S 三字母分别取自其共聚单体丙烯腈、丁二烯、苯乙烯的英文名字头；有些共聚物为橡胶，则从共聚单体中各取一字，再加“橡胶”二字构成新名，如丁苯橡胶的丁、苯二字取自共聚单体“丁二烯”、“苯乙烯”，乙丙橡胶的乙、丙二字取自共聚单体“乙烯”、“丙烯”等。

除化学结构名称外，许多高分子材料还有商品名称、专利商标名称及习惯名称等。商品名称、专利商标名称多由材料制造商自行命名，许多厂家制订了形形色色的企业标准，由商品名不仅能了解到主要的高分子材料基材品质，有些还包括了配方、添加剂、工艺及材料性能等信息。习惯名称是沿用已久的习惯叫法，如聚酯纤维习惯叫涤纶；聚丙烯腈纤维习惯叫腈纶等。

高分子材料化学名称的标准英文名缩写因其简捷方便在国内外被广泛采用。英文名缩写采用印刷体、大写、不加标点。表 1-1 列举了常见的高分子材料缩写名称。

表 1-1 常见的高分子材料缩写名称

高分子材料	缩 写	高分子材料	缩 写	高分子材料	缩 写
聚乙烯	PE	聚甲醛	POM	天然橡胶	NR
聚丙烯	PP	聚碳酸酯	PC	顺丁橡胶	BR
聚苯乙烯	PS	聚酰胺	PA	丁苯橡胶	SBR
聚氯乙烯	PVC	ABS 树脂	ABS	氯丁橡胶	CR
聚丙烯腈	PAN	聚氨酯	PU	丁基橡胶	IIR
聚丙烯酸甲酯	PMA	乙酸纤维素	CA	乙丙橡胶	EPR

二、高分子材料的分类

高分子材料有多种分类方法，主要可按化学结构、性能和用途分类。

(一) 按大分子主链结构分类

根据主链结构，高分子材料可分为碳链高分子、杂链高分子、元素有机高分子、无机高分子等几类。

碳链高分子指主链完全由碳原子构成的大分子。这是最重要的一类高分子化合物，绝大多数烯烃类和二烯烃类高分子材料都属于碳链高分子。根据主链上碳原子间化学键的类型，又分为饱和键和不饱和键碳链高分子。凡主链上只有饱和的 σ 键者为饱和链高分子；主链上含有不饱和的 π 键者，称不饱和链高分子。表 1-2 列举了一些重要的碳链高分子及其重复结构单元形式。

表 1-2 一些重要的碳链高分子

高分子材料	缩写符号	重复结构单元	单体结构式
聚乙烯	PE	$-CH_2-CH_2-$	$CH_2=CH_2$
聚丙烯	PP	$-CH_2-CH(CH_3)-$	$CH_2=CH(CH_3)$
聚苯乙烯	PS	$-CH_2-CH(C_6H_5)-$	$CH_2=CH(C_6H_5)$
聚异丁烯	PIB	$-CH_2-C(CH_3)_2-$	$CH_2=C(CH_3)_2$
聚氯乙烯	PVC	$-CH_2-CH(Cl)-$	$CH_2=CH(Cl)$
聚偏氯乙烯	PVDC	$-CH_2-CCl_2-$	$CH_2=CCl_2$
聚四氟乙烯	PTFE	$-CF_2-CF_2-$	$CF_2=CF_2$
聚丙烯酸	PAA	$-CH_2-CH(COOH)-$	$CH_2=CH(COOH)$
聚丙烯酰胺	PAM	$-CH_2-CH(CONH_2)-$	$CH_2=CH(CONH_2)$
聚丙烯酸甲酯	PMA	$-CH_2-CH(COOCH_3)-$	$CH_2=CH(COOCH_3)$
聚丙烯腈	PAN	$-CH_2-CH(CN)-$	$CH_2=CH(CN)$
聚醋酸乙烯酯	PVAc	$-CH_2-CH(OCOCH_3)-$	$CH_2=CH(OCOCH_3)$
聚丁二烯	PB	$-CH_2-CH=CH-CH_2-$	$CH_2=CH-CH=CH_2$
聚异戊二烯	PIP	$-CH_2-C(CH_3)=CH-CH_2-$	$CH_2=C(CH_3)-CH=CH_2$
聚氯丁二烯	PCP	$-CH_2-C(Cl)=CH-CH_2-$	$CH_2=C(Cl)-CH=CH_2$

杂链高分子是指大分子主链中既有碳原子，又有氧、氮、硫等其它原子。常见的这类高分子材料有聚醚、聚酯、聚酰胺、聚脲、聚砜、聚硫橡胶等。

元素有机高分子是指大分子主链中没有碳原子，而由硅、硼、铝、氧、氮、硫、磷等原子组成，但侧基却由有机基团如甲基、乙基、芳基等组成。典型的例子是有机硅橡胶。表1-3给出一些常见杂链高分子和元素有机高分子的例子。

若主链和侧基上均无碳原子，这类高分子称无机高分子。

表1-3　一些常见的杂链高分子和元素有机高分子

高分子材料	重复结构单元	单体结构式
聚甲醛	$-O-CH_2-$	$CH_2=O$ 或 三聚甲醛（CH_2-O 六元环）
聚环氧乙烷	$-O-CH_2-CH_2-$	环氧乙烷（CH_2-CH_2，O 桥）
聚环氧丙烷	$-O-CH_2-CH(CH_3)-$	环氧丙烷（$CH_2-CH-CH_3$，O 桥）
聚苯醚	$-O-C_6H_2(CH_3)_2-$	$HO-C_6H_3(CH_3)_2$
聚对苯二甲酸乙二醇酯	$-OCH_2CH_2O-C(=O)-C_6H_4-C(=O)-$	$HOCH_2CH_2OH + HOOC-C_6H_4-COOH$
环氧树脂	$-O-C_6H_4-C(CH_3)_2-C_6H_4-CH_2CH(OH)CH_2-$	$HO-C_6H_4-C(CH_3)_2-C_6H_4-OH + CH_2-CH-CH_2Cl$（环氧基，O 桥）
聚　砜	$-O-C_6H_4-C(CH_3)_2-C_6H_4-O-$ $-C_6H_4-S-C_6H_4-$	$HO-C_6H_4-C(CH_3)_2-C_6H_4-OH +$ $Cl-C_6H_4-S(=O)_2-C_6H_4-Cl$
尼龙6	$-NH(CH_2)_5CO-$	$NH(CH_2)_5CO$（环状）
尼龙66	$-NH(CH_2)_6NH-CO(CH_2)_4CO-$	$NH_2(CH_2)_6NH_2 + HOOC(CH_2)_4COOH$
酚醛树脂	$-C_6H_2(OH)-CH_2-$	$C_6H_5OH + HCHO$
脲醛树脂	$-NH-C(=O)-NH-CH_2-$	$NH_2-C(=O)-NH_2 + HCHO$

(续)

高分子材料	重复结构单元	单体结构式
硅橡胶	$-O-\overset{\displaystyle CH_3}{\underset{\displaystyle CH_3}{\overset{\vert}{\underset{\vert}{Si}}}}-$	$Cl-\overset{\displaystyle CH_3}{\underset{\displaystyle CH_3}{\overset{\vert}{\underset{\vert}{Si}}}}-Cl$

（二）按性能和用途分类

按照材料凝聚态结构，主要物理、力学性能，材料制备方法和在国民经济建设中的主要用途，高分子材料大致可分为塑料、橡胶、纤维、粘合剂、涂料等类型。在使用条件下材料处于玻璃态或结晶态，主要利用其刚性、韧性作为结构材料者称为塑料；使用条件下材料处于高弹态，主要利用其高弹性作为缓冲或密封材料者称为橡胶。纤维、粘合剂、涂料主要根据其用途来区分。近年来，一批新型高分子材料被赋予新的功能，如导电、导磁、光学性能、阻尼性能、生物功能等，于是又划分出一类新的功能高分子材料。

严格地讲，上述这种分类法不是很科学。因为一种高分子化合物，根据配方和加工方法、加工条件的不同，可能在一种条件下制作成塑料，在另一种条件下又制作成纤维或粘合剂。例如聚氯乙烯在多数情况下用作塑料，但也可纺丝而制成氯纶纤维；尼龙和涤纶是典型的纤维，但生产尼龙、涤纶的原料聚酰胺和聚酯又是非常好的工程塑料原料。

正是由于高分子化合物在分子结构、凝聚态结构及分子运动形式上的复杂性、多重性，使高分子材料具有多种多样的品种和性能，用途十分广泛，没有必要对各类高分子材料严格加以区分。基于这种认识，人们还采用各种化学改性和物理改性方法，改造高分子材料，扬长避短，不断开发出性能优异、用途各异的新型材料品种，满足国民经济建设的不同需求。

第三节　高分子材料的战略地位和发展趋势

高分子材料科学是材料科学中的一个分支学科。与现代材料科学的基本任务相仿，高分子材料科学的主要内容包括：①从化学角度出发，研究高分子材料的化学组成、键性、结构与性能的关系，开发新材料，研究新聚合方法；②从物理学角度出发，研究高分子材料的结构、分子运动形态、凝聚态变化规律及其与各种材料物性的内在联系，为合理使用高分子材料提供理论依据；③从工程学角度出发，研究材料的合成工艺、加工方法以及由此造成的对材料结构、形态、性能、应用的影响规律，提高高分子材料品质。基于此，高分子材料科学是一门多学科性的综合性应用基础科学，它的发展和进步要求科学研究和工程技术的密切配合，需要跨学科、跨领域的参与和协调。

在当前和今后一段时期内，高分子材料科学和工程的主要发展趋势是研制、开发更高性能化、功能化、复合化、精细化和智能化的材料品种和制品。

高性能高分子材料是高分子材料科学近年来发展的一个主要方向。为满足航空、航天、电子信息、汽车工业、家用电器等多方面技术领域的需要，要求材料在轻型化的同时，进一步提高材料的力学性能、耐热性、耐久性和耐腐蚀性。目前人们采用各种物理、化学改性技术、复合改性技术已经开发出一大批高性能高分子材料，使原有树脂的性能、品质和附加值大幅度提高。尤其值得一提的是，通用大品种树脂和通用橡胶的高性能化已经成为我国高分子材料工业发展的战略重点，并已取得良好的经济和社会效益。

功能高分子材料是当今世界各国十分广泛而活跃地进行研究、开发、创新的领域。主要研究热点有：电磁功能高分子材料，光学功能高分子材料，物质传输、分离功能高分子材料，催化功能高分子材料，生物和医用功能高分子材料，力学功能高分子材料等。功能高分子材料是高分子材料科学与生产领域最具活力的新领域，是高分子材料科学的希望所在。

高分子材料工业发展到今天，已从“量”的稳定增长发展到“质”的提高深化时期，对高分子科学的进步也提出更高的要求和新的挑战。除了材料本身尚有许多问题需要解决外，包括生产工艺技术的合理化、自动化、最优化；新技术、新设备、新方法的采用和推广；能源和资源的节约；减少污染，防治公害，废料再生利用；天然高分子资源利用等诸方面都是高分子科学和工程亟待研究和创新发展的领域。

我们学习高分子材料科学的目的，就是要掌握高分子科学的基本知识和方法，了解当前高分子科学和工业发展的最新动态，掌握科学的分析问题、解决问题的本领。高分子材料科学主要分为高分子化学、高分子物理、高分子工程三部分，三部分相互关联，密不可分。我们建议，在学习过程中，紧紧抓住材料的“组成（合成）—结构—形态—性能（或功能）—加工、使用”这条主线是十分科学和重要的。

第二章　高分子材料合成原理及方法

本章属于高分子化学范畴。高分子化学主要研究人工合成高分子材料的原理和方法，包括聚合反应的基本类型和特点，聚合反应机理及控制，聚合过程实施方法等。在高分子化学领域，新的有用的高分子化合物的分子设计及合成、新的聚合反应及聚合方法，始终是高分子化学研究的前沿领域。当前，在可控聚合、活性聚合、生物酶催化聚合；新功能化合物的分子设计及合成、高性能化合物的分子设计及合成、各种有机-无机分子内杂化材料的合成；聚合物加工过程中的化学反应（反应加工）、聚合物材料的化学改性、分子有序组装体系的设计、超分子体系组装化学等领域，都正在展开活跃而富有成效的研究工作。本章重点介绍基本聚合反应的特点、机理和实施方法。

第一节　引　　言

一、聚合反应及其分类

由小分子合成高分子的反应称为聚合反应，能够发生聚合反应的小分子称作单体。并非所有的小分子都能发生聚合反应。

在高分子科学发展初期发现：α-烯烃（双键在分子一端的烯烃）、共轭双烯烃可以通过加成反应生成相对分子质量高的聚合物；二元羧酸与二元胺、二元醇可以通过缩合反应生成相对分子质量高的聚合物。因此，将聚合反应按单体和高分子材料在组成和结构上发生的变化分类，聚合反应分成两大类：①单体因加成而聚合起来的反应称为加聚反应，加聚反应的产物称加聚物，加聚物的化学组成与其单体相同，仅仅是电子结构有所改变。加聚物的相对分子质量是单体相对分子质量的整数倍。②单体因缩合而聚合起来的反应称作缩聚反应，其主产物称作缩聚物。缩聚反应往往是官能团间的反应，除形成缩聚物外，根据官能团种类的不同，还有水、醇、氨或氯化氢等低分子副产物产生。由于低分子副产物的析出，缩聚物结构单元要比单体少若干原子，其相对分子质量不再是单体相对分子质量的整数倍。大部分缩聚物是杂链高分子材料，分子链中留有官能团的结构特征，如酰胺键—NHCO—、酯键—OCO—、醚键—O—等。因此，容易被水、醇、酸等药品所水解、醇解和酸解。随着高分子化学的发展，陆续出现了许多新的聚合反应，如开环聚合、氢转移聚合、氧化聚合等，图 2-1 是这些反应的具体例子。

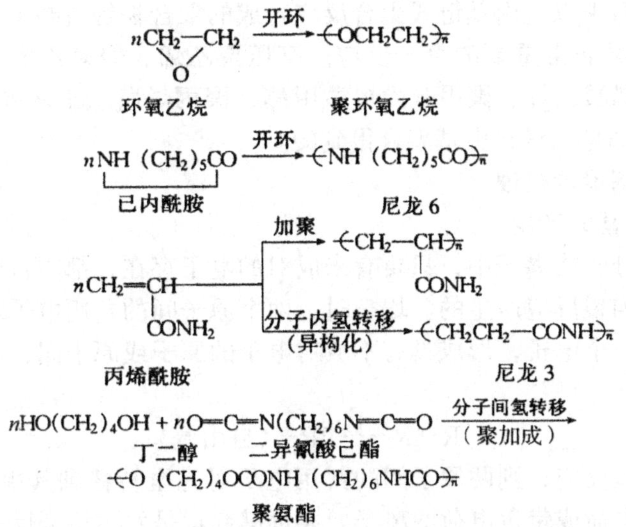

$$nCH_2-CH_2 \text{(环氧，O桥)} \xrightarrow{\text{开环}} \text{⁅}OCH_2CH_2\text{⁆}_n$$

环氧乙烷 聚环氧乙烷

$$nNH(CH_2)_5CO \text{(环)} \xrightarrow{\text{开环}} \text{⁅}NH(CH_2)_5CO\text{⁆}_n$$

己内酰胺 尼龙 6

$$nCH_2{=}CH(CONH_2) \xrightarrow{\text{加聚}} \text{⁅}CH_2-CH(CONH_2)\text{⁆}_n$$

$$nCH_2{=}CH(CONH_2) \xrightarrow[\text{(异构化)}]{\text{分子内氢转移}} \text{⁅}CH_2CH_2-CONH\text{⁆}_n$$

丙烯酰胺 尼龙 3

$$nHO(CH_2)_4OH + nO{=}C{=}N(CH_2)_6N{=}C{=}O \xrightarrow[\text{(聚加成)}]{\text{分子间氢转移}}$$

丁二醇 二异氰酸己酯

$$\text{⁅}O(CH_2)_4OCONH(CH_2)_6NHCO\text{⁆}_n$$

聚氨酯

图 2-1 聚合反应举例

不同的聚合反应遵循不同的反应规律（机理），从 20 世纪 70 年代开始，按聚合机理或动力学将聚合反应分成链式聚合和逐步聚合两大类：

（1）链式聚合的特征　整个聚合过程由链引发、链增长、链终止等几步基元反应组成，体系始终由单体、相对分子质量高的高分子和微量引发剂组成，没有相对分子质量递增的中间产物。随聚合时间延长，高分子物质的生成量（转化率）逐渐增加，而单体则随时间而减少。根据活性中心不同，可以将链式聚合反应分成自由基聚合、阳离子聚合、阴离子聚合和配位聚合。烯类单体的加聚反应大部分属于链式聚合反应。

（2）逐步聚合反应特征　反应是逐步进行的。反应早期，大部分单体很快聚合成二聚体、三聚体、四聚体等低聚物（链式聚合反应则是单体在极短的时间形成相对分子质量高的聚合物），短期内转化率很高。随后低聚物间继续反应，直至转化率很高（>98%）时，相对分子质量才逐渐增加到较高的数值。绝大多数缩聚反应属于逐步聚合反应。

二、单体的聚合选择性

逐步聚合单体通常是具有典型官能团的一类物质，如—COOH、—OH、—COOCl、—NH_2等。单烯类、共轭二烯类、炔烃、羰基化合物和一些杂环化合物通常是链式聚合单体。

第二节　自由基聚合反应

链式聚合（chain polymerization）反应是合成高分子化合物的一类重要聚合

反应。合成材料中以自由基链式聚合反应合成的聚合物约占整个合成聚合物品种的60%，是一类非常重要的聚合反应。高压聚乙烯、聚氯乙烯、聚苯乙烯、聚四氟乙烯、聚醋酸乙烯、聚甲基丙烯酸甲酯、聚丙烯腈、丁苯橡胶、丁腈橡胶、ABS树脂等，都是通过自由基聚合得到的。

一、自由基聚合机理

（一）自由基的产生

在原子、分子或离子中，只要有未成对的电子存在，都叫自由基。自由基是由共价键发生均裂反应产生的。均裂时，两个原子间的共用电子对均匀分裂，两个原子各保留一个电子，形成具有不成对电子的原子或原子团，即自由基（或游离基）。

$$R\cdot\cdot R \longrightarrow 2R\cdot \text{（自由基）}$$

若发生异裂反应，则两原子间的共用电子对完全转移到其中的一个原子上，结果产生带正电荷或带负电荷的离子。共价键究竟是发生均裂反应还是发生异裂反应取决于共价键的种类。通常键的强度较低的非极性共价键易于发生均裂反应，而极性共价键易于发生异裂反应。如过氧键RO—OR是一种强度较低的非极性共价键，易于均裂产生自由基。下式为过氧化二苯甲酰受热分解成自由基的反应：

$$C_6H_5-\overset{\overset{\large O}{\|}}{C}-\underset{\delta_-}{O}\overset{\longleftrightarrow}{-}\underset{\delta_-}{O}-\overset{\overset{\large O}{\|}}{C}-C_6H_5 \longrightarrow 2C_6H_5-\overset{\overset{\large O}{\|}}{C}-O\cdot$$

由于过氧键中的两个氧原子分别带有部分负电荷，偶极相斥的结果造成过氧键的键能较低，易于均裂，产生自由基。有很多方法可以生成自由基，在聚合反应中应用最多的是热解、氧化还原反应、光解、辐射等方法。

（二）自由基的反应性

自由基是一种非常活泼的物质，通常称作活性中间体。自由基一经产生便迅速地反应，很难单独、稳定存在。未成对电子强烈获取电子的倾向是造成自由基极其活泼的原因，自由基中心原子的种类及与中心原子相连的取代基的性质都将对自由基的反应活性产生很大的影响。

取代基主要通过共轭效应、极性效应和空间位阻影响自由基的活性。共轭或超共轭作用使未成对电子的电子云密度下降（电子被分散到中心原子以外的其他原子上），自由基的活性降低，稳定性增加。同理，当取代基的吸电子效应增加时，自由基的活性下降，稳定性增加。取代基的空间位阻将阻碍自由基与其他物质反应，使自由基的活性下降，甚至成为稳定存在的自由基，像三苯甲基自由基，可长期稳定存在。

自由基的反应有以下几种类型：

(1) 加成反应　自由基可以和碳碳双键发生加成反应，此时双键中的π键打开，形成一个σ键同时产生另一个分子量大一些的自由基：

$$C_6H_5\overset{\overset{\large O}{\|}}{C}O\cdot + CH_2{=}\underset{\underset{\large X}{|}}{\overset{\overset{\large H}{|}}{C}} \longrightarrow C_6H_5\overset{\overset{\large O}{\|}}{C}OCH_2{-}\underset{\underset{\large X}{|}}{\overset{\overset{\large H}{|}}{C}}\cdot$$

若新生成的自由基有足够的活性，则将继续进行加成反应。结果分子迅速增大，相对分子质量迅速增加。加成反应是自由基加成聚合反应的基础。

(2) 氧化—还原反应　自由基具有一定的氧化性，它可以从一些分子（或原子、离子）中夺取一个电子。下式是过氧化氢自由基氧化二价铁离子的反应：

$$HO\cdot + Fe^{2+} \longrightarrow Fe^{3+} + HO^-$$

(3) 偶合反应　自由基与自由基的反应。此时，自由基被终止掉了：

$$R\cdot + \cdot R \longrightarrow R{-}R$$

(4) 歧化反应　亦称为脱氢反应。为自由基与含自由基的基团反应，也是一种自由基终止反应，但反应部位不同，生成的产物结构更不同：

$$R\cdot + H{-}Z{-}R'\cdot \longrightarrow R{-}H + Z{=}R'$$

(5) 转移反应　自由基与体系中的某些分子反应，夺取分子中的氢或其他原子，自身成为稳定的基团，同时生成一个新的自由基。

$$R\cdot + H{-}R' \longrightarrow R{-}H + \cdot R'$$

上述五种反应是自由基聚合过程中常见的反应，但反应活性不同。

（三）自由基聚合机理

1935年，Staudinger指出链式聚合反应一般由链引发、链增长、链终止三个基元反应组成。后来研究发现还存在第四种反应，即链转移反应。现今都将链引发、链增长、链终止、链转移四种反应作为链式聚合反应的基元反应。

1. 链引发反应

由初级自由基与单体反应形成单体自由基的过程称作链引发反应。可以采用引发剂引发、热引发、光引发、辐射引发等方式产生自由基。如引发剂引发，链引发反应分为两步：

第一步，引发剂I分解，形成初级自由基R·：

$$I\text{（引发剂）} \longrightarrow 2R\cdot\text{（初级自由基）}$$

第二步，初级自由基与单体M加成，形成单体自由基M·：

$$R\cdot + M \longrightarrow RM\cdot$$

引发剂分解反应速率是整个链引发反应速率的控制步骤。引发剂分解反应的活化能为100～170kJ·mol^{-1}，初级自由基与单体反应的活化能为20～34kJ·mol^{-1}。通常，初级自由基一经形成便迅速与单体反应形成单体自由基，但有时由于体系中存在某些杂质，或因其他一些因素（如单体不够活泼），反应初期形成的初级自由基在与单体反应前，有可能发生一些副反应而失去活性，待杂质消耗尽后，反应又继续进行，即存在所谓的诱导期。

2. 链增长反应

链引发反应形成的单体自由基可与第二个单体发生加成反应形成新的自由基。这种加成反应可以一直进行下去，形成越来越长的链自由基。这一过程称为链增长反应，即

$$RM\cdot + M \rightarrow RMM\cdot;\ RMM\cdot + M \rightarrow RMMM\cdot;\ RMMM\cdot + M \rightarrow \cdots RM_n\cdot$$

链增长反应通常为自由基的加成反应，此时双键中的 π 键打开，形成一个 σ 键，因此是放热反应，$\Delta H = -55 \sim -95 kJ \cdot mol^{-1}$，链增长反应的活化能为 $20 \sim 34 kJ \cdot mol^{-1}$。因此，链增长反应速率极快，一般在 0.01 秒至几秒内即可使聚合度达到几千，甚至上万，在反应的任一瞬间，体系中只存在未分解的引发剂、未反应的单体和已形成的大分子，不存在聚合度不等的中间产物。链增长反应是形成大分子链的主要反应，同时决定分子链上重复单元的排列方式。单体与链自由基反应时，可以从两个方向连接到分子链上：头—尾相接和头—头相接。

$$—CH_2CHX\cdot + CH_2{=}CHX \xrightarrow{\text{头—尾相接}} —CH_2\underset{\displaystyle X}{\underset{|}{C}H}—CH_2\underset{\displaystyle X}{\underset{|}{C}H}\cdot$$

$$—CH_2CHX\cdot + CHX{=}CH_2 \xrightarrow{\text{头—头相接}} —CH_2\underset{\displaystyle X}{\underset{|}{C}H}—\underset{\displaystyle X}{\underset{|}{C}H}CH_2\cdot$$

实验发现以头—尾连接方式为主。按头—尾形式连接时，取代基与自由基中心原子连在同一碳原子上，可以通过共轭效应、超共轭效应使新产生的自由基稳定，因而容易生成。而按头—头形式连接时，无共轭效应，自由基不太稳定。两者活化能差 $34 \sim 42 kJ \cdot mol^{-1}$，因此，有利于头—尾连接。显然，对于共轭稳定较差的单体或在较高温度下聚合，头—头结构将增多。如醋酸乙烯酯，头—头结构由 -30℃时的 0.3%上升到 70℃时的 1.6%；另一方面，链自由基与不含取代基的亚甲基一端相连，空间位阻较小，有利于头尾连接。从立体结构看，自由基聚合时，分子链上取代基在空间的排布是无规的，因此，自由基聚合产物往往是无定型的。

3. 链终止反应

链自由基活性中心消失，生成稳定大分子的过程称为链终止反应。终止反应绝大多数为两个链自由基之间的反应，也称双基终止。链终止反应非常迅速，反应的结果是两个链自由基同时消失，体系自由基浓度降低。双基终止分为偶合终止（combination termination）和歧化终止（disproportionation termination）两类。

两个链自由基的单电子相互结合形成共价键，生成一个大分子链的反应称为偶合终止。一个链自由基上的原子（通常为自由基的β氢原子）转移到另一个链自由基上，生成两个稳定的大分子的反应成为歧化终止。偶合终止和歧化终止分别对应于自由基的偶合反应和歧化反应。偶合终止结果，大分子的聚合度约为链自由基重复单元数的两倍；歧化终止结果，虽聚合度不改变，但其中一条大分子链的一端为不饱和结构。从能量角度看，偶合终止为两个活泼的自由基结合成一个稳定的分子，反应活化能低，甚至不需要活化能；歧化反应涉及到共价键的断裂，反应活化能较偶合终止高一些。因此，高温时有利于歧化终止反应发生，低温时有利于偶合终止反应发生。链自由基的结构也对其终止方式产生影响，共轭稳定的自由基，如苯乙烯自由基，较易发生偶合终止反应；空间位阻较大的自由基，如甲基丙烯酸甲酯自由基，较易发生歧化终止反应。

除了双基终止，在某些聚合过程中，也存在一定量的单基终止。对于均相聚合体系，双基终止是最主要的终止方式，但随着单体转化率的增加，单基终止反应随之增加，甚至成为主要终止方式。所谓单基终止是指链自由基与某些物质(不是另外一个链自由基)，如链转移剂、自由基终止剂反应失去活性的过程。聚合方式影响终止方式的选择性，沉淀聚合、乳液聚合较难发生双基终止。

由于链终止反应的活化能（8～21kJ·mol^{-1}，甚至不需要活化能）低于链增长反应的活化能（20～34kJ·mol^{-1}），所以链终止反应速率常数比链增长反应速率常数高 3～4 个数量级，似乎难以得到相对分子质量高的聚合物。实际上，自由基聚合反应通常可以得到相对分子质量巨大的聚合物，原因是聚合物的相对分子质量取决于链增长反应速率与链终止反应速率的相对大小，当体系中不存在链转移反应时，聚合度等于链增长反应速率与链终止反应速率的比值。

表 2-1　链增长反应速率与链终止反应速率

链增长速率常数/[L·(mol·s)$^{-1}$] $k_p=10^3$ 链终止速率常数/[L·(mol·s)$^{-1}$] $k_t=10^7$ 单体浓度[M]/[mol·L^{-1}] 10^{-1}～10 自由基浓度[$M\cdot$]/[mol·L^{-1}] 10^{-10}～10^{-8}	链增长反应速率 $R_p=k_p[M][M\cdot]$ 链终止反应速率 $R_t=k_t[M\cdot][M\cdot]$ 平均聚合度 $DP=R_p/R_t$ $=k_p[M][M\cdot]/k_t[M\cdot][M\cdot]$ $\approx 10^{3\sim6}$

由表 2-1 可知，由于自由基浓度相当低（仅有 10^{-10}～10^{-8}mol·L^{-1}），使得链增长反应速率大大高于链终止反应速率，从而可以得到相对分子质量巨大的聚合物，聚合度高达 $10^{3\sim6}$。

4．链转移反应

在聚合过程中，链自由基除与单体进行正常的聚合反应外，还可能从单体、溶剂、引发剂或已形成的大分子上夺取一个原子而终止，同时使被抽取原子的分子转变成为新的自由基，该自由基能引发单体聚合，使聚合反应继续进行。这种反应称链转移反应。链转移反应并不改变链自由基的数目，仅是活性中心转移到另一个分子、原子或基团上，并形成新的活性链，通常也不影响聚合速率，而是降低了聚合度，改变了相对分子质量和相对分子质量分布。链自由基与单体、溶剂、引发剂或已形成的大分子之间的链转移反应是自由基聚合过程中常见的转移反应。

(1) 向单体链转移

$$-CH_2-\underset{\substack{|\\X}}{CH}\cdot + H_2C{=}\underset{\substack{|\\X}}{CH} \longrightarrow \begin{cases} -CH_2-\underset{\substack{|\\X}}{CH_2} + H_2C{=}\underset{\substack{|\\X}}{C}\cdot \\ -CH{=}\underset{\substack{|\\X}}{CH} + H_3C-\underset{\substack{|\\X}}{CH}\cdot \end{cases}$$

向单体链转移反应的结果，分子链（称作增长链）停止增长，聚合度不再增加，而链式聚合反应由新生成的自由基继续进行，产生新的增长链，聚合速率通常不变。增长链自由基若与单体加成，则发生链增长反应。因此，向单体链转移反应是链增长的副反应。苯乙烯单体进行链转移反应极少，氯乙烯单体很容易进行链转移反应。

(2) 向溶剂（或相对分子质量调节剂）链转移

$$-CH_2CXH\cdot + YZ \longrightarrow -CH_2CXHY + Z\cdot$$

向溶剂链转移反应的结果，也使聚合度降低。这个反应通常被用来调节聚合产物的相对分子质量。需要指出的是，新生成的自由基 Z·活性太低时，聚合速率会有所降低。

(3) 向引发剂链转移　自由基聚合反应通常是在引发剂的作用下进行的，每一个引发剂分子受热分解通常产生两个自由基：I（引发剂）$\rightarrow$2R·（初级自由基），这两个初级自由基分别引发单体形成单体自由基进而形成两个增长链。当增长链自由基向引发剂链转移时，将消耗掉一个引发剂自由基：$-CH_2CXH\cdot + I \rightarrow -CH_2CXHR + R\cdot$，其结果是聚合度降低，引发剂的利用率降低，聚合速率稍有降低。

(4) 向大分子链转移　增长链自由基也可向已形成的聚合物大分子转移，引起大分子支化或交联。转移反应一般发生在叔氢原子或氯原子上。

$$M_n\cdot + \sim\sim CH_2-\underset{\substack{|\\X}}{CH}\sim\sim \longrightarrow M_nH + \sim\sim CH_2-\underset{\substack{|\\X}}{\dot{C}}\sim\sim$$

支化：

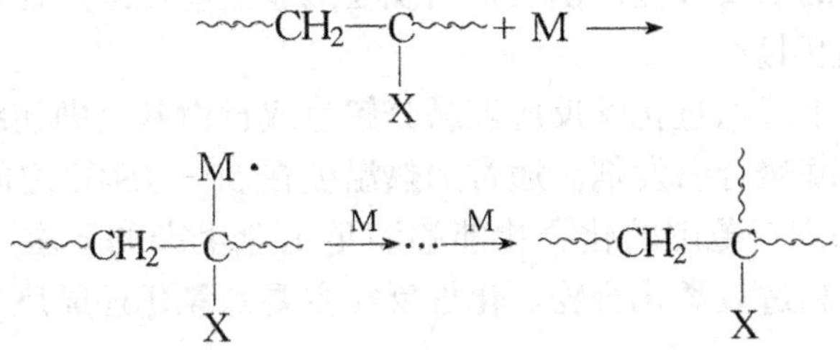

$$\sim\sim CH_2-\dot{C}(X)\sim\sim + M \longrightarrow$$

$$\sim\sim CH_2-C(M\cdot)(X)\sim\sim \xrightarrow{M} \cdots \xrightarrow{M} \sim\sim CH_2-C(\wr)(X)\sim\sim$$

交联：

$$2\sim\sim CH_2-\dot{C}(X)\sim\sim \longrightarrow \begin{matrix} \sim\sim CH_2-C(X)\sim\sim \\ | \\ \sim\sim CH_2-C(X)\sim\sim \end{matrix}$$

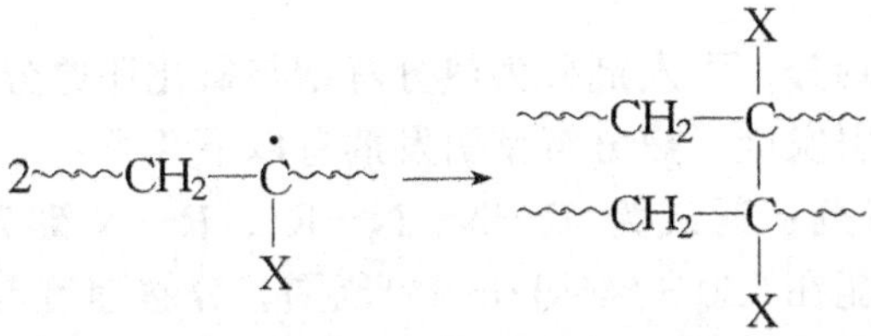

对于增长链自由基，链转移反应与链增长反应是一对竞争反应。通常用链转移常数表征链转移反应发生的难易程度。向聚合物大分子转移的链转移常数 C_p（$C_p = k_{tr,p}/k_p$；$k_{tr,p}$、k_p 分别为链转移、链增长速率常数）都较小，一般在 10^{-4}数量级。因此，在聚合反应初期由于生成的大分子数目较少，转移反应可以忽略。

采用自由基聚合方法合成的聚乙烯（高压低密度聚乙烯）含有许多长支链，平均可达 20～30 支链/500 单体单元。研究表明，支链的产生是由于发生了分子内链转移的结果。

（四）自由基聚合反应特征

自由基聚合反应特征可概括为以下几点：

1）自由基聚合是一种链式聚合反应。根据反应机理，自由基聚合反应可以概括为慢引发、快增长、速终止、有转移。

2）引发反应速度最小，是聚合速度的控制步骤。

3）只有链增长才使聚合度增加。在聚合反应中单体自由基一旦形成，则迅速与单体加成使链增长。链增长速度极快，在极短的时间内就可形成相对分子质量高的聚合物，反应体系仅由单体、相对分子质量高的聚合物及浓度极小的活性链组成。

4）在聚合过程中，单体浓度逐渐减小，而聚合转化率随反应时间而逐渐增加，聚合度或聚合物的平均相对分子质量与反应时间基本无关。

5）少量阻聚剂足以使自由基聚合反应终止。因此，自由基聚合要求用高纯度的单体。

二、自由基聚合引发反应

引发剂引发、热引发、光引发、高能辐射引发、等离子体引发等方法是自由基聚合反应通用的引发方法。引发剂引发在工业上应用最广泛。

（一）引发剂引发

在加热情况下或通过化学反应容易分解生成自由基（即初级自由基）的一类化合物称作自由基聚合引发剂。通常加热温度在 50～150℃之间，即键的断裂能在 100～170kJ·mol^{-1}范围的化合物能够满足工业生产的要求，这些化合物主要是偶氮类化合物和过氧类化合物。化学反应主要是氧化还原反应。氧化剂为过氧类化合物。

1. 引发剂分类

按照分解方式划分，引发剂分为热分解型与氧化还原分解型两类。

（1）热分解型引发剂　热分解型引发剂有以下几类：

1）偶氮类引发剂：通式为 R—N═N—R，R—N 键为弱键，根据 R 基团不同，其分解活化能在 120～146kJ·mol^{-1}范围。分解速度与生成的 R· 自由基的稳定性有关，R·越稳定，分解速度越快。不同 R 基偶氮类化合物的分解速度顺序是：烯丙基＞叔烷基＞仲烷基＞伯烷基。

偶氮二异丁腈（AIBN）是最常用的偶氮类引发剂，一般在 45～65℃下使用，活性较低，可以纯的形式贮存，但 80～90℃分解剧烈。其分解反应式如下：

$$(CH_3)_2\underset{\displaystyle CN}{\underset{|}{C}}—N═N—\underset{\displaystyle CN}{\underset{|}{C}}(CH_3)_2 \longrightarrow 2(CH_3)_2\underset{\displaystyle CN}{\underset{|}{C}}\cdot + N_2$$

偶氮类引发剂有一定的毒性。

2）过氧类引发剂：通式为R—O—O—R′，O—O键为弱键，分解活化能在 120～146kJ·mol^{-1}范围。过氧类引发剂为过氧化氢 HO—OH 的衍生物，由于过氧化氢分解活化能高（220kJ·mol^{-1}），一般不单独做引发剂使用。常用的过氧类引发剂为过氧化二酰、二烷基过氧化物、过氧化二酯、无机类过氧化物。

过氧化二酰：分子式为 $R—\overset{\displaystyle O}{\overset{\|}{C}}—O—O—\overset{\displaystyle O}{\overset{\|}{C}}—R$，当 R 基团为苯基时，为过氧化二苯甲酰（BPO），是最常用的过氧化二酰引发剂。其分解活化能为 124.3kJ·mol^{-1}。分解反应：

$$C_6H_5—\overset{\displaystyle O}{\overset{\|}{C}}—O—O—\overset{\displaystyle O}{\overset{\|}{C}}—C_6H_5 \longrightarrow 2C_6H_5—\overset{\displaystyle O}{\overset{\|}{C}}—O\cdot$$

$$C_6H_5—\overset{\displaystyle O}{\overset{\|}{C}}—O\cdot \longrightarrow C_6H_5\cdot + CO_2$$

如没有单体存在，苯甲酸基自由基可进一步分解成苯基自由基，并放出 CO_2。

二烷基过氧化物：常用的是过氧化二异丙苯。其结构式及分解反应为：

$$C_6H_5-C(CH_3)_2-O-O-C(CH_3)_2-C_6H_5 \longrightarrow 2\,C_6H_5-C(CH_3)_2-O\cdot$$

过氧化二碳酸酯：如过氧化二碳酸二环己酯（DCPD），为高活性引发剂，50℃时分解半衰期为3.6h。其结构式及分解反应为：

$$C_6H_{11}-O-\overset{O}{\overset{\|}{C}}-O-O-\overset{O}{\overset{\|}{C}}-O-C_6H_{11} \longrightarrow 2\,C_6H_{11}-O\cdot + 2CO_2$$

无机过氧化物：前面介绍的为有机过氧化物。典型的无机过氧化物有过硫酸钾$K_2S_2O_8$、过硫酸铵$(NH_4)_2S_2O_8$。

$$O^--SO_2-O-O-SO_2-O^- \longrightarrow 2O^--SO_2-O\cdot$$

有机过氧化物类引发剂一般为油溶性引发剂，分解时有副反应发生，可形成多种自由基，氧化性强。无机过氧化物类引发剂一般为水溶性引发剂，可用于乳液聚合和水溶液聚合，多为离子型自由基。

若将上述各类过氧化物类引发剂从分解活化能由高到低的顺序排列，则有如下规律：过氧化氢物＞过氧化二烷基＞过氧化特烷基酯＞过氧化二酰＞过氧化二碳酸酯＞不对称过氧化二酰。

（2）氧化还原分解型引发剂　过氧化物—还原剂体系：过氧化物是一类具有一定氧化性的物质，它们可以与某些还原性物质发生氧化还原反应，自己被还原，同时产生自由基。由于这类氧化还原反应需要的活化能低（40～60kJ·mol^{-1}），在较低的温度下（0～50℃）就能够以足够快的速度发生反应，产生自由基。因此，可以用于低温聚合反应。比较而言，热分解型引发剂由于分解活化能高（80～140kJ·mol^{-1}），需要在50～100℃较高的温度下分解，才能产生足够快的聚合速度。根据过氧化物是否溶于水，氧化还原分解型引发剂（或称氧化—还原引发体系）又被分成水溶性氧化—还原引发体系与油溶性氧化—还原引发体系两类。

水溶性氧化—还原引发体系：

常用的过氧化物氧化剂有过氧化氢、过硫酸盐和氢过氧化物等；常用的还原剂有Fe^{2+}、Cu^+、$NaHSO_3$、Na_2SO_3、$Na_2S_2O_3$、醇、胺、草酸等。如：

$$HO-OH + Fe^{2+} \longrightarrow HO^- + HO\cdot + Fe^{3+}$$

反应活化能为40kJ·mol^{-1}，HO—OH的热分解活化能为220kJ·mol^{-1}。

$$S_2O_8^{=} + Fe^{2+} \longrightarrow SO_4^{2-} + SO_4^-\cdot + Fe^{3+}$$

反应活化能为 50.2kJ·mol^{-1}，$S_2O_8^{=}$的热分解活化能为 140kJ·mol^{-1}。上述反应虽然需要的活化能降低了，但一个过氧化物分子仅产生一个自由基（热分解则产生两个自由基）。当用亚硫酸盐作还原剂时，反应活化能为 41.8kJ·mol^{-1}，可以产生两个自由基：

$$S_2O_8^{=} + SO_3^{=} \rightarrow SO_4^{-}\cdot + SO_4^{2-} + SO_3^{-}\cdot$$

油溶性氧化—还原引发体系：

常用的氧化剂为有机过氧化物，还原剂一般为叔胺 NR_3、有机金属化合物 AlR_3、BR_3、环烷酸盐等。过氧化二苯甲酰与芳香叔胺的氧化还原反应是常用的引发体系，其反应如下：

$$C_6H_5-\overset{O}{\overset{\|}{C}}-O-O-\overset{O}{\overset{\|}{C}}-C_6H_5 + C_6H_5-N(CH_3)_2 \longrightarrow C_6H_5\overset{O}{\overset{\|}{C}}-O\cdot + C_6H_5\overset{O}{\overset{\|}{C}}-O^{-} + C_6H_5-N^{+}(CH_3)_2\cdot$$

（3）电荷转移络合物引发体系　研究发现，由某些受电子体与供电子体组成的电荷转移络合物，可以在热、光作用下引发烯类单体聚合，且聚合反应能够被自由基阻聚剂阻聚，因此，认为电荷转移络合物是一类自由基聚合引发剂。供电子体将电子转移给受电子体的过程本质上是一种氧化还原反应，典型的电荷转移络合物引发聚合反应是由甲基丙烯酸甲酯-叔胺—CCl_4 构成的体系。聚合在室温条件下就可进行，胺是供电子体，甲基丙烯酸甲酯—CCl_4 是受电子体。

2. 引发剂分解动力学

（1）引发剂分解速率方程　热分解型引发剂的分解一般属于一级反应，引发剂消耗速率 $-d[I]/dt$ 与引发剂的浓度$[I]$成一次方关系：

$$R_d = -\frac{d[I]}{dt} = k_d[I] \tag{2-1}$$

式中，k_d 为引发剂分解速率常数，单位为 s^{-1}、min^{-1}或 h^{-1}。

将式（2-1）积分，得：

$$\ln\frac{[I]}{[I]_0} = -k_d t \tag{2-2}$$

式中，$[I]_0$ 和$[I]$分别代表引发剂起始浓度和 t 时刻的浓度。恒温下测定不同时刻的$[I]$值，以 $\ln([I]/[I]_0)$对 t 作图，则可由斜率求出 k_d 的值。对过氧类引发剂可用碘量法测定不同时刻［I］的值，对偶氮类引发剂则可通过测定析出的氮气体积确定［I］的值。引发剂分解速率的确定对于研究聚合反应速率有重要意义。

根据引发剂分解速率方程求出不同温度时 k_d 的值，由 Arrhenius 方程，$k_d = A\exp\left(-\frac{E_d}{RT}\right)$，或 $\ln k_d = \ln A - E_d/RT$，可以得到引发剂分解活化能 E_d。

（2）引发剂分解半衰期　在一定温度下，引发剂分解至起始浓度的一半时所需的时间称为引发剂分解半衰期，以 $t_{1/2}$表示。引发剂分解半衰期、引发剂分解速率常数都可以用来衡量引发剂分解速度，表征引发剂活性高低。引发剂分解半衰期多用于工业部门、引发剂分解速率常数则更多见于学术表达。

根据式（2-2），$t_{1/2}$与 k_d 有如下关系：

$$\ln\frac{1}{2} = -k_d t_{1/2} \text{ 即 } t_{1/2} = 0.693/k_d \tag{2-3}$$

一般用 60℃时 $t_{1/2}$的值将引发剂的活性分为三类：①低活性引发剂，$t_{1/2}>6\text{h}$；②中活性引发剂，$t_{1/2}=1\sim6\text{h}$；③高活性引发剂，$t_{1/2}<1\text{h}$。

（3）引发效率　引发聚合的引发剂量占引发剂分解或消耗总量的分率称作引发效率，用 f 表示。引发剂受热分解后产生的初级自由基并没有全部用于引发单体聚合，而是通过其他途径消耗掉了，使引发效率 f 不能达到 100%。造成引发效率低的原因，主要有诱导分解和笼蔽效应。

诱导分解是指引发剂在体系中存在的各种自由基作用下发生分解反应的过程：如：

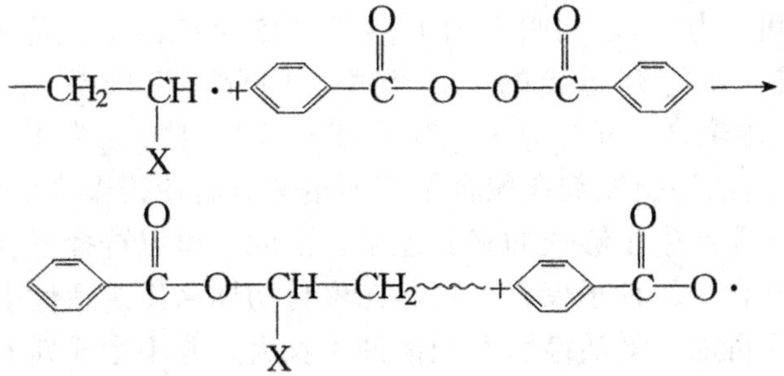

$$\text{—CH}_2\text{—}\underset{\text{X}}{\underset{|}{\text{CH}}}\cdot + \text{C}_6\text{H}_5\text{—}\overset{\text{O}}{\overset{\|}{\text{C}}}\text{—O—O—}\overset{\text{O}}{\overset{\|}{\text{C}}}\text{—C}_6\text{H}_5 \longrightarrow$$

$$\text{C}_6\text{H}_5\text{—}\overset{\text{O}}{\overset{\|}{\text{C}}}\text{—O—}\underset{\text{X}}{\underset{|}{\text{CH}}}\text{—CH}_2\text{〰〰} + \text{C}_6\text{H}_5\text{—}\overset{\text{O}}{\overset{\|}{\text{C}}}\text{—O}\cdot$$

反应结果，原本可形成两个自由基的引发剂分子，诱导分解后仅形成了一个自由基，等于白白消耗掉一个引发剂自由基。

笼蔽效应是指当体系中有溶剂存在时，引发剂分解形成的初级自由基不能即刻同单体反应引发聚合，而是处于溶剂分子构成的“笼子”的包围之中，初级自由基只有扩散出笼子之后，才能与单体发生反应，生成单体自由基。由于初级自由基的寿命只有 $10^{-10}\sim10^{-9}\text{s}$，如不能及时扩散出笼子，就可能发生副反应而失去活性，如：

$$C_6H_5COO\text{—}OOCC_6H_5 \longrightarrow [2C_6H_5COO\cdot] \longrightarrow [2C_6H_5\cdot + 2CO_2] \longrightarrow C_6H_5\text{—}C_6H_5 + \cdots$$

上式中，方括号表示溶剂“笼子”。

影响引发效率的因素较多。除以上两个因素外，只要体系中存在使引发剂发生副反应的因素都会造成引发效率下降。引发剂、单体的种类、浓度、溶剂的种类、体系粘度、反应方法、反应温度等也会影响引发效率。如偶氮二异丁腈（AIBN）引发丙烯腈聚合时，引发效率为 100%，引发苯乙烯聚合的引发效率则只有 80%，引发甲基丙烯酸甲酯聚合时，引发效率仅 52%。

（4）引发剂选择　在高分子合成工业中，正确、合理地选择和使用引发剂，对于提高聚合反应速度、缩短聚合反应时间，提高生产率，具有重要意义。引发剂选择有以下几种方法：

引发剂的选择方式有：

1）根据聚合实施方法选择。乳液聚合、水溶液聚合应选择水溶性引发剂，悬浮聚合、本体聚合、溶液聚合应选择油溶性引发剂。

2）根据引发剂分解半衰期选择。高分子材料中若残存大量未分解的过氧化物，则高分子材料在加工及使用中会进一步反应，造成高分子材料被氧化，不仅颜色变黄，材料的性能也将下降。因此，通常根据需要将引发剂的残留分数控制在10%左右（在引发剂总量为单体量1%～2%的情况下）。当聚合反应时间为所用引发剂半衰期的3～8倍时，一般能满足要求。根据 $\ln[I]/[I]_0 = -k_d t$ 及 $t_{1/2} = 0.693/k_d$，引发剂的残留分数 $[I]/[I]_0$：

$$\frac{[I]}{[I]_0} = \exp\left(-\frac{0.693}{t_{1/2}}t\right)$$

若聚合反应时间 t 为 $3t_{1/2}$，则 $[I]/[I]_0 = 0.125 = 12.5\%$。通常聚合反应至少在8～12h内完成，才能有适当的生产效率。因此，应选择 $t_{1/2}$ 为4h左右。如AIBN引发苯乙烯聚合，50℃时 $t_{1/2}$ 为64.8h，70℃时 $t_{1/2}$ 为4.1h。

3）其他。高活性引发剂在聚合早期即迅速分解使得聚合后期聚合速率降低；低活性引发剂不能产生足够快的聚合速率。因此，可以选择复合引发剂使聚合速率适当。乳液聚合中的种子聚合，则是在聚合初期采用高活性引发剂以获得适当量的种子，然后再加入低活性引发剂使种子长大，并不生成新的种子。

（二）热引发

少数单体，像苯乙烯和甲基丙烯酸甲酯在加热时（或常温下）会发生自身引发的聚合反应。经研究认为，聚合反应按自由基机理进行。若单体中存在可以热分解生成自由基的杂质则也会发生热聚合反应。热聚合速率比引发剂热分解引发的聚合速率低很多，但苯乙烯、甲基丙烯酸甲酯在室温下放置一段时间后，热聚合明显，单体无法继续用于聚合。为防止热聚合在无控制下发生，单体在贮存及运输时需加入阻聚剂。

苯乙烯热引发作用的机理目前有多种。下式所示的是双分子引发机理：

$$2\underset{\substack{|\\ C_6H_5}}{CH}{=}CH_2 \longrightarrow \cdot\underset{\substack{|\\ C_6H_5}}{CH}{-}CH_3 + CH_2{=}\underset{\substack{|\\ C_6H_5}}{C}\cdot$$

引发速率方程式为：

$$R_i = k_i[M]^2$$

（三）光引发与辐射引发

光引发（photoinitiation）聚合通常是指在紫外光作用下单体的聚合反应。紫外光源一般是高压汞灯，汞灯产生的紫外光的波长范围在200～400nm，对应的能量范围为599～299kJ。而一般有机化合物的键能为：C—C 356kJ·mol^{-1}，C═C 中的π键257kJ·mol^{-1}，O—H 463kJ·mol^{-1}，C—O 358kJ·mol^{-1}，N—H 391kJ·mol^{-1}。因此，可以用紫外光照射单体，使C—C键、π键以及其他键断裂，产生自由基，引起聚合反应。然而，由于单体在吸收光能时能力的差别，实际上能用于紫外光直接引发聚合的单体是有限的（聚合速度慢）。为此，有所谓光敏引发聚合，即在体系中加入光敏剂，进行光聚合反应。光敏剂是一种容易吸收光能的物质，加入光敏剂后聚合速度大大提高了。光敏剂通常为含有羰基的物质，如安息香及其脂肪醚、二苯酮、肉桂酸酯等。光引发反应速率：

$$R_i = 2\phi\varepsilon I_0[M]$$

式中，ϕ为光引发效率，表示每吸收一个光子产生的自由基的对数，若每吸收一个光子产生两个自由基，则$\phi=1$，通常ϕ都较低，$\phi=0.01\sim0.1$；ε为摩尔吸光系数（或摩尔消光系数），通常也很小；I_0为入射光的强度。

在高分子合成工业中，光引发聚合没有引发剂引发聚合那样重要，但在功能高分子领域，光引发聚合、光敏引发聚合有着重要的意义。如涂料工业中的光敏涂料，印刷工业、微电子工业中的感光树脂等。光引发聚合有许多优点：活化能低，可在低温下聚合；聚合容易控制，聚合产物纯净。

以高能射线引发单体聚合，称为辐射聚合。高能射线有γ射线（波长范围0.05～0.0001nm），X射线（波长范围10～0.01nm），β射线，电子流。其中γ射线能量最高、穿透力强，应用广泛。γ射线主要来自^{60}Co的放射性衰变。一般共价键的键能是2.5～4eV（1eV=0.965×10^{2}kJ·mol^{-1}），有机化合物的电离能是9～11eV，γ射线的能量范围在1.17～1.33MeV。因此，γ射线辐射的结果不仅产生自由基，同时也产生离子。聚合可以是自由基引发，也可能是离子引发。

三、自由基聚合反应动力学

聚合反应动力学主要研究聚合反应速率、聚合产物相对分子质量与各种影响因素的关系。引发剂种类、用量（或浓度），聚合温度，溶剂种类和浓度，单体浓度，聚合方法等都对聚合反应速率、聚合产物相对分子质量有不同程度的影响。

（一）自由基聚合动力学方程

1. 链引发速率 R_i

链引发反应由初级自由基生成反应和单体自由基生成反应两部分组成：

$$I \xrightarrow{k_d} 2R\cdot$$

$$R\cdot + M \xrightarrow{k_i} R—M\cdot$$

式中，k_d、k_i 分别为引发剂分解速率常数、引发速率常数。

由于 $k_i \gg k_d$，因此，引发速率仅决定于初级自由基的生成速率（速率控制步骤）而与单体自由基的生成速率无关。此时，有：

$$R_i = \frac{\mathrm{d}[R\cdot]}{\mathrm{d}t} = 2\frac{\mathrm{d}[I]}{\mathrm{d}t} = 2k_d[I] \tag{2-4}$$

式中，$[R\cdot]$、$[I]$ 分别为初级自由基浓度、引发剂浓度。

由于引发剂分解生成的自由基有时不能 100% 地引发单体聚合，实际上通常用下式表示 R_i：

$$R_i = \frac{\mathrm{d}[R\cdot]}{\mathrm{d}t} = 2\frac{\mathrm{d}[I]}{\mathrm{d}t} = 2fk_d[I] \tag{2-5}$$

式中，f 为引发效率。

2. 链增长速率 R_p

链增长过程由各种链长的增长链自由基与单体的加成反应构成：

$$\mathrm{RM_1}\cdot \xrightarrow[k_{p1}]{\mathrm{M}} \mathrm{RM_2}\cdot \xrightarrow[k_{p2}]{\mathrm{M}} \mathrm{RM_3}\cdot \xrightarrow[k_{p3}]{\mathrm{M}} \longrightarrow \cdots \xrightarrow[k_{p(n-1)}]{\mathrm{M}} \mathrm{RM}_n\cdot$$

第一个基本假定：等活性假定。

由于不同链长的增长链自由基具有基本相同的结构，为进行动力学处理，引入一个基本假定：等活性假定，即：不同链长的增长链自由基具有相同的活性。此时，有：

$$k_{p1} = k_{p2} = k_{p3} = \cdots = k_{p(n-1)} = k_{pn}$$

$$R_p = k_p[M\cdot][M] \tag{2-6}$$

式中，$[M\cdot]$ 为各种链长自由基的总浓度，$[M]$ 为单体浓度。

3. 链终止速率 R_t

链终止速率以自由基消失速率表示（注意不同于自由基链转移过程）。

$$R_t = -\frac{d[M\cdot]}{dt} = R_{tc} + R_{td} \tag{2-7}$$

R_{tc}为偶合终止速率，R_{td}为歧化终止速率。

偶合终止反应：$\mathrm{M}_x\cdot + \mathrm{M}_y\cdot = \mathrm{M}_{x+y}$　$R_{tc} = 2k_{tc}[M\cdot]^2$

歧化终止反应：$\mathrm{M}_x\cdot + \mathrm{M}_y\cdot = \mathrm{M}_x + M_y$　$R_{td} = 2k_{td}[M\cdot]^2$

$$R_t = R_{tc} + R_{td} = 2k_{tc}[M\cdot]^2 + 2k_{td}[M\cdot]^2$$
$$= (2k_{tc} + 2k_{td})[M\cdot]^2 = 2k_t[M\cdot]^2$$

由于每次终止反应消耗两个自由基，所以，式中引入因子 2（也可以没有因子 2）。

第二个基本假定：稳态假定。

聚合反应经过很短一段时间后，体系自由基的浓度不再改变，处于稳定状态。此时链引发速率与链终止速率相等：

$$R_i = R_t = 2k_t[M\cdot]^2$$

$$[M\cdot] = \left(\frac{R_i}{2k_t}\right)^{1/2}$$

4. 聚合反应速率 R

第三个基本假定：聚合总速率等于链增长速率。

聚合反应速率由聚合过程中单体的消耗速率表示。单体的消耗反应由两部分构成：参加链引发反应，形成单体自由基；参加链增长反应，生成大分子。由于链增长反应消耗大量单体，因此，以链增长速率代表聚合总速率。据此，结合上述两条基本假定，有如下自由基聚合普适方程：

$$R = k_p[M]\left(\frac{R_i}{2k_t}\right)^{1/2} \tag{2-8}$$

当用引发剂引发时，$R_i = 2fk_d[I]$；热引发时（对苯乙烯），$R_i = k_i[M]^2$。

5. 关于自由基聚合速率方程的讨论

1）稳态假定不成立时，普适方程不再成立。通常仅在低转化率阶段或聚合初期（转化率<10%或更低），稳态假定成立。

2）引发速率与单体浓度有关。此时引发剂的活性很高，初级自由基的生成速率与单体自由基的生成速率接近，$R\propto[M]^{1\sim1.5}$。即聚合速率 R 与单体浓度不再是 1 次方关系。

3）双基终止不再存在。随聚合反应进行，体系粘度迅速增加或由于生成沉淀，两个增长链自由基相互反应而终止的机会大大降低，造成双基终止不易发生。此时 $R\propto[I]^{0.5\sim1}$。

（二）聚合反应速率测定

聚合反应速率可以用单位时间内单体的消耗量或聚合物的生成量表示。可以用直接法或间接法测定单体的消耗量或聚合物的生成量。

最常用的直接方法是利用单体与生成的聚合物溶解度的差别，用沉淀法测定聚合物的生成量。

间接法则是利用聚合过程中体系物性的变化间接求得聚合物的生成量。由于单体与聚合物的比体积、折光指数、粘度、介电系数、吸收光谱不同，所以，随着聚合物的不断生成，这些物性发生改变，因而可以用来间接地表示聚合物的生成量。

（三）影响聚合反应速率的因素

1. 聚合温度的影响

随着聚合温度的升高，链增长速率常数 k_p 增大，聚合速率应该增大，但链终止速率常数 k_t 也增加，聚合速率应该减少。综合结果可通过自由基聚合普适方程中的总聚合速率常数或表观速率常数 k 进行探讨。

温度对自由基聚合初期聚合速率的影响：

$$k = k_p\left(\frac{k_i}{k_t}\right)^{1/2}$$

若为引发剂引发，则有：

$$k = k_p\left(\frac{k_d}{k_t}\right)^{1/2}$$

k 与温度的关系遵循 Arrhenius 方程：

$$k = A\exp\left(-\frac{E}{RT}\right)$$

$$E = E_p + \frac{E_i}{2} - \frac{E_t}{2}$$

若为引发剂引发，则有：

$$E = E_p + \frac{E_d}{2} - \frac{E_t}{2}$$

一般情形，$E_p \approx 29\text{kJ}\cdot\text{mol}^{-1}$，$E_d \approx 125\text{kJ}\cdot\text{mol}^{-1}$，$E_t \approx 17\text{kJ}\cdot\text{mol}^{-1}$，则 $E \approx 83\text{kJ}\cdot\text{mol}^{-1}$。由于 E 较大，所以升高温度，k 增加较大，聚合速率增加较大。热引发时，E 在 $60\text{kJ}\cdot\text{mol}^{-1}$左右，升高温度，$k$ 仍增加较大，聚合速率增加明显。光及辐射引发时，E 在 $20\text{kJ}\cdot\text{mol}^{-1}$左右，升高温度 k 仅有较少增加。所以，温度对聚合速率的影响可以忽略。

2. 自动加速现象

自由基聚合过程中，聚合速率随着反应的进行并未降低反而增加的现象，称作自动加速现象。聚合速率增加可以表现为单体转化率随反应进行迅速增大，体系粘度随反应进行迅速增大。

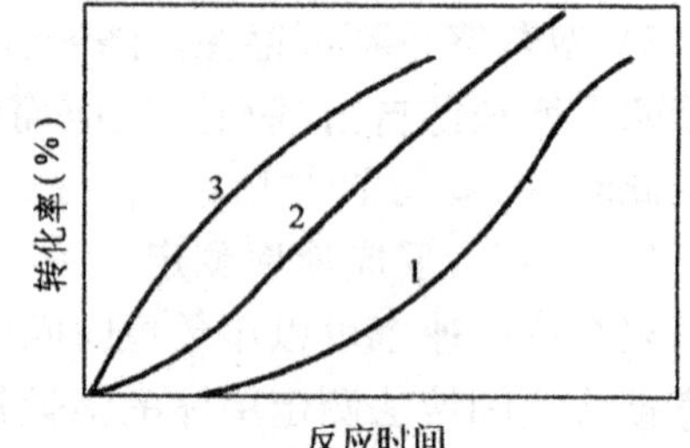

图 2-2 聚合过程中速率变化类型

图 2-2 中，曲线 1 即为出现自动加速现象时转化率随时间的变化情况。在聚合初期（通常转化率在 10%或 15%以下），转化率随时间缓慢增加；在聚合中期，转化率随时间迅速增加；聚合后期，则转化率又随时间缓慢增加，呈现 S 形的变化规律。

聚合速率随反应进行而降低，是由于单体浓度和引发剂浓度随反应进行而不断减少造成的。然而，随着聚合物的增多，体系的状态发生了变化，体系由易流动的液体开始转变成粘滞的液体。自动加速现象主要是体系粘度增加所引起的。所以，称作凝胶效应。体系粘度增加使链终止反应大大降低，链增长反应则不变或降低很少，总的结果是聚合速率大大增加。聚合后期，不仅单体浓度和引发剂浓度更加减少，体系粘度增加也造成了链增长反应的大幅度降低，总的结果是聚合速率又大大降低。

能否观察到S形的聚合度速率变化规律，即初期慢，中期加速，后期转慢的速率变化类型与引发剂的活性有关。分解速度过快的引发剂（高活性）随反应进行，浓度降低较大，虽然出现自动加速现象，但仍然弥补不了聚合速率的大大降低。因此，聚合速率表现出初期较快，中后期逐渐转慢的现象，如图2-2中的曲线3。曲线2则是速率降低与自动加速刚好相抵的结果，为匀速聚合反应速率类型。通常采用低活性的引发剂引发聚合能观察到S形的聚合度速率变化规律。与自动加速现象相对应的另一个结果是聚合物相对分子质量的增加。通常增长链自由基的寿命为0.1s、0.01s。由于终止反应速率大大降低，增长链自由基的寿命可达到几秒、甚至上百秒。因此，聚合物相对分子质量大大增加。

四、相对分子质量

（一）无链转移时的相对分子质量

1. 动力学链长

活性链从引发阶段到终止阶段所消耗的单体分子数定义为动力学链长。无链转移时，动力学链长等于链增长速率 R_p 与链引发速率 R_i 的比值：

$$\gamma = \frac{R_p}{R_i} = \frac{R_p}{R_t} = \frac{k_p[M][M\cdot]}{2k_t[M\cdot]^2} = \frac{k_p[M]}{2k_t[M\cdot]} \tag{2-9}$$

式（2-9）应用了稳态假定，将 R_i 用 R_t 代换。若将［$M\cdot$］用聚合速率 R_p 表达或用引发剂浓度［I］表达，则可以得到动力学链长的多种导出形式：

$$\gamma = \frac{k_p^2[M]^2}{2k_tR_p} = \frac{k_p[M]}{(2fk_dk_t)^{\frac{1}{2}}[I]^{\frac{1}{2}}} \tag{2-10}$$

若无链转移，双基偶合终止时，$\gamma=\overline{DP}$（聚合度）/2；双基歧化终止时，$\gamma=\overline{DP}$。因此，可以用动力学链长表示聚合度。由式（2-10）可知，增大单体浓度，相对分子质量将增加；增大引发剂浓度，相对分子质量将降低。

2. 温度对动力学链长的影响

若将式（2-10）中与温度有关的因子表达成动力学链长或聚合度综合常数 k'，则综合常数 k' 及聚合度综合活化能 E' 有如下关系式：

$$k' = A\exp-\frac{E'}{RT} \qquad E' = E_p-(E_d+E_t)/2$$

取 $E_p\approx29\text{kJ}\cdot\text{mol}^{-1}$，$E_d\approx125\text{kJ}\cdot\text{mol}^{-1}$，$E_t\approx17\text{kJ}\cdot\text{mol}^{-1}$，则 $E'=-43\text{kJ}\cdot\text{mol}^{-1}$。由于 E' 为较大的负值，所以温度升高聚合度下降。

（二）有链转移时的相对分子质量

当有链转移时，相对分子质量由下式计算：

$$\frac{1}{DP}=\frac{2k_tR_p}{k_p^2[M]^2}+C_M+C_I\frac{[I]}{[M]}+C_S\frac{[S]}{[M]} \quad (2\text{-}11)$$

式中，C_M、C_I、C_S 分别为向单体、引发剂、溶剂链转移常数。$[I]$、$[S]$ 分别为引发剂、溶剂浓度。链转移的结果使聚合度降低。式（2-11）为歧化终止时，有链转移反应时相对分子质量的表达式。若为偶合终止，则去掉表达式等号右边的第一项中的系数 2。

五、阻聚和缓聚

杂质也可以和自由基反应形成活性低、不再能引发聚合的自由基或形成非自由基。因而,对聚合反应有抑制作用。这种情况被称作阻聚作用。根据对聚合反应的抑制程度,可将阻聚作用分成阻聚和缓聚,相应地将杂质分成阻聚剂和缓聚剂。阻聚剂是使每一个自由基都终止,使聚合反应完全停止的物质;缓聚剂是仅使部分自由基终止,使聚合反应减缓的物质。由于阻聚与缓聚仅是程度上的差别,所以,通常阻聚剂和缓聚剂统称阻聚剂。由于少量阻聚剂就可以使聚合反应停止,所以,高分子合成工业要求单体及其他聚合助剂有相当高的纯度。然而,阻聚剂也很重要,单体贮存时需加入阻聚剂以防止自聚。阻聚剂还可以用来测定引发速率常数。

六、聚合热力学

聚合热力学主要阐述单体的聚合可能性，即涉及聚合反应能否发生的问题。

（一）聚合热

单体能否转变成聚合物，可由亥姆霍兹自由能的变化来判断。根据热力学原理，等温条件下的亥姆霍兹自由能变化 ΔG 与聚合热 ΔH、聚合熵 ΔS 的关系为：$\Delta G=\Delta H-T\Delta S$。$\Delta G<0$，单体能够聚合成为聚合物；$\Delta G>0$，聚合物将解聚成单体；$\Delta G=0$，单体和聚合物处于可逆平衡状态。

单体转变成聚合物时，体系的无序程度减少了，即熵减少。所以，聚合反应将使体系的 $\Delta S<0$。聚合一般是放热反应，$\Delta H<0$。如乙烯聚合时放出大量的热量（对烯类单体而言，聚合反应是打开弱的 π 键形成强的 σ 键的过程，因此是放热反应。）。由于各种情况下 ΔS 波动不大，约 $-105\sim-125\text{kJ}\cdot\text{mol}^{-1}\cdot\text{K}^{-1}$，所以，聚合倾向性主要由 ΔH 与 T 决定。

单体的聚合热与取代基的性质有很大关系，取代基的位阻效应、共轭效应将使聚合热（放热）减少；吸电子取代基将使聚合热增大；溶剂与氢键的作用也对聚合热有影响。乙烯、氯乙烯有较高的聚合热，分别为 $-95.0\text{kJ}\cdot\text{mol}^{-1}$ 和 $-95.8\text{kJ}\cdot\text{mol}^{-1}$,苯乙烯的聚合热仅为 $-69.9\text{kJ}\cdot\text{mol}^{-1}$。四氟乙烯的聚合热高达 $-154.8\text{kJ}\cdot\text{mol}^{-1}$。聚合热越大的单体，聚合倾向越强。

（二）聚合上限温度

聚合时，单体能否 100%地转化成聚合物，不仅取决于动力学因素（比如足够的聚合速度、适当的体系粘度等），还与平衡常数有关。聚合与解聚是一个可逆平衡过程，平衡常数 K_e 与未聚合的平衡单体浓度 $[M]_e$ 有如下关系：

$$K_e = \frac{1}{[M]_e} \tag{2-12}$$

$$\Delta G = \Delta G^0 + RT\ln K_e = \Delta G^0 - RT\ln[M]_e \tag{2-13}$$

ΔG^0 为标准状态下的亥姆霍兹自由能变化。

平衡时 $\Delta G = 0$，即 $\Delta G^0 - RT_e\ln[M]_e = 0, RT_e\ln[M]_e = \Delta G^0 = \Delta H^0 - T_e\Delta S^0$。则有：

$$T_e = \frac{\Delta H^0}{\Delta S^0 + R\ln[M]_e} \tag{2-14}$$

式中，ΔH^0、ΔS^0 分别为 T_e 温度时标准状态下的焓变及熵变。

由于聚合反应一般为放热反应，温度升高，反应向解聚方向移动，温度越高解聚越严重，生成的聚合物越少。所以，引出聚合上限温度。聚合上限温度通常规定为平衡单体浓度 $[M]_e = 1\text{mol}\cdot\text{L}^{-1}$时的平衡温度。

乙烯的聚合上限温度为 407℃，乙醛的聚合上限温度为 -31℃。因此，合成聚乙醛需在极低的温度下进行。

第三节 阳离子型聚合反应

离子型聚合反应是合成高分子化合物的重要反应。离子型聚合反应属链式聚合反应，活性中心是离子。根据中心离子所带电荷不同，可分为阳离子聚合反应和阴离子聚合反应。聚异丁烯、聚甲醛、聚环氧乙烷、SBS 热塑性弹性体等都是用离子型聚合反应合成的。

一、单体

能进行阳离子型聚合反应的单体有烯类化合物、醛类、环醚及环酰胺等。不同单体进行阳离子型聚合反应的活性不同。本节主要讨论烯类单体。

具有推电子取代基的烯类单体原则上都可进行阳离子聚合。推电子取代基使碳—碳双键电子云密度增加，有利于阳离子活性种（缺电子的原子或基团）的进攻；另一方面使生成的碳阳离子电荷分散而稳定。

乙烯无侧基，双键上电子云密度低，且不易极化，对阳离子活性种亲和力小。因此，难以进行阳离子聚合。丙烯、丁烯上的甲基、乙基是推电子基，双键电子云密度有所增加，但一个烷基供电不强，聚合增长速率并不太快，生成的碳阳离子是二级碳阳离子，电荷不能很好地分散，不够稳定，容易发生重排等副反应，生成更稳定的三级碳阳离子。以 3-甲基 1-丁烯为例：

$$H^+ + CH_2{=}CH{-}CH(CH_3){-}CH_3 \longrightarrow CH_3{-}CH^+{-}CH(CH_3){-}CH_3 \longrightarrow$$
$$CH_3{-}CH_2{-}C^+(CH_3)_2$$

重排的结果将导致支化。丙烯、丁烯经阳离子聚合，只能得到低分子油状物。

异丁烯有两个甲基供电，使双键电子云密度增加很多，易受阳离子活性种进攻，引发阳离子聚合。生成的 $\sim CH_2C^+(CH_3)_2$ 是三级 C^+，较为稳定。链中 $—CH_2—$ 上的氢受两边 4 个甲基的保护，不易被夺取，减少了重排、支化等副反应。因而，可以生成相对分子质量很高的线型聚合物。更高级取代的 α-烯烃，则因空间位阻，只能聚合成二聚体。异丁烯实际上是 α-烯烃中唯一能进行阳离子聚合的单体。

能进行阳离子聚合的另一个乙烯基单体是烷基乙烯基醚 $CH_2=CH—OR$。虽然烷氧基具有吸电子的诱导效应，将使双键电子云密度降低，但氧上未共用电子对能和双键形成 p-π 共轭。共轭效应占主导地位，结果使电子云密度增加。烷氧基氧上未共用电子对的共轭效应同样能使形成的碳阳离子电荷分散。结果，乙烯基烷氧基醚只能进行阳离子聚合。

二、阳离子聚合引发体系

阳离子聚合所用引发剂都是亲电试剂。常用的阳离子聚合反应引发剂如下。

(一) 质子酸

常用的质子酸有 H_2SO_4、HC1、HBr、$HClO_4$、Cl_3CCOOH 及 HF 等。其中最常用的是 H_2SO_4。质子酸在溶剂作用下，电离成 H^+ 离子与酸根阴离子，H^+ 离子与烯烃双键加成形成单体阳离子，酸根阴离子则作为反离子(或抗衡离子)存在：

$$H^+A^- + CH_2=\underset{R'}{\overset{R}{\underset{|}{\overset{|}{C}}}} \longrightarrow CH_3—\underset{R'}{\overset{R}{\underset{|}{\overset{|}{C^+}}}}A^-$$

A^- 为酸根阴离子。酸根阴离子的亲核性应该适当，亲核性过强将会再与阳离子作用生成共价键而导致链终止。如：

$$CH_3—\underset{R'}{\overset{R}{\underset{|}{\overset{|}{C^+}}}}A^- \longrightarrow CH_3—\underset{R'}{\overset{R}{\underset{|}{\overset{|}{C}}}}—A$$

在水中为强酸的物质，如氢卤酸，在非极性溶剂中，由于酸根阴离子的亲核性过强，引发阳离子聚合反应时只能得到低分子产物，作汽油、柴油、润滑油等用。在强极性介质中，酸根阴离子由于溶剂化，不易链终止，可以得到相对分子质量较高的聚合物。

(二) 阳离子源/Lewis 酸为基础的引发体系

一些缺电子物质，尤其是 Friedel-Crafts 催化剂，如 BF_3、$AlCl_3$、$SnCl_4$、$SnCl_2$、$SbCl_3$、$ZnCl_2$、$TiCl_4$ 等通常被称为 Lewis 酸。阳离子源/Lewis 酸为基础

的引发体系是一类最重要的阳离子聚合引发剂。阳离子源（可生成阳离子的化合物）主要有水、有机酸、醇、醚、卤代烷等。例如：

$$BF_3 + H_2O \longrightarrow H^+(BF_3OH)^-$$

$$AlCl_3 + HCl \longrightarrow H^+(AlCl_4)^-$$

$$SnCl_4 + R_3CCl \longrightarrow R_3C^+(SnCl_5)^-$$

上述反应释放出的质子或碳阳离子作为阳离子活性种引发聚合。能释放出质子的物质有 H_2O、ROH、HX、RCOOH 等，能释放出碳阳离子的物质有 RX、RCOX、$(RCO)_2O$ 等。阳离子源常被称作引发剂，Lewis 酸则被称作共引发剂或助引发剂。引发剂和共引发剂的不同组合、比例都将影响引发体系的活性。多数情况下，引发剂和共引发剂于某一特定比例时聚合活性最大，聚合反应速率出现最高点。引发剂用量往往很少，通常仅占共引发剂用量的百分之几至千分之几，用量过多反而会阻止或抑制聚合反应进行。

几种 Lewis 酸引发异丁烯阳离子聚合的活性顺序为：

$$BF_3 > AlCl_3 > TiCl_4 > TiBr_4 > BCl_3 > SnCl_4$$

三、阳离子聚合反应机理

（一）链引发

以 H_2O/Lewis 酸引发剂引发异丁烯阳离子聚合为例。链引发由 Lewis 酸与引发剂 H_2O 作用生成络合物产生阳离子，然后单体与阳离子反应生成单体阳离子构成：

$$BF_3 + H_2O \rightleftharpoons H^+(BF_3OH)^-$$

$$H^+(BF_3OH)^- + M \xrightarrow{k_i} HM^+(BF_3OH)^-$$

阴离子作为反离子与阳离子构成离子对，根据所用溶剂极性不同，离子对的紧密程度不同。

$$\underset{\text{共价络合物}}{H_2O \cdot BF_3} \rightleftharpoons \underset{\text{紧密离子对}}{H^+(BF_3OH)^-} \rightleftharpoons \underset{\text{溶剂隔离离子对}}{H^+ \| (BF_3OH)^-} \rightleftharpoons \underset{\text{溶剂化自由离子}}{H^+ + (BF_3OH)^-}$$

共引发剂的作用是促进阳离子的产生并使上述可逆平衡向右移动。

（二）链增长

离子对与单体发生连续的亲电加成反应使链增长。

$$\sim\underset{R}{\overset{R}{|}}\!\!\!\!C^+ + n\,CH_2{=}\underset{R}{\overset{R}{|}}\!\!\!\!C \longrightarrow \sim\underset{R}{\overset{R}{|}}\!\!\!\!C{-}(CH_2{-}\underset{R}{\overset{R}{|}}\!\!\!\!C)_{n-1}{-}CH_2{-}\underset{R}{\overset{R}{|}}\!\!\!\!C^+$$

链增长反应有如下几个特点：

1）反应速度快、增长活化能低（$E_p = 8.4 \sim 21 kJ \cdot mol^{-1}$）。

2）多种活性中心（紧密离子对、溶剂隔离离子对、溶剂化自由离子）同时增长，相对分子质量分布宽。

3）离子对的存在使链增长末端是不自由的，单体往往以头尾方式连续插入离子对中，对链节结构有一定的控制能力。聚合产物的立构规整性比自由基聚合高。

4）增长过程中有时伴有分子内重排等副反应，造成异构化。有时可以利用异构化反应制备特殊结构的聚合物，并称作异构化聚合。由于异构化反应大多是通过负氢离子转移实现的，因此又称氢转移聚合。

（三）链转移与链终止

离子聚合的链增长活性中心带有相同电荷，不能双基终止，只能单基终止。

1. 向单体转移终止

链增长活性中心向单体转移的结果，链增长末端变为不饱和结构而终止，同时产生新的离子化的单体，即单体阳离子。

$$\sim\sim\mathrm{C^+(CH_3)_2} + \mathrm{CH_2{=}C(CH_3)_2} \longrightarrow \sim\sim\mathrm{C({=}CH_2)CH_3} + \mathrm{CH_3{-}C^+(CH_3)_2}$$

上述反应既可以是单分子机理，即链增长末端变为不饱和结构而终止，同时释放出 H^+，H^+ 再与单体反应生成单体阳离子；也可以是双分子机理，即链增长末端变为不饱和结构而终止的同时，H^+ 加成到单体上。向单体转移终止是阳离子聚合反应中最主要的终止方式之一，其链转移常数 C_M 比自由基聚合的 C_M 高 2～3 个数量级。

2. 向反离子转移终止

链增长活性中心向反离子转移终止的结果，链增长末端变为不饱和结构而终止，同时，再生出引发剂/共引发剂络合物，可以再引发聚合。

$$\sim\sim\mathrm{C^+(CH_3)_2}\,(\mathrm{BF_3OH})^- \longrightarrow \sim\sim\mathrm{C({=}CH_2)CH_3} + \mathrm{H^+}\,(\mathrm{BF_3OH})^-$$

上述转移终止的结果动力学链不终止，仅相对分子质量降低。

3. 与反离子结合终止

当反离子的亲核性较大时，链增长活性中心与反离子结合，形成共价键而终止。此时动力学链终止，活性中心浓度降低。

$$-\mathrm{CH_2}-\underset{\mathrm{C_6H_5}}{\mathrm{CH^+}}\,(\mathrm{OOCCF_3})^- \longrightarrow -\mathrm{CH_2}-\underset{\mathrm{C_6H_5}}{\mathrm{CH}}-\mathrm{OOCCF_3}$$

4. 与反离子碎片结合终止

$$\sim\sim\sim\overset{\displaystyle CH_3}{\underset{\displaystyle CH_3}{\overset{|}{\underset{|}{C^+}}}}(BF_3OH)^- \longrightarrow \sim\sim\sim\overset{\displaystyle CH_3}{\underset{\displaystyle CH_3}{\overset{|}{\underset{|}{C}}}}—OH + BF_3$$

此时动力学链终止，活性中心浓度降低。

5. 外加终止剂终止

外加终止剂终止是离子聚合主要的终止方式，虽然本质上仍然是活性链向终止剂转移终止，但新产生的离子没有引发能力，无法形成新的动力学链。

$$\sim\sim\sim Mn^+(BF_3OH)^- + XP \longrightarrow \sim\sim\sim MnP + X^+(BF_3OH)^-$$

终止剂通常是水、醇、醚、胺等物质，用量极少时是引发剂，用量大时是终止剂。

四、阳离子聚合反应动力学

若用 A 表示共引发剂、RH 表示主引发剂，则阳离子聚合各基元反应速率方程为：

（一）链引发速率方程

$$A + RH \overset{K}{\rightleftharpoons} H^+(AR)^-$$

$$H^+(AR)^- + M \xrightarrow{k_i} HM^+(AR)^-$$

$$[H^+(AR)^-] = K[A][RH]$$

链引发速率 R_i：

$$R_i = k_i[H^+(AR)^-][M] = k_iK[A][RH][M] \tag{2-15}$$

式中，$[RH]$为引发剂浓度；$[A]$为共引发剂浓度；$[H^+(AR)^-]$ 为引发剂/共引发剂所形成的活化络合物浓度；$[M]$为单体浓度；K 为络合平衡常数；k_i 为引发速率常数。

（二）链增长速率方程

$$HM^+(AR)^- + nM \longrightarrow HM_{n+1}^+(AR)^-$$

链增长速率 R_p：

$$R_p = k_p[HM_{n+1}^+(AR)^-][M] = k_p[H^+(AR)^-][M] \tag{2-16}$$

式中，$[HM_{n+1}^+(AR)^-]$ 为增长着的各种链长离子对总浓度。

（三）链终止速率方程

阳离子聚合有多种终止方式，不同的终止方式将得到不同的聚合动力学方程。若仅考虑增长链活性中心与反离子的各种反应造成的终止（单基终止）：向反离子转移终止、与反离子结合终止、与反离子碎片结合终止，则链终止速率方程可以表示为：

链终止速率方程

$$HM_{n+1}^{+}(AR)^{-} \longrightarrow HM_nM(AR)$$

链终止速率 R_t：

$$R_t = k_t[HM_{n+1}^{+}(AR)^{-}] = k_t[H^{+}(AR)^{-}] \tag{2-17}$$

虽然阳离子聚合的终止方式多，但主要是转移终止，真正的动力学链终止可能不存在，通常 $R_i > R_t$，稳态假定很难建立。但为了动力学处理，仍作稳态假定，令 $R_i = R_t$，则有：

$$[H^{+}(AR)^{-}] = k_iK[A][RH][M]/k_t$$

聚合总速率 R：

$$R = R_p = k_pk_iK[A][RH][M]^2/k_t \tag{2-18}$$

（四）平均聚合度

平均聚合度：若仅考虑单基终止，则有：

$$\overline{DP} = R_p/R_t = k_p[H^{+}(AR)^{-}][M]/k_t[H^{+}(AR)^{-}] = k_p[M]/k_t \tag{2-19}$$

注意：平均聚合度的推导并未用到稳态假定。

考虑向单体、溶剂（链转移剂）转移时，有：

$$\overline{DP} = \frac{R_p}{R_t + R_{tr,M} + R_{tr,S}} \tag{2-20}$$

$$\frac{1}{\overline{DP}} = \frac{R_t + R_{tr,M} + R_{tr,S}}{R_p} = \frac{R_t}{R_p} + \frac{R_{tr,M}}{R_p} + \frac{R_{tr,S}}{R_p} \tag{2-21}$$

向单体链转移速率 $R_{tr,M} = k_{tr,M}[HM_{n+1}^{+}(AR)^{-}][M]$，向溶剂链转移速率 $R_{tr,S} = k_{tr,S}[HM_{n+1}^{+}(AR)^{-}][S]$，单基终止速率 $R_t = k_t[HM_{n+1}^{+}(AR)^{-}]$，链增长速率 $R_p = k_p[HM_{n+1}^{+}(AR)^{-}][M]$，将以上各式代入（2-21）得：

$$\frac{1}{\overline{DP}} = \frac{k_t}{k_p[M]} + C_M + C_S\frac{[S]}{[M]} \tag{2-22}$$

式中，$C_M = k_{tr,M}/k_p$、$C_S = k_{tr,S}/k_p$ 分别为向单体、溶剂转移常数。

不存在向溶剂链转移时，有：

$$\frac{1}{\overline{DP}} = \frac{k_t}{k_p[M]} + C_M \tag{2-23}$$

五、阳离子聚合基元反应速率常数

（一）实验测定

由于阳离子聚合各基元反应速率常数不仅与单体种类、温度有关，而且还与引发剂体系、溶剂性质有关（近年来的研究表明，引发剂体系及溶剂性质对阳离子聚合反应有非常重要的影响）。所以，实验测定的基元反应速率常数一般是特定体系的参数值。

1. k_t/k_p、C_M 值测定

根据式（2-23），当不存在向溶剂链转移时，测定不同单体浓度［M］时聚合度 $\overline{DP}$ 的值，以 $1/\overline{DP}$ 对 1/［M］作图，直线斜率为 k_t/k_p，截距为 $C_M = k_{tr,M}/k_p$。

2. k_p 值测定

采用高活性引发剂使 $R_i > R_p$，令活化络合物的浓度 $[H^+(AR)^-]$ 等于引发剂（阳离子给体）的浓度，测定不同单体浓度下，聚合速率 R_p 的值，根据式 $R_p = k_p[H^+(AR)^-][M]$，以［M］对 R_p 作图，直线斜率为 $k_p[H^+(AR)^-]$，由于 $[H^+(AR)^-]$ 已知，可以求出 k_p 的值。

（二）动力学参数比较

阳离子聚合与自由基聚合动力学参数比较见表 2-2。

表 2-2　阳离子聚合与自由基聚合动力学参数比较

参　数	k_p/[L·(mol·s)$^{-1}$]	k_t/[L·(mol·s)$^{-1}$]	$k_{tr,M}$/[L·(mol·s)$^{-1}$]	活性中心/[mol·L^{-1}]
阳离子聚合	10^5	10^{-2}	10^{-1}(主要转移方式)	10^{-3}
自由基聚合	$10^{2\sim4}$	10^7	个别单体	10^{-8}

由表可见，阳离子聚合的 k_p 比自由基聚合的 k_p 大，活性中心浓度也比自由基聚合的高，且 k_t 比自由基聚合的 k_t 小得多。所以，阳离子聚合反应速率相当快，如乙酸叔丁酯-三氯化硼引发体系在二氯甲烷中引发异丁烯聚合时，聚合转化率为 100%。在 −30℃时，反应时间仅 15min。通常自由基聚合时，聚合转化率达 85%就需要几个小时。

六、影响阳离子聚合的因素

（一）温度的影响

阳离子聚合反应中，平均聚合度与反应温度的关系遵守 Arrehnius 方程：

$$\overline{DP} = A\exp\left(-\frac{E_{\overline{DP}}}{RT}\right)$$

$$E_{\overline{DP}} = E_p - (E_t + E_{tr})$$

聚合度活化能很小甚至为负值（29～−31kJ·mol·L^{-1}）。因此，为获得相对分子质量高的聚合产物，阳离子聚合一般要在相当低的温度下进行，工业上合成聚异丁烯时的温度是 −100℃。

聚合反应速率常数与反应温度的关系亦遵守 Arrehnius 方程：

$$k_R = A\exp\left(-\frac{E_R}{RT}\right)$$

$$E_R = E_p + E_i - E_t$$

聚合反应速率活化能 E_R 通常亦很小甚至为负值（41～−21kJ·mol^{-1}）。因此，

往往出现聚合反应速率随温度降低而增加的现象，阳离子聚合反应有所谓“低温高速”之说。

（二）溶剂及反离子的影响

溶剂直接影响引发剂及增长链末端的离子化程度。若引发剂不能离解成离子化的物种，仍以共价键化合物形式存在，则一般无引发活性或引发活性很低，而增长链末端的离子化程度低，则难以进行有效的链增长反应。虽然在某些情况下体系中无离子检出，却仍能引发阳离子聚合，即所谓假阳离子聚合，但此时聚合能力很低。如 $S_t/CH_2Cl_2/HClO_4$ 体系在 30～－20℃ 聚合，即存在假阳离子聚合，链增长速率很低，相对分子质量也很低。

研究表明，溶剂化自由离子的链增长速率常数 k_+ 要比离子对的链增长速率常数 $k_\pm$ 大 1～3 个数量级，即溶剂化程度越大，离子化程度越高，离子聚合反应速率越快。然而，离子化程度越高也使阳离子聚合链转移等副反应越容易发生。

反离子的亲核性及体积影响离子对的溶剂化能力，从而影响引发剂及增长链末端的离子化程度。反离子的亲核性太强，将使链终止，不利于溶剂化，反离子体积越大，离子对越松散。目前，通过适当选择反离子的种类、溶剂的种类，已经有效地控制了阳离子聚合反应中链转移、链终止等副反应的发生，实现了活性阳离子聚合。

第四节 阴离子型聚合反应

一、单体

能够进行阴离子型聚合反应的单体与能够进行阳离子型聚合反应的单体相反。以烯类单体为例，带有吸电子取代基的烯类单体往往可以发生阴离子型聚合反应，比如丙烯腈 $CH_2═CHCN$ 、甲基丙烯酸甲酯 $CH_2═C(CH_3)COOCH_3$ 、丙烯酸甲酯 $CH_2═CHCOOCH_3$ 、硝基乙烯 $CH_2═CHNO_3$ 、二氯乙烯 $CH_2═CCl_2$ 等。阴离子型聚合反应的活性中心为带负电荷的物种，具有亲核性，吸电子取代基能使双键上电子云密度降低，使双键带有一定的正电性，即具有亲电性。因此，有利于亲核性的阴离子进攻。吸电子取代基还将使形成的碳阴离子的负电荷分散而稳定。

具有 π-π 共轭体系的非极性单体既能进行阳离子型聚合反应又能进行阴离子型聚合反应，还可以进行配位聚合反应及自由基聚合反应，如苯乙烯、丁二烯、异戊二烯等。极性单体丙烯腈 $CH_2═CHCN$ 、甲基丙烯酸甲酯 $CH_2═C(CH_3)COOCH_3$ 、丙烯酸甲酯 $CH_2═CHCOOCH_3$ 、硝基乙烯 $CH_2═CHNO_3$ 也存在 π-π 共轭体系，但由于取代基较强的吸电子效应，这类单体不能进行阳离子聚合。

甲醛可以进行阴、阳离子聚合。环氧乙烷、环氧丙烷、已内酰胺可以进行阴离子聚合。

二、阴离子聚合引发体系

各种亲核试剂（给电子体），如碱金属、金属氨基化合物、金属烷基化合物、烷氧基化合物、氢氧化物、吡啶、水都可以作为阴离子型聚合反应的引发剂。

（一）电子转移引发体系

锂、钠、钾等碱金属，由于容易失掉最外层的一个电子，将电子转移给单体或其它物质使其成为阴离子，从而引发聚合。

电子直接转移引发：碱金属直接将电子转移给单体，形成自由基阴离子，两个自由基阴离子发生自由基偶合反应形成双阴离子，双阴离子引发单体聚合：

$$\mathrm{Na} + \mathrm{CH_2{=}\underset{\underset{X}{|}}{CH}} \longrightarrow \mathrm{Na^+\overset{-}{C}H_2{=}\underset{\underset{X}{|}}{CH}}\cdot \longleftrightarrow \cdot\mathrm{CH_2{-}\underset{\underset{X}{|}}{\overset{-}{C}H}Na^+}$$

$$2\mathrm{Na^+\overset{-}{C}H_2{-}\underset{\underset{X}{|}}{CH}}\cdot \longrightarrow \mathrm{Na^+\overset{-}{C}H_2{-}\underset{\underset{X}{|}}{CH}{-}\underset{\underset{X}{|}}{CH}{-}\overset{-}{C}H_2\,Na^+} \xrightarrow{nM}$$

$$\mathrm{M_x{-}CH_2{-}\underset{\underset{X}{|}}{CH}{-}\underset{\underset{X}{|}}{CH}{-}CH_2{-}M_y}$$

第二次世界大战期间，前苏联曾用钠作引发剂成功制备了聚丁二烯橡胶，即所谓丁钠橡胶。由于碱金属一般不溶于单体和溶剂，电子直接转移引发多为非均相过程，引发剂利用率不高。

电子间接转移引发：碱金属将电子转移给某种物质，携带电子的物质（通常称作中间体）再把电子转移给单体，形成自由基阴离子，继而引发聚合。最典型的电子间接转移引发反应为在四氢呋喃（THF）溶剂中，钠与萘构成的自由基阴离子中间体（萘基钠）引发苯乙烯聚合的反应：

$$\mathrm{Na} + \text{(萘)} \xrightarrow{\mathrm{THF}} [\text{萘自由基阴离子}(\mathrm{C^-},\ \mathrm{C}\cdot)]\,\mathrm{Na^+}$$

$$[\text{萘自由基阴离子}(\mathrm{C^-},\ \mathrm{C}\cdot)]\,\mathrm{Na^+} + \mathrm{CH_2{=}\underset{\underset{X}{|}}{CH}} \longrightarrow \mathrm{Na^+\overset{-}{C}H_2{-}\underset{\underset{X}{|}}{CH}}\cdot \longleftrightarrow$$

$$\cdot CH_2-\underset{X}{\underset{|}{C}}H^-Na^+ + \text{(萘)}$$

$$2Na^+CH_2^- - \underset{X}{\underset{|}{C}}H\cdot \longrightarrow Na^+CH_2^- - \underset{X}{\underset{|}{C}}H - \underset{X}{\underset{|}{C}}H - CH_2^-Na^+ \xrightarrow{nM}$$

$$M_x - CH_2 - \underset{X}{\underset{|}{C}}H - \underset{X}{\underset{|}{C}}H - CH_2 - M_y$$

在适当的溶剂中，钠很容易与萘反应生成萘基钠，并得到均相溶液体系，提高了碱金属的利用率。萘基钠引发体系引发苯乙烯等非极性单体聚合时，由于不存在链转移和链终止等副反应，使该引发体系成为典型的活性阴离子聚合引发体系。

（二）有机金属化合物引发体系

这类引发剂主要有金属氨基化合物、金属烷基化合物、格利雅试剂等。常见的金属氨基化合物有 $NaNH_2-NH_3$（液态氨）、KNH_2-NH_3（液态氨）体系。

$$KNH_2 \xrightleftharpoons{NH_3} K^+ + NH_2^-$$

$$K^+NH_2^- \xrightarrow{nM} NH_2-Mn^-K^+$$

常用的金属烷基化合物为正丁基锂 n-C_4H_9Li。正丁基锂引发剂的特点是能溶于非极性的烃类溶剂，如苯、甲苯、己烷、环己烷等，聚合反应是均相的，并可以用来引发多种烯烃聚合。正丁基锂引发剂的另一个特点是在非极性溶剂中表现出强烈的缔合现象，缔合的结果使聚合速率显著降低，但所得聚合产物的立构规整性增加了。在极性溶剂中或通过在非极性溶剂中添加 Lewis 碱可以使烷基锂的缔合度降低，甚至完全解缔合。

（三）其他亲核试剂

ROH、R_3N 化合物、氢氧化物、吡啶、水等亲核试剂为较低活性的引发剂，只能引发很活泼的单体聚合。

阴离子聚合单体活性顺序：

偏二氰基乙烯 $CH_2=C(CN)_2$ >α-氰基丙烯酸乙酯 $CH_2=C(CN)COOC_2H_5$ >硝基乙烯 $CH_2=CHNO_2$ >丙烯腈 $CH_2=CHCN$ >甲基丙烯腈 $CH_2=C(CH_3)CN$ >丙烯酸甲酯 $CH_2=CHCOOCH_3$ >甲基丙烯酸甲酯 $CH_2=C(CH_3)COOCH_3$ >苯乙烯 $CH_2=CHC_6H_5$ 、丁二烯 $CH_2=CH-CH=CH_2$ 。

硝基乙烯及活性高于硝基乙烯的单体可以用 ROH、R_3N 化合物、氢氧化物、吡啶、水等较低活性的引发剂引发聚合；丙烯腈、甲基丙烯腈可以用烷氧基金属化合物 ROLi、ROK，强碱等中等活性引发剂引发聚合；丙烯酸甲酯、甲基丙烯酸甲酯可以用格利雅试剂 RMgX，t-ROLi 等较高活性引发剂引发聚合，苯乙烯、丁二烯则需用碱金属、烷基锂等高活性引发剂引发聚合。

三、活性阴离子聚合体系

无转移、无终止的聚合体系被称作活性聚合体系或“活”的聚合体系。活性聚合体系最早出现在阴离子聚合反应中，由 Szwarc 于 1956 年在 THF 中用萘基钠引发苯乙烯聚合时首次发现。THF 中萘基钠呈绿色，加入苯乙烯后，绿色溶液很快转变成苯乙烯阴离子特有的红色。随着聚合反应进行，直到单体消耗尽，红色也不消失，若再加入单体，聚合反应可继续进行，聚合物的相对分子质量也随之增加，聚合物仿佛是“活”的。

（一）活性聚合的条件

无转移、无终止是实现活性聚合的保证。为此，体系应非常纯净无杂质，不存在向单体的链转移，溶剂不是链转移剂，增长的活性链之间不存在双基终止。

阳离子聚合不存在双基终止，但即使不发生向溶剂的链转移反应，不发生与反离子的结合终止及向反离子的转移终止，由于阳离子聚合易发生向单体的链转移反应，使活性阳离子聚合很长时间内无法实现。由于阳离子链增长速率常数比链转移速率常数大几个数量级，通过仔细调节阳离子聚合链增长末端离子对相互作用的大小（如选择适当的引发剂、给电子体、不同极性的溶剂等），就有可能抑制向单体的链转移及其他的链转移反应。1984 年 Higashimura 等采用 HI/I_2 引发体系，成功地实现了乙烯基醚类单体的可控活性阳离子聚合。

阴离子聚合同样不存在双基终止，当用苯乙烯、丁二烯等非极性、低活性的单体时，亦不存在向单体的链转移反应。阴离子聚合的反离子 Na^+、K^+、Li^+ 等亲电性很弱，难以造成反离子结合终止或向反离子的转移终止。因此，阴离子聚合成为首次实现的活性聚合体系。

（二）活性聚合的特点

活性聚合有 4 个特点：①聚合产物的相对分子质量呈单分散性（即每一个聚合物大分子几乎具有相同的长度）；②聚合产物具有活性端基，可以用于制备遥爪聚合物（两端带有官能团的聚合物）、嵌段聚合物；③可以实现化学计量聚合；④聚合动力学过程为快引发、慢增长、无终止、无转移。

四、影响阴离子聚合的因素

（一）温度的影响

一般情况下，阴离子聚合链增长活化能为较小的正值，如聚苯乙烯基钠在 THF 中的链增长活化能为 16.6（自由离子）～$36kJ\cdot mol^{-1}$（紧密离子对）。因此，聚合速率对温度不敏感，随着温度的升高，略有增加。由于温度影响各种离子对形式的共存平衡，在各种离子对形式共存的体系中，则链增长活化能（表观活化能）随温度变化而变化，可以是负值，随温度升高聚合速率降低。

（二）溶剂的影响

与阳离子聚合相似，极性溶剂使松散离子对及自由离子浓度增多，将使聚合速率增大。

五、离子聚合中的立构规整性

由于离子聚合中反离子的存在，使得链增长末端是不自由的，这虽然会使聚合速率降低，但同时也产生了非常有意义的结果，它使得单体在插入到离子对中间而增长时，会以某个特定的空间构型进行，从而使得离子聚合有一定程度的立体结构控制能力。如常温下丁二烯自由基聚合只得到10%～20%的顺式1,4结构，在非极性溶剂戊烷中用正丁基锂聚合则可以得到35%的顺式1,4结构。

第五节 配 位 聚 合

配位聚合在聚合物合成史上具有非常重要的意义，它不但实现了丙烯的聚合、乙烯的低温低压聚合，而且获得了立构规整性极高的聚合物。同时，通过对聚合机理的探索、阐述，产生了一类新的聚合体系——配位聚合体系。配位聚合体系的建立在高分子科学领域里起着里程碑式的作用，用配位聚合方法合成的聚烯烃树脂已成为当今世界上最大品种的合成树脂。配位聚合的发明者德国的Ziegler（1953年）和意大利的Natta（1954年）也因在络合引发体系、配位聚合机理、有规立构聚合物的合成、表征等方面的研究成就而被授予1963年度诺贝尔化学奖。

一、配位聚合引发体系

用于配位聚合的引发剂一般叫做络合催化剂，又称Ziegler-Natta催化剂。1952年Ziegler用三乙基铝$Al(C_2H_5)_3$与乙烯反应，发现三乙基铝的三个$Al—C_2H_5$键可以插入乙烯链节单元，并得到三条长链的烷基铝，这一发现表明，乙烯可以在碳—铝键之间插入。1953年，经过进一步的实验发现，当将三乙基铝与四氯化钛配合使用时，则可得到聚乙烯的白色粉末。三乙基铝与四氯化钛的混合物就是著名的Ziegler催化剂。Natta将Ziegler催化剂用于聚丙烯合成，结果得到的是橡胶状的产物，将橡胶状产物用溶剂萃取，得到一种白色粉末，熔点在160℃以上，占全部产物的40%。用X射线分析发现，这种白色粉末有高的结晶度。Natta的研究小组认为，高结晶度的产生是由于生成了立构规整性相当高的聚丙烯，从而提出了立构规整聚合的概念（关于分子链结构单元的立体构型规整性的介绍见第三章第一节）。Natta发现立构规整性是基于固体催化剂表面的规则性而产生的。因此，用在溶剂中不溶的结晶性三氯化钛 $TiCl_3$ 代替四氯化钛 $TiCl_4$，使高度结晶的聚丙烯白色粉末的含量达到 85%。分析表明，此聚丙烯为全同立构结构。$Al(C_2H_5)_3$ 与 $TiCl_3$ 的混合物被称作 Natta 催化剂。后来的研究表明，周期表中各过渡金属的卤化物或卤氧化物与烷基铝或卤化烷基铝的混合物都有不同程度的定向聚合（立构有规聚合）能力。因此，定向聚合引发体系是一大类体系。由于后来的研究表明，只有适当配比的烷基铝与过渡金属卤化物形成的络合物才有催化活性，所以这类催化剂又称络合催化剂。进一步的研究还发现，只有当单体与络合催化剂发生配位反应时才有可能得到立构有规的聚合产物。因此，采用 Ziegler-Natta 催化剂进行的聚合反应又叫作配位聚合反应。

二、配位聚合机理

配位聚合机理认为：单体在进行聚合时，首先在络合催化剂的空位上配位，形成单体与催化剂的络合物（通常称作 σ-π 络合物），然后单体再插入到催化剂的金属—碳键之间，络合与插入不断重复进行，从而生成相对分子质量高的聚合产物。

单烯烃和双烯烃与催化剂的配位及插入过程不同，生成全同立构与间同立构聚合产物时，单体与催化剂的配位与插入过程也不同。配位聚合过程可示意如下：

$$\overset{\delta+}{[M_t]}\cdots\overset{\delta-}{CH_2}-\underset{\underset{R}{|}}{CH}-Pn \quad (\text{配位：}[M_t] \text{ 下方虚方框内 } CH_2{=}\underset{\underset{R}{|}}{CH}) \longrightarrow \overset{\delta+}{[M_t]}\cdots\overset{\delta-}{CH_2}-\underset{\underset{R}{|}}{CH}-P_n \quad (\vdots\ CH_2\cdots\underset{\underset{R}{|}}{CH}) \longrightarrow$$

$$\overset{\delta+}{[M_t]}\cdots\overset{\delta-}{CH_2}-\underset{\underset{R}{|}}{CH}-CH_2-\underset{\underset{R}{|}}{CH}-P_n \quad ([M_t] \text{ 下方为虚方框空位})$$

其中，$[M_t]$ 为过渡金属；虚方框为空位；P_n 为聚合物链。单体插入到金属—碳键之间后，腾出空位，下一个单体继续同样的过程，得到聚合物。

金属—碳键有一定程度的离子性质，增长链末端带有部分负电荷时，金属则带有部分正电荷，此时为配位阴离子聚合，反之为配位阳离子聚合。α-烯烃只能配位阴离子聚合，共轭二烯除能进行配位阴离子聚合外，也有按配位阳离子聚合机理聚合的情况。

上述过程可以概括成如下特点：

（1）链引发　单体分子与催化剂配位，形成四中心（或六中心）过渡态，然后插入到金属—碳键之间。

（2）链增长　单体分子以与链引发时相同的方式不断插入到金属—碳键之间。

(3) 链终止 主要以下列三种方式进行：

1) 与过剩烷基铝的交换反应

$$M_t—CH_2—\underset{CH_3}{\underset{|}{CH}}—(CH_2—\underset{CH_3}{\underset{|}{CH}})_nR + Al(C_2H_5)_3 \longrightarrow$$

$$[M_t]—CH_2CH_3 + (C_2H_5)_2—AlCH_2—\underset{CH_3}{\underset{|}{CH}}—(CH_2—\underset{CH_3}{\underset{|}{CH}})_n—R$$

络合物 $[M_t]—CH_2CH_3$ 可继续与单体发生聚合反应。因此，该反应属于动力学链不终止的转移终止。

2) 向单体的链转移。

$$M_t—CH_2—\underset{CH_3}{\underset{|}{CH}}—(CH_2—\underset{CH_3}{\underset{|}{CH}})_nR + CH_2{=}\underset{CH_3}{\underset{|}{CH}} \longrightarrow$$

$$[M_t]—CH_2CH_2CH_3 + CH_2{=}\underset{CH_3}{\underset{|}{C}}(CH_2—\underset{CH_3}{\underset{|}{CH}})_nR$$

此过程动力学链同样未终止。

3) 自发终止

$$M_t—CH_2—\underset{CH_3}{\underset{|}{CH}}—(CH_2—\underset{CH_3}{\underset{|}{CH}})_nR \longrightarrow [M_t]—H + CH_2{=}\underset{CH_3}{\underset{|}{C}}(CH_2—\underset{CH_3}{\underset{|}{CH}})_nR$$

$[M_t]—H$ 可再与单体反应，重新形成活性中心，继续引发聚合。

实际上，上述三种过程并未使动力学链真正终止。虽然有上述的链转移终止反应发生，配位聚合反应中，活性链的寿命很长，可以是几分钟甚至几小时。因此，可以得到相对分子质量相当高的聚合产物。另外，由于不存在活性链向大分子链的链转移反应，聚合物几乎是无支链的、线形的、高度结晶的。由于相对分子质量巨大，工业上通常是向反应体系中通入氢气调节配位聚合产物的相对分子质量。

三、丙烯配位聚合的双金属机理和单金属机理

(一) Natta 的双金属机理

Natta 的双金属机理认为，过渡金属卤化物与烷基铝形成双金属碳桥络合物，然后引发聚合。

链引发：

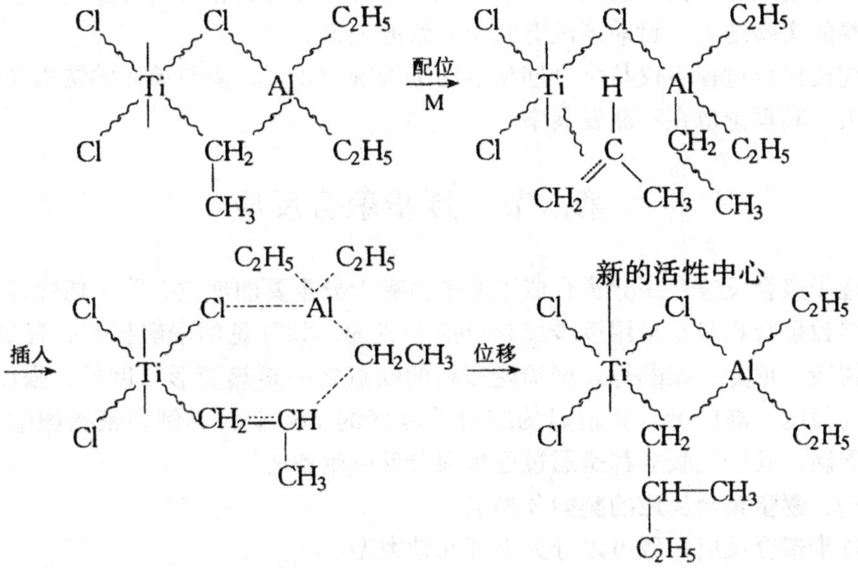

链增长：络合、插入、位移交替进行。

（二）Cossee-Arlman 的单金属机理

Cossee -Arlman 的单金属机理认为，配位聚合的活性中心是由单一的过渡金属钛构成的，烷基铝的作用仅仅是将烷基转移到过渡金属钛上。

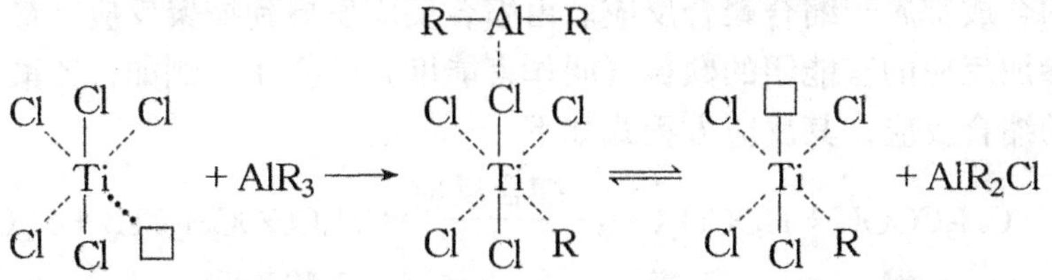

单体在活性中心的空位上配位，进而形成四元环过渡态，然后插入到 Ti—R 键之间，R 移位到单体的末端，留下空位。

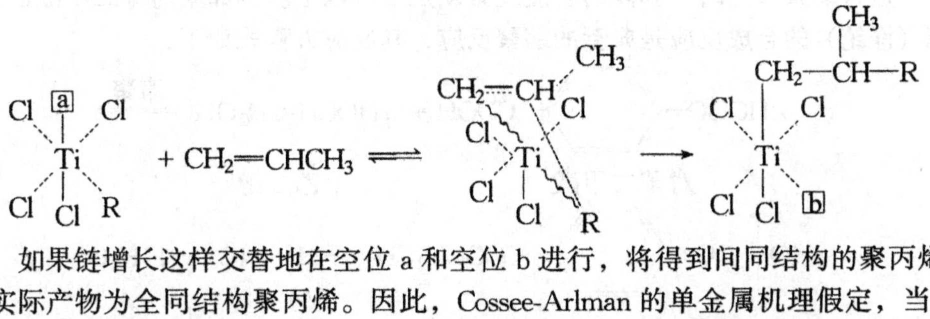

如果链增长这样交替地在空位 a 和空位 b 进行，将得到间同结构的聚丙烯，而实际产物为全同结构聚丙烯。因此，Cossee-Arlman 的单金属机理假定，当出现空位 b 时，是不稳定的结构，在其引发聚合前，R 基团（或聚合物链）将移到空位 b，而空出空位 a，由空位 a 引发聚合。

无论是双分子机理还是单分子机理，各自都有与其相符的许多实验事实及不能解释的实验结果，目前还没有完全一致的理论。

配位聚合过程不仅与络合催化剂的结构密切相关，尚与单体的结构和反应条件有关，其理论也在不断发展中。

第六节　逐步聚合反应

逐步聚合反应在高分子合成工业中占有十分重要的地位，除聚烯烃外，几乎绝大多数聚合物都是采用逐步聚合反应合成的，如常见的酚醛树脂、环氧树脂、脲醛树脂、尼龙、聚酯等。聚烯烃塑料的缺点之一是热变形温度低、强度不高，一些高强度、高模量、高耐温的综合性能好的工程塑料，例如聚碳酸酯、聚苯醚、聚砜、聚酰亚胺等都是通过逐步聚合反应制备的。

一、逐步聚合反应的类型及特点

逐步聚合反应大致可以分为下列几种类型。

（一）缩合聚合反应（缩聚反应）

缩合聚合反应简称缩聚反应，是缩合反应经多次重复形成聚合物的过程。缩聚反应与缩合反应相似，为官能团之间的反应，反应过程有小分子副产物脱除，且大多数是可逆反应。缩聚反应是逐步聚合反应中最重要的一类反应，许多重要聚合物的合成都属于缩合聚合反应。由缩合反应发展到缩聚反应，最重要的变化是能够参加反应的官能团的数目（叫作官能度）的变化。例如，乙酸乙酯的合成是典型的缩合反应，其反应方程式如下：

$$\underset{\text{乙酸}}{CH_3COOH} + \underset{\text{乙醇}}{HOCH_2CH_3} \xrightarrow{\text{缩合反应}} \underset{\text{乙酸乙酯}}{CH_3COOCH_2CH_3} + H_2O$$

乙酸的官能度为 1，乙醇的官能度为 1。

进行缩聚反应时，单体的官能度必须是 2 或以上。例如聚对苯二甲酸乙二醇酯（涤纶）的合成反应是典型的缩聚反应，其反应方程式如下：

$$\underset{\text{对苯二甲酸}}{n\,HOOC-C_6H_4-COOH} + \underset{\text{乙二醇}}{n\,HOCH_2CH_2OH} \underset{}{\overset{\text{缩聚}}{\rightleftharpoons}}$$

$$\underset{\text{聚对苯二甲酸乙二醇酯}}{HO\left[OC-C_6H_4-COOCH_2CH_2O\right]_nH} + (2n-1)H_2O$$

对苯二甲酸的官能度为 2，乙二醇的官能度为 2。因此，若进行缩聚反应，则必须满足官能度的要求。通常缩聚反应的官能度构成为 2-2 官能度体系、2-3 官能度体系及 3-4 官能度体系。2-2 官能度体系得到的是线型缩聚产物，2-3 官能度体系及 3-4 官能度体系则生成体型缩聚产物。

缩聚反应又细分为均缩聚反应、混缩聚反应及共缩聚反应。均缩聚反应的单体只有一种，但单体带有两种不同的官能团。例如，结构为 HO—R—COOH 形式的单体，此单体为 2 官能度体系，可以发生均缩聚反应生成聚合物。含有不同官能团的两种单体分子间进行的缩聚反应则为混缩聚反应。例如，结构为 $HO—R_1—OH + HOOC—R_2—COOH$ 形式的单体体系，在均缩聚反应、混缩聚反应体系中再加入另外一种单体而进行的缩聚反应则为共缩聚反应：

$$n\,HO—R_1—OH + m\,HO—R_2—OH + k\,HOOC—R_3—COOH \longrightarrow 聚合物$$

根据缩聚反应的热力学特征，缩聚反应又可分为可逆（平衡）缩聚反应与不可逆（非平衡）缩聚反应。缩聚反应不同程度上都存在逆反应，平衡常数小于 10^3 的缩聚反应，聚合时必须充分除去小分子副产物，才能获得相对分子质量较高的聚合产物，通常称作可逆缩聚反应。如由二元醇、二元胺与二元羧酸合成聚酯、聚酰胺的反应。平衡常数大于 10^3 的缩聚反应，官能团之间的反应活性非常高，聚合时几乎不需要除去小分子副产物，且可获得相对分子质量高的聚合物，如由二元酰氯同二元胺生成聚酰胺的反应。

（二）逐步加成反应（聚加成反应）

逐步加成反应的每一步都是官能团间的加成反应，反应过程中没有小分子副产物析出。用逐步加成反应制备的聚合物最具代表性的是聚氨酯。聚氨酯的性能可以在非常大的范围内调整，例如，有聚氨酯弹性体、塑料、涂料、粘合剂及聚氨酯纤维等。因此，逐步加成反应在工业上非常重要。逐步加成反应的官能团为 $O═C═N—R_1—N═C═O + HO—R_2—OH$ ，反应式如下：

$$O═C═N—R_1—N═C═O + HO—R_2—OH \longrightarrow$$

$$O═C═N—R_1—NH—\overset{\overset{\displaystyle O}{\|}}{C}—O—R_2—OH$$

R—N═C═O 为异氰酸酯化合物，基团 —N═C═O 为异氰酸酯基，异氰酸酯基有很高的反应活性。上述反应是异氰酸酯基与含活泼氢的物质（醇）的加成反应，异氰酸酯基有两个双键，反应的最终结果是 —N═C— 双键被加成：醇的氢加到 N 原子上，醇的氧加到 C 原子上。

（三）开环逐步聚合反应

由环状单体通过环的打开而形成聚合物的过程，称为开环聚合。例如，环氧乙烷、环氧丙烷、ε-己内酰胺的开环聚合。开环聚合往往具有逐步的性质，即聚合物的相对分子质量随着反应时间的延长而缓慢增大而不是瞬间形成大分子，但链增长过程是增长链末端与单体分子反应的结果，这又与链式聚合过程相似。

二、线型缩聚反应

能够进行缩聚反应的单体的数目及种类非常多，缩聚反应是逐步聚合反应的主要反应类型。因此，描述逐步聚合反应的机理及特点时，通常给出的是缩聚反应的机理和特点。实际上，聚加成反应和逐步开环聚合反应的聚合机理并不同于缩聚反应过程。本教程仅论述缩聚反应机理，而不是逐步聚合反应机理。

（一）缩聚反应机理

缩聚反应机理有下列特点：①缩聚过程中不存在所谓的活性中心，带不同官能团的任何两个分子都能相互反应，各步反应的速率常数及活化能基本相同；②聚合早期，单体迅速消失，转变成二聚体、三聚体等相对分子质量低的聚合物；③以后的聚合反应主要在低聚物之间进行，随着聚合过程的进行，相对分子质量逐渐增大，相对分子质量分布也较宽（各种大小的分子都有）。延长聚合反应时间的主要目的是提高聚合物相对分子质量而不是提高单体转化率。

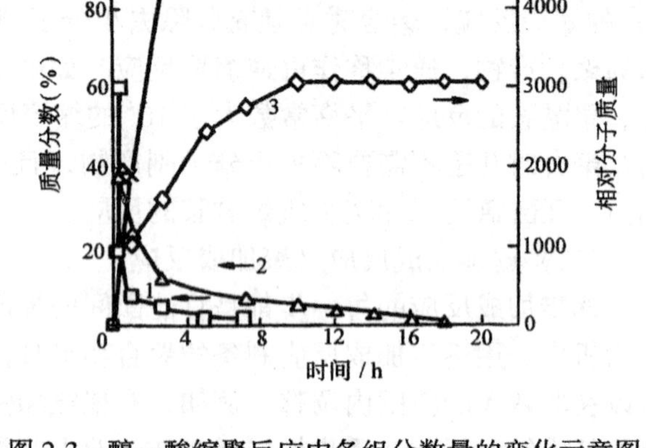

图 2-3 醇—酸缩聚反应中各组分数量的变化示意图

1—羧酸的含量 2—低相对分子质量聚酯的含量

3—聚酯的相对分子质量 4—高相对分子质量聚酯的含量

图 2-3 是醇—酸缩聚反应中各组分数量的变化。可以看到，聚合开始后单体（羧酸）的含量迅速减少，首先产生相对分子质量低的聚酯，约 4h 后有大量的相对分子质量高的聚酯（质量分数超过 85%）出现。

（二）缩聚反应中的副反应

环化反应：单体 $HO—(CH_2)_n—COOH$，当 $n=1$ 时，经双分子缩合反应而形成六元环。

$$2HOCH_2COOH \longrightarrow HOCH_2COOCH_2COOH \longrightarrow O{=}C\begin{matrix} / CH_2—O \backslash \\ \backslash O—CH_2 / \end{matrix}C{=}O$$

当 $n=2$ 时，则可经分子内脱水，生成丙烯酸 $CH_2{=}CHCOOH$。当 $n=3$ 时，可发生分子内环化。

$$N_2N-(CH_2)_3-COOH \longrightarrow \begin{matrix} H_2C - CH_2 \\ | \quad\quad | \\ H_2C \quad\ CH_2 \\ \diagdown\ O \diagup \end{matrix} + H_2O$$

上述过程由于易生成稳定的五、六元环，不利于线型缩聚反应进行。当 $n \geqslant 5$ 时，则成环倾向减小，易获得线型缩聚产物。

官能团的消去：

脱羧 $\sim CH_2COOH \longrightarrow \sim CH_3 + CO_2$

水解 $\sim COCl + H_2O \longrightarrow \sim COOH + HCl$

成盐 $\sim RNH_2 + HCl \longrightarrow \sim RNH_3^+ Cl^-$

脱氨 $2H_2N-(CH_2)_n-NH_2 \longrightarrow NH_2-(CH_2)_n-NH-(CH_2)-NH_2 + NH_3$

此外，生成的高分子也会发生一些副反应，如聚酯的水解、酯交换等。

三、线型缩聚反应的聚合度

(一) 官能团等活性理论

缩聚反应是官能团之间的反应，不同大小的分子之间需经过 100～200 次的官能团间反应，才能获得有实用价值的高聚物。通常认为，随着相对分子质量的逐渐增大，分子的运动能力减弱，官能团的反应能力将降低。Flory 通过对酯化和聚酯化反应的研究，提出了相反的观点，认为官能团的反应活性与分子大小无关，即官能团等活性理论。

用不同链长的羧酸与乙醇进行酯化反应，测定其速率常数，结果见表 2-3。

表 2-3　羧酸同系物的酯化速率常数（25℃）

碳链长度(x)	$k/[10^4 L\cdot(mol\cdot s)^{-1}]$	碳链长度(x)	$k/[10^4 L\cdot(mol\cdot s)^{-1}]$
1	22.1	9	7.4
2	15.2	11	7.6
3	7.5	13	7.5
4	7.5	15	7.7
5	7.4	17	7.7
8	7.5		

可见在 $x=1$、2、3 时，k 迅速降低，x 大于 3 后，k 不随 x 增大而改变，即官能团的反应性与分子大小无关。

用不同链长的二元醇与癸二酰氯进行聚酯化反应，测定其速率常数，结果见表 2-4。

表 2-4　醇同系物的聚酯化速率常数（26.9℃）

碳链长度（x）	$k/[10^3 L\cdot(mol\cdot s)^{-1}]$	碳链长度（x）	$k/[10^3 L\cdot(mol\cdot s)^{-1}]$
5	0.60	8	0.62
6	0.63	9	0.65
7	0.65	11	0.62

可见，聚酯化反应的速率常数 k 也不随 x 增大而改变，即官能团的反应性与分子大小无关。

理论解释：根据碰撞理论，Flory 认为官能团的反应活性取决于单位时间内官能团的碰撞次数（即碰撞频率）。碰撞频率的大小与大分子的整体移动（即扩散）无关，而取决于大分子链段的构象重排。链段的构象重排几乎不受分子大小的影响，其碰撞频率与小分子碰撞频率相同。

（二）聚合度和反应程度

缩聚反应中随着反应的进行，官能团的数目逐渐减少，聚合度逐渐增加。因此，可以用已反应的官能团数目占起始官能团数目的分数（称作官能团反应程度，简称反应程度，用 P 表示），描述缩聚反应进行的程度。若起始官能团总数为 N_0（又为结构单元总数），反应到一定程度剩余官能团数目为 N，则反应程度为：

$$P = \frac{\text{已反应的官能团数目}}{\text{起始官能团的数目}} = \frac{N_0 - N}{N_0} \tag{2-24}$$

以 2-2 官能度体系为例，HOOC—R—COOH + HO—R—OH ⟶ HOOC~~~R~~~OH，若用羧基官能团的反应程度表示反应进程，当羧基与羟基等摩尔比时（以后会看到等摩尔比非常重要），则羧基官能团的数目就等于体系中各种大小分子数目（单体 + 低聚物 + 高聚物）的总数。若将平均聚合度定义为体系中每一个分子所具有的结构单元数，则有体系中结构单元总数 = N_0，各种大小分子总数 = N 与平均聚合度 $\overline{X}_n$ 的关系式为：

$$\overline{X}_n = \frac{\text{结构单元总数}}{\text{各种大小分子总数}} = \frac{N_0}{N}$$

将反应程度的表达式（2-24）代入 $\overline{X}_n$ 的表达式中，则有

$$\overline{X}_n = \frac{1}{1 - P} \tag{2-25}$$

可见，随反应程度增加，聚合度增大。若描绘 $\overline{X}_n$ 与 P 关系曲线，则会发现反应后期，$\overline{X}_n$ 随 P 的微小增加急剧增大。对聚酯化反应，P 接近 1 时，$X_n \approx 200$。

（三）影响聚合度的因素和控制方法

1. 平衡常数的影响

令起始两种官能团的物质的量相同，则有

$$—COOH + —OH \underset{k_2}{\overset{k_1}{\rightleftharpoons}} —OCO— + H_2O$$

起始：　N_0　N_0　0　0

达到动态平衡时：N　N　N_0-N　N_0-N（未排除水时）（封闭体系）

N　N　N_0-N　n_W（排除部分水时）（敞开体系）

封闭体系平衡常数：

$$K = \frac{(N_0-N)^2}{N^2} = \left(\frac{N_0-N}{N}\right)^2 = (1-\overline{X}_n)^2$$

$$\overline{X}_n = \sqrt{K}+1 \tag{2-26}$$

敞开体系平衡常数：

$$K = \frac{(N_0-N)n_W}{N^2}$$

将$\overline{X}_n=\dfrac{N_0}{N}$代入上式，整理得

$$\overline{X}_n = \sqrt{\frac{KN_0}{n_W}+1} \approx \sqrt{\frac{KN_0}{n_W}} \tag{2-27}$$

N_0 与 n_W 单位相同，若 N_0 为物质的量，则 n_W 亦为物质的量。若 N_0 为物质的浓度，则 n_W 亦为物质的浓度。

平衡常数对聚合度的影响很大，若不排除小分子副产物，由于平衡常数往往很小，对聚酯化反应，$K\approx4$，聚酰胺化反应，$K\approx400$，则聚合度分别为 3 和 21，根本得不到相对分子质量高的聚合产物。事实上，为获得有实用价值的聚酯，通常水的残留量非常低，需小于 $4\times10^{-4}mol\cdot L^{-1}$。制备聚酰胺时，水的残留量可以到 $4\times10^{-2}mol\cdot L^{-1}$。

2. 线型缩聚物聚合度的控制

通过控制官能团的反应程度或小分子的残留量，可以获得所需要的相对分子质量，但达到预定聚合度后，端基官能团可能再反应。为使聚合度稳定，需对官能团进行封端，以控制相对分子质量。

1）改变官能团的比例（一种单体稍过量）控制相对分子质量：

$$n\,a—A—a + n\,b—B—b \longrightarrow a—(AB)_n—b + (2n-1)H_2O$$

设起始的官能团数目分别为 N_A、N_B，且 $N_B>N_A$。体系中起始分子总数 N_0 为：

$$N_0 = \frac{N_A+N_B}{2}$$

考察官能团数目少的组分的反应程度，即 P_A。当官能团 a 的反应程度为 P_A 时，反应后体系官能团 a 的总数为 $N_A(1-P_A)$，官能团 b 的总数为 $N_B-N_AP_A$。此时体系中的官能团总数为：

$$N_A(1-P_A)+N_B-N_AP_A = N_A+N_B-2N_AP_A$$

由于一个分子带有两个官能团，所以官能团总数除 2 即表示体系中的分子数。因此，体系中的分子数 N 为：

$$N = (N_A + N_B - 2N_AP_A)/2$$

平均聚合度为：

$$\overline{X}_n = \frac{N_0}{N} = \frac{N_A + N_B}{N_A + N_B - 2N_AP_A} = \frac{r+1}{r+1-2rP_A} \quad (2\text{-}28)$$

式中，$r = N_A/N_B$（两种官能团数之比），为当量系数。

可见，当量系数越小（过量越多）聚合度越小，为保证足够大的相对分子质量，两种官能团的数目要尽可能接近（见图 2-4）。

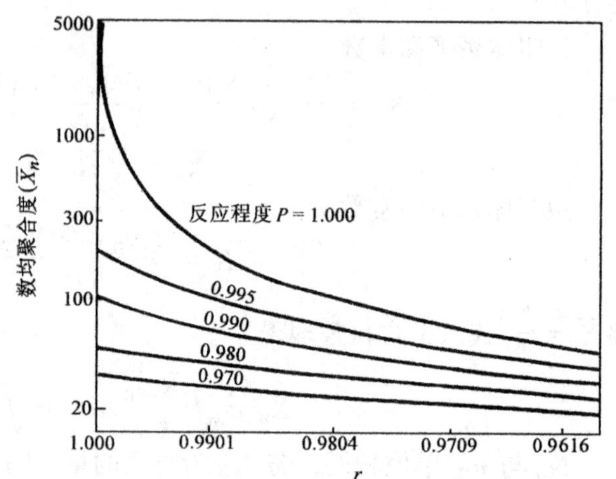

图 2-4　聚合度与当量系数(r)之间的关系

2）加入少量单官能团单体控制分子质量。

① a—A—a、b—B—b 等物质量，另加少量含 b 官能团的单体 C_b。设反应前体系各组分的官能团数分别为 N_A、N_B、C_B，且 $N_A = N_B$，则反应前体系的分子总数 N_0 为：

$$N_0 = [(N_A + N_B)/2] + C_B = N_A + C_B$$

当官能团 a 的反应程度为 P_A 时，体系中官能团 a 的数目为 $N_A(1-P_A)$，官能团 b 的数目为$(N_B + C_B) - N_AP_A = N_A + C_B - N_AP_A, = N_A(1-P_A) + C_B$，则此时分子总数 N 为：

$$N = \frac{N_A(1-P_A)}{2} + \frac{N_A(1-P_A)}{2} + C_B = N_A(1-P_A) + C_B$$

平均聚合度为：

$$\overline{X}_n = \frac{N_A + C_B}{N_A(1-P_A) + C_B} = \frac{\dfrac{N_A}{N_A} + \dfrac{C_B}{N_A}}{\dfrac{N_A(1-P_A)}{N_A} + \dfrac{C_B}{N_A}} = \frac{1+q}{1-P_A+q} \quad (2\text{-}29)$$

定义过量百分数 q：

$$q = \frac{N_B + C_B - N_A}{N_A} = \frac{N_A + C_B - N_A}{N_A} = \frac{C_B}{N_A}$$

② 若为 2 官能度体系 a—R—b 另加少量含 b 官能团的单体 C_b。则聚合度的表达式为：

$$\overline{X}_n = \frac{N_{AB} + C_B}{N_{AB}(1 - P_A) + C_B} = \frac{1 + q}{1 - P_A + q} \tag{2-30}$$

可以看出，单官能团物质的分子数越多，相对分子质量越小。聚酰胺的生产通常加入单官能团单体，如醋酸作封端剂。聚碳酸酯的生产用苯酚作封端剂。由于官能团稍稍过量，就会大幅度地降低相对分子质量。所以，必须严格控制各官能团的量。原料的纯度、挥发、官能团的分解都将影响官能团等物质量。

四、体型缩聚反应

前已叙及对 2-3、2-4、3-4 官能度体系，在进行缩聚反应时将得到体型缩聚产物。然而，是否能生成体型结构产物，还将取决于各组分的量。

(一) 平均官能度

在缩聚反应中，引入多官能团的单体将产生交联结构（即发生体型缩聚反应)。在合成线型缩聚物时，需要避免交联结构产生。然而，许多情况下要求形成交联结构，比如，热固性树脂在加工成型时必须形成体型交联结构才会产生足够的强度。

$$\text{a—A—a} + 2\text{b—}\underset{\displaystyle|\atop\displaystyle\text{b}}{\text{B}}\text{—b} \longrightarrow \text{b—}\underset{\displaystyle|\atop\displaystyle\text{b}}{\text{B}}\text{—ba—A—ab—}\underset{\displaystyle|\atop\displaystyle\text{b}}{\text{B}}\text{—b}$$

多官能团的单体应该加入多少才能发生体型缩聚反应产生交联结构？上式为多官能团单体是双官能团单体 2 倍的情况，可以看到 a—A—a 被封端，反应不能进行下去（只能生成三聚体）。Carothers 提出了平均官能度的概念，只有平均官能度 $f>2$ 时，才能得到体型结构产物。

(1) 两官能团等物质量时，平均官能度 f 的算法　平均官能度是指平均每一个分子带有的可以参加反应的官能团的数目。

例

$$3CH_2{=}O + 2\ \text{C}_6\text{H}_5\text{OH}$$

甲醛　　苯酚

一个甲醛分子可以看成带有两个可以参加反应的官能团，即官能度为 2，三分子甲醛总的官能度为 6；苯酚的官能度为 3，两分子苯酚总的官能度为 6，此时两官能团等物质量，则平均官能度为：

$$f = \frac{6+6}{3+2} = 2.4$$

$f>2$，可以生成交联结构产物。

(2) 两官能团非等物质量时，平均官能度 f 的算法　当两官能团非等物质量时，用①中定义的平均官能度，将不能得到符合实际的结果。此时 f 用下式计算：

$$f=\frac{\text{非过量组分 A 的官能团数的 2 倍}}{\text{体系中分子总数}}=\frac{2n_A f_A}{n_A+n_B}$$

式中，n_A、n_B ($n_A<n_B$) 分别为组分 A、B 的分子数或物质的量，f_A 为组分 A 的官能度。

（二）Carothers 方程

体型缩聚反应交联结构的产生是一个逐步的过程，缩聚开始时仅生成支化的低聚物，反应到一定程度时，体系的粘度突然增加，并出现不能流动而具有弹性的凝胶，这种现象称为凝胶化效应或凝胶作用。出现凝胶时的反应程度称为凝胶点，凝胶点的出现往往在几分钟内迅速发生。因此，合成体型缩聚树脂时，反应程度应该严格控制在凝胶点以下，不然，大量的凝胶出现将产生结釜事故。凝胶点可以通过实验进行测定，也可以进行理论估算。

Carothers 在假定凝胶点时数均聚合度等于无穷大的基础上，推导出凝胶点时的反应程度 P_c 与平均官能度 f 的关系，即 Carothers 方程。

设单体混合物的分子数为 N_0，平均官能度为 f，则起始官能团数为 N_0f；设反应后体系的分子数为 N，则参加反应的分子数为 N_0-N，消耗掉的官能团的数目为 $2(N_0-N)$（形成一个键需两个官能团），则凝胶点前的反应程度为：

$$P=\frac{2(N_0-N)}{N_0f}$$

将 $\overline{X}_n=N_0/N$ 代入上式得　　$P=\frac{2(N_0-N)}{N_0f}=\frac{2}{f}\left(1-\frac{1}{\overline{X}_n}\right)$

凝胶时，若假设 $\overline{X}_n$ 无穷大，则临界反应程度 P_c 为：

$$P_c=\frac{2}{f}$$

凝胶点出现初期，体系可分为两部分：凝胶和溶胶。凝胶是体型结构，不溶于溶剂。溶胶仍是线型的或支化的低聚物，存在于凝胶的交联网格当中，可以用溶剂抽提出来。凝胶点后溶胶可以转变成凝胶，但由于交联网格的限制，少量官能团被体型结构固定，不能全部参加反应。所以 Carothers 方程给出的临界反应程度 P_c 一般高于实际测定的值。

第七节　共聚合反应

两种或两种以上的单体共同参加的聚合反应，叫做共聚合反应。相应地，聚合物含有两种或以上单体的结构单元，称作共聚物。共聚物在性能上往往不同于一种单体构成的均聚物，而是具有两种单体均聚物共同的、综合的优越性能，甚至产生全新的聚合物品种。有人把共聚物比喻成“聚合金”，说明共聚的结果有如金属合金化的作用。本节以二元共聚为例，介绍共聚合反应的特点和分类。

一、共聚合反应的特点和分类

（一）无规共聚物

共聚物中两种单体链节 M_1、M_2 无规则地排列在大分子链中。

$$\sim M_1M_2M_2M_1M_2M_1M_1M_1M_2M_2M_2M_1M_2\sim$$

（二）交替共聚物

M_1、M_2 交替地排列在大分子链中。

$$\sim M_1M_2M_1M_2\ M_1M_2\ M_1M_2\ M_1M_2\ M_1M_2\sim$$

（三）嵌段共聚物

共聚物中两种单体链节 M_1 与 M_2 成段出现。

$$\sim M_1M_1M_1M_2M_2M_2\cdots M_1M_1M_1M_2M_2M_2M_2M_2\sim$$

无规共聚物虽然也可能含有较长的链段，但嵌段共聚物中，每种链段所含链节数都很大，可达几十甚至几百个。

（四）接枝共聚物

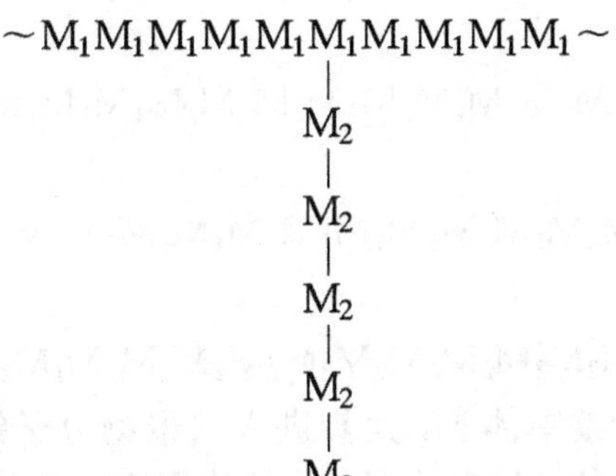

共聚物主链由一种单体链节构成，支链由另一种链节构成。

共聚合反应是高分子合成工业最重要的反应之一，其中应用最广泛的是自由基共聚合，其次是活性阴离子共聚合及配位共聚合。本节仅介绍自由基共聚合反应。

事实上，单一的均聚物很少，绝大多数聚合物都是经过共聚改性及共混改性的。共聚合反应在高分子材料设计方面正在起着越来越重要的作用。

二、自由基共聚合反应

（一）共聚物组成方程

1. 共聚合反应机理

链引发：　$I \longrightarrow 2R\cdot$　（初级自由基）

$R\cdot + M_1 \longrightarrow M_1\cdot$（单体 M_1 自由基）

$R\cdot + M_2 \longrightarrow M_2\cdot$（单体 M_2 自由基）

链增长：

$$\sim\sim M_1\cdot + M_1 \xrightarrow{k_{11}} \sim\sim M_1M_1\cdot$$

$$\sim\sim M_1\cdot + M_2 \xrightarrow{k_{12}} \sim\sim M_1M_2\cdot$$

$$\sim\sim M_2\cdot + M_1 \xrightarrow{k_{21}} \sim\sim M_2M_1\cdot$$

$$\sim\sim M_2\cdot + M_2 \xrightarrow{k_{22}} \sim\sim M_2M_2\cdot$$

链终止：

$$\sim\sim M_1\cdot + \sim\sim M_1\cdot \longrightarrow P$$

$$\sim\sim M_1\cdot + \sim\sim M_2\cdot \longrightarrow P$$

$$\sim\sim M_2\cdot + \sim\sim M_2\cdot \longrightarrow P$$

除上述反应外，还有链转移反应。

末端为 M_1 单体的自由基 $\sim M_1\cdot$ 与两种单体 M_1、M_2 的加成反应活性将是不同的。同样，末端为 M_2 单体的自由基 $\sim M_2\cdot$ 与两种单体 M_1、M_2 的加成反应活性也是不同的。如果 $\sim M_1\cdot$、$\sim M_2\cdot$ 都倾向于与 M_1 反应，则共聚反应开始以后，初期将有大量的 M_1 进入到共聚物分子链中，共聚物的组成将可能是如下形式：

初期共聚物组成

$$M_1M_1M_1M_1M_2M_1M_1M_1M_2M_1M_1M_1M_2M_1$$

中期共聚物组成

$$M_1M_1M_2M_2M_1M_2M_1M_1M_1M_2M_1M_1M_2M_2M_1M_1M_1M_1M_1$$

后期共聚物组成

$$M_2M_2M_2M_2M_2M_2M_2M_2M_2M_1M_1M_2M_2$$

由于聚合初期、中期单体 M_1 大量进入共聚物分子链，到后期几乎没有 M_1 参加共聚合反应，得到的产物基本是 M_2 的均聚物。这是自由基共聚合反应的一个非常显著的特点：共聚物组成随反应时间而改变。产生的根源是不同自由基与不同单体的反应活性不同。

2. 共聚物组成方程

共聚物组成方程可以由共聚动力学推导，也可以由统计法推导。

动力学法建立共聚物组成方程

基本假定：①等活性假定，即不同链长的自由基具有相同的活性；②倒数第二单元的结构对自由基活性无影响，即 $\sim M_1M_1\cdot$ 与 $\sim M_2M_1\cdot$ 有相同的活性；③无解聚反应，即是不可逆过程；④共聚物聚合度很大，引发和终止对共聚物组成无影响；⑤稳态假定，两种自由基都处于稳态，即两种自由基的浓度不随时间改变。

由链增长反应可知，M_1、M_2 单体的消耗速率分别为：

$$-d[M_1]/dt = k_{11}[M_1\cdot][M_1] + k_{21}[M_2\cdot][M_1]$$

$$-d[M_2]/dt = k_{22}[M_2\cdot][M_2] + k_{12}[M_1\cdot][M_2]$$

由于共聚物组成比等于两单体消耗速率之比，因此，有：

$$\frac{d[M_1]}{d[M_2]} = \frac{k_{11}[M_1\cdot][M_1] + k_{21}[M_2\cdot][M_1]}{k_{22}[M_2\cdot][M_2] + k_{12}[M_1\cdot][M_2]} \tag{2-31}$$

设 $r_1 = k_{11}/k_{12}$，$r_2 = k_{22}/k_{21}$，代入上述方程，经整理得：

$$\frac{d[M_1]}{d[M_2]} = \frac{[M_1]}{[M_2]} \cdot \frac{r_1[M_1] + [M_2]}{r_2[M_2] + [M_1]} \tag{2-32}$$

式(2-32)即为共聚物组成微分方程。式中，$r_1 = k_{11}/k_{12}$，为同一种自由基 $M_1\cdot$ 与单体 M_1、M_2 反应的速率常数之比，称作单体 M_1 的竞聚率。$r_2 = k_{22}/k_{21}$，为同一种自由基 $M_2\cdot$ 与单体 M_2、M_1 反应的速率常数之比，称作单体 M_2 的竞聚率。如果 r_1、r_2 已知，且测得瞬时单体 M_1、M_2 的浓度 $[M_1]$、$[M_2]$，则根据式(2-32)可以得到该时刻进入共聚物中，M_1 单元与 M_2 单元的比值。

通常用 f 表示体系瞬时单体的摩尔分数，用 F 表示体系瞬时共聚物中两种链节的摩尔分数，则可以得到共聚组成方程的另一种形式：

$$f_1 = \frac{[M_1]}{[M_1] + [M_2]} \qquad F_1 = \frac{d[M_1]}{d[M_1] + d[M_2]}$$

$$F_1 = \frac{r_1 f_1^2 + f_1 f_2}{r_1 f_1^2 + 2 f_1 f_2 + r_2 f_2^2} \tag{2-33}$$

（二）共聚行为类型

共聚行为类型可以用共聚组成曲线 F_1—f_1 表示。在起始单体浓度确定的情况下，竞聚率是主要的影响参数。由于竞聚率 r_1、r_2 变化较大，共聚组成曲线 F_1—f_1 也有很大的差异。

1. 理想共聚

此时，$r_1 \cdot r_2 = 1$，共聚物组成方程可以简化成如下形式：

$$\frac{d[M_1]}{d[M_2]} = r_1 \frac{[M_1]}{[M_2]} \qquad F_1 = \frac{r_1 f_1}{r_1 f_1 + f_2}$$

尤其是当 $r_1 = 1$，$r_2 = 1$ 时，此时 $F_1 = f_1$，即共聚物的组成永远（不随时间变化）等于原料单体的组成，这种类型的共聚合又称作恒比共聚合。r_1、r_2 越接近 1，共聚类型越接近恒比共聚合（见图 2-5）。

2. $r_1 r_2 = 0$

1）$r_1 = 0$，$r_2 = 0$ 即 $k_{11} = 0$，$k_{22} = 0$。说明两种单体不能均聚合，只能共聚合，这种聚合类型就是交替共聚合。无论原料配比如何，$d[M_1]/d[M_2] = 1$，

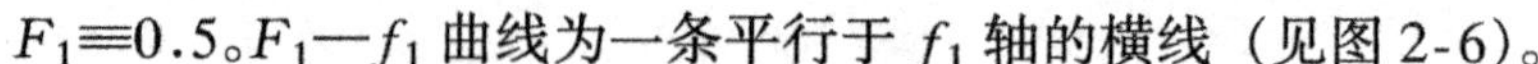

$F_1 \equiv 0.5$。$F_1—f_1$ 曲线为一条平行于 f_1 轴的横线（见图 2-6）。

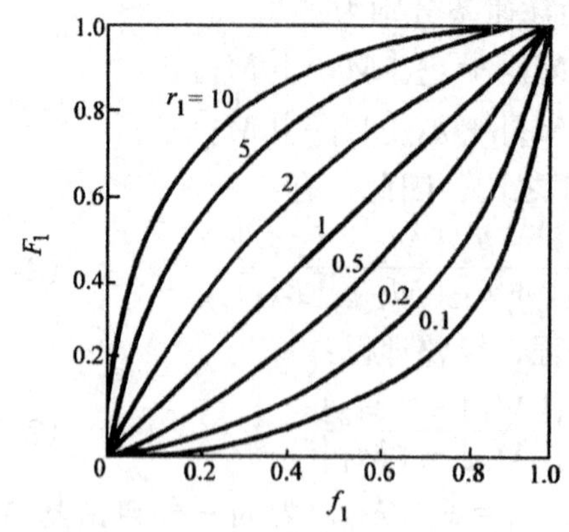

图 2-5 理想共聚的 $F_1—f_1$ 曲线

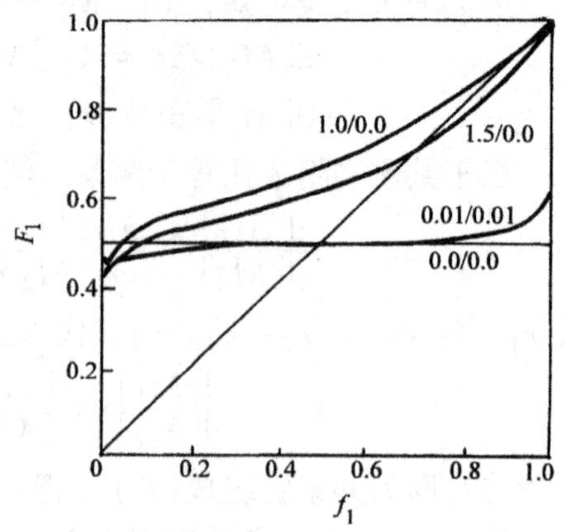

图 2-6 交替共聚的 $F_1—f_1$ 曲线

（图中数据斜杠左边为 r_1 的值，斜杠右边为 r_2 的值。交替共聚 0.0/0.0）

2）$r_1 \neq 0$，$r_2 = 0$ 即单体 M_2 不能均聚合，只能共聚合，此时 $d[M_1]/d[M_2] = 1 + r_1[M_1]/[M_2]$。可以看出，当 $r_1 \cdot [M_1]/[M_2]$ 远小于 1 时，$d[M_1]/d[M_2] \approx 1, F_1 \approx 0.5$，仍然为交替共聚合类型。$r_1$、$r_2$ 越接近 0，共聚合类型越接近交替共聚合。例如，苯乙烯与顺丁烯二酸酐的自由基共聚合反应，$r_1 = 0.01$（苯乙烯），$r_2 = 0$（顺丁烯二酸酐），在原料配比中苯乙烯摩尔分数 $f_1 < 0.7$ 的情况下，得到的共聚物为交替共聚物，$F_1 \approx 0.5$。

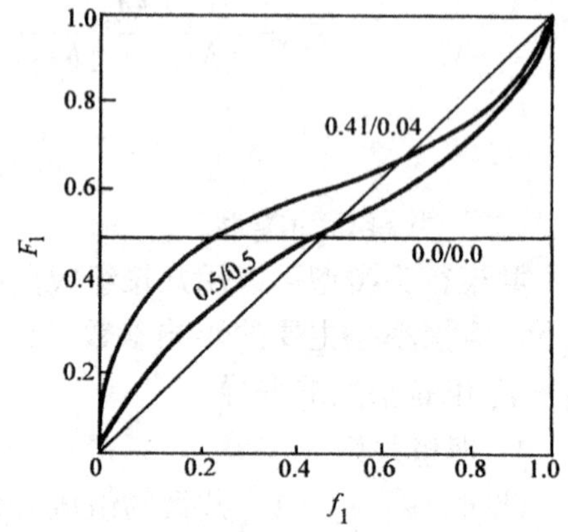

图 2-7 r_1、$r_2 < 1$ 的 $F_1—f_1$ 曲线

（图中数据斜杠左边为 r_1 的值，斜杠右边为 r_2 的值，交替共聚 0.0/0.0）

3. $r_1 < 1$，$r_2 < 1$

当 $r_1 < 1$、$r_2 < 1$ 时，说明两种单体倾向于共聚合反应（交替共聚合是共聚合倾向最大的共聚反应），不倾向于各自的均聚合反应。图 2-7 为 r_1、$r_2 < 1$ 的 $F_1—f_1$ 曲线，可以看到，r_1、r_2 越小于 1，其 $F_1—f_1$ 曲线越靠近交替共聚曲线。

从图 2-7 还可看出另一个特点是：$r_1 < 1$、$r_2 < 1$ 的 $F_1—f_1$ 曲线分布于交替共聚曲线的上下，与交替共聚曲线相交，且交点不止一处，往往是一段。例如，$r_1 = r_2 = 0.01$ 时（图 2-6），f_1 约在 0.15～0.85 之间时，$F_1—f_1$ 曲线与交替共

聚线完全重叠，即在此范围内都将得到交替共聚产物。第三个特点是：F_1—f_1曲线与恒比共聚线相交于一点，称作恒比点，此时 $d[M_1]/d[M_2]=[M_1]/[M_2]$,根据式（2-32）可以得到：

$$\frac{r_1[M_1]+[M_2]}{r_2[M_2]+[M_1]}=1$$

所以
$$\frac{[M_1]}{[M_2]}=\frac{r_2-1}{r_1-1} \tag{2-34}$$

或
$$F_1=f_1=\frac{1-r_2}{2-r_1-r_2} \tag{2-35}$$

式（2-35）可以计算恒比点的组成。如苯乙烯—甲基丙烯酸甲酯共聚反应，$r_1=0.52$，$r_2=0.46$，恒比点的组成 $f_1=0.52$；苯乙烯—丙烯腈共聚反应，$r_1=0.40$，$r_2=0.04$，恒比点的组成 $f_1=0.61$。

4. $r_1>1$，$r_2>1$

表示两种单体的均聚合能力大于彼此共聚合的能力，若 r_1、r_2 接近 1，则可能得到短嵌段的共聚物，若 r_1、r_2 远大于 1，则只能得到两种均聚物的混合物。

（三）竞聚率的测定

竞聚率的测定方法之一是直接法（直线交叉法）。将共聚物组成微分方程改写为：

$$r_1=\frac{[M_2]}{[M_1]}\left[\frac{d[M_1]}{d[M_2]}\left(1+\frac{[M_2]}{[M_1]}r_2\right)-1\right] \tag{2-36}$$

式中，r_1 与 r_2 呈直线关系，测定时选取几种单体配料比 $[M_1]/[M_2]$，进行共聚合反应，并在低转化率下停止反应，将共聚物分离后测定其组成 $d[M_1]/d[M_2]$。例如，取 $[M_1]/[M_2]=0.5$，测得 $d[M_1]/d[M_2]=0.5$，则 $r_1=2r_2-1$；取 $[M_1]/[M_2]=0.2$，测得 $d[M_1]/d[M_2]=0.2$，则 $r_1=5r_2-4$；取 $[M_1]/[M_2]=0.25$，测得 $d[M_1]/d[M_2]=0.25$，则 $r_1=4r_2-3$。这样得到三条直线方程，作图得图 2-8。可见三条直线交于一点（由于实验误差不一定完全交于一点），此交点即是 r_1、r_2 的值，$r_1=1$，$r_2=1$。

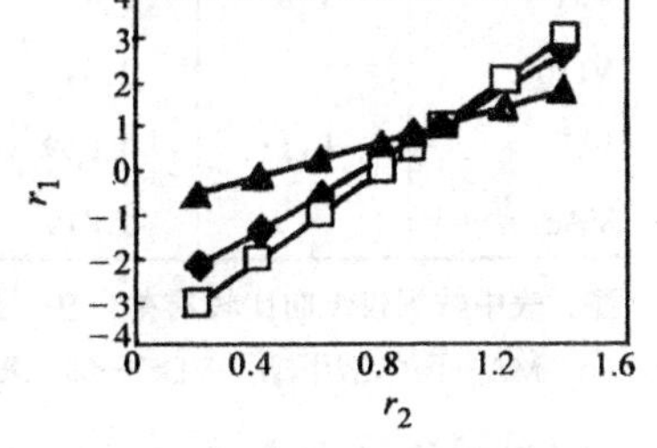

图 2-8　直线交叉法求竞聚率

竞聚率的测定方法还有近似法、曲线拟合法、积分法、截距法、Q—e 值计算等。用不同方法测定的值，因误差不同，所得到的 r_1、r_2 的值不尽相同。

（四）单体活性和自由基活性

如果考察苯乙烯、醋酸乙烯酯各自的均聚合反应，可以发现，苯乙烯链增长速率常数（$k_p=145$）比醋酸乙烯酯链增长速率常数（$k_p=2300$）小很多。若将苯乙烯(M_1)与醋酸乙烯酯(M_2)进行共聚合反应，则测得 $r_1=55$，$r_2=0.01$，即苯乙烯自由基与苯乙烯单体反应的速率常数是其与醋酸乙烯酯单体反应速率常数的 55 倍，而醋酸乙烯酯自由基与苯乙烯单体反应的速率常数是其与醋酸乙烯酯单体反应速率常数的 100 倍，这说明苯乙烯单体比醋酸乙烯酯活泼得多。为什么苯乙烯均聚速率常数却小很多?

单体聚合速率常数的大小不仅与单体的活性有关，更大程度上与自由基的活性有关，要得到自由基的活性，需用同一种单体与不同种自由基反应。研究共聚合反应可以获得单体和自由基活性的重要信息。

1. 单体的相对活性

由于不同自由基具有不同的活性，因此，比较单体的活性时，应选取同一种自由基作参比。表 2-5 是同一种单体(M_1)与不同单体进行共聚反应时，竞聚率 r_1 的倒数值，意义是不同单体对同一种链自由基($\sim M_1\cdot$)反应时，速率常数的相对比值 k_{1x}/k_{11}，x 表示不同的单体。

表 2-5 乙烯基单体的相对活性比较（$1/r_1$）

单　体	链自由基						
	B·	S·	VAc·	VC·	MMA·	MA·	AN·
B		1.7		29	4	20	50
S	0.4		100	50	2.2	6.7	25
MMA	1.3	1.9	67	10		1.2	6.7
AN	3.3	2.5	20	25	0.82		
MA	1.3	1.4	10	17	0.52		0.67
VDC		0.54	10		0.39		1.1
VC	0.11	0.059	4.4		0.10	0.25	0.37
VAc		0.019		0.59	0.050	0.11	0.24

注：表中数据仅纵向比较有效。B—丁二烯　S—苯乙烯　MMA—甲基丙烯酸甲酯　AN—丙烯腈　MA—丙烯酸甲酯　VDC—偏二氯乙烯　VC—氯乙烯　VAc—醋酸乙烯酯

以丁二烯链自由基 B·作参比时，单体活性排列顺序（从大到小排列）：

AN＞MA、MMA＞S＞VC

以醋酸乙烯酯链自由基 VAc·作参比时，单体活性排列顺序（从大到小排列）：

S＞MMA＞AN、甲基乙烯酮＞MA、VDC＞VC

以丙烯腈链自由基 AN·作参比时，单体活性排列顺序（从大到小排列）：

B＞S＞MMA＞甲基乙烯酮＞VDC＞VC＞VAc

可以看到，当用不同自由基作参比时，单体的活性排列顺序是有差别的。带有强吸电子取代基的自由基（缺电子自由基，如AN·）易于和富电子的单体（如B、S等）反应。因此，当用丙烯腈链自由基AN·作参比时，苯乙烯、丁二烯给出高的反应活性。同样，丁二烯等富电子的自由基B·，则倾向于与缺电子的单体，如AN、MA等反应，所以当用丁二烯链自由基B·作参比时，AN、MA给出高的反应活性，即缺电子单体与富电子单体倾向于进行交替共聚合反应。这种现象又称作单体的极性效应。共轭效应也影响单体的聚合活性，共轭效应大的单体（如苯乙烯、丁二烯等），反应活性高。MA、MMA等单体也存在共轭效应，但程度低于苯乙烯、丁二烯，反应活性亦低于苯乙烯、丁二烯。

2．自由基的相对活性

研究自由基的活性应选取同一单体作参比。为此，需获得不同单体（作为M_1）与同一单体（作为M_2）共聚反应时相应k_{12}的值（见表2-6）。

表2-6　自由基相对活性比较（k_{12}值）

单　体	链自由基						
	B·	S·	MMA·	AN·	MA·	VAc·	VC·
B	100	246	2820	98000	41800		357000
S	40	145	1550	49000	14000	230000	615000
MMA	130	276	705	13100	4180	154000	123000
AN	330	435	578	1960	2510	46000	178000
MA	130	203	367	1310	2090	23000	209000
VC	11	8.7	71	720	520	10100	12300
VAc		2.9	35	230	230	2300	7760

注：表中数据仅横向比较有效。

以丙烯腈单体AN作参比时，自由基活性排列顺序（从大到小排列）：

VC·＞VAc·＞MA·＞AN·＞MMA·＞S·＞B·

以醋酸乙烯酯单体VAc作参比时，自由基活性排列顺序（从大到小排列）：

VC·＞VAc·＞MA·＞AN·＞MMA·＞S·

以苯乙烯单体S作参比时，自由基活性顺序（从大到小排列）：

VC·＞VAc·＞AN·＞MA·＞MMA·＞S·＞B·

可以看到，苯乙烯自由基、丁二烯自由基的活性最低，而氯乙烯自由基、醋酸乙烯酯自由基活性最高。共轭效应对自由基活性影响很大，共轭稳定的自由基活性低，未共轭稳定的自由基活性高。由于自由基活性大小对整个聚合反应影响更大，所以，醋酸乙烯酯均聚反应速率常数远大于苯乙烯均聚反应速率常数。

第八节 高分子材料的合成方法

高分子材料的合成方法或聚合实施方法是实现聚合反应的重要方面，链式聚合反应采用的方法主要有本体聚合、悬浮聚合、乳液聚合和溶液聚合。自由基聚合可以采用这四种方法中的任何一种，离子聚合通常采用溶液聚合的方法，配位聚合可以采用本体聚合和溶液聚合。逐步聚合采用的主要方法有熔融缩聚、溶液缩聚、界面缩聚和固相缩聚。本节仅介绍链式聚合实施方法。

一、本体聚合法

不加其他介质，只有单体、引发剂或催化剂参加的聚合反应过程，称本体聚合。本体聚合的特点是不需要溶剂回收和精制工序，后处理简单，产品纯净，适合于制作板材、型材等透明制品。自由基聚合、配位聚合、缩聚合、离子聚合都可选用本体聚合。链式聚合反应进行本体聚合时，由于反应热瞬间大量释放，且随聚合过程的进行，体系粘度大大增加，至使散热变得更加困难，故易产生局部过热，产品变色，甚至爆聚。如何及时排除反应热，是生产中的关键问题，根据反应不同，解决的办法也不同。

已工业化的本体聚合方法有：苯乙烯液相均相本体聚合（自由基聚合）、乙烯高压气相非均相本体聚合（自由基聚合）、乙烯低压气相非均相本体聚合（配位聚合）、丙烯液相淤浆本体聚合（配位聚合）、甲基丙烯酸甲酯液相均相本体浇铸聚合（自由基聚合）、氯乙烯液相非均相本体聚合（自由基聚合）等。

（一）苯乙烯液相本体聚合

聚合物能与单体互溶的本体聚合过程称为均相本体聚合。苯乙烯常温常压下是液体，沸点145℃，其聚合热在所有单体中几乎是最低的。聚苯乙烯能溶解在苯乙烯中，形成均相体系。随着越来越多的聚苯乙烯溶解在苯乙烯中，体系粘度逐渐增加，当单体转化率＞50%～60%后，粘度迅速增加，聚合热的排除更加困难。苯乙烯的聚合通常采用连续聚合的方式，为排除聚合热，一般进行两段聚合：预聚和聚合（或称后聚合）。预聚在立式搅拌釜中进行，聚合温度在80～90℃范围，转化率控制在30%～35%以下，此时自动加速现象尚不明显，聚合热可由釜壁（夹套）及釜内蛇管中的冷却水带走。由于预聚阶段温度较低，得到的聚苯乙烯有较高的相对分子质量。后聚合是在聚合塔中进行的，粘稠的预聚体由塔顶流入，经列管散热。随着聚合的不断进行，体系粘度越来越大，为使聚合产物能够流动，塔内有几个温度段，自塔顶的100℃增加到塔底的200℃左右，聚合至转化率达到98%～99%。塔底出料，经挤出、冷却、切粒，得到透明的聚苯乙烯粒料。聚合段温度较高，得到的聚苯乙烯相对分子质量较低。由于预聚段的聚苯乙烯相对分子质量较高，所以平均相对分子质量可以达到实用要求，但相对分子质量分布较宽。因此，预聚段的温度、转化率，聚合段的温度变化等对最终产物的性能有重要的影响。聚苯乙烯主要采用自由基本体聚合法合成，部分采用悬浮法合成。

（二）乙烯气相本体聚合

采用高效 Ziegler-Natta 载体催化剂在 85～90℃，2～5MPa 压力下引发气态乙烯聚合，可以得到粉末状的聚乙烯。乙烯常温常压下是气体，临界压力 5.12MPa，临界温度 9.90℃，在所有工业化的烯类单体中，聚合热是最大的。乙烯气相本体聚合工艺流程见图 2-9。

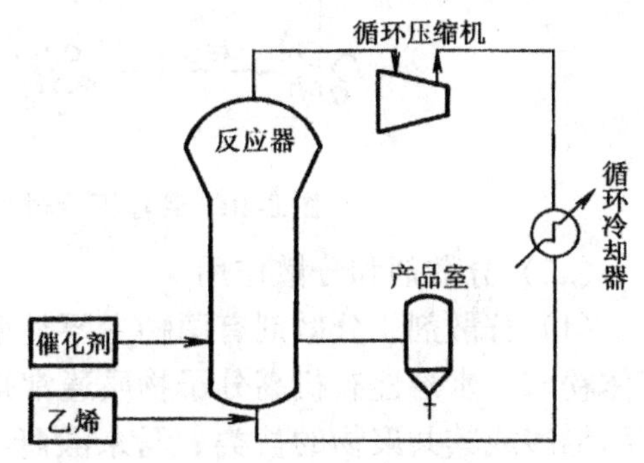

图 2-9　乙烯气相本体聚合工艺流程

精制的乙烯和共聚单体从流动床反应器的下部连续送入，经顶部出来，经循环冷却器降温后，再从反应器底部进入。气流循环过程用压缩机进行，以保证物料处于沸腾流动状态。粉末状聚乙烯从反应器底部卸出。

这样的工艺流程，乙烯的单程转化率不高（<5%），放出的聚合热可以及时排除。同时，由于采用高效载体 Ziegler-Natta 催化剂，催化剂加入量很少，不需分离除去，可留在产品中。聚合温度变化小，产物相对分子质量分布窄。目前，线型高密度聚乙烯、线型低密度聚乙烯主要用这种工艺过程生产。

二、悬浮聚合方法

悬浮聚合又称珠状聚合，是指在分散剂存在下，经强烈机械搅拌使液态单体以微小液滴状分散于悬浮介质中，在油溶性引发剂引发下进行的聚合反应。悬浮介质通常是水，进行悬浮聚合的单体应呈液态或加压下呈液态且不溶于水（悬浮介质）。悬浮聚合产物可以是透明的小圆珠、也可以是无规则的固体粉末。当聚合物与单体互溶时，聚合产物就呈珠状，如苯乙烯、甲基丙烯酸甲酯的聚合产物。当聚合物与单体不互溶时，聚合产物就是无规则的固体粉末，如氯乙烯的聚合产物。

（一）单体的分散过程

悬浮聚合过程中，选择适当的分散剂及强烈的机械搅拌是非常重要的，直接影响悬浮聚合反应能否进行（分散剂选择不当将产生聚合物结块、聚合热无法及时排除等生产事故）及产物的性能，如疏松程度、粒径分布等。

悬浮聚合过程中单体的分散过程见图 2-10。即大块单体先在机械搅拌下破碎成小的条带状、最后变成小的单体液滴（液滴的直径一般为 50～2000μm）（过程①②）；小的单体液滴可以重新聚集起来形成大块单体（过程③④⑤）。未完全聚集起来的单体液滴也可以在搅拌下分散成小的单体液滴,即过程③的逆过程。分散剂的作用是将分散的单体小液滴保护起来,不使其重新聚集,从而使聚合发生在单体液滴内。因此,悬浮聚合可以看成是发生在单体液滴中的本体聚合。

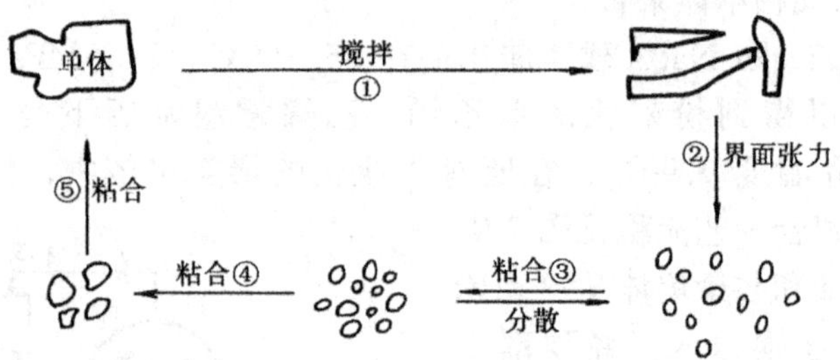

图 2-10　悬浮聚合过程中单体分散-凝聚示意

（二）分散剂和分散作用

（1）分散剂　分散剂有两种主要类型：水溶性有机高分子物质和高分散无机固体粉末。水溶性有机高分子物质通常是部分水解的聚乙烯醇、聚丙烯酸和聚甲基丙烯酸或其共聚物的盐类、马来酸酐-苯乙烯共聚物等合成高分子；甲基纤维素、羟丙基纤维素等纤维素衍生物、明胶、海藻盐等天然高分子。高分散无机固体粉末通常是碳酸镁、碳酸钙、羟基磷酸钙、磷酸钙等。

（2）分散作用　水溶性有机高分子物质可以在单体液滴表面形成保护膜，阻止液滴的重新聚集。高分散无机固体粉末则是吸附在液滴表面，将液滴之间隔离起来，阻止液滴的重新聚集。

三、乳液聚合法

单体在乳化剂作用下,在水中分散形成乳状液,然后进行的聚合称为乳液聚合。分散成乳状液的单体,其液滴的直径仅在 1～10μm 范围,比悬浮聚合的单体液滴小很多。单体聚合后形成的聚合物则以乳胶粒的状态存在。乳液体系比悬浮体系稳定得多。因此,乳液聚合后需进行破乳,才能将聚合产物与水分离,而悬浮聚合仅需简单过滤即可将聚合产物与水分离。

（一）乳化剂和乳化作用

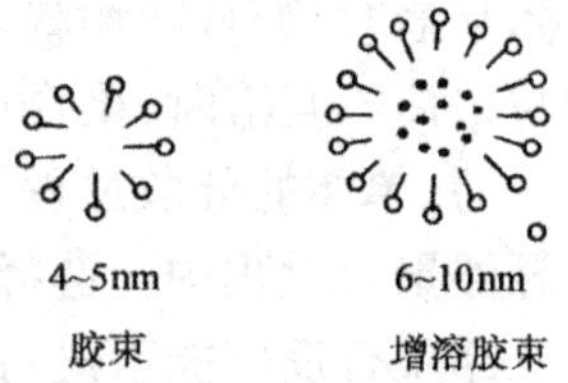

乳化剂是乳液聚合的重要组成部分。乳化剂多为表面活性剂，分子中既含有亲水的基团又含有亲油的基团，超过一定浓度（称为临界胶束浓度）的表面活性剂可以在水中形成胶束，单体可以溶解在胶束中（称为增溶胶束）而形成乳液。由于增溶胶束中的单体被乳化剂分子覆盖，所以增溶胶束中的单体微小液滴能够稳定存在。

4~5nm 胶束　6~10nm 增溶胶束

图 2-11　胶束、增溶胶束示意

图 2-11 中“○”为乳化剂的亲水基团（称为头）、“—”为乳化剂的亲油基团（称为尾）。亲油的尾部与油性单体的相溶性使得不溶于水的单体能够进入到胶束中。

常用乳化剂有以下几种：

(1) 阴离子型 脂肪酸钠 $RCOONa(R=C_{11\sim17})$、脂肪族硫酸钠（如十二烷基硫酸钠）、脂肪族磺酸钠、芳香族磺酸钠 $RSO_3Na(R=C_{12\sim16})$ 等。

(2) 阳离子型 通常为季胺盐类。

(3)非离子型 一般为环氧乙烷聚合物,结构为 $RO-(CH_2CH_2O)_nCH_2CH_2OH$ 。$R=C_{10\sim12}$ ，$n=4\sim30$。

（二）乳液聚合机理

1. 聚合场所

乳液聚合体系中存在各种组分：①胶束，平均每毫升乳液有 $10^{17\sim18}$个胶束，单体存在胶束中（增溶胶束）；② 存在于水中的水溶性引发剂分子；③单体液滴，平均每毫升乳液有 $10^{10\sim12}$个单体液滴，直径＞1000nm；④溶解于水中的单体分子、游离的乳化剂分子。

若聚合发生在单体液滴中，称为液滴成核；若聚合发生在增溶胶束中，则称为胶束成核；若聚合发生在溶解于水中的单体分子处，则称为水相成核。乳液聚合机理认为聚合场所与单体的水溶性有关，若单体有强的疏水性，则聚合主要发生在增溶胶束中，即为胶束成核。若单体在水中有一定的溶解度，则可能以水相成核为主。

2. 乳液聚合动力学

在胶束成核条件下，乳液聚合反应速率有如下表达式：

$$R_P = \frac{10^3 N k_P [M]}{2N_A} \tag{2-37}$$

$$\overline{X}_n = \frac{N k_P [M]}{\rho} \tag{2-38}$$

式中，N_A 为阿伏加德罗常数；k_P 为链增长速率常数($L\cdot mol^{-1}$)；$[M]$为单体浓度($mol\cdot L^{-1}$)；ρ 为自由基生成速率[个·$(ml\cdot s)^{-1}$]；N 为乳胶粒浓度(个·ml^{-1})。若增大乳胶粒浓度，则聚合速率和聚合度可以同时增加。

四、溶液聚合法

单体溶解在溶剂中进行的聚合称为溶液聚合。聚合产物能溶解在溶剂中时称为均相溶液聚合，聚合产物不能溶解在溶剂中时称为非均相溶液聚合。由于溶剂的存在，溶液聚合的反应热能够及时的排除、减少了局部过热现象、反应易控制。溶液聚合尤其适用于离子聚合与配位聚合。因为，用于离子聚合与配位聚合的催化剂通常要在特定的溶剂中才有催化活性。溶液聚合最大的弊端是增加了溶剂的分离、回收工序，增加了聚合操作的不安全性（溶剂毒性造成）、增大了生产成本。

五、新合成方法及技术

如何及时排除聚合反应热和处理高粘度的聚合物体系，一直是聚合实施过程的主要问题，新的聚合实施技术一直在开发研究中。例如，在螺杆挤出机中进行的本体均聚合和本体共聚合将使橡胶的本体聚合成为可能（通常只能用溶液聚合、乳液聚合方法合成橡胶）。泡沫体系分散聚合在处理水溶性单体在高浓度、溶胶、凝胶、淤浆分散体系聚合方面有非常独到之处。泡沫体系分散聚合是用体系产生的或外部通入的气体（如 N_2、CO_2）将单体和聚合产物分隔成无数细小的泡沫表面膜，从而排除聚合热的聚合过程。因此，可以有效地处理高浓度体系聚合热的释放问题。

第三章　高分子的链结构和凝聚态结构

本书第三、四章属于高分子物理学范畴。高分子物理学的核心内容是研究高分子材料的结构、分子运动及与材料性能的关系，由于大分子的形状特殊（链状或网状）、相对分子质量巨大且具有多分散性，故其结构及分子运动形式远比低分子材料复杂，材料性能也独具规律。

高分子材料的结构、分子运动的最大特点是具有多尺度性、多层次性。从结构上看，高分子的结构可分为两个主层次：分子链结构和凝聚态结构。分子链结构又细分为两个层次，一是结构单元的化学组成及立体化学结构；二是整条分子链的结构与形状，分别称近程结构和远程结构。凝聚态结构又可分为均相体系的凝聚态结构（如结晶态、非晶态、高弹态、粘流态等）和多相体系的织态结构（共混态、共聚态等）。不同的结构层次具有不同的特征运动形式。因此，高分子物理的主要发展线索是：研究大分子的多层次结构、多层次运动（化学键运动、链段运动、分子链运动）和多层次相互作用（分子内、分子间相互作用）的联系，以及各种结构因素对高分子作为材料使用的性能和功能的影响。这对于合理选择、使用高分子材料，正确制定高分子制品加工工艺和设计开发新型材料和产品，具有重要指导意义。

第三章侧重介绍高分子材料的结构特点，第四章介绍高分子材料最重要、最具特色的物理、力学性能。

第一节　高分子链的近程结构

近程结构是指大分子中与结构单元相关的化学结构。近程结构包括构造与构型两块：构造指结构单元的化学组成、键接方式及各种结构异构体（支化、交联、互穿网络）等；构型是指对分子链中由化学键所确定的最近邻原子相对位置的空间描述。近程结构属于化学结构，不通过化学反应，近程结构不会发生变化。

一、结构单元的化学组成

高分子链的结构单元或链节的化学组成，由参与聚合的单体化学组成和聚合方式决定。按化学组成的不同，高分子可分为以下几大类型。

（1）碳链高分子　大分子主链全部由碳原子构成，碳原子间以共价键连接（参看表 1-2）。常见的如聚乙烯、聚丙烯、聚苯乙烯、聚氯乙烯、聚异戊二烯、聚甲基丙烯酸甲酯等，它们大多由加聚反应制得，具有可塑性良好、容易成型加工等优点。但因C—C键键能较低（347 kJ·mol^{-1}），故耐热性差，容易燃烧，易老化，不宜在苛刻条件下使用。

（2）杂链高分子　分子主链除碳原子外，还有氧、氮、硫等其它原子，原子间均以共价键相连接。如聚酯、聚醚、聚酰胺、聚脲、聚砜、聚硫橡胶、酚醛树脂等（参看表1-3）。杂链高分子多通过缩聚反应或开环聚合制得，其耐热性和强度均比碳链高分子高，但主链带有极性，较易水解、醇解或酸解。

（3）元素有机高分子　主链由Si、B、P、Al、Ti、As、O等元素组成，不含C原子，侧基为有机取代基团，这类大分子称元素有机高分子。它兼有无机物的热稳定性和有机物的弹塑性。典型的代表是聚二甲基硅氧烷，也称硅橡胶，它既具橡胶的高弹性，硅氧键又赋予其优异的高低温使用性能（参看表1-3）。

（4）无机高分子　主链和侧基都不含碳原子的高分子称无机高分子。代表性的例子是聚氯化磷腈（聚二氯氮化磷）。其结构单元式为：

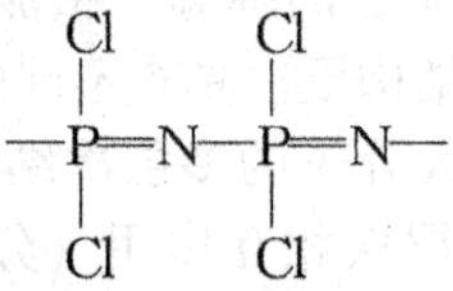

$$-\overset{Cl}{\underset{Cl}{P}}=N-\overset{Cl}{\underset{Cl}{P}}=N-$$

该材料因富有高弹性而称作膦腈橡胶。无机高分子的最大特点是耐高温性能好，但力学强度较低，化学稳定性较差。

（5）梯型高分子和双螺旋高分子　大分子主链不是一条单链，而具有“梯子”或“双螺线”结构。如聚丙烯腈纤维在受热升温过程中会发生环化芳构化，形成梯型结构；再经高温处理变成碳纤维。

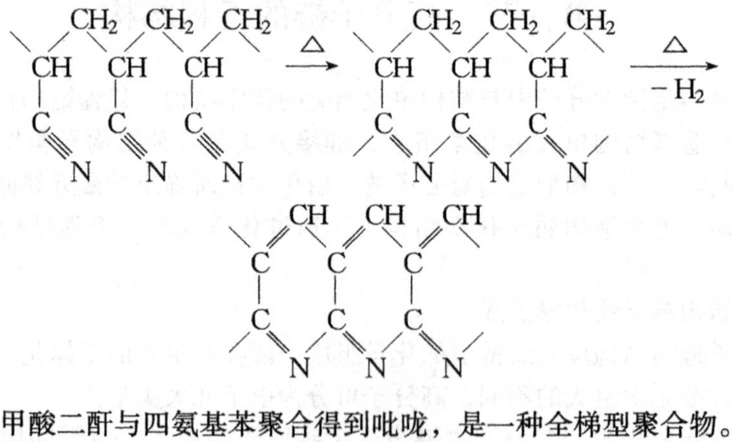

```
    CH2   CH2   CH2                    CH2   CH2   CH2
  \/   \ /   \ /   \        △        \/   \ /   \ /   \          △
  CH    CH    CH         ------>     CH    CH    CH          ------>
  |     |     |                      |     |     |             - H2
  C     C     C                      C     C     C
  ⫶     ⫶     ⫶                    /  \\ /  \\ /  \\
  N     N     N                        N     N     N

         CH    CH    CH
      \ //  \ //  \ //  \
       C     C     C
       |     |     |
       C     C     C
      /  \\ /  \\ /  \\ /
          N     N     N
```

均苯四甲酸二酐与四氨基苯聚合得到吡咙，是一种全梯型聚合物。

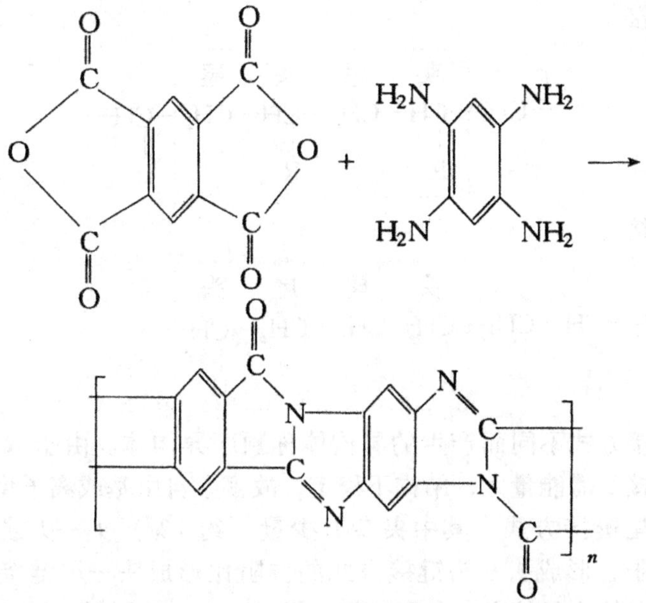

这类材料因分子链加强，受热时碳纤维不容易同时断裂而具有较高的热稳定性。

需要指出的是，除主链结构单元的化学组成外，侧基和端基的组成对高分子材料性能的影响也相当突出。例如，聚乙烯是塑料，而氯磺化聚乙烯（部分—H被—SO_2Cl取代）成为一种橡胶材料。聚碳酸酯的羟端基和酰氯端基都会影响材料的热稳定性，若在聚合时加入苯酚类化合物进行“封端”，体系热稳定性显著提高。

二、结构单元的键接方式

（一）均聚物的键接方式

键接方式是指结构单元在分子链中的连接形式。由缩聚或开环聚合生成的高分子，其结构单元键接方式是确定的。但由自由基或离子型加聚反应生成的高分子，结构单元的键接会因单体结构和聚合反应条件的不同而出现不同方式，对产物性能有重要影响。

结构单元对称的高分子，如聚乙烯$\left(\!-CH_2-CH_2-\right)_n$，结构单元的键接方式只有一种。带有不对称取代基的单烯类单体（$CH_2=CHR$）聚合生成高分子时，结构单元的键接方式则可能有头—头、头—尾、尾—尾三种不同方式：

头—头键接

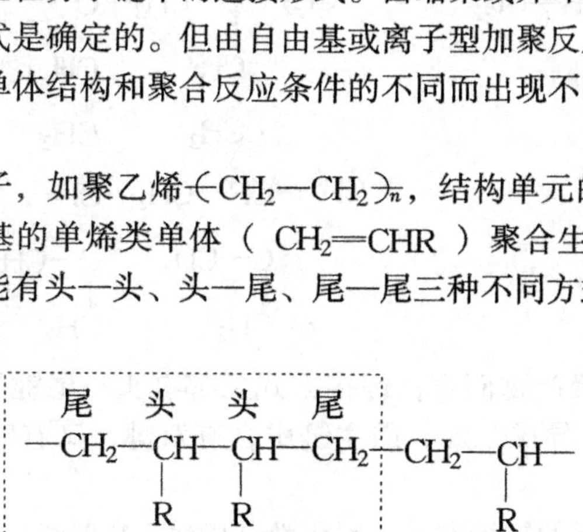

尾 头 头 尾

$$-CH_2-\underset{R}{\underset{|}{CH}}-\underset{R}{\underset{|}{CH}}-CH_2-CH_2-\underset{R}{\underset{|}{CH}}-$$

头—尾键接

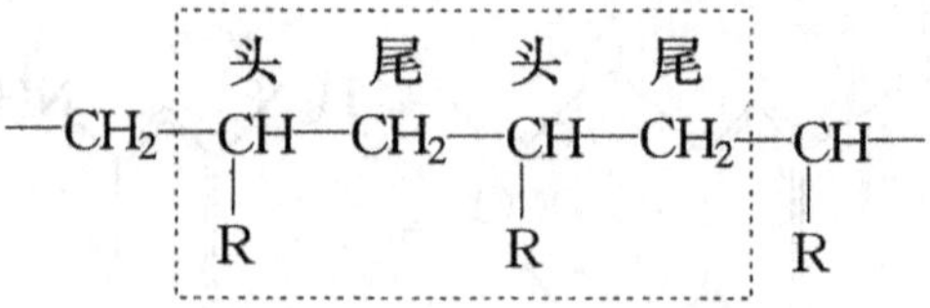

头　尾　头　尾

$$-CH_2-\underset{\underset{R}{|}}{CH}-CH_2-\underset{\underset{R}{|}}{CH}-CH_2-\underset{\underset{R}{|}}{CH}-$$

尾—尾键接

头　尾　尾　头

$$-CH_2-\underset{\underset{R}{|}}{CH}-CH_2-\underset{\underset{R}{|}}{CH}-CH_2-CH_2-\underset{\underset{R}{|}}{CH}-$$

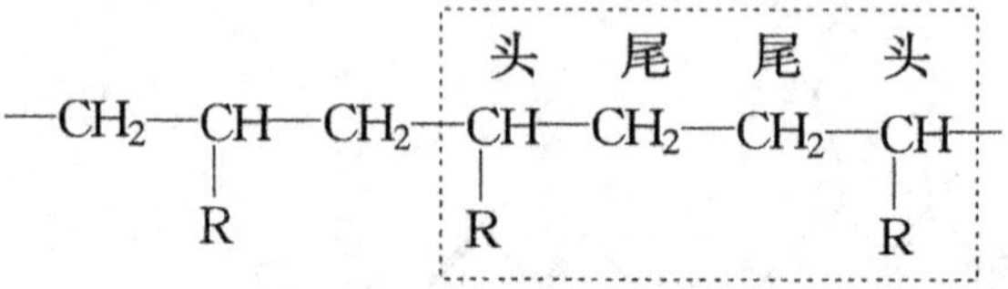

这种由键接方式不同而产生的异构体称顺序异构体。由于 R 取代基位阻较高，头—头键接所需能量大，结构不稳定，故多数自由基或离子型聚合生成的高分子采取头—尾键接方式，其中夹杂有少量（约 1%）头—头或尾—尾键接方式。有些高分子，形成头—头键接方式的位阻比形成头—尾键接方式要低，则头—头键接方式的含量较高，如聚偏氟乙烯中，头—头键接方式含量可达 8%。

双烯类单体（如 $CH_2=CR-CH=CH_2$ ）聚合生成高分子，其结构单元键接方式更加复杂。首先，因双键打开位置不同而有 1,4 加聚、1,2 加聚或 3,4 加聚等几种方式。如异戊二烯聚合有：

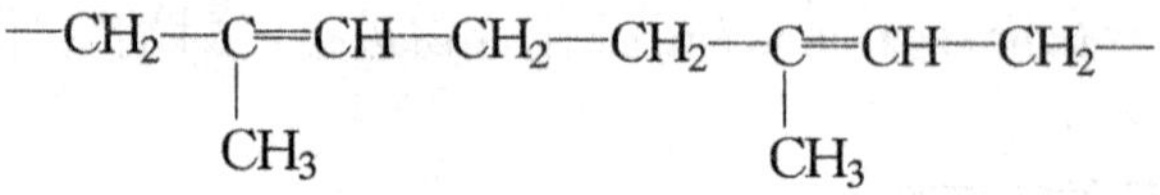

$$-CH_2-\underset{\underset{CH_3}{|}}{C}=CH-CH_2-CH_2-\underset{\underset{CH_3}{|}}{C}=CH-CH_2- \qquad \text{1,4 加聚}$$

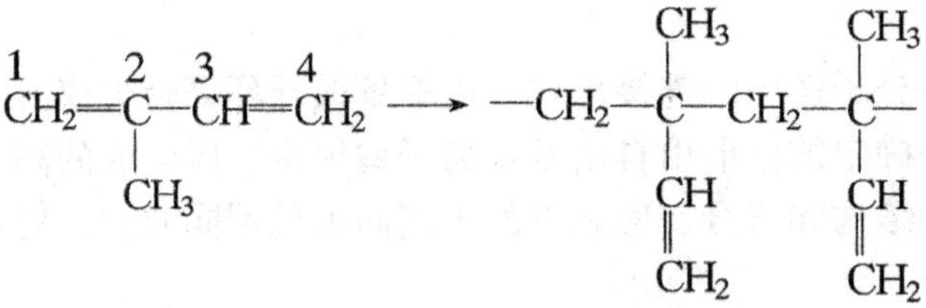

$$\overset{1}{C}H_2=\underset{\underset{CH_3}{|}}{\overset{2}{C}}-\overset{3}{C}H=\overset{4}{C}H_2 \longrightarrow -CH_2-\overset{\overset{CH_3}{|}}{\underset{\underset{\underset{CH_2}{\|}}{\underset{CH}{|}}}{C}}-CH_2-\overset{\overset{CH_3}{|}}{\underset{\underset{\underset{CH_2}{\|}}{\underset{CH}{|}}}{C}}- \qquad \text{1,2 加聚}$$

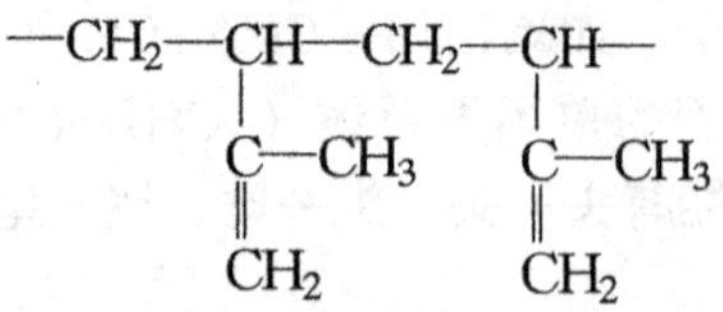

$$-CH_2-\underset{\underset{\underset{CH_2}{\|}}{\underset{C-CH_3}{|}}}{CH}-CH_2-\underset{\underset{\underset{CH_2}{\|}}{\underset{C-CH_3}{|}}}{CH}- \qquad \text{3,4 加聚}$$

对每一种加聚产物而言，键接方式又都有头—尾键接和头—头键接之分。对于 1,4 加聚的聚异戊二烯，因主链中含有双键，又有顺式和反式几何异构体之分(后详)。

结构单元的键接方式可用化学分析法、X 射线衍射法、核磁共振法测量。键接方式对大分子物理性质有明显影响，最显著的影响是不同键接方式使分子链具有不同的结构规整性，从而影响其结晶能力，影响材料性能。如用作纤维的高分子，通常希望分子链中结构单元排列规整，使结晶性好、强度高，便于拉伸抽丝。用聚乙烯醇制造维尼纶（聚乙烯醇缩甲醛）时，只有头—尾连接的聚乙烯醇才能与甲醛缩合而生成聚乙烯醇缩甲醛，头—头连接的羟基就不能缩醛化。这些不能缩醛化的羟基，将影响维尼纶纤维的强度，增加纤维的缩水率。又如用丁二烯生产顺丁橡胶时，若调整其中1,2结构含量，使分子链中产生乙烯基侧基。当1,2结构含量为35%～55%时，橡胶的抗湿滑性明显改善，综合性能提高。

（二）共聚物的键接方式

共聚物分子链的键接方式除具有均聚物的各种类型外，更重要的是考察共聚物包含的两种或两种以上不同化学链节的序列排布方式，又称序列结构。比如某二元共聚物由A、B两种单体单元生成，按序列排布方式可区分为无规共聚物、交替共聚物、嵌段共聚物和接枝共聚物四种结构异构体（如图3-1所示，参看第二章第七节）。

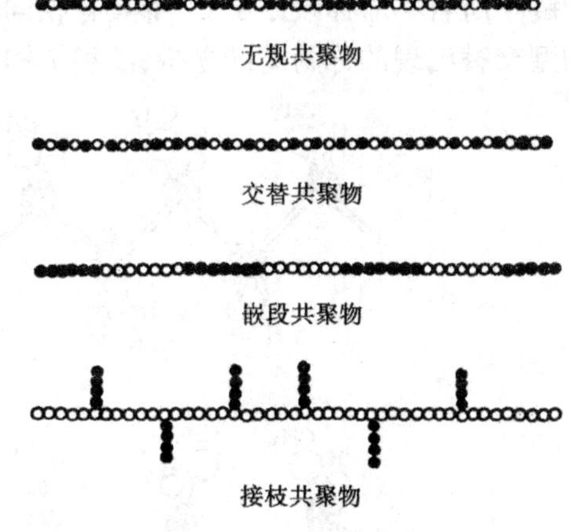

图3-1 共聚物的键接方式

除排布方式外，共聚物的组成比、单体单元序列长度和序列长度分布等均与共聚物的结构与性能相关。如嵌段共聚物有嵌段平均长度及分布问题；接枝共聚物有支链平均长度及分布问题；无规共聚物也有无规序列长度和长度分布问题等。这些结构参数常用来表征共聚物序列结构的差异。多元共聚物的键接方式更为复杂。

不同组分、不同序列结构的共聚物，其物理、力学性能不同。利用“分子设计”，改变共聚物的组成和结构，已成为开发新材料和进行高分子改性的重要手段。如乙烯和丙烯共聚合，若50%～70%的乙烯和20%～50%的丙烯采用限定几何构型茂催化技术共聚合，共聚物为三元乙丙橡胶；若90%以上的丙烯和4%～5%乙烯无规共聚合，共聚物是一种力学性能很好的无规共聚聚丙烯（PP-R）塑料。采用限定几何构型催化技术可以根据需要设计分子结构，得到的乙丙橡胶具有相对分子质量分布确定，二烯含量少，带长链支化等特点，其物理、力学性能稳定，耐热、耐臭氧、耐紫外线、耐水性及加工流动性优良。

ABS树脂是丙烯腈、丁二烯、苯乙烯三元共聚物，其中既有无规共聚，又有接枝共聚，具有多种序列结构形式。可以是无规共聚的丁苯橡胶为主链，丙烯腈、苯乙烯接在支链上；也可以是丁腈橡胶为主链，苯乙烯接在支链上；还可以是丙烯腈—苯乙烯共聚物为主链，丙烯腈、丁二烯接在支链上。虽然三者统称ABS树脂，但分子结构不同，材料性能也有差别。ABS树脂是一种性能优良的工程塑料。

三、结构单元的立体构型

构型（configuration）是指分子链中由化学键所固定的原子在空间的几何排列。这种排列是化学稳定的，要改变分子的构型必须经过化学键的断裂和重建。

由构型不同而形成的异构体有两类：旋光异构体和几何异构体。在第二章第五节配位阴离子聚合中介绍的α-烯烃聚合得到的全同立构、间同立构、无规立构聚烯烃，属于旋光异构体。

所谓旋光异构，是指饱和碳氢化合物分子中由于存在有不同取代基的不对称碳原子C*，形成两种互成镜像关系的构型，表现出不同的旋光性。这两种旋光性不同的构型分别用 d 和 l 表示。

例如对$\text{+}CH_2—C^*HX\text{+}_n$型高分子，每一结构单元含一个不对称碳原子C*，当分子链中所有不对称碳原子C*都具有相同的 d（或 l）构型时，就称为全同立构；d 和 l 构型交替出现的称为间同立构；d 和 l 构型任意排列就是无规立构，如图3-2所示。

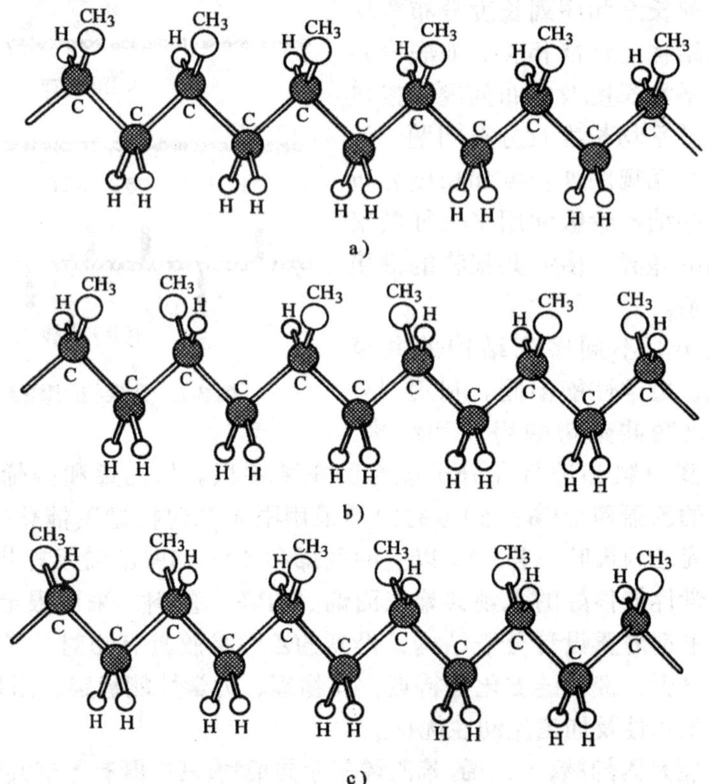

图3-2 高分子链的立体构型

a）全同立构 b）间同立构 c）无规立构

对于$\text{+}C^*HX—C^*HY\text{+}_n$型高分子，结构单元中两个碳原子均为不对称碳原子，这种分子链构型可能是双全同立构，或是双间同立构。在图 3-3a 中，对含 X、Y 的两个不对称碳原子都形成全同立构，两个不对称中心的构型也相同，称为叠同双全同立构体；图 3-3b 中，对 X、Y 来说都是全同立构，但两个不对称中心的构型成交替对映关系，故称为对映双全同立构体；图 3-3c 中，虽然两个不对称中心的构型相同，但对 X、Y 来说都是间同立构，称之为双间同立构体。

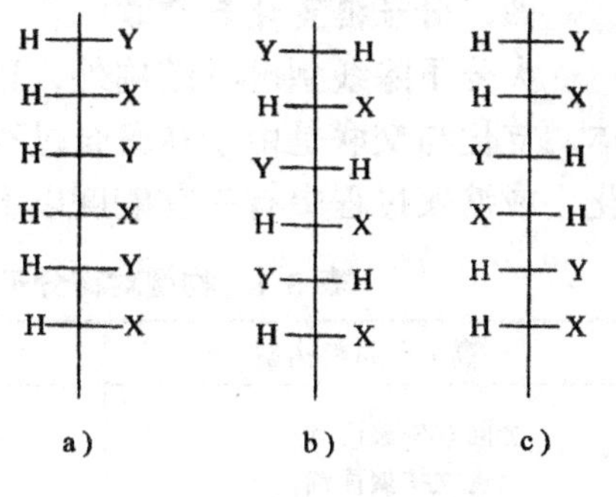

图 3-3　$\text{+}C^*HX—C^*HY\text{+}_n$ 的空间异构体

双烯类单体 1,4 加成聚合时，由于主链内双键不能旋转，故可以根据双键上基团在键两侧排列方式的不同，分出顺、反两种构型，称几何异构体。凡取代基分布在双键同侧者称顺式构型，在两侧者称反式构型。如 1,4 加聚的聚异戊二烯，顺式结构为：

$$\sim CH_2—C(CH_3)=CH—CH_2—CH_2—C(CH_3)=CH—CH_2 \sim$$

这是一种富有高弹性的橡胶材料。反式结构为：

$$\sim CH_2—CH_2—C(CH_3)=CH—CH_2—CH_2—C(CH_3)=CH—CH_2 \sim$$

反式结构聚异戊二烯因等同周期小，结晶度高，常温下为一种硬韧状的类塑料材料，参见第 93 页。

具有完全同一种构型（完全有规或完全无规立构）的聚合物是极少见的，一般情形的是既有有规立构的短序列，也有无规立构的短序列。所以，表征一个聚合物的立构规整度，需要测定三个参数：立构度、立构类型及平均序列长度。测量方法有 X 射线衍射法、核磁共振法、红外光谱分析法。

大分子链的立构规整性对高分子材料的性能有很大的影响，例如，有规立构聚丙烯容易结晶，熔融温度达 175℃，可以纺丝或成膜，也可用作塑料，而无规立构聚丙烯呈稀软的橡胶状，力学性能差，是生产聚丙烯的副产物，多用于作无机填料的改性剂。又如顺式 1,4-聚丁二烯是一种富有高弹性的橡胶材料（顺丁橡胶)，而反式 1,4-聚丁二烯在常温下是弹性很差的塑料（表 3-1)。

四、分子链支化与交联

大分子除线型链状结构外，还存在分子链支化、交联、互穿网络等结构异构体。支化与交联是由于在聚合过程发生链转移反应，或双烯类单体中第二双键活化，或缩聚过程中有三官能度以上的单体存在而引起的。

表 3-1 构型对高分子材料的熔点和玻璃化转变温度的影响

高分子材料构型	熔点/℃	玻璃化转变温度/℃	密度/(g·cm^{-3})
全同立构聚丙烯	165～175	-10	0.92
无规立构聚丙烯	～80	-20	0.85
全同立构聚苯乙烯	230	100	1.127
无规立构聚苯乙烯		90～100	1.052
顺式 1,4-聚丁二烯	11.5	-108	1.01*
反式 1,4-聚丁二烯	142	-83	1.04*
顺式 1,4-聚异戊二烯	28	-73	1.02*
反式 1,4-聚异戊二烯	74	-60	1.05*

* 表中数据为结晶密度。

支化的结果使高分子主链带上了长短不一的支链。短链支化一般呈梳形，长链支化除梳形支链外，还有星形支化和无规支化等类型。星形支化是从一个支化点放射出三根以上的支链。图 3-4 给出支化高分子的几种可能的结构模型。

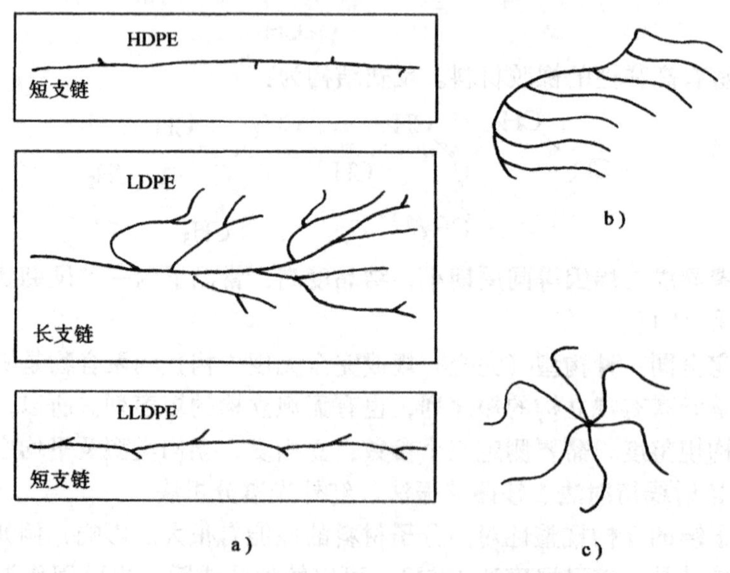

图 3-4 支化高分子链的几种模型

a) 几种 PE 分子链 b) 梳形支化高分子 c) 星形支化高分子

支化高分子与线型高分子的化学性质相同，但支化对材料的物理、力学性能影响很大。以聚乙烯为例，高压下由自由基聚合得到的低密度聚乙烯为长链支化型高分子。而在低压下，由齐格勒—纳塔型催化剂配位聚合得到的高密度聚乙烯属于线型高分子，只有少量的短支链。两者化学性质相同，但其结晶度、熔点、密度等性质差别很大，见表3-2。低密度聚乙烯的结晶度X_c约为65%，熔点为105℃，密度为0.916g·cm^{-3}。而高密度聚乙烯的X_c约为95%，熔点为135℃，密度为0.964g·cm^{-3}。这种性能上的差异主要是由于支化结构不同造成的。

表 3-2　几种聚乙烯材料的性能比较

性能 \ 品种	高密度聚乙烯	低密度聚乙烯	交联聚乙烯
分子链形态	线型分子	支化分子	网状分子
密度 ρ/(g·cm^{-3})	0.95～0.97	0.91～0.94	0.95～1.40
结晶度 X_c（X射线衍射法）	95%	60%～70%	—
熔点/℃	135	105	不熔、不溶
抗拉强度 σ_b/MPa	20～70	10～20	50～100
最高使用温度/℃	120	80～100	135
用途	硬塑料制品：管材、棒材、单丝绳缆、工程塑料部件等	软塑料制品、薄膜材料等	电工器材、海底电缆等

支链的长短同样对高分子材料的性能有影响。一般短链支化主要对材料的熔点、屈服强度、刚性、透气性以及与分子链结晶性有关的物理性能影响较大，而长链支化则对粘弹性和熔体流动性能有较大影响。

表征支化结构的参数有：支化度、支链长度、支化点密度等。聚乙烯的支化度可用红外光谱法通过测量端甲基浓度求得。

大分子链之间通过支链或某种化学键相键接，形成一个分子量无限大的三维网状结构的过程称交联（或硫化），形成的立体网状结构称交联结构。热固性塑料、硫化橡胶属于交联高分子，如硫化天然橡胶是聚异戊二烯分子链通过硫桥形成网状结构。交联后，整块材料可看成是一个大分子。

$$\sim\!-CH_2-\overset{\overset{\displaystyle CH_3}{|}}{C}=CH-CH_2-\sim \xrightarrow{\ddot{S}_x} \begin{array}{c} \sim\!-CH_2-\overset{\overset{\displaystyle CH_3}{|}}{C}=CH-CH-\sim \\ \qquad\qquad\qquad | \\ \qquad\qquad\qquad S_x \\ \qquad\qquad\qquad | \\ \sim\!-CH_2-\underset{\underset{\displaystyle CH_3}{|}}{C}=CH-CH-\sim \end{array}$$

交联高分子的最大特点是既不能溶解也不能熔融，这与支化结构有本质的区别。支化高分子能够溶于合适的溶剂，而交联高分子只能在溶剂中发生溶胀，其分子链间因有化学键联接而不能相对滑移，因而不能溶解。生橡胶在未经交联前，既能溶于溶剂，受热、受力后又变软发粘，塑性形变大，无多大使用价值；经过交联（硫化）以后，分子链形成具有一定强度的网状结构，不仅有良好的耐热、耐溶剂性能，还具有高弹性和相当的强度，成为性能优良的弹性体材料。

表征交联结构的参数有交联点密度、网链平均相对分子质量等，可用平衡溶胀法测定（参考第四章第四节）。

第二节 高分子链的远程结构

远程结构主要指高分子的大小（相对分子质量及相对分子质量分布）和大分子部分或整链在空间呈现的各种几何构象（conformation）。所谓远程，指沿分子链方向上，考察的距离较远。实际上由于大分子的卷曲性，其真正的空间距离可能很近。关于相对分子质量及其分布将在第四章第四节讲述，本节着重讲述高分子链的构象。

一、高分子链的内旋转构象

构象是指分子链中由单键内旋转所形成的原子（或基团）在空间的几何排列图像。大分子链的直径极细（约零点几纳米），而长度很长（可达几百至几千纳米不等）。通常，在无扰状态下这样的链状分子不是笔直的，而呈现或伸展或紧缩的卷曲图像。这种卷曲成团的倾向与分子链上的单键发生内旋转有关。

碳链化合物中的C—C单键由σ电子构成，电子云呈轴对称分布。在分子运动时，C—C单键能够绕着轴线相对自由旋转，称为内旋转。已知两个相邻C—C键的键角为109°28′，假设碳原子上不带任何其他原子或基团，则C_2—C_3单键可以在固定键角不变的情况下，绕C_1—C_2单键自由地旋转，其轨迹是一个圆锥面。换句话说，由于C_1—C_2单键旋转，C_3原子有可能出现在圆锥底面圆周的任何位置上，如图3-5所示。同理C_3—C_4单键绕C_2—C_3单键旋转的轨迹也是一个圆锥面。由于分子链的每一根单键都在同时发生旋转，可以想象，整个分子链在空间的几何形态（构象）会有“无穷”个。因此，一条大分子链的几何构象数非常大，分子链看来是相当柔顺的。

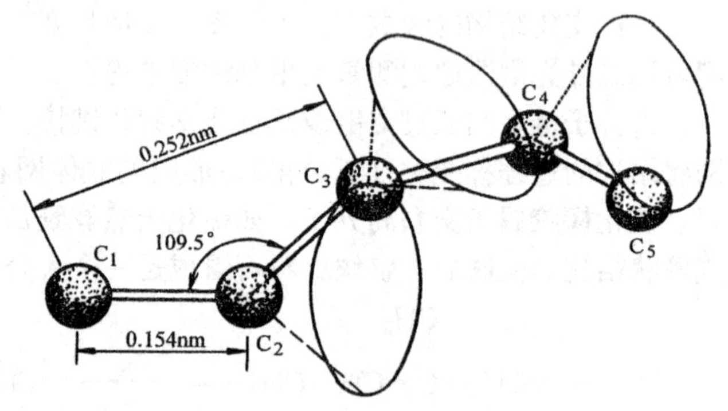

图 3-5 单键的内旋转

进一步看，分子链单键的内旋转实际上并不是完全自由的。由于分子链上的碳原子总带有其他原子或基团，这些非键合原子充分靠近时，外层电子云之间将产生斥力，使单键的内旋转受阻，旋转时需要消耗一定能量以克服所受的阻力。

以乙烷分子 $CH_3—CH_3$ 为例，当两个甲基上的氢原子处于相对交错位置时(参看图 3-6)，氢原子间距离最远(0.25nm)，相互之间斥力最小，乙烷分子的势能最低(U_1)，这种构象称反式构象。若从反式构象开始相对旋转，氢原子间的距离逐渐缩小，斥力逐渐增加，乙烷分子的势能也逐渐增加。当旋转角达到 60°时，两个甲基上的氢原子相互重叠，相距最近(0.228nm)，斥力达到最大，乙烷分子的势能也最高(U_2)，与此对应的构象称顺式构象。反式构象与顺式构象的势能差 $\Delta U = U_2 - U_1$，称内旋转势垒。显然顺式构象因能量高而不稳定，反式构象则较稳定。

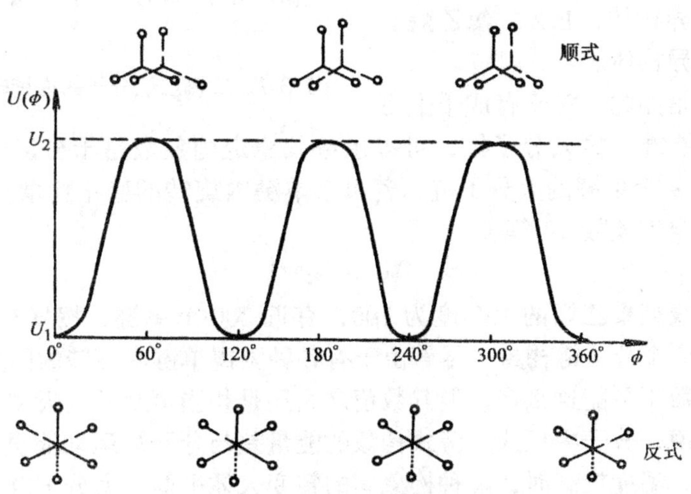

图 3-6　乙烷分子的内旋转势能曲线

由图 3-6 还看到，若甲基相对旋转 360°，会经过三个势能最高的顺式构象和三个势能最低的反式构象，其余构象的势能介于 U_1 和 U_2 之间。内旋转势垒也称为内旋转活化能，不同的物质结构有不同的内旋转势垒（表 3-3），表征着分子内旋转的难易程度。

表 3-3　不同单键的内旋转势垒

分子式	键　型	内旋转势垒/($kJ\cdot mol^{-1}$)	分子式	键　型	内旋转势垒/($kJ\cdot mol^{-1}$)
$CH_3—CH_3$	C—C	11.7	$CH_3—CF_3$	C—C	15.4
$CH_3—CH_2CH_3$	C—C	13.8	$CF_3—CF_3$	C—C	<15.4
$CH_3—CH(CH_3)_2$	C—C	16.3	$CH_3—OH$	C—O	4.2
$CH_3—C(CH_3)_3$	C—C	20.1	$CH_3—SH$	C—S	5.4
$CH_3—CH{=}CH_2$	C—C=	8.4	$CH_3—NH_2$	C—N	7.95
$CH_3—C{\equiv}C—CH_3$	C—C≡	<8.2	$CH_3—SiH_3$	C—Si	7.1

如果乙烷分子中两个甲基各有一个氢原子被氯原子取代，变成1,2-二氯乙烷 $CH_2Cl—CH_2Cl$ 。此时，C—C单键的内旋转角度与势能的关系曲线变得复杂起来（图3-7）。假定以两个氯原子处于对位交叉时的旋转角 $\phi=0°$，则在 $\phi=0°$、$-120°$、$120°$三处出现势能谷，而在 $\phi=180°$、$-60°$、$60°$三处出现势能峰。其中势能谷对应的构象比较稳定，分别称之为反式构象、左旁式构象、右旁式构象；势能峰对应的构象不稳定，称顺式构象。在分子位能曲线上对应于相对稳定构象的材料称内旋转异构体，1,2-二氯乙烷有三种内旋转异构体。

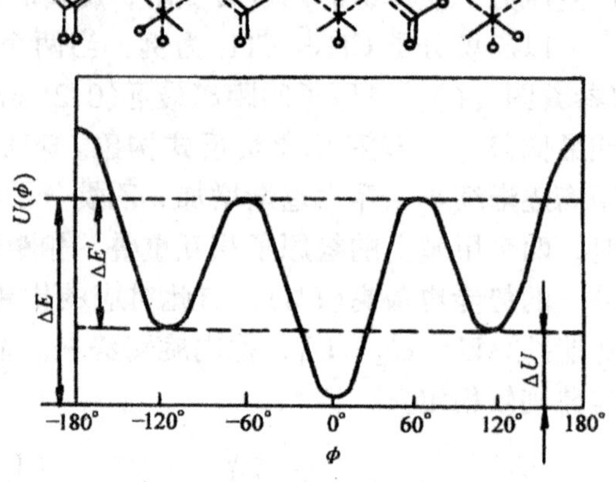

图3-7　二氯乙烷分子的内旋转势能曲线

小分子是如此，对于有成千上万碳原子（σ 单键）的大分子链，可以想象其稳定构象数是十分巨大的。计算表明，对于含 n 个单键的大分子链，若每个单键内旋转的稳定构象数为 m，则分子链总的稳定构象数 W 等于：

$$W = m^{n-1} \tag{3-1}$$

设一种线型聚乙烯的聚合度为100，有近200个单键，按（3-1）式可求得理论上有 10^{94} 个分子链构象。尽管由于有各种阻碍单键内旋转的因素存在，实际出现的构象数不可能这么多，但其数值之大还是相当可观的（天文数字）。

一般来说，分子中反式、旁式构象的能量差与分子热运动能量 kT 的数量级相同。因此，温度较高时，两种构象间的转变大体平衡，大分子链不断地从一种构象转化为另一种构象。高分子链构象不断变化的性质，称为柔顺性。柔顺性产生的根源就是碳—碳单键的内旋转。按Bolzmann公式，体系的熵可由构象数求得，$s=k\ln W$。由此可见，大分子链的构象熵值很高，而且根据熵增原理，在无扰状态下分子链有自发地取混乱卷曲状态的倾向。这些是高分子链柔顺性的热力学本质。

二、高分子链柔顺性的表征

高分子链的柔顺性可以从静态柔顺性和动态柔顺性两方面来讨论。

（一）静态柔顺性

静态柔顺性又称平衡态柔顺性，指大分子链在热力学平衡条件下的柔顺性。此种柔顺性的大小由分子链单键内旋转的反式和旁式构象势能差与热运动动能之比 $\Delta U/(kT)$ 决定（参看图3-7）。也就是说，单键内旋转取反式或旁式构象的几率，在热力学平衡条件下取决于 $\Delta U/(kT)$ 之值。当温度 T 一定时，仅取决

于 ΔU。ΔU 越小，反式与旁式构象出现的几率越相近，两者在分子链上无规排列，大分子链呈无规线团状，即柔顺性很好；反之，ΔU 较大，反式构象将占优势，大分子链呈伸展状态，柔顺性较差。

高分子链的平衡态柔顺性，通常用链段长度和均方末端距来表征。“链段”是一个统计概念，是指从分子链中划分出来可以任意取向的最小运动单元。从前面讨论得知，大分子链中单键的内旋转是受阻的，但如果把若干个单键取作一个链段，把高分子视为由若干链段组成，只要每个链段中单键数目足够多，那么链段与链段之间的连结可看作是自由的，高分子链可视为以链段为运动单元的自由连接链。

链段长度可以表征分子链的柔顺性，链段越短，分子链柔顺性越好。假如所有单键原本都是自由连结的，链段长度就等于键长，这种高分子链为理想柔顺性链；假如分子链上所有单键都不允许内旋转，则链段长度等于整个分子链长度，这种高分子链为理想刚性链。实际上高分子的链段长度介于链节和分子长度之间，约包含几个至几十个结构单元。几种常见的高分子材料链段长度见表3-4。

表 3-4　几种常见高分子材料链段长度

高分子材料	单体相对分子质量	链段长度/nm	链段含结构单元数	高分子材料	单体相对分子质量	链段长度/nm	链段含结构单元数
聚乙烯	28	0.81	2.7	聚甲基丙烯酸甲酯	100	1.34	4.4
聚甲醛	44	0.56	1.25	纤维素	162	2.57	5
聚苯乙烯	104	1.53	5.1	甲基纤维素	186	8.1	16

分子链柔顺性也可用均方末端距表征。末端距 h 是指分子链两端点间的直线距离（图3-8）。均方末端距 $\overline{h^2}$ 也是一个统计概念，指末端距的平方按构象分布求统计平均值。可以想象，高分子链越柔顺，卷曲得越厉害，均方末端距就越小。根据对高分子单键连接和旋转的自由程度的不同假定，高分子链可分别假定为自由连接链、自由旋转链、受阻旋转链等。不同的分子模型因构象不同，均方末端距的统计计算值也不同。一种大分子链的本征均方末端距，需将其溶于恰当溶剂中由实验测得。

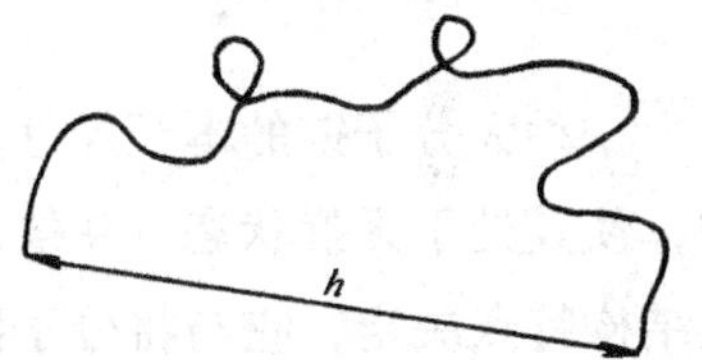

图 3-8　柔顺性高分子链的末端距

假定分子链中任何两个相邻键矢量所构成的夹角可以取任意值，即键的内旋转完全自由，这种分子链模型称自由连接链，其均方末端距 $\overline{h_{f,j}^2}$ 为：

$$\overline{h_{f,j}^2} = nl^2 \qquad (3\text{-}2)$$

式中，n 为分子链中单键的数目，l 为单键键长。

假定单键的内旋转是在保持键长和键角不变的情况下进行的，这种分子链模型称自由旋转链，其均方末端距 $\overline{h_{f,r}^2}$ 为：

$$\overline{h_{f,r}^2} = nl^2 \frac{1+\cos\theta}{1-\cos\theta} \tag{3-3}$$

式中，θ 为单键键角的补角，对于 C—C 链高分子，$\theta = 70°32'$，$\cos\theta \approx 1/3$，因此，$\overline{h_{f,r}^2} = 2nl^2$。

当单键的内旋转不仅要维持键角不变，还要受相邻链节非键合原子之间的耦合作用影响时，这种分子链模型称受阻旋转链，受阻旋转高分子链的均方末端距 $\overline{h_\phi^2}$ 为：

$$\overline{h_\phi^2} = nl^2 \frac{1+\cos\theta}{1-\cos\theta} \cdot \frac{1+\overline{\cos\phi}}{1-\overline{\cos\phi}} \tag{3-4}$$

其中

$$\overline{\cos\phi} = \frac{\int_0^{2\pi} \exp\left[-\frac{U(\phi)}{kT}\right]\cos\phi \mathrm{d}\phi}{\int_0^{2\pi} \exp\left[-\frac{U(\phi)}{kT}\right]\mathrm{d}\phi} \tag{3-5}$$

ϕ 为内旋转角，$U(\phi)$ 为内旋转势能。由于 $\frac{1+\overline{\cos\phi}}{1-\overline{\cos\phi}}$ 大于 1，故 $\overline{h_\phi^2} > \overline{h_{f,r}^2}$。

由此可见，由 C—C 单键组成的高分子，随着单键内旋转受阻程度的增大，分子链的柔顺性变差，均方末端距依次增大，即

$$\overline{h_{f,j}^2} < \overline{h_{f,r}^2} < \overline{h_\phi^2} \tag{3-6}$$

一种大分子链的本征尺寸（无扰尺寸 $\overline{h_0^2}$），可以将其溶解于“理想”稀溶液中，使其处于无扰状态（Θ 条件[㊀]）下由实验测得。无扰尺寸 $\overline{h_0^2}$ 由高分子本身真实结构特点决定，它与将分子链假定为理想自由旋转链所得的均方末端距 $\overline{h_{f,r}^2}$ 的比值，反映了真实分子链单键内旋转的受阻程度，称空间位阻参数 σ，定义为：

$$\sigma = \left(\overline{h_0^2} / \overline{h_{f,r}^2}\right)^{1/2} \tag{3-7}$$

σ 也常用来表征大分子链的平衡态柔顺性，σ 值越小，说明分子链单键内旋转所受阻力小，柔顺性越好。

实际上，无扰尺寸 $\overline{h_0^2}$ 不能由实验直接测定，能够测量的是大分子链在 Θ 状态下的均方回转半径 $\overline{\rho_0^2}$，测量方法为光散射法。$\overline{\rho_0^2}$ 定义为：

$$\overline{\rho_0^2} = \sum_{i=1}^{n} m_i \boldsymbol{r}_i^2 / \sum_{i=1}^{n} m_i \tag{3-8}$$

㊀ Θ 条件指在适当温度、恰当溶剂条件下，高分子溶液内部达到溶剂分子-大分子链段、溶剂-溶剂、链段-链段之间的相互作用力均等，大分子链处于自然卷曲状态。参看第四章第四节。

式中，$\boldsymbol{r}_i$ 为分子链总质心 G 到各分质心 G'（质量为 m_i）的位置矢量（图 3-9)。无扰尺寸$\overline{h_0^2}$由下式计算：

$$\overline{h_0^2} = 6\,\overline{\rho_0^2} \tag{3-9}$$

均方回转半径$\overline{\rho_0^2}$也是表征大分子尺寸的常用参数，尤其对于支化型大分子，分子链有多个端点，末端距概念已失去意义，用均方回转半径表征分子尺寸更好。

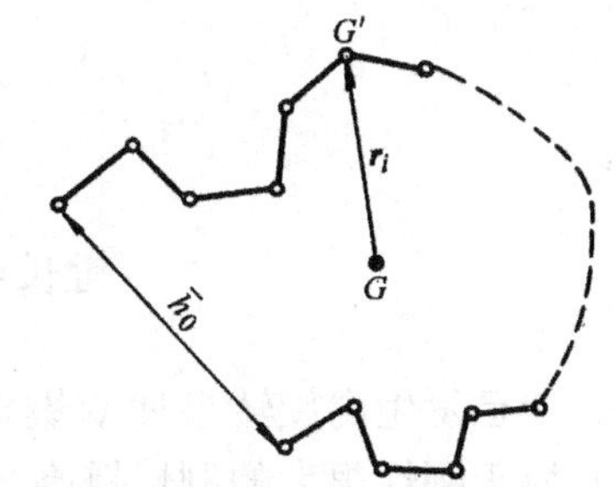

图 3-9 高分子链均方回转半径计算模型

（二）动态柔顺性

动态柔顺性是指高分子链在一定外界条件下，从一种平衡态构象（比如反式）转变到另一种平衡态构象（比如旁式）的速度。构象间的转变需要一定时间 τ_p，τ_p 的大小取决于内旋转势能曲线上的内旋转势能值 ΔE(图3-7)与外场作用能 kT 的关系：

$$\tau_p = \tau_0 \exp\left(\frac{\Delta E}{kT}\right) \tag{3-10}$$

若 $\Delta E \ll kT$，以至于 τ_p 很小，约 10^{-11}s，表明平衡态构象间的转变容易发生，则认为分子链的动态柔顺性好。式中，τ_p 称持续时间。动态柔顺性也可用分子链末端距的变化速度$\frac{\mathrm{d}\,\overline{(h^2)}^{1/2}}{\mathrm{d}t}$表征。

分子链的静态柔顺性和动态柔顺性是两个不同的概念。通常，我们所讨论的分子链柔顺性，一般是指热力学平衡态（静态）柔顺性，当考虑高分子在加工条件下的粘性流动时，就需要考虑分子链动态柔顺性的影响。

三、影响分子链柔顺性的结构因素

（一）主链结构的影响

主链结构对分子链柔顺性的影响十分显著。不同的单键内旋转能力不同，全碳链的C—C键高分子（如PE、PP等）的柔性较好；而杂链高分子（如聚酯、聚酰胺、硅橡胶等）主链上的C—O、C—N、Si—O键，其内旋转位垒比C—C键更低，柔性更好。Si—O—Si键比C—C键内旋转容易的原因有二：一则因为氧原子周围没有其他原子或基团，使非键合原子间距增大，内旋转位垒降低；二则因为Si—O—Si键的键长、键角均比C—C键大，使相互作用进一步减少。硅橡胶（聚二甲基硅氧烷）分子链柔性极好，是低温性能良好的橡胶品种。

含孤立双键的双烯类高分子（ —C—C═C—C— ），虽然双键本身并不能旋转，但它使邻近单键的内旋转位垒减小，使内旋转容易，柔性变好。例如，顺式聚丁二烯的空间位阻参数 σ 仅为1.68，比聚乙烯的 $\sigma=1.84$ 还低。

含共轭双键的高分子，如聚乙炔、聚苯等，因其电子云相互交盖形成大 π

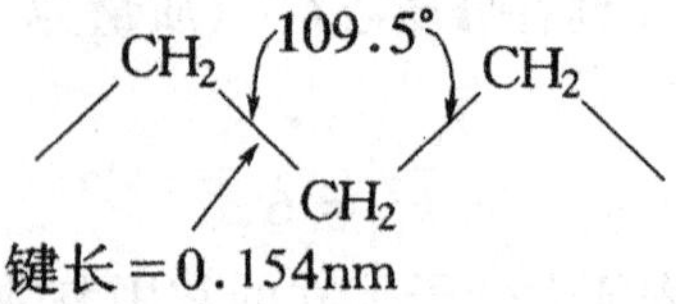

CH_2　109.5°　CH_2

CH_2

键长＝0.154nm

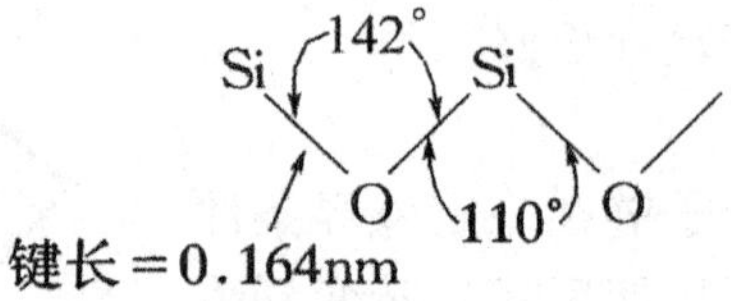

Si　142°　Si

O　110°　O

键长＝0.164nm

键，一旦发生内旋转会使双键电子云变形或破裂，故这类分子的化学键不能旋转，属于刚性很大的刚性链高分子。

聚乙炔　　$\sim\!-CH{=}CH-CH{=}CH-CH{=}CH-CH{=}CH-\!\sim$

聚苯　　$\left[\!\!-\!\!\left\langle\bigcirc\right\rangle\!\!-\!\!\right]_n$

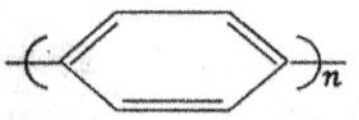

（二）侧基的影响

侧基的影响主要取决于取代基的极性、体积、沿分子主链排布的距离和对称性等。

侧基的极性（偶极矩的大小）决定着分子内和分子间相互作用力的大小。极性弱，相互作用力小，内旋转势能低，分子链柔顺性好。如非极性的聚乙烯、聚丙烯、聚异丁烯等分子链柔顺性都很好。反之极性强，单键内旋转阻碍大，分子链柔顺性差。例如，聚氯乙烯的偶极矩为1.8～1.9德拜；聚丙烯腈的偶极矩为3.4德拜，均为极性高分子。因此，柔顺性比聚乙烯、聚丙烯差，而聚丙烯腈分子链的柔顺性又比聚氯乙烯差。

非极性取代基的体积对分子链柔顺性有两方面的影响。一方面取代基的存在增加了内旋转的空间位阻，使柔性降低；另一方面取代基也增大了分子链间距，降低分子间相互作用，使柔性增大。聚苯乙烯中苯基的极性小，但体积大，空间位阻大，使单键不易内旋转，分子链刚性大于聚丙烯和聚乙烯。聚丙烯酸酯类分子链侧基的主要作用是增大分子链间距，由于丙基的体积大于乙基、甲基的体积，因而，聚丙烯酸丙酯分子链的柔顺性要好于聚丙烯酸乙酯与聚丙烯酸甲酯。

侧基的对称性分布对分子链柔顺性有一定的影响，一般侧基对称性分布的分子链柔顺性高于非对称性分布的柔顺性。例如聚偏氯乙烯 $\left[CH_2-\overset{\overset{\large Cl}{|}}{\underset{\underset{\large Cl}{|}}{C}} \right]_n$ 的柔顺

性高于聚氯乙烯 $\leftarrow CH_2-\underset{\underset{Cl}{|}}{CH}\rightarrow_n$ 分子链柔顺性。聚异丁烯 $\leftarrow CH_2-\overset{\overset{CH_3}{|}}{\underset{\underset{CH_3}{|}}{C}}\rightarrow_n$ 的柔顺性要好于聚丙烯 $\leftarrow CH_2-\underset{\underset{CH_3}{|}}{CH}\rightarrow_n$ 的柔顺性。

（三）其它影响因素

实际上，影响大分子链柔顺性的因素还有很多。如，分子间相互作用力的大小对分子链柔顺性有重要影响。分子间作用力越大，链的柔顺性越差。氢键、范德华作用力是分子间作用力的主要类型。比如，同是极性分子链，聚酰胺分子链的柔顺性比聚醋酸乙烯差，原因就在于聚酰胺的分子链之间存在大量氢键，强相互作用使分子链构象难以改变，导致刚性增大。

相对分子质量的大小对柔顺性的影响是，相对分子质量越大，柔顺性越好，这与 σ 单键数目增多有关。分子链规整性对柔顺性的影响是，规整性越好的分子链往往越容易结晶，致使柔顺性下降。如聚乙烯，从主链结构看应当具有较好的柔顺性，但由于其分子链简单规整，很容易结晶。一旦结晶，分子中的原子或基团被严格固定在晶格上，单键内旋转不能进行。因此，聚乙烯材料内部出现两相区，晶相的分子链呈刚性，非晶相的分子链呈柔性。这种结构特征使聚乙烯呈现塑料的性质，而不能作为橡胶使用。

此外，交联、共混、增塑，甚至温度、外力作用速度等因素，都会不同程度地影响高分子的柔顺性，有些将在后面章节讨论。

四、高分子链的构象统计

高分子链的柔顺性可以用均方末端距 $(\overline{h^2})$ 来表示，均方末端距是一个统计平均值，是分子链末端距的平方按照分子链构象取统计平均的结果。均方末端距的求算方法主要有两种：几何计算法和统计计算法。下面介绍统计计算法的主要思路与结果。

（一）三维空间“无规行走”问题的统计处理

设无规线团状的大分子链一端固定在坐标系原点（图 3-10），要计算分子链另一端在三维空间任意位置出现的几率，可以用三维空间“无规行走”问题的统计方法来处理。首先假定分子链的构象是通过“无规行走”若干步的方式形成的（相当于链段自由连接），无规行走的步长为 b（相当于链段长度），总计行走 Z 步（Z 相当于链段数目，$Z \gg 1$）。按照“无规行走”的统计模型，这样的大分子链另一端在空间一点（x，y，z）附近体积元内出现的几率为：

$$W(x,y,z)\mathrm{d}x\mathrm{d}y\mathrm{d}z = \left(\frac{\beta}{\sqrt{\pi}}\right)^3 \exp[-\beta^2(x^2+y^2+z^2)]\mathrm{d}x\mathrm{d}y\mathrm{d}z \quad (3\text{-}11)$$

式中，$W(x, y, z)$ 为几率密度函数，$\beta^2=\frac{3}{2}\frac{1}{Zb^2}$。

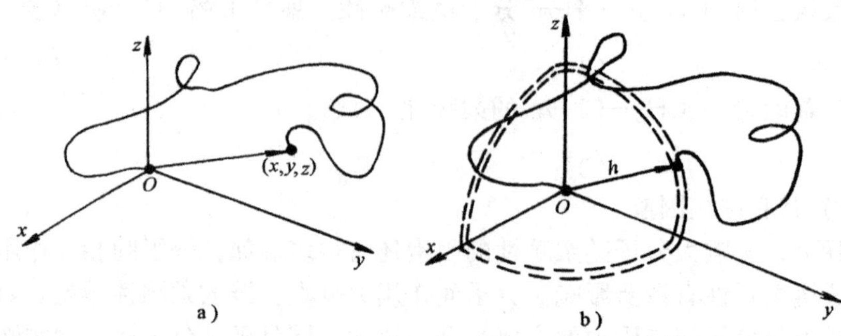

图 3-10 按三维空间“无规行走”模型处理分子链

若计算大分子链另一端处于球壳状体积元 $h\rightarrow h+\mathrm{d}h$（$h$ 为半径）内的几率，则有：

$$W(h)\mathrm{d}h=\left(\frac{\beta}{\sqrt{\pi}}\right)^3\exp(-\beta^2h^2)4\pi h^2\mathrm{d}h \tag{3-12}$$

式中，$4\pi h^2\mathrm{d}h$ 为球壳体积元的体积。实际上，h 相当于分子链的末端距，上式可以认为是末端距等于 h 的分子链，其构象出现的几率，这种几率分布函数称作高斯分布函数。

（二）高斯分子链末端距的统计计算

借用上面的计算，对大分子链作如下简化假设：①设大分子链由 Z 个链段组成，$Z\gg1$，每个链段为一统计单元；②每个统计单元均视为长度为 b 的刚性小棒；③统计单元之间自由连接，在空间自由取向；④大分子链本身不占有体积。

符合这种假定的分子链称高斯链，其末端距的分布函数符合高斯分布函数，即满足（3-12）式。$W(h)$—h 分布状态如图 3-11 所示。图中末端距 $h\rightarrow0$ 和 $h\rightarrow\infty$ 的几率密度都很小，表示分子链末端距很小或很大的这种构象出现的可能性都很小。大部分分子链的末端距处于“中间地带”，其中 $W(h)$ 有一极大值，与极大值对应的末端距称最可几末端距 h^*，表示此处分子链构象数取极大值。

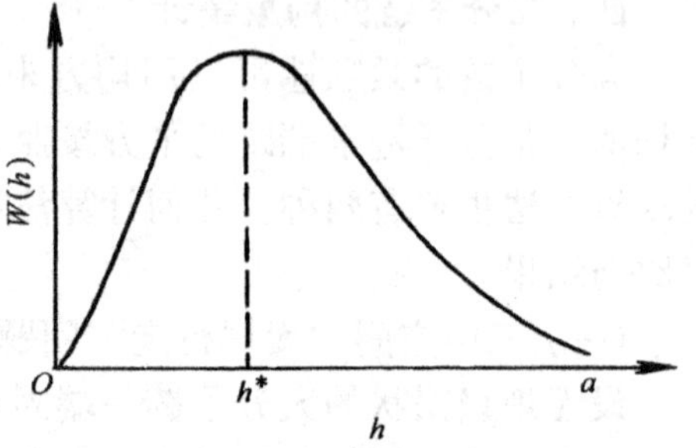

图 3-11 高斯链末端距分布函数图

令 $\frac{\partial W(h)}{\partial h}=0$，即可求得最可几末端距 h^*：

$$h^* = \frac{1}{\beta} = \sqrt{\frac{2}{3}Z}b \tag{3-13}$$

同时，可求得平均末端距$\overline{h}$：

$$\overline{h} = \int_0^\infty hW(h)\mathrm{d}h = \frac{2}{\sqrt{\pi}\beta} = \sqrt{\frac{8Z}{3\pi}}b \tag{3-14}$$

和均方末端距$\overline{h^2}$：

$$\overline{h^2} = \int_0^\infty h^2W(h)\mathrm{d}h = \frac{3}{2\beta^2} = Zb^2 \tag{3-15}$$

比较式（3-15）与式（3-2），可以看出两公式形式相同，说明高斯链是以链段为统计单元的自由连接链。但两式的意义大不相同，自由连接链的统计单元是化学键，而高斯链的统计单元是链段。自由连接链实际是不存在的，任何化学键都不可能自由旋转和任意取向；而高斯链虽然是模型，却体现了大量柔性高分子的共性，可以认为是确实存在的。两者比较，高斯链更具普遍性，以后在讨论大分子尺寸和统计计算时，一般以高斯链为出发点。

（三）等效自由连接链的均方末端距

已知实际高分子链中单键的内旋转是受阻的，但是，如果把若干个单键取作一个链段，把链段与链段之间的连结看作是自由的，那么高分子链可视为以链段为运动单元的自由连接链。

假定这样假想的自由连结链的均方末端距与一真实分子链的均方末端距相同，并设假想的自由连结链的伸直长度也与真实分子链的完全伸直长度相同，这样就可以得到唯一的在统计性能上与真实分子链完全等效的自由连结链模型，其结构单元为链段，构象分布符合高斯分布，这种模型称等效自由连结链。

利用上述结果，得知等效自由连结链的均方末端距和分子链总长分别等于：

$$\overline{h_e^2} = n_e l_e^2 \tag{3-16}$$

$$L_{\max} = n_e l_e \tag{3-17}$$

式中，n_e、l_e 分别为等效自由连结链的链段数和链段长度。它们应该分别与实际高分子链的均方末端距$\overline{h_{\text{real}}^2}$和实际分子链伸直长度（注意保持真实链的键长、键角不变）L'_{real}相等，即

$$\begin{cases} \overline{h_{\text{real}}^2} = \overline{h_e^2} = n_e l_e^2 \\ L'_{\text{real}} = L_{\max} = n_e l_e \end{cases} \tag{3-18}$$

解联立方程，可求得 n_e，l_e 的值：

$$\begin{cases} n_e = L'^2_{\text{real}} / \overline{h_{\text{real}}^2} \\ l_e = \overline{h_{\text{real}}^2} / L'_{\text{real}} \end{cases} \tag{3-19}$$

式中，分子链伸直长度 L'_{real}可由实验求出相对分子质量，根据化学结构求出总

键数 n，再乘以键长 l 在伸直方向的投影得到。均方末端距$\overline{h_{real}^2}$可以由实验测得，也可以将真实分子链假定为自由旋转链或受阻旋转链，通过公式计算求得(注意计算的结果并不等于实际高分子链的均方末端距)。

例如，设聚乙烯的分子链为自由旋转链，其均方末端距

$$\overline{h_{f,r}^2} = nl^2 \frac{1+\cos\theta}{1-\cos\theta} = 2nl^2$$

完全伸直链长度

$$L'_{real} = nl\cos\frac{\theta}{2} = \sqrt{\frac{2}{3}}nl$$

式中，n、l 分别为聚乙烯分子链的单键数和键长，θ 为键角的补角。将这些值代入式（3-19），得等效高斯链的链段数和链段长度分别为：

$$n_e = \frac{1}{3}n$$

$$l_e = \sqrt{6}l = 2.45l$$

即每个链段由 3 个单键组成，链段长为键长的 2.45 倍。

实际上，聚乙烯分子链并不是自由旋转链，存在旋转位阻，这种分子链的均方末端距可通过实验求得。比如，在 Θ 条件下，测得聚乙烯的均方末端距等于 $\overline{h_{real}^2}=6.76nl^2$。此时，可求得等效自由连结链的链段数 $n_e\approx\frac{1}{10}n$，表明其中每一个链段含大约 10 个单键。

第三节　高分子材料凝聚态结构

凝聚态是指由大量原子或分子以某种方式（结合力）聚集在一起，能够在自然界相对稳定存在的物质形态。普通物质在标准条件下存在固（晶）、液、气三态。从空间拓扑结构来看，固态材料的原子或分子的空间排列呈三维远程有序状；液态则只有近程有序，而无远程有序；气态既无近程有序，也无远程有序。与普通材料相比，高分子材料只有固、液两态而无气态（未曾加热到汽化已先行分解），但由于大分子链状分子结构的特殊性，其存在状态远比小分子材料更加丰富多彩，并更具特色。

高分子凝聚态结构也称超分子结构，其研究尺度大于分子链的尺度。主要研究分子链因单键内旋转和(或)环境条件(温度、受力情况)而引起分子链构象的变化和聚集状态的改变。在不同外部条件下，大分子链可能呈无规线团构象，也可能排列整齐，呈现伸展链、折叠链及螺旋链等构象。由此形成非晶态（包括玻璃态、高弹态），结晶态（包括不同晶型及液晶态）和粘流态等聚集状态。这些状态下，因分子运动形式、分子间作用力形式及相态间相互转变规律均与小分子物

质不同，结构、形态有其独自的特点。这些特点也是决定高分子材料性能的重要因素。

按现代凝聚态物理的观点，高分子材料属于软物质（soft matter）或复杂流体（complex fluids）。所谓软物质是指相对于弱的外界影响，比如，施加给物质瞬间的或微弱的刺激，能作出显著响应和变化的那类凝聚态物质。从结构上看，软物质在其柔软的外观下存在着复杂的相对有序的结构，其结构常介于固体与液体之间。一方面从宏观尺度看，它不象小分子晶体那样有严格的周期性结构，有时可能是完全无序的；另一方面在介观（mesoscopic）尺度下，它又存在一些规则的受约束结构，如结晶和取向，其晶态和非晶态常常是共存的。高分子材料的另一个软物质特征是常常因结构的细微变化而引起体系宏观性质的巨大变异，如天然橡胶树汁是一种液态胶乳，在树汁分子中，只要平均每 200 个碳原子中有一个与硫发生反应(硫化)，流动的胶汁就变成具有高强度的固态橡胶材料，表现出奇异的高弹性质，这在低分子材料中是不可思议的。

本节主要研究高分子材料的非晶态、结晶态、取向态和织态结构，讨论影响结构变化的因素及结构与材料性能、功能间的关系。

一、大分子间作用力

大分子中诸原子依靠化学键（主要是共价键）结合形成长链结构，这种化学键力为分子内作用力，也称主价键力。主价键完全饱和的原子，仍有吸引其他分子中饱和原子的能力，这种作用力称分子间作用力，称次价键力。分子间作用力有多种形式，它们具有不同的强度、方向性及对距离和角度的依赖性，是形成高分子多姿多彩凝聚状态的内在原因。

一般认为，分子间作用力比化学键力（离子键、共价键、金属键）弱得多，其作用能在几到几十 $kJ\cdot mol^{-1}$范围内，比化学键能（通常在 200～600$kJ\cdot mol^{-1}$范围内）小 1～2 个数量级。作用范围大于化学键（在几百皮米范围内），称为长程力。不需要电子云重叠，一般无饱和性和方向性。

分子间作用力本质上是静电作用，包括两部分：一是吸引力，如永久偶极矩之间的作用力（取向力）、偶极矩与诱导偶极矩的作用力（诱导力）、非极性分子之间的作用力（弥散力）；二是排斥力，它在分子间距离很小时表现出来。实际分子间作用力应是吸引作用和排斥作用之和，通称范德华(Van de Waals)力。

除静电作用力外，分子间作用力还包括一些较弱的化学键作用，这种作用有饱和性和方向性，但作用能比化学键能小得多，键长较长。这类作用主要有氢键、分子间配键作用（如 π-π 相互作用、给体-受体相互作用等）及憎水相互作用等。

氢键是高分子材料中一种最常见也最重要的分子间相互作用。氢键的本质是氢分子参与形成的一种相当弱的化学键。氢原子在与负电性很大的原子 X 以共价键结合的同时，还可同另一个负电性大的原子 Y 形成一个弱键，即氢键，形式为 X—H···Y。氢键的强度一般在 10～50kJ·mol^{-1}，比化学键能小，比范德华力大。键长比范德华半径之和小，但比共价半径之和大得多。表 3-5 给出常见的一些氢键及其键能、键长。

表 3-5 一些氢键的键能和键长

氢 键	化合物	键能/(kJ·mol^{-1})	键长(X—Y)/pm
F—H···F	气体$(HF)_2$	28.0	255
	固体$(HF)_n$, $n>5$	28.0	270
O—H···O	水	18.8	285
	冰	18.8	276
	CH_3OH, CH_3CH_2OH	25.9	270
	$(HCOOH)_2$	29.3	267
N—H···F	NH_4F	20.9	268
N—H···N	NH_3	5.4	338

氢键与范德华力的重要差别在于有饱和性和方向性，每个氢在一般情况下，只能邻近两个电负性大的原子 X 和 Y。但氢键的形成条件不像共价键那样严格，键长、键角可在一定范围内变化，具有一定的适应性和灵活性。如图 3-12 所示为尼龙分子间的氢键和纤维素分子内的氢键。

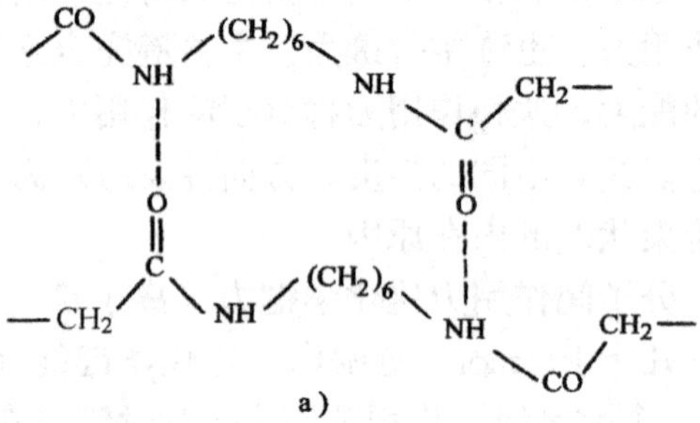

a）

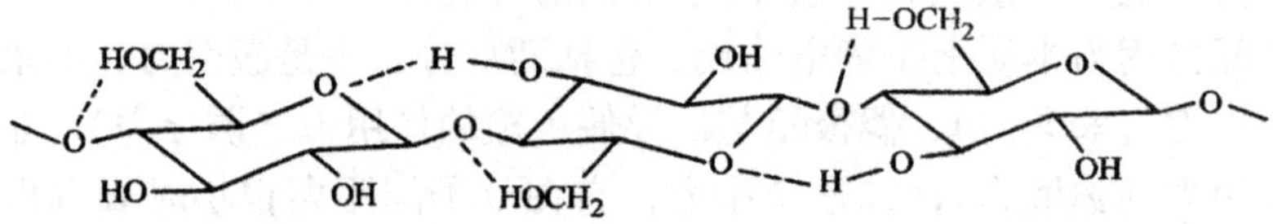

b）

图 3-12 尼龙分子间的氢键和纤维素分子内的氢键

a）尼龙分子间的氢键 b）纤维分子内的氢键

在同系物中，分子间的次价键随相对分子质量增大而增多。高分子的相对分子质量一般是巨大的。因此，分子间的次价键力之和相当大，往往超过主链上的化学键力，在形成高分子材料凝聚态和决定材料基本性质方面起关键性作用。

以聚乙烯为例，若其相对分子质量在十几万以上，有上千个结构单元，设每个结构单元与其他结构单元间的相互作用能为 $4kJ \cdot mol^{-1}$，则大分子链间的次价键力的总和在几千 $kJ \cdot mol^{-1}$以上，这比任何一种主价键能都大得多。当高分子材料受外力作用发生破坏时，往往不是分子链间先发生滑脱，而是个别分子链的化学键因承受不住外力作用先断裂，由此引发材料破坏。

大分子间作用力通常用内聚能密度（CED）来表示。内聚能是指把 1mol 液体或固体的分子分离到分子引力以外范围所需要的能量，大致相当于恒容下的汽化热，单位为 $kJ \cdot mol^{-1}$或 $cal \cdot mol^{-1}$。单位体积物质的内聚能称内聚能密度，单位为 $kJ \cdot m^{-3}$或 $cal \cdot m^{-3}$。

$$\text{内聚能密度} = \frac{\Delta E}{\widetilde{V}} = \frac{\Delta H - RT}{\widetilde{V}} \tag{3-20}$$

式中，ΔE 为内聚能；ΔH 为摩尔汽化热；RT 为转化成气体时所做的膨胀功；$\widetilde{V}$为摩尔体积。

内聚能密度是描写分子间作用力大小的重要物理量。高分子材料的许多性质,如溶解度、相容性、粘度、弹性模量等都受分子间作用力的影响。因而,都与内聚能密度有关。内聚能密度也是决定高分子材料玻璃化转变温度的重要物理量。

对于低分子材料，只要测定汽化潜热，就可求出内聚能密度。对于高分子物质，由于不存在气态，不能用汽化方法求内聚能密度，只能用间接方法，如采用溶胀平衡法或溶解度参数法（后详）来测量。

表 3-6 列出部分线型高分子材料的内聚能密度。由表可见，分子链上有强极性基团，或分子链间易形成氢键的高分子，如聚酰胺、聚丙烯腈等，分子间作用力大，内聚能密度高，材料有较高的力学强度和耐热性，可作为优良纤维材料。内聚能密度在 $300MJ \cdot m^{-3}$以下的多是非极性高分子，由于分子链上不含极性基团，分子间作用力较弱，加上分子链柔顺性较好，使这些材料易于变形，富于弹性，可作橡胶使用。内聚能密度在 $300 \sim 400MJ \cdot m^{-3}$之间的聚合物，分子间作用力居中，适于作塑料。由此可见，大分子间作用力的大小对材料凝聚态结构和材料的性能、用途有直接的影响。

表 3-6 部分线型高分子材料的内聚能密度

高分子材料	内聚能密度/($MJ \cdot m^{-3}$)	高分子材料	内聚能密度/($MJ \cdot m^{-3}$)	高分子材料	内聚能密度/($MJ \cdot m^{-3}$)
聚乙烯	259	丁苯橡胶	276	聚氯乙烯	381
聚异丁烯	272	聚苯乙烯	305	聚对苯二甲酸乙二酯	477
天然橡胶	280	聚甲基丙烯酸甲酯	347	尼龙 66	774
聚丁二烯	276	聚醋酸乙烯酯	368	聚丙烯腈	992

二、高分子材料的非晶态结构

与小分子材料不同，固态高分子材料按其中分子链排列的有序性，可分成非晶态、结晶态、取向态等几种结构。若分子链按照三维有序的方式聚集在一起，可形成结晶态结构；若分子链取无规线团构象，杂乱无序地交叠在一起，则形成非晶态(或无定型态)结构；在外场作用下，若分子链沿一维或二维方向局部有序排列，则形成取向态结构。通常高分子材料中晶态与非晶态结构是共存的。以晶态结构为主的高分子材料，称结晶高分子材料；非晶态或以非晶态占绝对优势的高分子材料称非晶(或无定形)高分子材料。与小分子晶体相仿，结晶高分子材料在高温下(超过熔点)也会熔融，变为无规线团的非晶态结构。

非晶态结构的主要特点是分子排列无长程有序，采用 X-射线衍射测试得不到清晰点阵图象。Flory 根据统计热力学理论推导并实验测量了大分子链的均方末端距和回转半径，提出非晶态结构高分子材料的无规线团模型（图 3-13)。认为在非晶高分子材料本体中，大分子链以无规线团的方式互相穿插、缠结在一

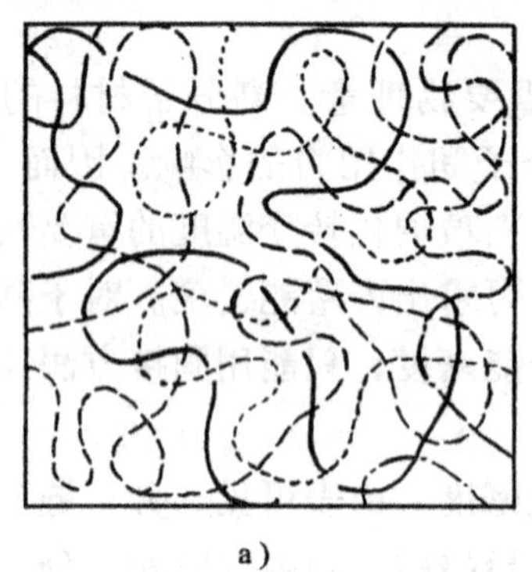

a)

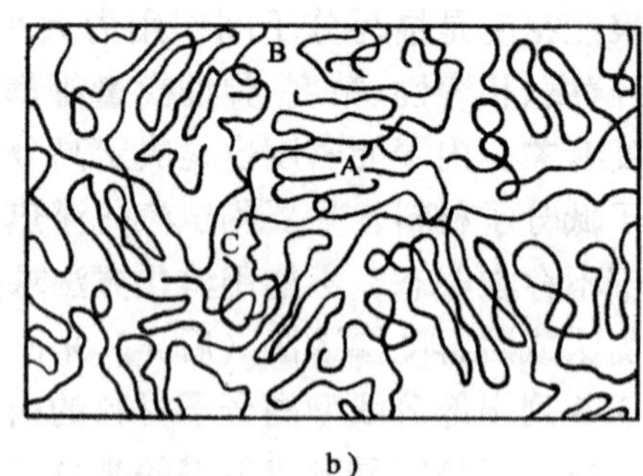

b)

图 3-13 非晶高分子材料的无规线团模型和两相球粒模型

a) 无规线团模型 b) 两相球粒模型

A—有序区 B—粒界区 C—粒间相

起，分子链构象与其在 Θ 溶剂中的无扰分子链构象相似。这一观点可以如下理解：非晶态高分子材料中的一根分子链，相当于溶解在化学性质与其等同的其它分子链构成的“溶剂”中，分子内链段作用力与分子间链段作用力相等。因此，处于“无扰”状态。近几年，人们用中子小角散射技术测量非晶态聚苯乙烯固体和熔体中分子链均方回转半径。结果表明，其尺寸确实与聚苯乙烯分子链在 Θ 溶剂中的均方回转半径相同，证实了非晶态高分子材料中分子排列呈无规线团状。最近，我国高分子物理学家进一步计算求解，在本体（熔体）状态下，一根大分子链究竟与多少根其它分子链相互穿透。结果是：当相对分子质量等于临界缠结分子量 M_c 时，一根分子链大约与 10 根其他链相互穿透。相对分子质量增大时，相互穿透的分子链数也增多。穿透的分子链数与相对分子质量的平方根成

比例，$V_{ip} \propto M^{1/2}$，一般有几十根链相互穿透。这一计算结果为最新的分子链“管式”模型和蠕动模型提供了佐证。

无规线团模型遇到的一个挑战是它不能解释有些高分子材料（如聚乙烯等）具有极快的结晶速度。人们很难设想原来处于熔融态的杂乱无序、无规缠结的分子链会在快速冷却过程中瞬间达到规则排列，形成结晶。另外，根据无规线团模型计算得到非晶态高分子材料的自由体积分数也比实测值大得多。为此，Yeh 等人提出一种两相球粒模型（图 3-13）。该模型认为，在非晶高分子材料中，除了无规排列的分子链之外，还存在局部“有序区”，在这些区域内，分子链折叠、排列比较规整，但比晶态的有序性差，有序区尺寸约 3～10nm。

三、高分子材料的晶态结构

（一）晶体结构特点和结晶形态

与小分子晶体相似，高分子材料结晶时，分子链按照一定规则排列成三维长程有序的点阵结构，形成晶胞。但是，由于链状分子的结构特殊性，大分子结晶有其自身特点。一是由于分子链很长，一个晶胞无法容纳整条分子链，一条分子链可以穿过几个晶胞；二是一个晶胞中有可能容纳多根分子链的局部段落，共同形成有序的点阵结构。这种结构特点使高分子材料晶体具有不完善性，晶区缺陷多，结晶部分与非晶部分共存，熔点不确定，以及结晶速度较慢。

晶胞中，分子链采取链轴平行方式排列，规定分子链轴向为晶胞 c 轴，这使得晶体产生各向异性，沿晶胞 c 轴方向是化学价键作用，而沿晶胞 a、b 轴方向只有范德华力作用。这种结构还造成结晶高分子材料无立方晶系，其他六种晶系在高分子晶体中都有可能存在。

聚乙烯的晶胞属于正交晶系，晶胞参数为：$a=0.736$nm, $b=0.492$nm, $c=0.2534$nm，每晶胞中含有两个结构单元（图3-14）；全同立构聚丙烯的晶胞属于单斜晶系，晶胞参数为：$a=0.665$nm，$b=2.096$nm，$c=0.650$nm，$\beta=99°20'$。同种高分子，由于结晶条件不同，可能有多种晶型（同质多晶现象）。如全同立构聚丙烯的晶胞有三种类型，α 型属单斜晶系，β 型属假六方晶系，γ 型属三斜晶系。

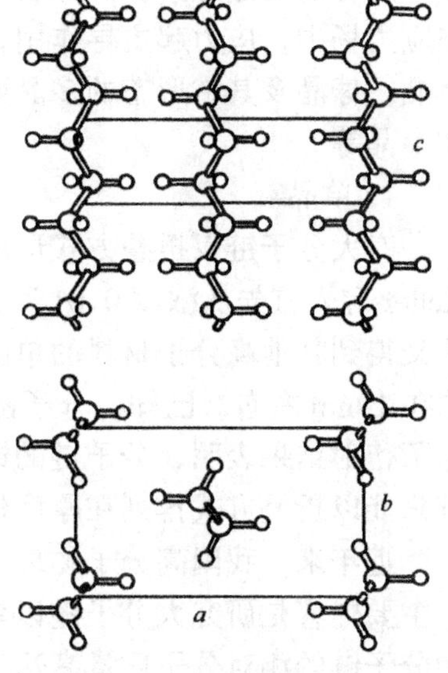

图 3-14 聚乙烯晶胞结构示意图

在每个晶胞中，分子链以相同的结构单元重复出现，重复出现的周期值（即 c 轴的长度）称等同周期。不同的分子链结构有不同的等同周期，这与分子链在晶格中所采取的构象有关。通常晶格中分子链所取的构象有两种:一是平面锯齿形的反式构象,一是反式—旁式相间的螺旋构象。对于没有取代基或取代基较小的碳链高分子,如聚乙烯、聚甲醛、聚酰胺、聚丙烯腈等,晶格分子链常取反式构象(参看图 3-14)。对于分子链中有较大侧基的高分子,例如全同立构聚丙烯,聚四氟乙烯则取螺旋构象。聚丙烯晶胞中,每三个结构单元形成一个螺圈,重复出现,等同周期为 0.65nm。这种螺旋结构用符号 H_{3_1} 表示,它表示一个等同周期中含有 3 个结构单元,形成一个螺圈(图 3-15)。类似地,聚氧化乙烯的螺旋结构用符号 H_{7_2}表示,它表示一个等同周期中含有 7 个结构单元,形成两个螺圈。

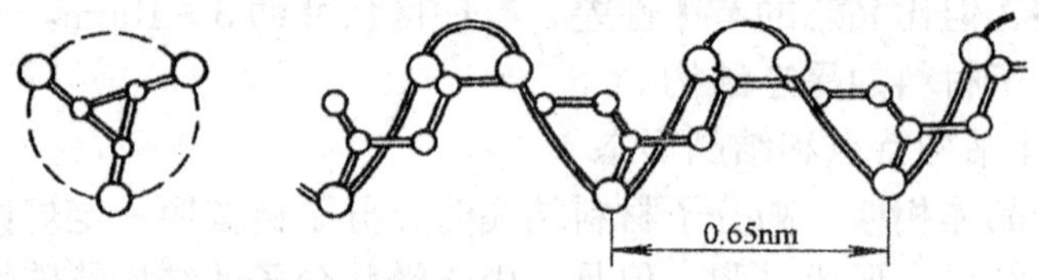

图 3-15 聚丙烯分子链的螺旋形构象

结晶高分子材料在不同条件下生成的晶体具有不同的形态。最基本的形态有分子链沿晶片厚度方向折叠排列的折叠链晶片和由伸展分子链组成的伸直链晶片。前者的结晶主要在温度场中，由热的作用引起，称热诱导结晶；后者结晶多在应力场中，应力起主导作用，称应力诱导结晶。折叠链晶片组成的晶体形态有单晶、球晶及其它形态的多晶聚集体，伸直链晶片组成的晶体形态有纤维状晶体和串晶等。

1. 单晶

对大分子链以折叠方式形成晶片的认识，是从发现高分子材料单晶开始的。Keller 等人首先从浓度 0.01% 的聚乙烯-三氯甲烷溶液中培养出聚乙烯单晶，而后又得到其他高分子材料的单晶。这些单晶呈四方或菱形、或六角形片状，厚度均在 10nm 左右。已知，分子链长度通常为几百纳米，它们在晶片中如何排列？电子衍射结果表明，分子链的链轴方向与片晶的平面垂直，由此可以推知，分子链只能以折叠方式排列在厚度仅 10nm 左右的片晶中。

近年来，我国高分子物理学家开展了关于高分子单链凝聚态的研究，其中一个主要内容是研究大分子链以单链形式的结晶行为，即单分子链单晶。一个典型大分子链的相对分子质量高达 $10^5 \sim 10^6$，可以占有约 $10^3 \sim 10^4 nm^3$ 的体积，而一个初级晶核的临界体积约为 $10nm^3$。由此可见，一条可结晶的大分子链，在恰当条件下，将能通过成核、生长（折叠排列）而形成纳米尺寸的小晶体。这种晶体应是现代实验手段可观察的。迄今，已研究的体系有：等规聚苯乙烯；聚环氧乙烷；顺式 1,4-聚丁二烯；反式 1,4-聚异戊二烯；聚偏氟乙烯、全反式聚异戊二烯（TPI），茂金属催化聚乙烯（M-HDPE）和超高相对分子质量聚乙烯

（UHMWPE）等。

图 3-16 是作者在 30℃下从极稀溶液中结晶 15 小时得到的全反式聚异戊二烯（TPI）单链单晶照片，其中有大量的尺寸在 10～20nm 间的小粒子，有些形貌十分规则。按尺寸计算，是单链粒子尺寸；从选区电子衍射图可知，它们有一定结晶，但结晶不完全。

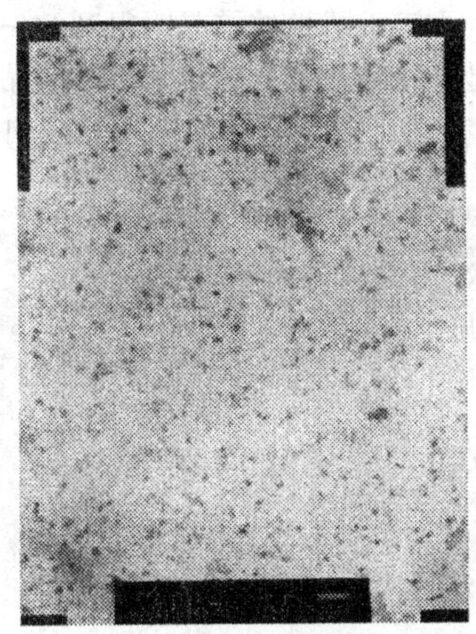

结晶温度 30℃，结晶时间 15h，标尺代表 100nm

图 3-16　TPI 结晶小粒子的电镜照片及选区衍射图

图 3-17 是单个 TPI 微晶的形貌，呈规则的五边形，尺寸约 45nm。由于规则外形的晶体只有当沿着 c 轴方向投影才能得到规则的像，可见，图中晶体的 c 轴在垂直于碳膜表面的方向上择优取向。选区衍射图中电子衍射点和衍射环同在，

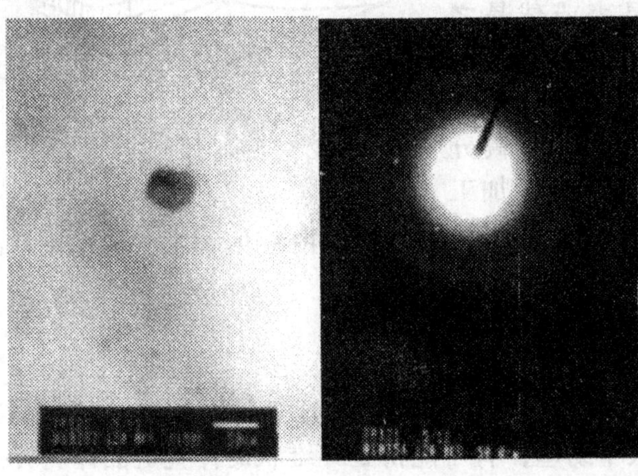

结晶温度 30℃，结晶时间 12h，粒子尺寸 45nm

图 3-17　TPI 微晶粒子的形貌和选区衍射图（标尺代表 50nm）

说明晶区和非晶区共存，结晶不够完善。

单链单晶的研究涉及到高分子结晶的一些基本概念，有助于人们考察大分子结晶过程的细节，研究如均相折叠成核理论、折叠方式、结晶时分子链的运动形式等问题。

2. 球晶

球晶是高分子材料在无应力状态下，在溶液或熔体结晶时得到的一种最为普遍的结晶形态。它是一种多晶聚集体，基本结构仍是折叠链片晶。结晶初期，首先生成的是一些晶核，也称“微球晶”，在适当条件下，晶体从晶核向四面八方生长，发展成球状聚集体，尺寸小的约 0.1μm，大的可达厘米数量级。

在正交偏光显微镜下球晶呈现特有的黑十字消光图（图 3-18）。用电子显微镜观察发现，球晶的亚结构单元晶片在径向生长过程以扭曲的形式出现，晶片中分子链的方向（c 轴方向）总垂直于球晶的半径方向（图 3-19）。

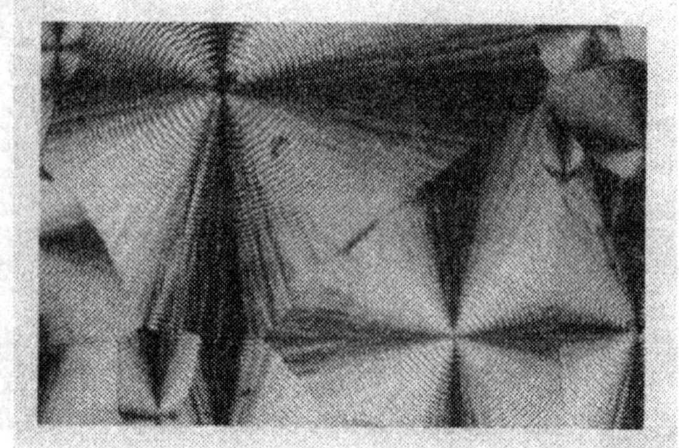

图 3-18　全同立构聚丙烯球晶的偏光显微镜照片

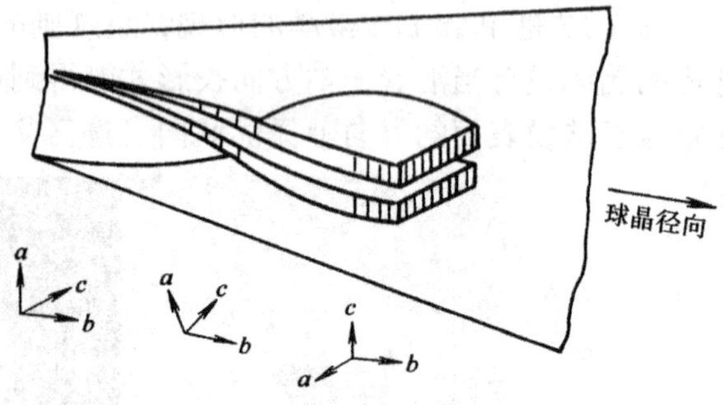

图 3-19　球晶内部分子链取向模型

球晶在生长过程中，不断把小分子添加物、不结晶成分以及不结晶的分子链或链段排斥到片晶或片晶束或球晶之间，形成了大量的连接链，它们对高分子材料的性能，特别力学性能有很大影响。在高分子材料加工过程中，由于加工条件的不同，会使球晶的尺寸、结构和类型发生变化，这些都对产品性能有显著的影响。

3. 伸直链晶体

在特定的应力环境中，如在高温高压条件下结晶，或在高速拉伸（10^5m/min）和快速淬火下纺丝，有可能得到纤维状的伸直链晶体。Wunderlich 将柔性的线型聚乙烯在 500MPa 静压下于 230℃ 结晶 8h，得到了 PE 伸直链晶片。片晶密度高达 0.9938g/cm^3，结晶度为 97%，熔点 140℃，接近于理想 PE 晶体的数据。从热力学理论分析，伸直链晶体应是能量最低、最稳定的高分子晶体，其强度极大，伸直链晶体含量为10%的聚乙烯纤维，抗拉强度达480MPa。

采用双折射仪测定聚乙烯伸直链片晶表明，聚乙烯分子链轴垂直于片晶表面，即和厚度方向一致。伸直链片晶的厚度在100nm以上，厚度分布比较宽。另外，由于分子链长度不一，因此，在伸直链晶片中，分子链不可能100%完全伸直，也有部分折叠链存在。

伸直链晶体是在高温高压的特殊条件下得到的，在高分子材料实际加工成型条件下，虽具有一定应力场作用，但强度远不足以形成伸直链晶体，结果，常常得到既有伸直链晶体又有折叠链片晶的串晶和柱晶（图3-20）。

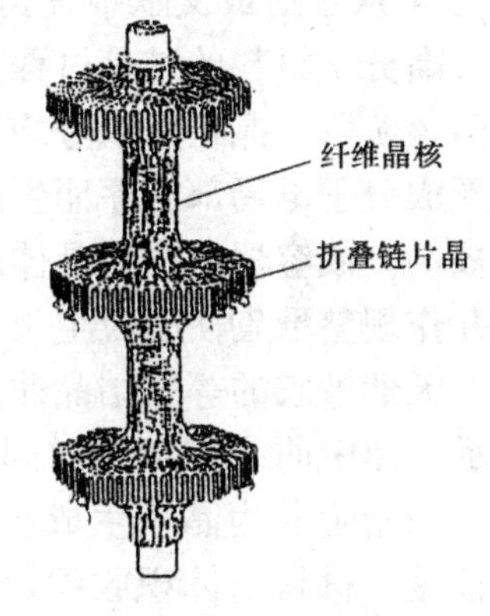

图3-20　串晶结构示意图

（二）高分子材料的结晶度和结晶过程

高分子材料晶体结构的特点之一是结晶不完善，既有结晶区域也有无定形区域，因此，需要确定其结晶程度。晶区部分在高分子材料总量中所占的质量分数或体积分数叫做结晶度。定义为：

质量结晶度

$$\chi_c^{\mathrm{m}} = \frac{m_c}{m_c + m_a} \tag{3-21}$$

体积结晶度

$$\chi_c^{\mathrm{V}} = \frac{V_c}{V_c + V_a} \tag{3-22}$$

式中，m_c、V_c 分别为结晶部分的质量和体积，m_a、V_a 分别为非晶部分的质量和体积。

测定高分子材料结晶度的方法很多，主要有密度法、X射线衍射法、红外光谱法、热分析法等。各种测量方法的原理不同，结果不能相互比较。密度法较为简便，介绍如下。

设结晶高分子材料密度为 ρ，体积为 V，质量为 m。其中晶相的密度为 ρ_c，体积为 V_c，质量为 m_c；非晶相的密度为 ρ_a，体积为 V_a，质量为 m_a。由体积的加和性，得到：

$$V = V_c + V_a$$

$$\frac{m}{\rho} = \frac{m_c}{\rho_c} + \frac{m_a}{\rho_a} = \frac{m\chi_c^{\mathrm{m}}}{\rho_c} + \frac{m(1 - \chi_c^{\mathrm{m}})}{\rho_a}$$

由此求得

$$\chi_c^{\mathrm{m}} = \frac{\rho_c(\rho - \rho_a)}{\rho(\rho_c - \rho_a)} \tag{3-23}$$

上式中，高分子材料密度 ρ 可用密度梯度管加以测量，非晶相密度 ρ_a 可从熔体的比容—温度曲线外推到测量温度得到，也可直接从熔体淬火获得完全非晶试样求得。晶相密度 ρ_c 可根据晶胞结构参数计算得到：

$$\rho_c = \frac{M_e Z}{\widetilde{N} V_0} \tag{3-24}$$

式中，M_e 为结晶高分子材料结构单元的相对分子质量，Z 为晶胞中包含的结构单元数目，V_0 是晶胞体积，$\widetilde{N}$是阿佛加德罗常数。实际上许多高分子材料的 ρ_c 和 ρ_a 可从手册或文献中查到。

高分子材料的结晶过程与低分子材料结晶过程相似，包括晶核生成和晶粒生长两个阶段。晶核生成分均相成核和非均相成核两种方式。均相成核是指由热运动形成分子链局部有序而生成晶核；非均相成核是依靠外来杂质，或特意加入的成核剂，或容器壁作为晶体的生长点。晶核生成以后，分子链便向晶核进一步扩散并作规整堆砌使晶粒生长变大。

天然橡胶的等温结晶曲线如图 3-21 所示。图中曲线按结晶时间可分为三部分：初始阶段为晶核生成阶段，结晶速度很慢，材料的体积收缩比例很小，体积收缩量用膨胀计法测定；中间阶段为晶粒生长阶段，材料体积明显收缩，结晶速度快；最后结晶趋于完成，结晶速度又降低。

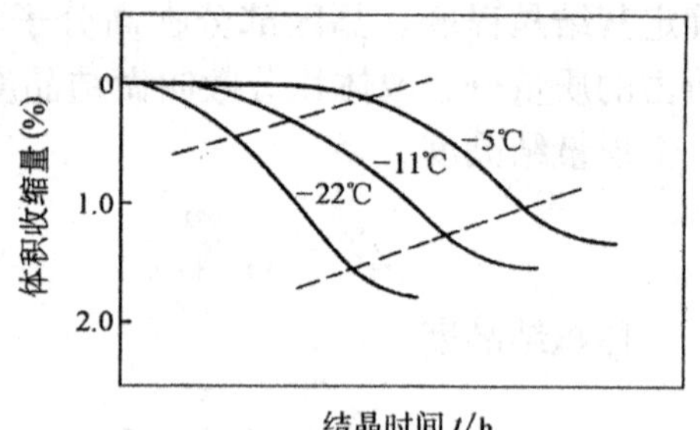

图 3-21 不同温度下天然橡胶的等温结晶曲线

结晶过程可用 Avrami 方程描写：

$$\frac{v_t - v_\infty}{v_0 - v_\infty} = \exp(-kt^n) \tag{3-25}$$

式中，t 为结晶时间，v_0、v_t 和 v_∞分别为材料在 $t=0$、t 和结晶完毕时的比体积；k 为结晶速率常数，k 越大，结晶速度越快；n 称为 Avrami 指数，n 的大小与成核机制和晶粒生成方式有关（表 3-7）。实际应用中，通常以结晶过程进行到一半$\left(\frac{v_t - v_\infty}{v_0 - v_\infty} = 1/2\right)$所需时间的倒数$(t_{1/2})^{-1}$表示结晶速度。

表 3-7 不同成核方式和不同结晶生长形式的阿芙拉密指数

晶粒生长方式	均相成核	异相成核
三维生长（球状）	$n=4$	$n=3$
二维生长（圆板状）	$n=3$	$n=2$
一维生长（纤维状）	$n=2$	$n=1$

(三) 影响高分子材料结晶过程的因素

影响高分子材料结晶过程的因素可以分为两大类，一类是结构因素，分子链结构的规整性是该类高分子材料能否结晶的前提条件；另一类是外部环境条件，主要指在恰当的温度、应力、溶剂、杂质(成核剂)等条件下，结晶过程容易发生，结晶速度快和结晶度高。

1. 结晶能力与分子链结构的关系

(1) 分子链对称性　化学结构简单、对称性好的大分子链容易结晶，结构复杂、对称性差的不易结晶。例如聚乙烯和聚四氟乙烯，主链上没有不对称原子，旁侧原子完全相同，所以非常容易结晶，结晶度高。尤其高密度聚乙烯为线型分子链，只有极少数短支链，结晶速度极快，结晶度可达95%。低密度聚乙烯分子链中含有长链支化，对称性降低，结晶度只能达到60%～70%。

若聚乙烯或聚四氟乙烯结构单元上的一个氢原子（或氟原子）被氯原子取代，变成聚氯乙烯或聚三氟氯乙烯，主链上出现了不对称碳原子，其结晶能力降低。若一个碳原子上的两个氢原子(或氟原子) 同时被氯取代，主链上碳原子保持对称，材料结晶能力又有所提高，如聚氯乙烯的结晶度很小，而聚偏二氯乙烯的最高结晶度可达75%。

(2) 分子链规整性　对单烯类高分子，主链上含有不对称中心时，结晶能力与链的立构规整性有关。如聚丙烯、聚苯乙烯、1,2-聚丁二烯的无规立构体均不能结晶，而全同立构和间同立构体则都能结晶，且等规度愈高结晶能力也愈强。

双烯类高分子因主链上有双键存在，有顺式和反式两种异构体，均可以结晶。但反式结构分子链的等同周期小，如聚异戊二烯反式结构的等同周期为 4.8×10^{-10}m，顺式结构等同周期为 8.1×10^{-10}m，故反式聚异戊二烯在常温下就结晶，顺式的只有在低温下才能结晶。

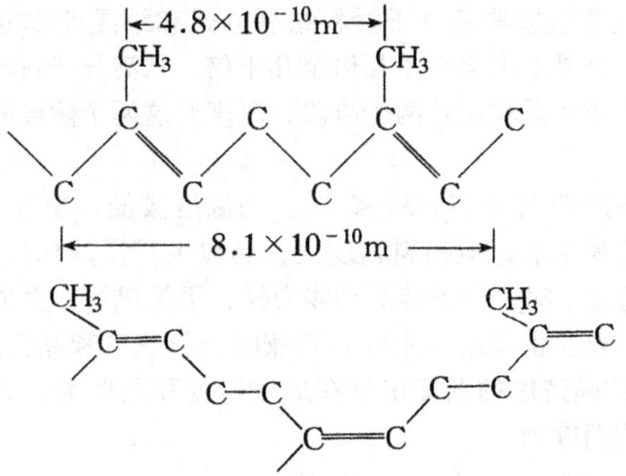

$\leftarrow 4.8\times10^{-10}\text{m}\rightarrow$

反式

$\leftarrow 8.1\times10^{-10}\text{m}\rightarrow$

顺式

(3) 其他结构因素　结晶时大分子通过链段运动排列到晶格中去，因此，运动能力强的柔顺分子链较易结晶。聚乙烯分子链非常柔顺，结晶速度快，人们曾将其熔体迅速投入液氮之中希望得到无定型聚乙烯，结果发现其中已发生结晶；聚对苯二甲酸乙二酯分子柔顺性较差，它只能在熔体缓慢冷却时结晶，冷却速度一快便不能结晶；聚碳酸酯分子链柔顺性更差，通常条件下很难结晶，常以非晶玻璃态的形式存在。由此及彼，凡分子链含大体积取代基（如苯环），或有长支链，或发生交联，影响分子链柔顺性者，都使结晶能力下降。

分子间作用力大的高分子材料，也较难结晶，但一旦开始结晶，则结晶结构比较稳定。如聚酰胺分子中的 C═O 和 N—H 基团容易生成氢键，链段运动受氢键制约，生成结晶比较困难，只在较高温度下才能结晶。但聚酰胺晶体的结构较稳定，熔点较高，尼龙 6 熔点为 270℃，尼龙 66 熔点达 280℃。若分子间作用力有利于晶核形成，则能提高结晶速度。如聚乙烯醇是从聚醋酸乙烯酯水解得到的，后者不能结晶，但是聚乙烯醇分子含有羟基（—OH），羟基体积不大而极性较强，因此有利于结晶，无规立构聚乙烯醇的结晶度达 30%。

(4) 共聚结构　共聚物的结晶能力一般比均聚物差，因为第二单体或第三单体的加入往往破坏了分子链结构的对称性和规整性。共聚物结晶能力与各组分的序列长度有关。

完全无规共聚物不能结晶。如乙烯—丙烯共聚物，其化学结构相当于在聚乙烯分子链上引入若干侧甲基，破坏了原有大分子结构的规整性，结晶性降低。根据乙烯丙烯的比例不同，可以得到不同结晶度乃至于完全非晶态共聚物。当丙烯含量增大到 25%左右时，乙丙共聚物变成非晶态橡胶——乙丙橡胶。

嵌段共聚、接枝共聚一般不影响其结晶能力。嵌段共聚物中的各嵌段、接枝共聚物中的主链和支链，它们都保持各自的结晶独立性。

2. 影响结晶过程的外部因素

(1) 温度的影响　温度是影响高分子材料结晶方式和结晶速率的最重要因素，有时温度相差几度，结晶速度会相差几倍至几十倍。从高分子材料结晶过程得知，结晶主要分晶核生成和晶粒生长两个阶段，温度对这两个阶段的影响是不同的。

高分子材料结晶的温度范围为 $T_g < T < T_m$。当温度较低，接近 T_g 时，分子链活动能力低，晶核容易生成，但物料粘度大，晶粒生长慢，因此，总结晶速度不高；温度较高，接近 T_m 时，分子链活动能力强，不易成核，生成的晶核不稳定，结晶速度也不高。要获得高结晶速度必须兼顾成核速度和晶粒生长速度。图 3-22 表明，达到最大结晶速度的温度出现在成核速度和晶粒生长速度均较高的区域内，按照经验，该温度为

$$T_{cmax} = (0.8 \sim 0.85) T_m \qquad (3\text{-}26)$$

(2) 杂质的影响 杂质对高分子材料结晶过程有很大影响，但影响的效果不同。有些杂质对结晶过程起促进作用，有些则起阻碍作用。有促进作用的杂质，主要作为异相成核剂，它能促进晶核形成，不仅使结晶速度大幅提高，而且生成的球晶尺寸变小，材料性能改善。表 3-8 给出在尼龙 6 中加入不同成核剂对结晶速度和球晶尺寸的影响。可以看出，加入成核剂使结晶速度加快，球晶尺寸变小。成核剂用量加大，晶粒尺寸进一步变小。

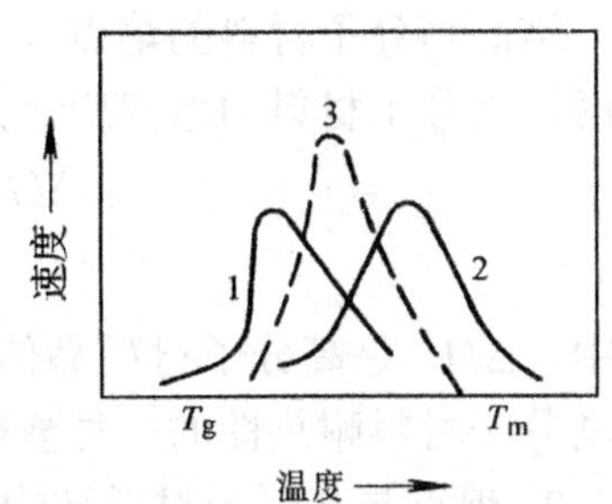

图 3-22 成核速度和晶粒生长速度与温度的关系

1—晶核生成速度 2—晶粒生长速度 3—总结晶速度

对结晶过程起阻碍作用的杂质主要是一些惰性稀释剂，加入后使结晶分子浓度降低，结晶速度减缓。如在等规聚苯乙烯中加入 30% 无规聚苯乙烯，晶体的径向生长速度由 0.3μm/min 降至 0.2μm/min 以下。

表 3-8 几种成核剂对尼龙 6 球晶尺寸的影响

成核剂种类	质量分数 (%)	在 200℃ 结晶时的 $t_{1/2}$/min	150℃ 结晶时球晶的尺寸/μm	成核剂种类	质量分数 (%)	在 200℃ 结晶时的 $t_{1/2}$/min	150℃ 结晶时球晶的尺寸/μm
尼龙 6 本体不含成核剂	—	20	50~60	聚对苯二甲酸乙二酯	0.2 1	 6.5	10~15 4~5
尼龙 66	0.2 1.0	 10	10~15 4~5	磷酸铅	0.05 0.1	 6.5	10~15 4~5

(四) 结晶高分子材料的熔融

1. 熔限与熔点

结晶高分子材料的熔融是热力学相变过程，但不像低分子晶体那样有明确的熔点，它的熔化有一个较宽的温度范围，称作熔程，或熔限，见图 3-23。熔限的宽度与晶体的结晶历程、结构与尺寸以及结晶完善程度有关。通常在较高的温度下形成的结晶，其熔融温度也高、熔限较窄；而在较低温度下形成的结晶，熔融温度低且熔限较宽。这是因为高温结晶时，成核数量较少，晶体长得大而完整，因此，熔限较窄。低温结晶时，成核数量多，晶粒尺寸小，晶体结构多处于初级阶段，故其熔融温度低而熔限宽。

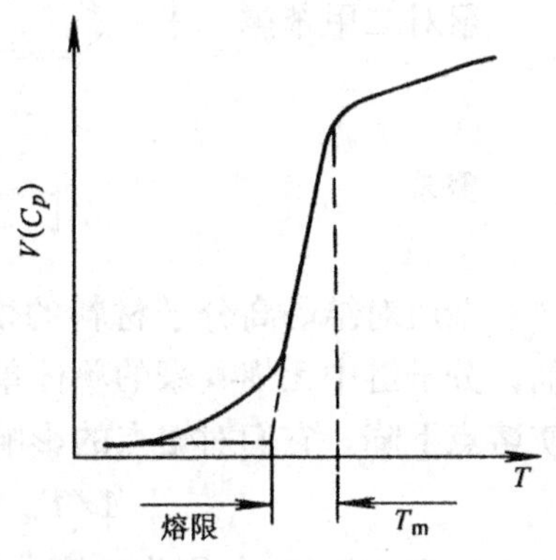

图 3-23 结晶高分子材料熔融过程中体积（或比热容）—温度曲线

结晶高分子材料的熔点 T_m 一般指晶体完全熔融时的温度。从热力学相变来考虑，高分子材料的熔点应该是结晶和熔融达到热力学平衡的温度，应有

$$\Delta G = \Delta H_m - T_m \Delta S_m = 0$$

$$T_m = \Delta H_m / \Delta S_m \tag{3-27}$$

式中，ΔH_m 是高分子材料晶体的熔融热，ΔS_m 是熔融熵。熔点 T_m 的高低是结晶高分子材料耐热性的一种量度。

2. 熔点与高分子材料结构的关系

高分子材料的熔点与材料化学结构有直接关系。从熔点的热力学定义可知，提高熔点有两条途径：一是提高熔融热 ΔH_m，一是降低熔融熵 ΔS_m。ΔH_m 的大小与分子间作用力相关，作用力大，ΔH_m 高；ΔS_m 的大小与分子链柔性有关，分子链刚性大，ΔS_m 小。由此可见，分子间作用力强、链刚性大的材料熔点高，耐热性好。

主链中含极性基团 —CONH—，—CO—N(—)—CO—，—NHCONH—，—NHCOO—，—COO— 或侧基含—OH，—NH_2，—CN，—NO_2，—CF_3 等极性基团的材料，分子间作用力大，熔点高。分子链上含有能生成氢键的基团的材料，熔点也高。

主链上含共轭双键、叁键或环状结构，或侧链上含有庞大而刚性侧基的高分子材料，分子链柔性低，熔融熵低，熔点也高。制造耐热性功能高分子材料，多取此类材料，如

聚对二甲苯撑 $\left[\!-\!\langle\bigcirc\rangle\!-\!CH_2\!-\!CH_2\!-\!\right]_n$ 熔点 375℃

聚苯 $\left[\!-\!\langle\bigcirc\rangle\!-\!\right]_n$ 熔点 530℃

杂质对结晶高分子材料的熔融行为影响较大。高分子材料中的低分子添加剂，分子链中无规共聚的单体单元及分子链末端等都会影响结晶，也影响熔融，使熔点下降。它们对熔点的影响可用下式表示：

$$1/T_m - 1/T_m^0 = (R/\Delta H_m)\Phi_B \tag{3-28}$$

式中，T_m^0 和 T_m 分别为纯高分子材料和含杂质高分子材料的熔点，ΔH_m 为结晶熔融热，Φ_B 为杂质的摩尔分数，R 是气体常数。

四、高分子材料的取向态结构

高分子材料在外力场，特别拉伸场作用下，分子链、链段或晶粒沿某个方向

或两个方向择优取向排列，使材料性能发生各向异性的变化。这种由大分子链取向所形成的聚集态结构称取向态结构（orientation）。

非晶态高分子材料的取向单元分两类：链段取向和分子链取向（图 3-24）。链段取向时，链段沿外场方向平行排列，而分子链的排列可能是杂乱的；分子链取向时，整个分子链沿外场方向平行排列，链段未必都取向。取向过程是分子在外场作用下的有序化过程，外场除去后，分子热运动又会使分子重新回复无序化，即解取向。因此，非晶高分子材料的取向状态在热力学上是一种非平衡态。

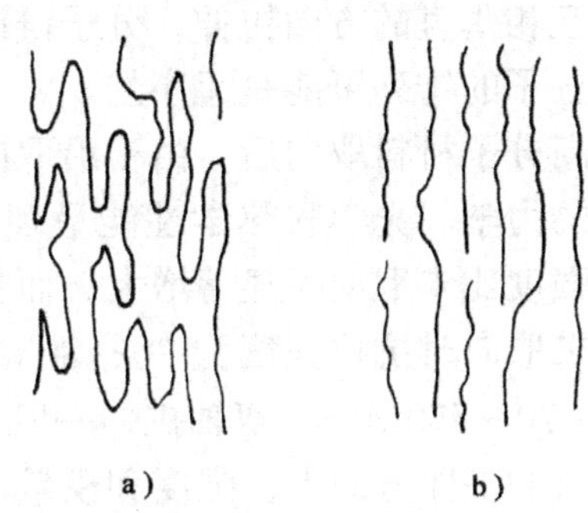

图 3-24　分子链取向示意图
a）链段取向　b）分子链取向

结晶高分子材料在外场作用下除了发生非晶区的分子链或链段取向外，还有晶粒的变形、取向排列问题。在外场作用下，高分子材料球晶先变成椭圆形，继续拉伸时球晶伸长，到发生“冷拉”时（参看第四章第三节）球晶成为带状结构（图 3-25）。球晶的外形变化是内部片晶变形重排的结果，重排的机理有

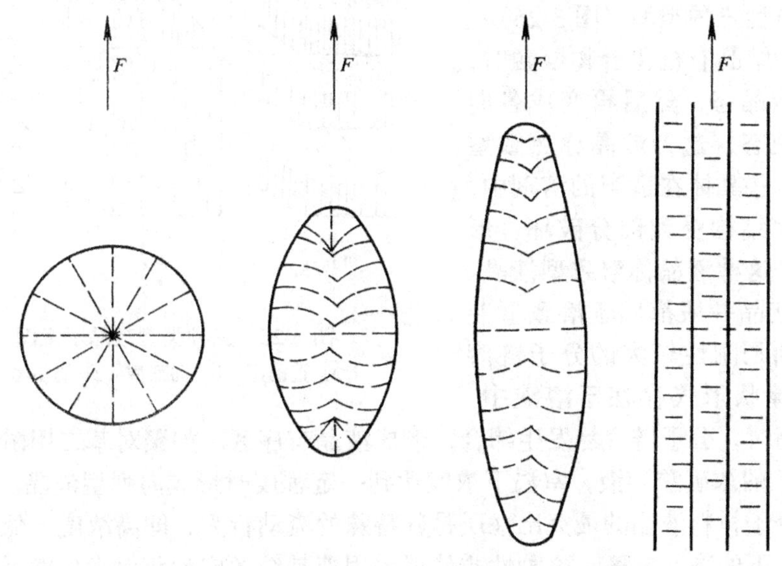

图 3-25　球晶拉伸形变时内部晶片变化示意图

两种，一是晶片之间发生倾斜、滑移、转动甚至破坏，部分折叠链被拉伸成伸直链，使原有的结构部分或全部破坏而形成新的取向折叠链晶片，以及贯穿在晶片之间的伸直链组成的微丝结构。另一种可能是原有的折叠链晶片，部分被拉直变

成沿拉伸方向的伸直链晶体。由此可见，晶区取向时伴随着晶粒聚集态的变化，在热力学上是稳定的，新晶格破坏以前不会发生解取向。

按取向方向不同，高分子取向可分单轴取向和双轴取向两种。单轴取向，是指材料只沿一个方向拉伸，分子链或链段沿拉伸方向排列。双轴取向是指材料沿两个互相垂直的方向拉伸，分子链或链段处于与拉伸平面平行排列的状态，但平面内分子的排列可能是无序的。

高分子材料取向后，由于沿取向方向和垂直于取向方向的分子作用力不同，材料的力学、光学和热学性能呈现各向异性。在力学性能上，取向方向上的模量、强度比未取向时显著增大，而在与取向垂直的方向上强度降低。例如尼龙纤维，未取向时抗拉强度为 70～80MPa，经过拉伸取向的复丝，在拉伸方向上强度达 470～570MPa。双轴拉伸一般是对薄膜、片材而言，材料经双向拉伸以后，在材料的平面方向上，强度和模量比未拉伸前提高，而在厚度方向上强度下降。电影胶卷、录像磁带等都是双向拉伸薄膜。

五、高分子材料的液晶态结构

液晶态（liquid crystal）是介于液相（非晶态）和晶相之间的中介状态。其表观状态呈液体状，内部结构却具有与晶体相似的有序性。根据分子排列方式的不同，液晶可分为近晶型、向列型、胆甾型三种类型（图 3-26）。

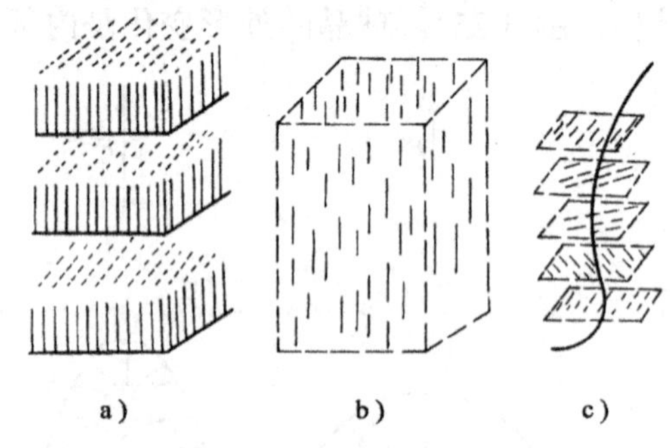

图 3-26　三种类型液晶示意图
a）近晶型　b）向列型　c）胆甾型

某些结晶有机化合物熔融时，先经历液晶态，然后再变成各向同性的液态，这种液晶称热致型液晶。有些晶体在适当的溶剂中，三维有序结构受到部分破坏，形成液晶，这种液晶称溶致型液晶。高分子液晶一般都属于溶致型液晶，特别是刚性较大的分子链溶解时以棒状形式存在于溶液中，浓度较高时，分子链容易发生缔合，形成液晶有序区。如聚对苯二甲酰对苯二胺（PTTA）的浓硫酸溶液，室温下浓度达到一定程度时形成向列型液晶。

高分子材料液晶的最突出性质是其特殊的流动行为，即高浓度、低粘度及低剪切应力下的高取向度。这种性质使得采用液晶纺丝成为获得高强度纤维的新方法，采用液晶纺丝可克服通常情况下浓度高、粘度高的困难。美国杜邦公司的 Kevlar 纤维就是采用液晶纺丝制得的高强度纤维，其抗拉强度高达 2815MPa，弹性模量达 126.5GPa。高分子材料加工过程中，采用原位生成法在高分子材料基体内部生成沿一定方向取向的液晶，也可显著增强基体的力学强度。

六、高分子材料的共混态结构

两种或两种以上高分子材料的物理混合物称高分子共混材料（polymer blend），又称高分子合金（polymer alloy）。高分子共混体系包含众多类型。粗略地分有塑料并用（如 PS/PE），橡胶并用（如 NR/SBR），塑-橡共混（如 PVC/NBR）及共混型热塑性弹性体（如 EPDM/PP）等。共混目的有增强、增韧、提高耐热性、耐寒性，提高加工流动性及赋予材料某些特殊性能和功能等。高分子共混技术近年来得到飞速发展，其原因在于高科技工业的发展对材料性能提出越来越高，越来越苛刻的要求。这些性能往往不是一种高分子材料所能满足的，因而，利用共混的方法，以综合多种材料的优点，取长补短，制造出性能优良的新型高分子“合金”材料。

共混方式多种多样。有机械共混法，采用开炼机、密炼机或挤出机等设备直接将两相高分子材料熔融混合。有溶液共混法，首先将高分子材料配成溶液，将两种溶液混合，然后蒸发溶剂或沉淀得到两相共混物。有乳液共混法，将两种高分子胶乳混合，然后通过凝结得到混合物。有聚合共混法，首先将一种单体溶混于另一种高分子材料溶液中，然后使单体聚合得到两种高分子材料混合物。注意聚合共混不同于共聚合，混合的两种大分子链间不存在化学键合。除此之外，有时人们也将接枝聚合法、嵌段聚合法得到的共聚物和核-壳型微粒归为共混材料，这种共混属于化学共混。

在制备高分子共混材料时，除去制备工艺条件等技术性问题外，人们感兴趣的科学问题集中在：共混物形态结构（Morphology），两相相容性（Compatibility），两相表面和界面（Surface and Interface）性质。

理论和实践都表明，两种高分子材料必须有一定程度的相容性，才能达到良好的共混，两相之间形成稳定界面。这种相容性可通过以下准则予以判断：①极性相匹配；②溶解度参数相近；③扩散能力相近；④粘度相近。从热力学角度看，两相高分子能够互溶为热力学稳定均相体系的必要条件是：

$$\Delta G_m = \Delta H_m - T\Delta S_m < 0 \tag{3-29}$$

式中，$\Delta G_m = G_{混合体系} - G_{体系1} - G_{体系2}$为体系的混合 Gibbs 自由能，$\Delta H_m$ 为混合焓，ΔS_m 为混合熵。凡是 $\Delta G_m > 0$ 的体系，原则上不能互溶。

判断两相高分子混溶性常用的实验方法有：共溶剂法；光学透明法；玻璃化转变温度法；小角中子散射法；脉冲核磁共振法；电子显微镜法等。各种方法都有一定的应用范围和限制条件。尤为重要的是，相容性的判别常常与试样制备、实验手段及考察范围有关。不同实验的探针尺寸及实验考察的视野范围不同，因此，一个共混体系很可能用一种方法（如光学透明法和玻璃化转变温度法）判定是互溶的，但用另一种方法（如电子显微镜法和小角 X 射线散射法）却观察到存在两个相区。这些现象都是正常的。

两相高分子材料的共混结构称织态结构，研究织态结构就是研究两相体系混合后的分散状态和形态学特征。这不仅有助于判断两相体系的混溶性，而且与共混材料的物理、力学性能直接相关。

两相高分子材料共混体系的分散形态主要有两种类型：①海-岛结构，两相中一相为连续相，称海相；一相为分散相，称岛相，分散相以不同的形状、大小散布在连续相之中。而究竟哪一相为连续相，哪一相为分散相，既取决于两相的体积比、粘度比、弹性比及界面张力，还取决于共混设备和共混条件。在某种条件下α相为连续相，β相为分散相的共混体系；在另一条件下可能发生相转变，α相变为分散相，β相变为连续相。分散相的形状、尺寸、尺寸分布及相界面厚度主要取决于两相的混溶性。一般混溶性越好，分散相相畴越小，分散越均匀，两相界面越模糊，表明两相之间形成较稳定的界面层，两相的结合力强。共混设备与共混条件（时间、温度、剪切速度等）对分散相的形态也有重要影响。②两相互锁结构(interlocked)，共混体中两相均为连续相，形成交错性网状结构。此时两相互相贯穿，均连续性地充满全部试样，分不清哪个是分散相，哪个是连续相。互相贯穿的程度取决于两相的混溶性，一般混溶性越好，两相相互作用越强，两相互锁结构的相畴越小。

图 3-27　PVC/ABS = 100/18 共混物的 TEM 照片

（共混温度 170℃；照片放大倍率 5000）

图 3-27 为 PVC/ABS = 100/18（质量比）共混体系的透射电镜照片，其中 ABS 以分散相（岛相）形式散布于 PVC 基体（海相）中。而分散相 ABS 本身又有复杂的结构，其中有染黑的橡胶相（B 相），也有不能染黑的塑料相（AS 相）。PVC/ABS 因相容性较好，所以相界面模糊。ABS 粒子形状有一定畸变是由于试样被拉伸的缘故。

图 3-28　HDPE/PS = 75/25 共混物挤出试样的显微照片

（共混温度 220℃；切应力 0.687×10^5Pa）

图 3-28 为 HDPE/PS = 75/25（质量比）共混物的光学显微照片，其中白相是 HDPE 相，较暗的相为 PS 相，PS 相是用甲苯溶解洗掉后凹进去的部分。可以看到白相（HDPE）与黑相（PS）互相交错，分不清谁是连续相，谁是分散相。

实际的高分子共混形态非常复杂，形形色色，有些并不具备上述典型性。比如 PVC/CPE（氯化聚乙烯）= 100/10（质量比）共混时，CPE 以一种网状形式分散于PVC基体中（图3-29）。这种共混形态既具有海-岛状结构（只是岛变成了线），两相又同时布满整个试样，有一定程度联锁，可以说兼具上述两种形态的特征。CPE与PVC的相容性好，对PVC有优良的增韧改性功能。

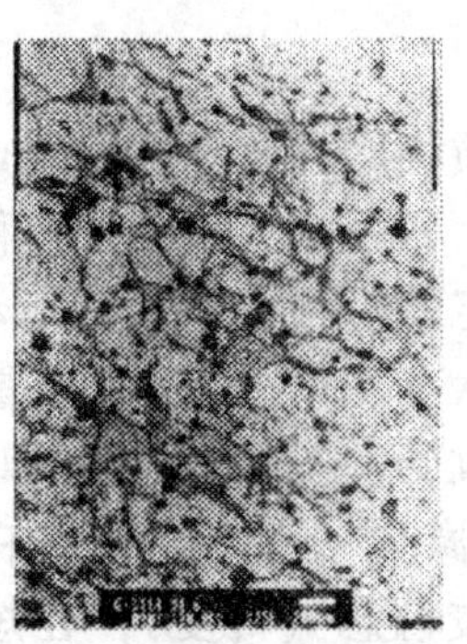

图3-29　PVC/CPE＝100/10共混物的TEM照片
（共混温度170℃；照片放大倍率25000）

第四章　高分子材料的主要物理性能

高分子材料与小分子物质相比具有多方面的独特性能，其性能的复杂性源自于其结构的特殊性和复杂性。联系材料微观结构和宏观性质的桥梁是材料内部分子运动的状态。一种结构确定的材料，当分子运动形式确定，其性能也就确定；当改变外部环境使分子运动状态变化，其物理性能也将随之改变。这种从一种分子运动模式到另一种模式的改变，按照热力学的观点称作转变；按照动力学的观点称作松弛。例如，天然橡胶在常温下是良好的弹性体，而在低温时（<－100℃）失去弹性变成玻璃态（转变）；在短时间内拉伸，形变可以恢复，而在长时间外力作用下，就会产生永久的残余形变（松弛）。聚甲基丙烯酸甲酯（PMMA）在常温下是模量高、硬而脆的固体，当温度高于玻璃化转变温度（≈100℃）后，大分子链运动能力增强而变得如橡胶般柔软；温度进一步升高，分子链重心能发生位移，则变成具有良好可塑性的流体。

本着"结构—分子运动—物理性能"这样一条思维线路，本章有选择地介绍高分子材料的热性能、力学性能、高弹性和粘弹性、溶液性质、流变性质、电学性能等。同时，通过介绍结构与性能的关系，帮助我们根据使用环境和要求，有目的地选择、使用、改进和设计高分子材料，设计和改进加工工艺和设备，扩大高分子材料的使用范围。

第一节　高分子材料的分子运动、力学状态转变及热性能

一、高分子运动的特点

与低分子材料相比，高分子材料的分子热运动主要有以下特点：

（一）运动单元和模式的多重性

高分子材料的结构是多层次、多类型的复杂结构，决定着其分子运动单元和运动模式也是多层次、多类型的，相应的转变和松弛也具有多重性。从运动单元来说，可以分为链节运动、链段运动、侧基运动、支链运动、晶区运动以及整个分子链运动等。从运动方式来说，有键长、键角的变化，有侧基、支链、链节的旋转和摇摆运动，有链段绕主链单键的旋转运动，有链段的跃迁和大分子的蠕动等。

在各种运动单元和模式中，链段的运动最为重要，高分子材料的许多特性均与链段的运动有直接关系。链段运动状态是判断材料处于玻璃态或高弹态的关键

结构因素；链段运动既可以引起大分子构象变化，也可以引起分子整链重心位移，使材料发生塑性形变和流动。

（二）分子运动的时间依赖性

在外场作用下，高分子材料从一种平衡状态通过分子运动而转变到另一种平衡状态是需要时间的，这种时间演变过程称作松弛过程，所需时间称松弛时间。例如，将一根橡胶条一端固定，另一端施以拉力使其发生一定量变形。保持该形变量不变，但可以测出橡胶条内的应力随拉伸时间仍在变化。相当长时间后，内应力才趋于稳定，橡胶条达到新的平衡。

设材料在初始平衡态的某物理量（例如形变量、体积、模量、介电系数等）的值为 x_0，在外场作用下，到 t 时刻该物理量变为 $x(t)$，许多情况下 $x(t)$ 与 x_0 满足如下关系：

$$x(t) = x_0 \exp\left(-\frac{t}{\tau}\right) \tag{4-1}$$

公式（4-1）实质上描述了一种松弛过程，式中，τ 称松弛时间。当 $t=\tau$ 时，$x(\tau) = x_0/\mathrm{e}$，可见松弛时间相当于 x_0 变化到 x_0/e 时所需要的时间。

低分子物质对外场的响应往往是瞬时完成的，因此松弛时间很短，而高分子材料的松弛时间可能很长。高分子的这种松弛特性来源于其结构特性，由于分子链的相对分子质量巨大，几何构型具有明显不对称性，分子间相互作用很强，本体粘度很大，因此，其松弛过程进行得较慢。

不同运动单元的松弛时间不同。运动单元越大，运动中所受阻力越大，松弛时间越长。比如键长、键角的变化与小分子运动相仿，其松弛时间与小分子相当，约 $10^{-8} \sim 10^{-10}$s；链段运动的松弛时间较长，可达到分钟的数量级；分子整链的松弛时间更长，可长达几分钟、几小时，甚至几天、几个月。由于高分子材料结构具有多重性，因此，其总的运动模式具有一个广阔的松弛时间谱。

了解材料的松弛时间谱十分重要，因为材料的不同性质是在不同的松弛过程（它们具有不同的松弛时间）中表现出来的。在实际测试或使用材料时，只有那些松弛时间与外场作用时间数量级相当的分子运动模式（或性质）最早和最明显地被测试或表现出来。例如要研究链段的运动，实验进行的速度应当掌握在分钟数量级，太快或太慢的实验都不能测到链段的运动。如果要研究分子整链的运动（如材料的流动），实验时间必须长得多。换句话说，高分子材料的松弛特性使得其物理和力学性能与观察和测量的速度（或时间）相关。

（三）分子运动的温度依赖性

温度是分子运动激烈程度的描述，高分子材料的分子运动也强烈地依赖于温度的高低。一般规律是：温度升高，各运动单元热运动能力增强，同时由于热膨胀，分子间距增加，材料内部自由体积增加，有利于分子运动，使松弛时间缩短。松弛时间与温度的关系可用 Eyring 公式表示：

$$\tau = \tau_0 \exp\left(\frac{\Delta E}{RT}\right) \tag{4-2}$$

式中，τ_0 是常数，ΔE 是运动活化能，R 是气体常数，T 是热力学温度。由式(4-2) 可见，温度升高，τ 变小，松弛过程加快。

由于高分子材料的分子运动既与温度有关，也与时间有关，因此，观察同一个松弛现象，升高温度和延长外场作用时间得到的效果是等同的，在后面章节中将详细介绍这个十分重要的"时—温等效原理"。这一性质也决定了我们在研究测量高分子材料物理性能时，或者规定好测量温度，或者规定好测量时间或速度，否则不易得到正确可靠的结果。

二、高分子材料的力学状态及转变

不同类型高分子材料的力学状态不同。下面按非晶态（无定型）高分子材料、结晶高分子材料、体型高分子材料分别介绍。

（一）非晶态线型高分子材料的力学状态及转变

对尺寸确定的非晶态线型高分子材料试样施加一定的外力，并以一定的速度升温，测定试样发生的形变随温度的变化，得到材料的温度—形变曲线，又称热机曲线，如图 4-1 所示。整条曲线按温度高低可分为五个区，特点如下：

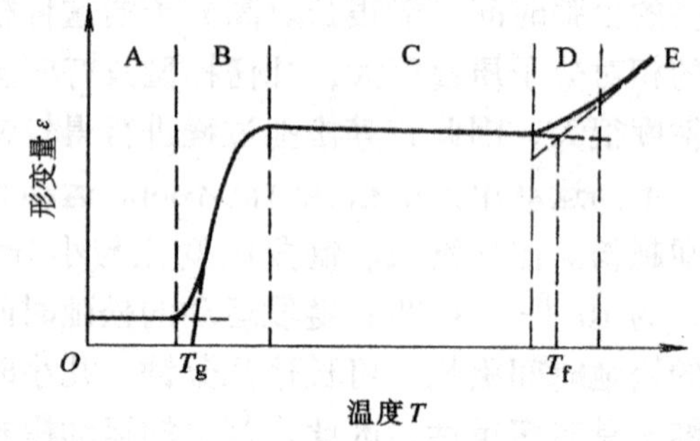

图 4-1 非晶态线型高分子材料的温度—形变曲线

A 区：该区温度低，分子热运动能力小，链段运动处于冻结状态，只有侧基、链节、短支链等小运动单元的局部振动发生，因此，材料弹性模量高（$\approx 10^{10}$ $N \cdot m^{-2}$），形变小（$\approx 0.1\% \sim 1\%$），外力撤去后，形变立即消失、恢复原状。材料无论在内部结构还是力学性质方面都类似于低分子玻璃，这种状态称玻璃态。

B 区：该区称玻璃化转变区，是一个对温度变化十分敏感的区域。在此区间内，随温度升高，链段活动能力增加，链段可以通过绕主链上的单键内旋转而改变分子链构象，使形变迅速增加，模量下降 3～4 个数量级。该区域对应的转变温度称玻璃化转变温度，记为 T_g。

C 区：温度进一步升高，链段具有充分的运动能力。在外力作用下，一方面通过链段运动使分子链呈现局部伸展的构象，材料可以发生大形变（$\approx 100\% \sim 1000\%$）；另一方面，此时的热能还不足以使分子整链运动，分子链相互缠结形成网络，链段又有回复卷曲的趋势。这两种作用相互平衡，使温度—形变曲线出现一个平台区。处于该区间的高分子材料，模量低，仅为 $10^6N\cdot m^{-2}$左右，形变大，外力去除后，形变可以恢复。这种力学状态称高弹态。

D区：这也是一个对温度十分敏感的转变区，称粘流转变区。由于温度升高，链段的热运动进一步加剧。链段沿外力方向的协同运动，不仅使分子链形态发生改变，而且导致分子链解缠结，分子重心发生相对位移，宏观上表现为出现塑性形变和粘性流动，形变迅速增加，弹性模量下降到 $10^4N\cdot m^{-2}$以下。该区间对应的转变温度称粘流温度，记为 T_f。

E区：温度高于 T_f 后，大分子链重心发生相对位移的运动占绝对优势，形变继续发展，高分子材料呈熔体（液体）状，这种状态称粘流态。高分子制品的加工成型多在该区域内进行。

由上可见，在不同的外部条件下，非晶态线型高分子材料可以存在三种不同的力学状态——玻璃态、高弹态、粘流态，三态之间有两种状态转变过程——玻璃化转变、粘流转变。

与转变过程对应的两个转变温度——玻璃化转变温度 T_g、粘流温度 T_f 是两个十分重要的物理量。从分子运动的观点看，玻璃化转变温度 T_g 对应着链段的运动状态，温度小于 T_g 时，链段运动被冻结，温度大于 T_g 时链段开始运动。粘流温度 T_f 对应着分子整链的运动状态，温度小于 T_f 时分子链重心不发生相对位移，大于 T_f 时分子链解缠结，出现整链滑移。

不同高分子材料具有不同的转变温度，在常温下处于不同的力学状态。橡胶的 T_g 较低，一般是零下几十摄氏度，如天然橡胶 $T_g=-73℃$㊀，顺丁橡胶 $T_g=-108℃$。常温下橡胶处于高弹态，表现出高弹性，T_g 规定为其最低使用温度，即耐寒温度。塑料的 T_g 较高，如聚氯乙烯 $T_g=87℃$，聚苯乙烯 $T_g=100℃$，常温下处于硬而脆的玻璃态，T_g 为其最高使用温度，也即耐热温度。

另外必须指出，从热力学相态角度看，玻璃态、高弹态和粘流态均属液相，非晶态线型高分子材料处于这三态时，分子排列均是无序的。三态之间的差别主要是变形能力不同，即模量不同。从分子热运动角度来看，三态的差别只不过是分子运动能力不同而已。因此，从玻璃态到高弹态到粘流态的转变均不是热力学相变。

（二）结晶高分子材料的力学状态及转变

结晶高分子材料的力学状态与结晶度和高分子材料的分子量大小有关。

低结晶度高分子材料中结晶区小，非晶区大，非晶部分由玻璃化转变温度 T_g 决定其力学状态，结晶部分则由熔点 T_m 决定其力学状态。当温度高于 T_g 而

㊀ 按标准，T 指热力学温度。本书中为兼顾行业习惯，T 也指摄氏温度。

低于 T_m 时（$T_g < T < T_m$），虽然非晶区的链段开始运动，但由于晶区尚未熔融，微晶限制了整链的运动，材料仍处于高弹态。只有当温度高于 T_m，晶区熔融，且分子整链相对移动（$T > T_f$），材料才进入粘流态。

高结晶度高分子材料中（结晶度＞40%）结晶相形成连续相，低温时处于类玻璃态，材料可作为塑料、纤维使用。温度升高，玻璃化转变不明显，而晶区熔融为主要的状态转变。晶区熔融后或者直接进入粘流态（若材料相对分子质量低，$T_f < T_m$）；或先变为高弹态，继续升温超过粘流温度时再变为粘流态（若材料相对分子质量高，$T_f > T_m$），见图 4-2。

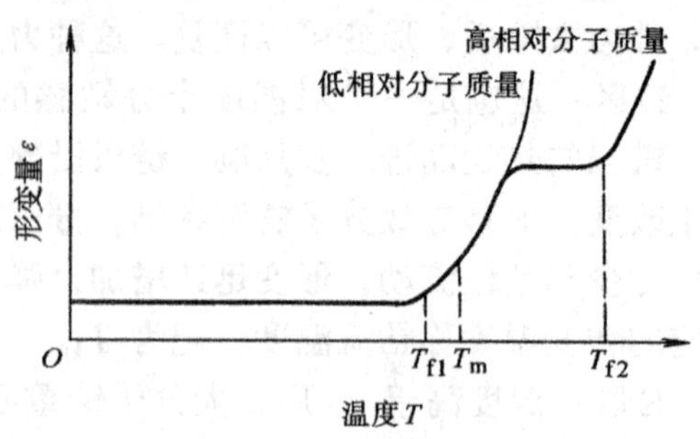

图 4-2 结晶高分子材料的温度—形变曲线

（三）体型高分子材料的力学状态

体型高分子材料由于分子链间存在交联化学键，限制了整链运动，因此，其特点是不溶、不熔。尽管如此，在合适条件下，链段仍能运动，根据链段运动与否可判断其处于玻璃态或是高弹态。

当交联度较小时，网链较长，网链构象的变化仍可按高斯链处理。此时材料仍有玻璃化转变温度 T_g。根据环境温度高或低于 T_g，可判断材料处于高弹态或玻璃态。当交联度大时，链段运动困难，玻璃化转变难以发生，材料始终处于玻璃态。通常热固性树脂，如酚醛树脂、环氧树脂等，其交联度（固化程度）高，它们是一类强度高、硬而脆的塑料。硫化橡胶作弹性体用，要求其处于高弹态，交联度必须恰当控制。

三、高分子材料的玻璃化转变

（一）玻璃化转变现象

玻璃化转变是高分子材料力学状态变化中的普遍现象，玻璃化转变温度 T_g 是高分子材料最重要的特征温度。玻璃化转变的实质是链段运动被“冻结”或“解冻”的状态变化。在玻璃化转变前后，材料的比体积、热力学性质、力学及电学性质都发生明显变化。测量这些性质随温度的变化可确定玻璃化转变温度的大小（图 4-3）。

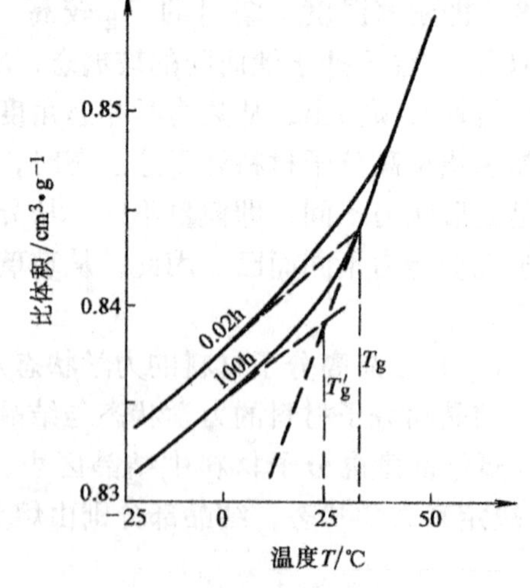

图 4-3 聚醋酸乙烯酯的比体积—温度曲线

按照热力学相变定义，当材料力学状态出现转变时，若体系 Gibbs 自由能 G 连续变化，而 G 的一阶导数，如焓 H、熵 S 或体积 V 出现不连续突变，此类转变称热力学一级相转变。若 Gibbs 自由能 G 的一阶导数在转变点连续，而二阶导数，如比热容 c_p、体积膨胀系数 α 和等温压缩系数 k 出现不连续突变，此类转变称热力学二级相转变。

由于高分子材料在玻璃化转变时，具有热力学二级转变的特征，早期曾被认为是二级相转变。实际上，高分子材料的玻璃化转变并非真正的热力学二级转变，一个真正的二级转变应是热力学平衡过程，与加热的速度和测量方法无关，而高分子材料的玻璃化转变温度的确定却强烈地依赖加热的速度和测量方法。图 4-3 中，聚醋酸乙烯酯的比体积—温度曲线上转折点的位置与冷却（或升温）速度有关。冷却快时测得的 T_g 高，冷却慢时测得的 T_g 低，这表明高分子材料的玻璃化转变不是真正的二级相转变，而是高分子链段运动的一种松弛过程。

（二）玻璃化转变的机理

关于玻璃化转变的机理，曾从不同角度提出了几种理论，其中影响最大的是自由体积理论，由 Fox 和 Flory 于 1950 年提出。

Fox 和 Flory 认为，液体、固体的宏观体积从微观看可分成两部分：一是分子本身占有体积，是体积的主要部分；二是分子堆砌形成的空隙或未占有的“自由体积”，如具有分子尺寸的空穴和堆砌缺陷等。这种未被占据的自由体积，是分子赖以移动和构象重排的场所，其大小或占据百分率决定着分子（对高分子材料而言是链段）运动的状态。

在玻璃化转变温度以上，自由体积较大，为链段运动提供了空间保证，材料处于高弹态。温度变化时，材料体积的变化由分子占有体积和自由体积的共同变化组成。温度降低，自由体积减小，降至玻璃化转变温度时，自由体积降到最低值，此时的自由体积已不足以提供链段运动的空间，使链段运动被冻结，材料处于玻璃态。在玻璃态中，材料体积随温度的变化将只取决于分子占有体积的变化，自由体积处于冻结状态，保持不变。这种观点是玻璃化转变的等自由体积理论的基础。

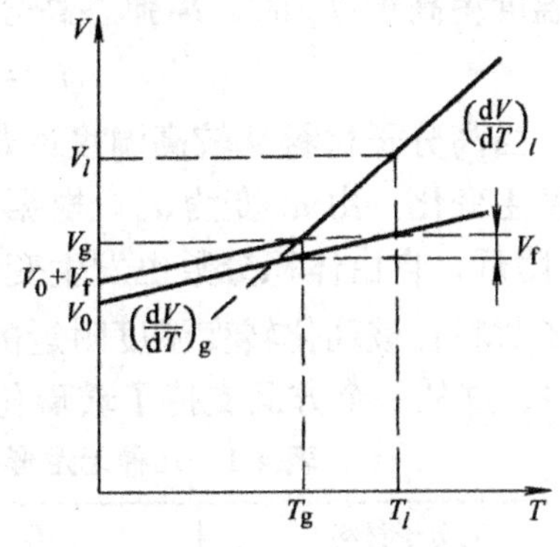

图 4-4　自由体积理论示意图

考察非晶态线型高分子材料的体积膨胀曲线（图 4-4）。设 V_0 是玻璃态高分子材料在热力学温度为零度（0K）时的分子占有体积，V_f 是玻璃态自由体积，V_g 是玻璃化转变温度 T_g 时材料总体积。按照体积的热膨胀规律，应有：

$$V_g = V_0 + V_f + \left(\frac{dV}{dT}\right)_g T_g \tag{4-3}$$

式中，$\left(\frac{dV}{dT}\right)_g$ 为玻璃态高分子材料的膨胀率，即分子占有体积的膨胀率（注意：在玻璃态范围内，V_f 是不变的）。当 $T > T_g$ 材料变为高弹态（或液态）时，高分子材料的总体积 V_l 等于：

$$V_l = V_g + \left(\frac{dV}{dT}\right)_l (T - T_g) \tag{4-4}$$

式中，$\left(\frac{dV}{dT}\right)_l$ 为高弹态高分子材料的膨胀率（包括分子占有体积和自由体积两部分的膨胀）。可见，自由体积的膨胀率应为高弹态膨胀率和玻璃态膨胀率之差 $\left(\frac{dV}{dT}\right)_l - \left(\frac{dV}{dT}\right)_g$，且仅在高弹态才有自由体积的膨胀。

在 T_g 附近，定义玻璃态和高弹态高分子材料的膨胀系数分别为：

$$\alpha_g = V_g^{-1}\left(\frac{dV}{dT}\right)_g \tag{4-5}$$

$$\alpha_l = V_g^{-1}\left(\frac{dV}{dT}\right)_l \tag{4-6}$$

自由体积在 T_g 附近的膨胀系数则应为两者之差：

$$\alpha_f = \Delta\alpha = \alpha_l - \alpha_g \tag{4-7}$$

若以 f 表示自由体积与实际体积之比，称为自由体积分数，则发生玻璃化转变时的自由体积分数为：

$$f_g = V_f / V_g \tag{4-8}$$

在温度稍高于 T_g 时，高弹态高分子材料的自由体积分数近似为：

$$f = f_g + \alpha_f (T - T_g) \tag{4-9}$$

当高分子材料从较高温度冷却时，温度降到 T_g 附近，高分子材料的膨胀系数发生变化，由 α_l 变为 α_g，根据此变化可确定玻璃化转变是否发生。同理，在 T_g 附近，自由体积分数也发生变化，由 f 变为 f_g。有趣的是，实验发现许多高分子材料在玻璃化转变温度附近的自由体积分数相差不大，均接近于 0.025（表 4-1），这从一个方面支持了玻璃化转变的等自由体积理论。

表 4-1　几种无定形高分子材料在 T_g 时的自由体积分数

高分子材料	f_g	高分子材料	f_g
聚苯乙烯	0.025	聚甲基丙烯酸丁酯	0.026
聚醋酸乙烯酯	0.028	聚异丁烯	0.026
聚甲基丙烯酸甲酯	0.025		

根据自由体积理论，高分子材料的玻璃化转变可以理解成一种体积松弛过

程。当高分子材料从较高温度（高于 T_g）冷却时，材料内链段占有体积不断缩小，自由体积也通过链段的运动，逐步转移到材料表面而释出，自由体积缩小。这种缩小与链段运动的松弛速度有关。若冷却速度较慢，链段运动有充分的时间松弛，占有体积缩小得多，自由体积释放得也多，则由体积—温度曲线测得的 T_g 较低。若冷却速度快，由于体系粘度大，链段运动慢，链段占有体积缩小得慢，自由体积也不能及时释出，测得的 T_g 就高。冷却速度越快，所测得 T_g 也越高，表明高分子材料的玻璃化转变是一种体积松弛过程。同样，在升温过程中测玻璃化转变温度，升温速度越快，测得的 T_g 也越高。

（三）影响玻璃化转变温度的因素

玻璃化转变温度 T_g 定义为高分子链段开始冻结（或运动）的温度。因此，凡是使分子链柔性增加（从而链段体积小），使分子间作用力降低（由此链段活动能力增大）的结构因素均会导致 T_g 下降；反之，凡导致链段活动能力下降的因素均使 T_g 升高。掌握影响玻璃化转变温度的因素及其规律十分重要。因为，这提供了改变材料玻璃化转变温度从而改善材料耐热性和耐寒性的方法。

（1）主链结构的影响　主链结构为 —C—C—、—C—N—、—Si—O—、—C—O— 等单键的非晶态高分子材料，内旋转势垒小，分子链柔性大，其 T_g 较低；尤其主链含有醚键及孤立双键的高分子，其单键内旋转更加容易，柔性比纯 —C—C— 链高分子大，T_g 更低。例如，聚二甲基硅氧烷的 $T_g=-123℃$，是耐低温性能好的合成橡胶。

主链中含有苯环、萘环等杂环时，分子链柔顺性下降，刚性增大，因而 T_g 升高。例如，聚碳酸酯的 $T_g=150℃$，聚苯醚的 $T_g=220℃$，见表 4-2。提高玻璃化转变温度是设计合成耐热高分子的主要指导思想。

（2）侧基、侧链的影响　侧基对 T_g 的影响包括侧基极性、侧基体积及侧基对称性的影响等。以乙烯基类 $\left[CH_2-\underset{\displaystyle X}{\underset{|}{CH}}\right]_n$ 高分子材料为例，当侧基 X 为极性基团时，由于内旋转活化能及分子间作用力增加，使 T_g 升高。如聚丙烯（X 为 CH_3）的 $T_g=-10℃$；聚氯乙烯（X 为 Cl）极性较大，玻璃化转变温度也较高，$T_g=87℃$；聚乙烯醇（X 为 OH，$T_g=85℃$）、聚丙烯腈（X 为 CN，$T_g=104℃$）侧基的极性大，玻璃化转变温度也高。

若 X 为非极性侧基,其对 T_g 的影响主要看空间阻碍效应。侧基体积越大,对单键内旋转阻碍越大,分子链柔性下降,T_g 升高。例如,聚苯乙烯的侧基为一个大苯环,T_g 上升到 100℃;聚乙烯基咔唑的侧基更大(见表 4-2),其 T_g 为 208℃。

当侧基在分子链上对称分布时，无论侧基是极性还是非极性的，其 T_g 均低于不对称取代的高分子。这是因为，对称取代基的偶极矩相互抵消，使分子链柔性提高的结果。聚异丁烯与聚丙烯相比，聚异丁烯的两个甲基取代基对称分布，其玻璃化转变温度（$T_g=-70℃$）低于聚丙烯（$T_g=-10℃$）；聚偏二氯乙烯与聚氯乙烯相比，前者分子链上的氯原子对称分布，偶极矩抵消，玻璃化转变温度低（$T_g=-19℃$）。

表 4-2 部分高分子材料的玻璃化转变温度

高分子材料	结构式	T_g/℃
聚乙烯	$\text{-[}CH_2-CH_2\text{]}_n$	-68
聚丙烯（全同）	$\text{-[}CH_2-CH(CH_3)\text{]}_n$	-10
（无规）		-20
聚苯乙烯	$\text{-[}CH_2-CH(C_6H_5)\text{]}_n$	100
聚氯乙烯	$\text{-[}CH_2-CH(Cl)\text{]}_n$	87
聚丙烯腈	$\text{-[}CH_2-CH(CN)\text{]}_n$	104
聚偏二氟乙烯	$\text{-[}CH_2-CF_2\text{]}_n$	-40
聚偏二氯乙烯	$\text{-[}CH_2-CCl_2\text{]}_n$	-19
聚四氟乙烯	$\text{-[}CF_2-CF_2\text{]}_n$	126
聚乙酸乙烯酯	$\text{-[}CH_2-CH(OCOCH_3)\text{]}_n$	28
聚甲基丙烯酸甲酯	$\text{-[}CH_2-C(CH_3)(COOCH_3)\text{]}_n$	105
聚对苯二甲酸乙二酯	$\text{-[}O-CH_2CH_2-O-\overset{O}{\overset{\|}{C}}-C_6H_4-\overset{O}{\overset{\|}{C}}\text{]}_n$	69
聚乙烯醇	$\text{-[}CH_2-CH(OH)\text{]}_n$	85

（续）

高分子材料	结构式	T_g/℃
聚异丁烯	$\mathrm{-\!\!\left[CH_2-C(CH_3)_2\right]_n\!\!-}$	-70
聚氧化乙烯	$\mathrm{-\!\!\left[CH_2-CH_2-O\right]_n\!\!-}$	-66
聚甲醛	$\mathrm{-\!\!\left[CH_2-O\right]_n\!\!-}$	-83
聚酰胺 6	$\mathrm{-\!\!\left[(CH_2)_5C(=O)-NH\right]_n\!\!-}$	49
聚酰胺 66	$\mathrm{-\!\!\left[NH(CH_2)_6NHCO(CH_2)_4CO\right]_n\!\!-}$	50
聚碳酸酯	$\mathrm{-\!\!\left(O-C_6H_4-C(CH_3)_2-C_6H_4-OCO\right)_n\!\!-}$	150
硅橡胶	$\mathrm{-\!\!\left(Si(CH_3)_2-O\right)_n\!\!-}$	-123
顺丁橡胶	$\mathrm{-\!\!\left(CH_2-CH=CH-CH_2\right)_n\!\!-}$	-108
天然橡胶	$\mathrm{-\!\!\left(CH_2-C(CH_3)=CH-CH_2\right)_n\!\!-}$	-73
氯丁橡胶	$\mathrm{-\!\!\left(CH_2-C(Cl)=CH-CH_2\right)_n\!\!-}$	-50
丁苯橡胶	$\mathrm{-\!\!\left(CH_2-CH=CH-CH_2\right)_n\!\!-\!\!\left(CH_2-CH(C_6H_5)\right)_m\!\!-}$	-61
丁腈橡胶 26	$\mathrm{-\!\!\left(CH_2-CH=CH-CH_2\right)_n\!\!-\!\!\left(CH_2-CH(CN)\right)_m\!\!-}$	-36
乙丙橡胶	$\mathrm{-\!\!\left(CH_2-CH_2\right)_n\!\!-\!\!\left(CH_2-CH(CH_3)\right)_m\!\!-}$	-59
聚苯醚	$\mathrm{-C_6H_2(CH_3)_2-O-}$	220
聚乙烯基吡咯酮	$\mathrm{-CO_2-CH(N\text{-}pyrrolidone)-}$	175

(续)

高分子材料	结构式	T_g/℃
聚乙烯基咔唑	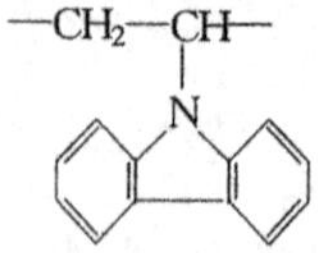 $-CH_2-CH-$（N-咔唑基）	208
三醋酸纤维素	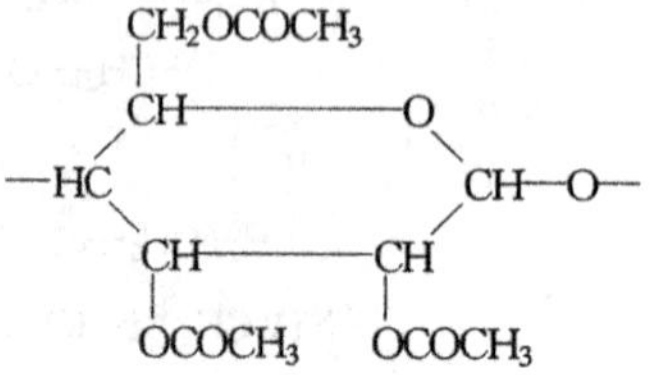 （葡萄糖环：CH_2OCOCH_3，$-HC$，$CH-O-$，两个 $OCOCH_3$）	105
乙基纤维素	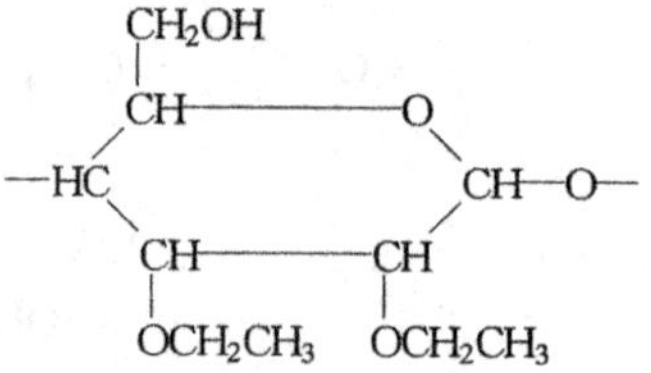 （葡萄糖环：CH_2OH，$-HC$，$CH-O-$，两个 OCH_2CH_3）	43

另一方面，若侧基本身的内旋转势垒小，侧基的存在不会使分子链柔性下降，此时随侧基长度增加，材料的 T_g 反而更低。以聚丙烯酸酯类 $\left[CH_2-CH(COOR)\right]_n$ 为例，取代基 R 分别为甲基（CH_3）、乙基（C_2H_5）、丁基（C_4H_9）时，材料的玻璃化转变温度依此降低，分别为 $T_g=3$℃、-24℃、-56℃。

(3) 相对分子质量的影响　一般规律是相对分子质量较低时，高分子材料的 T_g 随相对分子质量增加而升高；当相对分子质量超过某一临界值后，T_g 与相对分子质量无关，经验公式为：

$$T_g = T_g(\infty) - \frac{K}{\overline{M}_n} \tag{4-10}$$

式中，T_g（∞）为相对分子质量无限大时高分子材料的玻璃化转变温度，$\overline{M}_n$ 为数均相对分子质量，K 为常数。

(4) 分子间作用力的影响　分子间作用力越强，材料的内聚能越高，链段运动所需的热能越大，使材料玻璃化转变温度增高。比如，当分子链间形成强氢键时，由于分子间作用增强，T_g 升高。尼龙类材料与聚己二酸乙二酯分子链的柔顺性相当，后者的玻璃化转变温度仅为 -70℃，而尼龙类材料由于分子链间有强氢键存在，其 T_g 升高，尼龙 6，尼龙 66 的玻璃化转变温度均为 50℃左右。

（5）共聚、共混的影响　共聚和共混是改变高分子材料玻璃化转变温度的重要方法。无规共聚物的玻璃化转变温度一般介于两种均聚物的玻璃化转变温度之间，并随其中某一组分含量的增加呈线性或非线性变化。曾提出许多计算无规共聚物 T_g 的方程，较常用的Fox方程为：

$$1/T_g = w_A/T_{g,A} + w_B/T_{g,B} \tag{4-11}$$

式中，T_g 为共聚物的玻璃化转变温度；$T_{g,A}$、$T_{g,B}$分别为均聚物组分A、B的玻璃化转变温度；w_A、w_B 为组分A及B在共聚物中的质量分数。

对嵌段或接枝共聚物，若两组分A和B的相溶性差且形成的微相区较大，则共聚物会出现两个 T_g，分别相当于A、B两个均聚物的 T_g；若A和B的相溶性好，可能只出现一个 T_g。

两种聚合物共混时，一般出现两个 T_g。随着两相相溶性的改善，两个 T_g 有靠近的趋势。

对于由A和B两个各自交联的网络互相穿插在一起而形成的互穿聚合物网络（IPN），也会出现两个分别代表A、B特征的 T_g。

（6）增塑剂的影响　增塑剂是一种具有低挥发性的小分子液体，加入高分子材料中能有效降低材料的玻璃化转变温度。增塑剂分子与高分子间具有较强的亲和力，它的加入使分子链间的作用力减弱，玻璃化转变温度 T_g 和流动温度 T_f 均降低，材料的使用性能及加工性能改变。例如，纯聚氯乙烯室温下为硬塑料，可制成板材、管材等硬制品，若加入20%～40%的邻苯二甲酸二辛酯，玻璃化转变温度可降至－30℃，室温下呈高弹态，可用作橡胶代用品。

关于增塑剂使高分子材料 T_g 降低的估算可仿照无规共聚物进行。除式（4-11）外，另一个常用公式为：

$$T_g = \phi_p T_{g,p} + \phi_d T_{g,d} \tag{4-12}$$

式中，$T_{g,p}$、$T_{g,d}$分别为高分子材料与增塑剂的玻璃化转变温度；ϕ_p、ϕ_d 为高分子材料与增塑剂的体积分数，$\phi_p + \phi_d = 1$。实际材料中，增塑剂的用量一般为10%～40%，用量过大会降低产品的力学性能。

除上述影响高分子材料玻璃化转变温度的主要因素之外，还有其他结构因素如交联、结晶、立构规整度以及外界条件如外力作用时间、外力类型、升温速率等也对高分子材料玻璃化转变温度有影响，可参看有关书籍。需要指出的是，不同文献给出的一些聚合物的 T_g，有时略有差异，这与不同作者采用不同的测定方法有关。

四、玻璃态和结晶态高分子材料的次级转变（次级松弛）

从分子运动的观点看，玻璃化转变及结晶熔融都是由链段运动状态改变引起的，通常称高分子材料的主转变，或 α 转变。玻璃化转变温度及结晶熔融温度在松弛谱图上的位置分别用 α_a、α_c 表示。转变温度低于 T_g（或 T_m）的转变称作次级转变，或次级松弛。次级转变是由小于链段的小尺寸结构单元（如链节、侧基、键长键角等）运动状态改变引起的松弛过程。这些松弛过程的松弛时间较短，活化能较低，因而发生的温度较低。通常，按照转变出现的温度由高到低命名各次级转变为β、γ、δ…转变，这种命名并非严格地指明何种次级转变一定对应着何种结构单元的分子运动，有时在这种聚合物的β松弛与另一种聚合物的β松弛有完全不同的分子机理。

研究高分子材料的次级转变有重要的实际意义和理论意义。由于次级转变反映了材料在低温区的分子运动状态，故藉此可研究材料的低温物理性能，如低温韧性及耐寒性等。对塑料而言，只有具备良好的低温韧性，才有更高的使用价值。现代科学技术的发展要求高分子材料在低温甚至超低温领域也能适用，而研制和开发耐低温材料需要研究高分子次级转变。另外，研究次级转变无疑也有助于了解高分子细微结构及运动状态与材料性能的关系。

次级松弛现象通常用动态粘弹谱或动态介电谱实验来研究。用动态粘弹谱仪是测量在一定频率下材料的损耗模量 E''—温度谱或损耗正切 $\mathrm{tg}\delta$—温度谱；用介电损耗实验是测量材料的介电损耗 $\mathrm{tg}\delta$—温度谱。图 4-5 给出典型的高分子材料力学损耗—温度谱图，图中除给出玻璃化转变峰和熔融峰 α_a、α_c 外，还给出低温区的次级转变β、γ、δ峰。

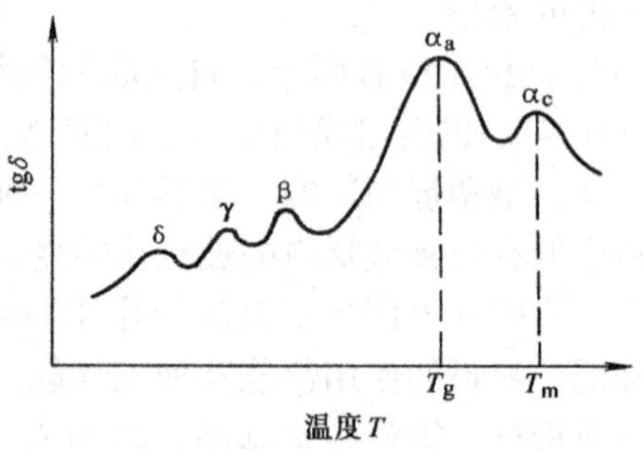

图 4-5 典型的聚合物动态力学损耗—温度谱

不同材料发生次级转变的分子运动模式不同。对于非晶高分子，主要有小于链段的小范围主链运动和侧基、侧链的运动。小范围主链运动包括碳—碳链上键长的伸缩振动，键角的变形振动，链节围绕单键的扭曲振动，以及杂链高分子中杂原子部分的运动，如聚碳酸酯的酯基运动、聚酰胺中 $\overset{\displaystyle O}{\overset{\|}{—C}}—\overset{\displaystyle H}{\overset{|}{N}}—$ 的运动等。这些运动产生β转变。侧基、侧链的运动包括侧基的转动，侧基中基团的运动，以及较长侧链中的曲柄运动等，其运动状况与侧基、侧链的体积及在分子链的位置有关。如聚苯乙烯中苯环的内旋转、聚甲基丙烯酸甲酯中酯甲基的旋转都产生β转变；在—COOR中的 R 基转动时，若 R 为—C_3H_7或—C_4H_9，将引起γ转变，若 R 为—CH_3，引起δ转变。

结晶高分子的情况更复杂些。一方面，结晶高分子的非晶区部分也有上述各种小范围分子运动模式，其运动还受到晶区的牵制；另一方面，晶区部分尚有多种分子运动，例如晶型的转变、晶区的链段运动、晶区内部侧基和链端的运动、晶区缺陷的局部运动等。图 4-6 给出聚乙烯的动态力学损耗—温度谱。可以看到，低密度聚乙烯谱图中有 α、β、γ 松弛峰，而高密度聚乙烯没有 β 峰，其 α 峰则分裂成 α、α′两个峰。实验已证实，聚乙烯的 α 峰相应于晶区的分子运动，如晶区的预熔（晶区中分子链扭转和平移）、结晶片层的滑移及片晶表面分子链的运动，α 转变为主转变；β 峰由非晶区内分子链支化点的运动引起，高密度聚乙烯没有长支链，所以支化点运动的影响不明显；γ 松弛峰相应于更小结构单元的运动，如非晶区内局部链节的扭曲运动、晶区缺陷处链的扭曲运动等。高密度聚乙烯结晶度高，晶区分子运动的影响更显著，α′峰则可能由于晶片边界的滑动引起的。

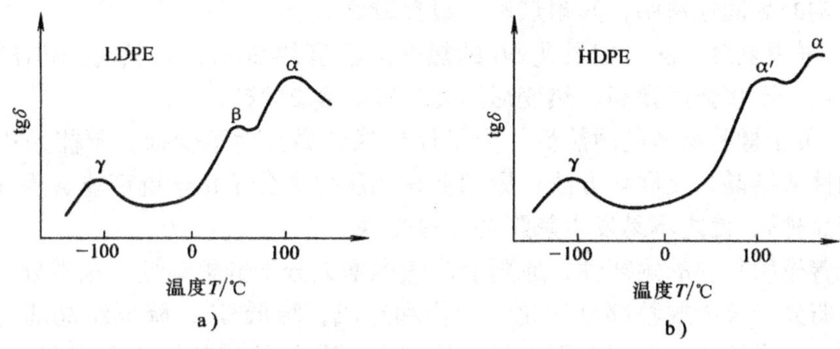

图 4-6　聚乙烯的动态力学损耗—温度谱

五、高分子材料的耐热和耐寒性能

有机高分子材料长期在高温环境中会发生两种变化：一是物理变化，如软化、熔融等，破坏尺寸稳定性；另一种是化学变化，如发生分解、氧化、环化、交联、降解等反应，破坏成分稳定性。在低温或超低温环境中，高分子材料则可能出现硬化、脆化等现象。材料发生这些变化将导致性能下降，寿命缩短，乃至失去使用价值。评价高分子材料的耐热性和耐寒性，即要求在使用的温度环境中，材料在相对长时间内不发生上述变化。

结晶度高的材料，其使用温度主要由熔点 T_m 决定；无定型高分子材料，使用温度主要由玻璃化转变温度 T_g 决定。对于塑料来讲，T_g 是其耐热性的标志；对于橡胶而言，T_g 则是耐寒性的标志。此外，表征材料热性能的参数还有分解温度 T_d（通常 $T_d > T_m$ 或 T_f）和脆化温度 T_b（$T_b < T_g$）。工业上常采用维卡软化温度、热变形温度、马丁耐热温度等实用测量方法来表征。除温度外，还应包括材料耐温的时间，环境的影响及材料性能变化的程度等。

提高材料耐热性的关键是提高材料的 T_g、T_m 和 T_d，主要方法有：

1）提高分子链的刚性，在主链中减少单键，引入共轭双键或环状结构。大部分耐热高分子主链上有此类结构，如聚砜，$T_g = 190℃$，结构式为：

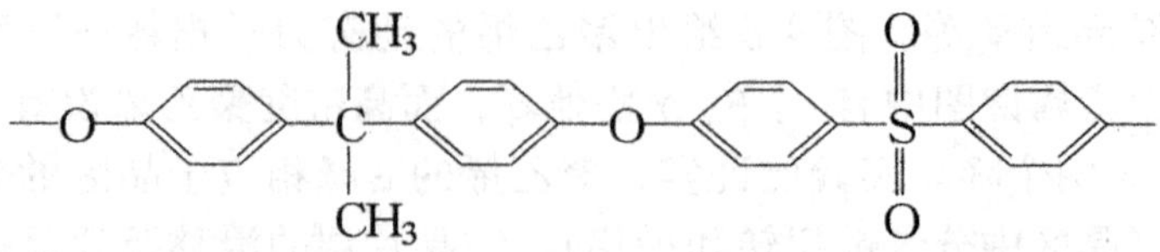

$$-O-\langle\bigcirc\rangle-\underset{CH_3}{\overset{CH_3}{C}}-\langle\bigcirc\rangle-O-\langle\bigcirc\rangle-\underset{O}{\overset{O}{\underset{\|}{\overset{\|}{S}}}}-\langle\bigcirc\rangle-$$

2）提高分子链的规整性，提高结晶度；或引入极性基团，使分子间产生氢键，增强分子间的作用力，提高 T_g。如普通的无规聚苯乙烯（a-PS）的 $T_g=100℃$，而全同立构聚苯乙烯（i-PS）可以结晶，其熔点 $T_m=240℃$。

3）采用交联方法，限制分子链运动，既提高耐热性，又提高物理、力学性能。如辐射交联的聚乙烯，耐热温度达250℃，远高于聚乙烯的熔点；又如具有交联结构的热固性树脂，其耐热性一般都较好。

4）采用复合方法，如尼龙66的热变形温度约80℃，将其与30%的玻璃纤维复合后，不仅强度提高，热变形温度也升高到250℃。

5）关于橡胶材料的耐热性。为了保证橡胶高弹性不受损，不能采用提高分子链刚性或结晶、交联等方法，原则上只能从提高分子化学键键能着手（选用耐热橡胶品种），使之不易发生热降解或热交联。

改善橡胶材料的耐寒性，原则上应考虑增大分子链柔顺性，减少分子间作用力，削弱分子链中规整部分的化学结构和组成，降低 T_g，降低结晶能力。主要方法有：①增塑法。采用凝固点低、粘度大、沸点高、蒸汽压低的增塑剂，降低 T_g。②改性法。改变橡胶分子链结构（如顺式、反式结构比例），降低结晶速度。硅橡胶（聚二甲基硅氧烷）是一种既耐热又耐寒的优良橡胶，使用温度从-70℃到250℃，原因一是Si—O键的键能大（大于C—C键），不易热分解，二是其内旋转位垒低，分子链柔顺性好。

第二节 高分子材料的高弹性和粘弹性

本章第二、三节介绍高分子材料力学性能。力学性能分强度与形变两部分，强度指材料抵抗破坏的能力，如屈服强度、抗拉或抗压强度、冲击强度、抗弯强度等；形变指在平衡外力或外力矩作用下，材料形状或体积发生的变化。对于高分子材料而言，形变可按性质分为弹性形变、粘性形变、粘弹性形变来研究，其中弹性形变中包括普通弹性形变和高弹性形变两部分。

高弹性和粘弹性是高分子材料最具特色的性质。迄今为止，所有材料中只有高分子材料具有高弹性。处于高弹态的橡胶类材料在小外力下就能发生100%～1000%的大变形，而且形变可逆，这种宝贵性质使橡胶材料成为国防和民用工业的重要战略物资。高弹性源自于柔性大分子链因单键内旋转引起的构象熵的改变，又称熵弹性。粘弹性是指高分子材料同时既具有弹性固体特性，又具有粘性流体特性，粘弹性结合产生了许多有趣的力学松弛现象，如应力松弛、蠕变、滞后损耗等行为。这些现象反映高分子运动的特点，既是研究材料结构、性能关系的关键问题，又对正确而有效地加工、使用高分子材料有重要指导意义。

一、高弹形变的特点及理论分析

（一）高弹形变的一般特点

与金属材料、无机非金属材料的形变相比，高分子材料的典型高弹形变有以下几方面特点：

1）小应力作用下弹性形变很大，如拉应力作用下很容易伸长，伸长率达100%～1000%（对比普通金属弹性体的弹性形变不超过1%）；弹性模量低，约10^{-1}～10MPa（对比金属弹性模量，约10^4～10^5MPa）。

2）升温时，高弹形变的弹性模量与温度成正比，即温度升高，弹性应力也随之升高，而普通弹性体的弹性模量随温度升高而下降。

3）绝热拉伸（快速拉伸）时，材料会放热而使自身温度升高，金属材料则相反。

4）高弹形变有力学松弛现象，而金属弹性体几乎无松弛现象。

高弹形变的这些特点源自于发生高弹性形变的分子机理与普弹形变的分子机理有本质的不同。

（二）平衡态高弹形变的热力学分析

取原长为l_0的轻度交联橡胶试样，恒温条件下施以定力f，缓慢拉伸至l_0+dl。所谓缓慢拉伸指的是拉伸过程中，橡胶试样始终具有热力学平衡构象，形变为可逆形变，也称平衡态形变。

按照热力学第一定律，拉伸过程中体系内能的变化dU为：

$$dU = dQ - dW \tag{4-13}$$

式中，dQ为体系吸收的热量，对恒温可逆过程，根据热力学第二定律有：

$$dQ = TdS \tag{4-14}$$

dW为体系对外所做的功，它包括拉伸过程中体积变化的膨胀功PdV和拉伸变形的伸长功$-fdl$

$$dW = PdV - fdl \tag{4-15}$$

注意：伸长功是外界对体系做功，故为负值。

将dQ、dW两式代入式（4-13）中得

$$dU = TdS - PdV + fdl \tag{4-16}$$

设拉伸过程中材料的体积不变[㊀]，$PdV=0$，则

㊀ 实验是在恒温恒压条件下进行的，由于橡胶在拉伸形变中体积变化很小，作为一级近似，将其看作恒温恒容实验。

$$dU = TdS + fdl \tag{4-17}$$

恒温恒容条件下，对 l 求偏微商得到：

$$\left(\frac{\partial U}{\partial l}\right)_{T,V} = T\left(\frac{\partial S}{\partial l}\right)_{T,V} + f \tag{4-18}$$

即

$$f = \left(\frac{\partial U}{\partial l}\right)_{T,V} - T\left(\frac{\partial S}{\partial l}\right)_{T,V} \tag{4-19}$$

上式称橡胶等温拉伸的热力学方程，表明拉伸形变时，材料中的平衡张力由两项组成，分别由材料的内能变化 ΔU 和熵变化 ΔS 提供。

若橡胶是理想橡胶，即假定不存在分子内和分子间作用力，弹性变形时，体系内能不变化，则有

$$f = -T\left(\frac{\partial S}{\partial l}\right)_{T,V} \tag{4-20}$$

这意味着理想橡胶在等温拉伸过程中，弹性回复力主要是由体系熵变所贡献的。在拉力作用下，大分子链由原来卷曲状态变为伸展状态，构象熵减少；而由于热运动，分子链有自发地回复到原来卷曲状态的趋势，由此产生弹性回复力。这种构象熵的回复趋势，会由于材料温度的升高而更加强烈，因此温度升高，弹性应力也随之升高。另外构象熵减少，$dS<0$，由（4-14）式知，dQ 是负值。这就是说，在拉伸过程中橡胶会放出热量，橡胶是热的不良导体，放出的热量使自身温度升高。

理想橡胶只是一种理想模型，实际橡胶发生弹性变形时，弹性回复力中除有熵变贡献外，也有内能变化的贡献，大约只占10%左右。这是由于实际橡胶变形时，因分子链中键长、键角及分子间相互作用改变而引起体系内能变化所致。图4-7为规定温度下橡胶拉伸的弹性回复应力 σ（等于 f 除以试样横截面积）随伸长率的变化图。设试样由原长 l_0 缓慢拉伸到 l，定义伸长率 $\varepsilon = (l - l_0)/l_0$，拉伸比 $\lambda = l/l_0$。图中同时给出熵变和内能变化对应力的贡献，由图看到，伸长率大时（100%以上），熵贡献占主导地

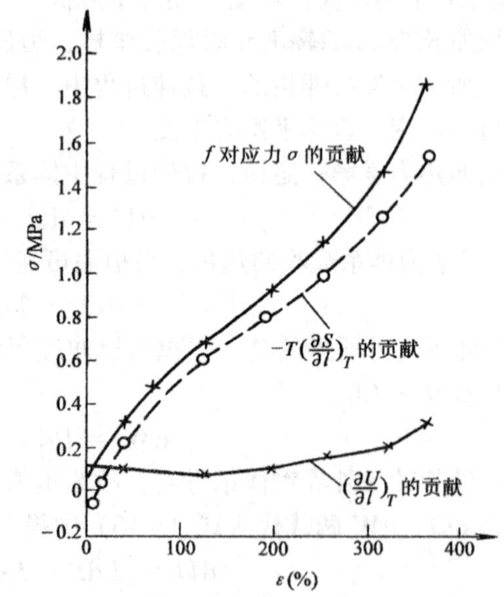

图4-7　橡胶拉伸时，弹性回复力随伸长率 ε 的变化

位；伸长率小时（0～10%）内能的贡献也不可忽视。

按照热力学函数关系，在恒压拉伸过程中，体系 Gibbs 自由能 $G = U + pV - TS$ 的微分为：

$$\begin{aligned} dG &= dU + pdV + Vdp - TdS - SdT \\ &= TdS - pdV + fdl + pdV + Vdp - TdS - SdT \\ &= fdl + Vdp - SdT = fdl - SdT \end{aligned} \tag{4-21}$$

所以
$$f = \left(\frac{\partial G}{\partial l}\right)_{T,p}, \quad -S = \left(\frac{\partial G}{\partial T}\right)_{l,p} \tag{4-22}$$

通过代换，得到：

$$-\left(\frac{\partial S}{\partial l}\right)_{T,V} = \left[\frac{\partial}{\partial l}\left(\frac{\partial G}{\partial T}\right)_{l,p}\right]_{T,V} = \left[\frac{\partial}{\partial T}\left(\frac{\partial G}{\partial l}\right)_{T,p}\right]_{l,V} = \left(\frac{\partial f}{\partial T}\right)_{l,V} \tag{4-23}$$

代入式（4-19）中，橡胶拉伸的热力学方程可写成：

$$f = \left(\frac{\partial U}{\partial l}\right)_{T,V} + T\left(\frac{\partial f}{\partial T}\right)_{l,V} \tag{4-24}$$

根据式（4-24），测量橡胶试样在确定伸长率下，弹性拉力随实验环境温度的变化关系，结果如图 4-8 所示。分析得知，图中直线的斜率代表确定的伸长率下体系熵变对弹性力的贡献（熵弹性），直线截距为体系内能变化对弹性力的贡献（能弹性）。由图可知，伸长率越大，直线斜率越大，表明熵变的贡献越大；外推到 $T = 0\text{K}$，所有直线的截距几乎都等于零，说明橡胶拉伸过程中，能弹性的成分很小。

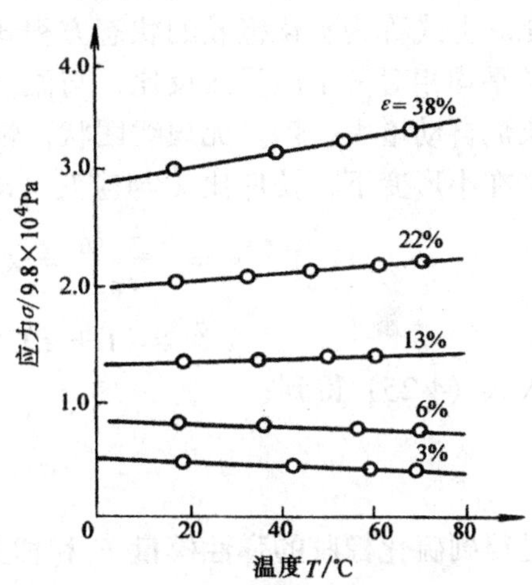

图 4-8　确定伸长率下，橡胶弹力与温度的关系

要理解熵变化对橡胶弹性的贡献，应从材料变形时分子网链构象熵的变化谈起。交联橡胶和处于高弹态的高分子材料，分子链间存在化学的（如硫化）或物理的（如缠结）交联点，使所有分子链形成一个大网络。在原始状态下，由于热运动，交联点间的网链可看作高斯链，处于高几率的无规线团状，构象熵很大。一旦受到外力发生变形时，分子链网络将随之变形（图 4-9）。所有网链同时变形的结果将使网链的有序性提高，而体系总的构象熵减少。运用统计理论，可以从单位体积网链构象熵的变化求出弹性应力 σ 的大小，

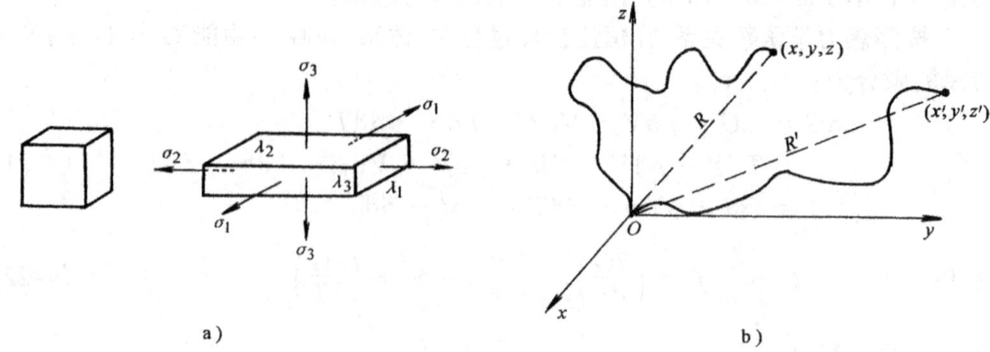

图 4-9 材料变形引起网链构象变化示意图

a）材料发生均匀应变 b）一根网链随之变形

$$\sigma = \frac{\rho RT}{\overline{M_c}}\left(\lambda - \frac{1}{\lambda^2}\right) \tag{4-25}$$

式中，ρ 为橡胶的密度，$\overline{M_c}$为交联点间网链的平均相对分子质量，λ 为材料拉伸比。上式称为硫化橡胶的状态方程式，公式表明橡胶发生高弹变形时，应力与网链平均相对分子质量成反比，与温度成正比。外力撤除后，由于热运动，网链构象熵自动增大，恢复无规线团状，恢复变形。

在小形变下，拉伸比 λ 与应变（即屈服伸长率）ε 有如下关系：

$$\varepsilon = \frac{l - l_0}{l_0} = \lambda - 1, \qquad \lambda = 1 + \varepsilon$$
$$\lambda^{-2} = (1 + \varepsilon)^{-2} \approx 1 - 2\varepsilon + \cdots \tag{4-26}$$

代入式（4-25）得到：

$$\sigma = \frac{3\rho RT}{\overline{M_c}}\varepsilon \tag{4-27}$$

于是得到硫化橡胶的弹性模量 E 和切变模量 G：

$$E = \frac{\sigma}{\varepsilon} = \frac{3\rho RT}{\overline{M_c}} \tag{4-28}$$

$$G = \frac{E}{2(1 + \nu)} = \frac{E}{3} = \frac{\rho RT}{\overline{M_c}} \tag{4-29}$$

式中，ν 为泊松比，对理想橡胶，$\nu = 1/2$。由此可知，若能测定硫化橡胶微小形变时的弹性模量 E 或切变模量 G，就可算出交联点间网链的平均相对分子质量 $\overline{M_c}$，进而求得单位体积的网链数目和硫化橡胶交联密度。

二、线性粘弹性现象及其数学描述

讨论理想橡胶时，假定分子内和分子间不存在作用力，胶料变形时体系内能不变化，弹性力完全由卷曲分子链构象熵变化引起。实际上，对于真实高分子材料，尤其是未交联高分子材料，其分子间有内摩擦，分子链运动时损耗能量，发生变形时，除弹性形变外，还有粘性形变和损耗，应力和形变也不能立即建立平衡对应关系，而有一个松弛过程。这种粘性、弹性行为同时存在的现象是高分子材料的另一重要特点，简称粘弹性。假如这种粘弹性可简单地看作符合胡克定律的线性弹性行为和符合牛顿定律的线性粘性行为的组合，则称线性粘弹性，否则称非线性粘弹性。本节主要讨论高分子材料的线性粘弹性现象及其数学描述。

（一）应力松弛现象，Maxwell 模型

恒温下将试样迅速拉伸到一定长度，保持该应变 ε_0 不变，发现试样内应力随时间逐渐衰减，这种现象称应力松弛。如图 4-10。其中未交联高分子材料的内应力可最终衰减至零，而交联试样的内应力衰减至某一平衡值。

产生应力松弛的原因是：变形时，材料内的应力因分子链结构的各向异性而有一个由不均匀分布到均匀分布的演变过程，这个过程是通过分子链的变形、移动、重排而实现的，需要一定的时间。由于材料粘度大，这个过程可能较长。对于未交联高分子，分子链通过移动、重排，可将其中应力一直衰减至零。对于交联高分子，因分子链形成网络，不能任意移动，最后，应力只能衰减到与网络变形相应的平衡值。

应力松弛现象可以用简单的机械模型形象地说明。模型由一个胡克弹簧（弹性模量为 E）和一个装有牛顿液体的粘壶（粘度为 η）串联组成，称作 Maxwell 模型（图 4-11）。

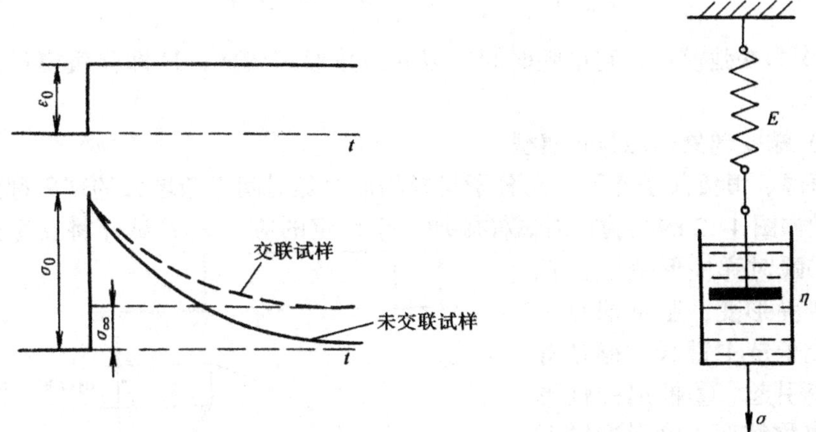

图 4-10　高分子材料的应力松弛曲线　　图 4-11　Maxwell 模型

受到外应力时，胡克弹簧瞬时变形，弹性力按胡克定律计算等于 $\sigma_{ela} = E\varepsilon_{ela}$。同时，粘壶中活塞开始移动，粘性力按粘性流体的牛顿定律计算，等于

$\sigma_{plas.} = \eta \dfrac{d\varepsilon_{plas.}}{dt}$。

弹簧和粘壶串联，其所受的应力应相同：$\sigma = \sigma_{ela.} = \sigma_{plas.}$；而总应变应为两者应变之和：$\varepsilon = \varepsilon_{ela.} + \varepsilon_{plas.}$。将应变对时间求微分，得

$$\frac{d\varepsilon}{dt} = \frac{d\varepsilon_{ela.}}{dt} + \frac{d\varepsilon_{plas.}}{dt} = \frac{1}{E}\frac{d\sigma}{dt} + \frac{\sigma}{\eta} \tag{4-30}$$

该公式称 Maxwell 模型的运动方程式。讨论应力松弛时，应变保持不变，$\varepsilon = \varepsilon_0 =$ 常数，故有

$$\frac{1}{E}\frac{d\sigma}{dt} + \frac{\sigma}{\eta} = 0 \tag{4-31}$$

令 $\tau = \dfrac{\eta}{E}$，称模型的松弛时间，积分上式得：

$$\sigma(t) = \sigma_0 e^{-\frac{t}{\tau}} \tag{4-32}$$

式中，σ_0 是模型受力变形时的起始应力，$\sigma(t)$ 是在时间 t 所观测到的内应力。

式（4-32）表明，在恒温、恒应变条件下，材料内应力随时间 t 以 e 指数形式衰减。当 $t = \tau$ 时，$\sigma/\sigma_0 = 1/e$，也即松弛时间 τ 等于内应力衰减到起始应力 σ_0 的 1/e 倍所需的时间。松弛时间 τ 由模型的粘性系数和弹性模量决定，恰好反映了松弛现象是材料粘、弹性共同作用的结果。对于一种确定的材料，若粘度 η 和弹性模量 E 都是常数，则 τ 也是常数，τ 具有时间的量纲。$\sigma(t)$ 除以应变 ε_0，得到 t 时刻材料的弹性模量 $E(t)$：

$$E(t) = \frac{\sigma(t)}{\varepsilon_0} = \frac{\sigma_0}{\varepsilon_0} e^{-\frac{t}{\tau}} = E e^{-\frac{t}{\tau}} \tag{4-33}$$

$E(t)$ 称应力松弛模量，它也随时间 t 以 e 指数形式衰减；E 即弹簧模量，也称初始模量。

（二）蠕变现象，Kelvin 模型

在恒温、恒负荷条件下，高分子材料的形变随时间逐渐增大的现象称为蠕变现象。做如图 4-12 的实验，对试样施加一个恒定的应力 σ_0，试样将发生如下的变形：①瞬时弹性形变 ε_1。该形变为普弹形变，服从胡克定律，由分子链中键长、键角等的小形变引起。②推迟弹性形变 ε_2，也称蠕变。该形变随时间延长而发展，和应力松弛一样，蠕变也是因为大分子间的粘性阻力使形变和应力不能立即建立平衡，而须推迟一段时

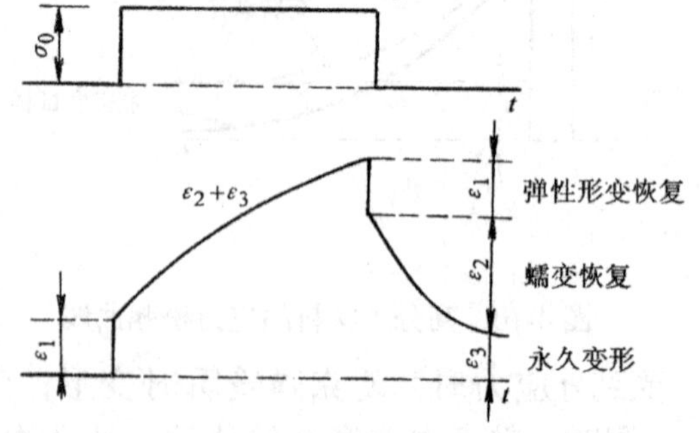

图 4-12　高分子材料的蠕变和蠕变恢复曲线

间所致。蠕变属于弹性形变，应力取消后，形变能逐渐恢复。③粘性流动 ε_3。形变足够大时，未交联的分子链在外力作用下会发生相对位移，相当于发生粘性流动，使形变继续发展。这种变形属于永久变形（即塑性变形），外力撤消后也不能恢复。对于理想交联高分子，分子链不能发生相对位移，不存在粘性流动和永久变形。

可以看出，材料的蠕变程度反映了材料的尺寸稳定性，用塑料制作机械零件时，总是希望零件能在一定负载下长期使用而不改变形状。可见，研究蠕变现象有重要的实际意义。

蠕变（推迟弹性形变）可用 Kelvin 模型（图 4-13）描述，它由一个胡克弹簧（弹性模量为 E）和一个牛顿粘壶（粘度为 η）并联组成。当受外力作用时，由于粘壶的阻碍作用，弹簧慢慢拉开，表明变形推迟发生，达到平衡变形要等待一段时间。当外力去掉后，弹簧回缩，同样也受到粘壶的阻碍，弹簧带动粘壶的活塞缓慢回到原状，而不留永久变形。

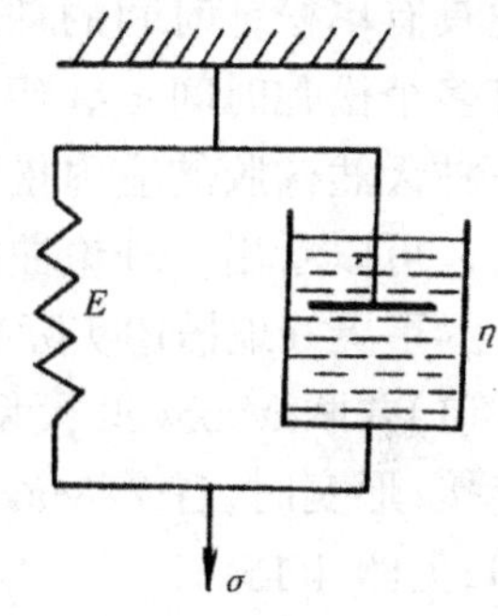

图 4-13　Kelvin 模型

由模型知，当受外力作用时，弹簧和粘壶的变形量相同，$\varepsilon=\varepsilon_{ela.}=\varepsilon_{plas.}$，而外力由弹簧和粘壶共同承担，故

$$\sigma(t)=\sigma_{ela.}+\sigma_{plas.}=E\varepsilon+\eta\frac{d\varepsilon}{dt} \tag{4-34}$$

蠕变时应力是恒定的，$\sigma(t)=\sigma_0$，故有

$$\frac{\sigma_0}{E}=\varepsilon+\frac{\eta}{E}\frac{d\varepsilon}{dt} \tag{4-35}$$

解此一阶常微分方程，得

$$\varepsilon(t)=\frac{\sigma_0}{E}(1-e^{-\frac{Et}{\eta}}) \tag{4-36}$$

令 $\tau=\frac{\eta}{E}$，称推迟时间，它与松弛时间有同样的物理意义，则

$$\varepsilon(t)=\frac{\sigma_0}{E}(1-e^{-\frac{t}{\tau}}) \tag{4-37}$$

此式描述了恒温、恒应力下材料蠕变的发展规律。

当作用力时间 t 很长时，变形达到平衡变形值 ε_0

$$\varepsilon(t=\infty)=\frac{\sigma_0}{E}=\varepsilon_\infty \tag{4-38}$$

公式（4-37）改写成：

$$\varepsilon(t)=\varepsilon_\infty(1-e^{-\frac{t}{\tau}}) \tag{4-39}$$

以应力 σ_0 除等式两边得：

$$\frac{\varepsilon(t)}{\sigma_0} = J(t) = J_\infty(1 - e^{-\frac{t}{\tau}}) = \frac{\varepsilon_\infty}{\sigma_0}(1 - e^{-\frac{t}{\tau}}) \tag{4-40}$$

式中，$J(t)$ 称时间 t 时材料的蠕变柔量，J_∞ 为材料的最大柔量，也称平衡柔量。柔量也常用作蠕变的度量，它表示单位应力引起材料的变形。

(三) 复杂粘弹性模型

Maxwell 模型和 Kelvin 模型的特点之一是它们只有单个松弛时间，因此只能描述具有单松弛时间的粘弹性现象。由于运动单元的多重性，真实高分子材料实际有多个松弛时间 τ_i，组成松弛时间谱，其粘弹性行为要复杂得多。图 4-14 给出一种天然橡胶的应力松弛实验曲线及用单松弛时间的 Maxwell 模型计算的理论曲线，可以看出，理论曲线与实际实验值差别较大。

为了更好地描述实际高分子材料的粘弹性行为,人们设计了许多复杂的模型。

(1)并联 Maxwell 模型　将若干个分别具有不同松弛时间的 Maxwell 模型并联连接,形变时,各个 Maxwell 模型的应变相同,应力相加,总应力则为各模型应力之和,见图 4-15。

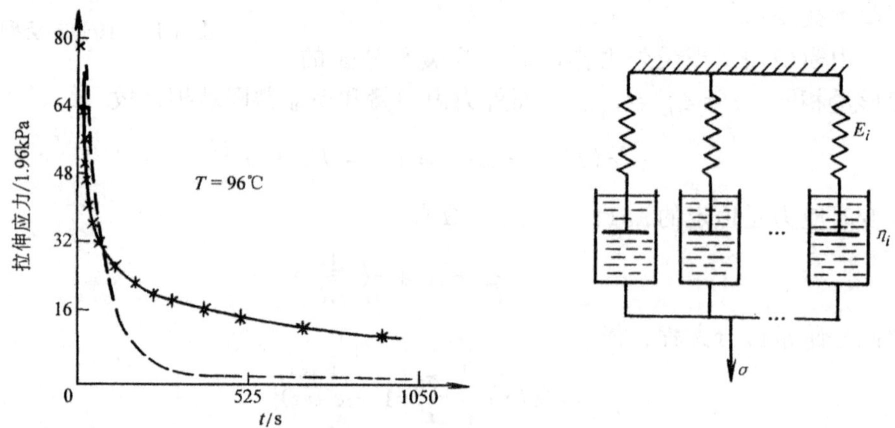

图 4-14　一种天然橡胶的应力松弛实验与计算结果的对比
(＊为实验点数值;实线为按 5 单元模型计算的理论曲线;
虚线为按 1 单元模型计算的理论曲线)

图 4-15　并联的 Maxwell 模型

用并联 Maxwell 模型描述真实高分子材料的应力松弛行为时,材料的松弛模量为各个 Maxwell 模型的模量之和:

$$E(t) = \sum_i \frac{\sigma_i(t)}{\varepsilon_0} = \sum_i \frac{\sigma_{0i}}{\varepsilon_0} e^{-\frac{t}{\tau_i}} = \sum_i E_i e^{-\frac{t}{\tau_i}} \tag{4-41}$$

比如材料有三个松弛时间,其松弛模量则为:

$$E(t) = E_1 e^{-\frac{t}{\tau_1}} + E_2 e^{-\frac{t}{\tau_2}} + E_3 e^{-\frac{t}{\tau_3}}$$

式中,E_1、E_2、E_3 分别是三个并联的 Maxwell 模型的弹簧模量,τ_1、τ_2、τ_3为其松弛

时间。当迅速拉伸模型时($t=0$),三个模型的起始应力各不相同,总应力为三个模型应力之和。随着时间的推移,各模型按照各自的松弛时间 τ_i 进行松弛,最后总应力逐渐松弛至零。作者曾用五个 Maxwell 模型并联的模型模拟图 4-14 中的应力松弛实验曲线,得到的理论计算结果与实验数据吻合很好。

(2)串联 Kelvin 模型　将若干个具有不同推迟时间的 Kelvin 模型串联连接,形变时,各个 Kelvin 模型所受的应力相同,总应变为各模型应变之和,见图 4-16。

用串联 Kelvin 模型描述真实高分子材料的蠕变行为,得到材料的总蠕变柔量为各个 Kelvin 模型的柔量之和:

$$J(t)=\sum_i J_i\left(1-e^{-\frac{t}{\tau_i}}\right) \tag{4-42}$$

式中,τ_i 为各 Kelvin 模型的推迟时间,J_i 为各自的平衡柔量。

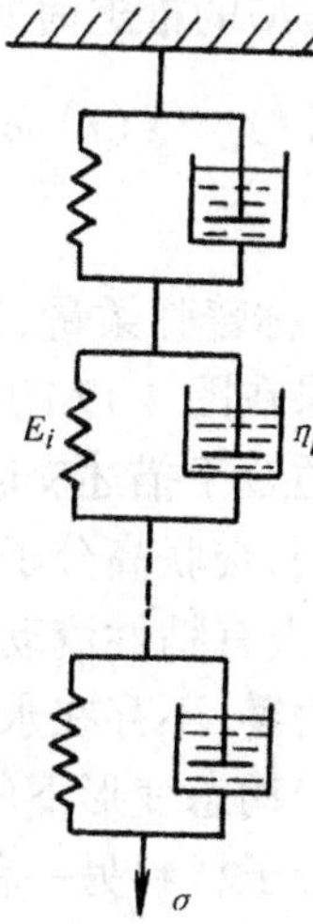

图 4-16　串联的 Kelvin 模型

(3)四元件模型　考察图 4-12 中典型线型高分子固体的蠕变曲线,材料在受到外力发生变形时,不仅有普弹变形 ε_1,也有推迟弹性变形 ε_2 和粘性流动 ε_3。蠕变恢复时,普弹变形 ε_1 瞬间恢复,推迟弹性变形也能缓慢恢复,而粘性流动 ε_3 不能恢复,造成永久变形。这是大多数未交联高分子材料的实际蠕变情况。

为了描述这种蠕变行为,人们设计了四元件模型,图 4-17。这实际可看成是一个 Kelvin 模型和一个 Maxwell 模型的组合,分为三部分。设弹簧 1 的弹性模量为 E_1;Kelvin 模型为第 2 部分,参数分别为 E_2 和 η_2;粘壶 3 的粘度为 η_3。在 $t=0$ 时加上负荷 σ_0 并保持不变,弹簧 E_1 立即被拉长,变形量是 σ_0/E_1,相当于高分子链键长键角改变引起的普弹形变 ε_1。随后是 E_2 和 η_2 开始动作,并逐渐带动粘壶 η_3 一起运动。E_2 和 η_2 的结合体现了高分子链段运动的粘弹性(推迟弹性形变 ε_2),E_2 和 η_2 的移动逐渐趋于平衡值 σ_0/E_2。再后是粘壶 η_3 以恒速移动,相当于高分子链的不可逆相对位移 ε_3,即粘性流动。如果某一时刻后除去负荷,弹簧 E_1 立即恢复其原始状态,收缩量为 $\sigma_0/E_1=\varepsilon_1$;随后弹簧 E_2 也逐渐把粘壶 η_2 的活塞带回到原来状态;而粘壶 η_3 的活塞不能回复,留下永久变形 ε_3。

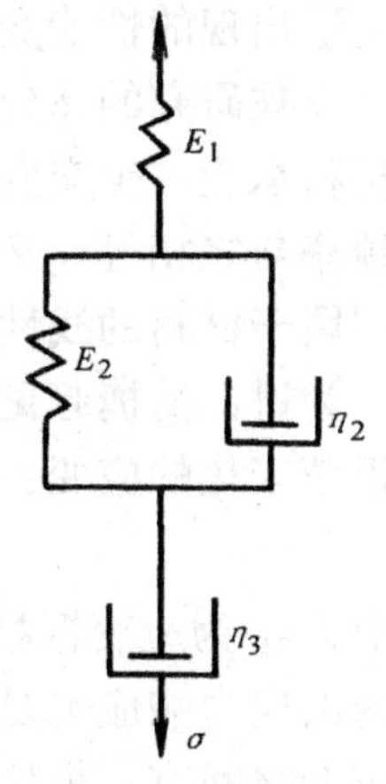

图 4-17　四元件模型

用模型描写时，材料受外力作用发生的总形变 ε 为三种形变之和：

$$\varepsilon(t)=\varepsilon_1+\varepsilon_2+\varepsilon_3=\frac{\sigma_0}{E_1}+\frac{\sigma_0}{E_2}(1-\mathrm{e}^{-\frac{t}{\tau}})+\frac{\sigma_0}{\eta_3}t \tag{4-43}$$

τ 是该模型的推迟时间。材料的蠕变柔量则为：

$$J(t)=\varepsilon(t)/\sigma_0=\frac{1}{E_1}+\frac{1}{E_2}(1-\mathrm{e}^{-\frac{t}{\tau}})+\frac{t}{\eta_3}=J_1+J_\infty\Psi(t)+\frac{t}{\eta_3} \tag{4-44}$$

式中，J_1 称普弹柔量，J_∞ 为平衡柔量，$\Psi(t)$ 为蠕变函数。

如果在图 4-17 的模型中去掉粘壶 η_3，则得到一种三元件模型(图 4-18)。这种模型适合于描述交联高分子材料的蠕变和蠕变恢复行为。与线型高分子固体的蠕变不同，交联高分子材料的蠕变只有普弹变形 ε_1 和粘弹性变形 ε_2，而后达到蠕变平衡，没有粘性流动 ε_3。同样，在蠕变恢复时，理想交联高分子材料可一直恢复到形变为零，不存在永久变形。

(四)动态变形下的力学损耗行为

高分子材料另一种典型粘弹性行为是动态变形下的力学损耗行为。这是在交变的周期性外力作用下，由于应变与应力响应的不同步，而造成变形能量损耗的力学松弛行为。许多高分子材料制品是在交变力作用条件下使用的，如汽车轮胎，防震阻尼材料等。研究材料的动态力学损耗，就能够了解在正常使用条件下，制品因长期动态变形出现的性能变化和寿命长短，具有重要意义。

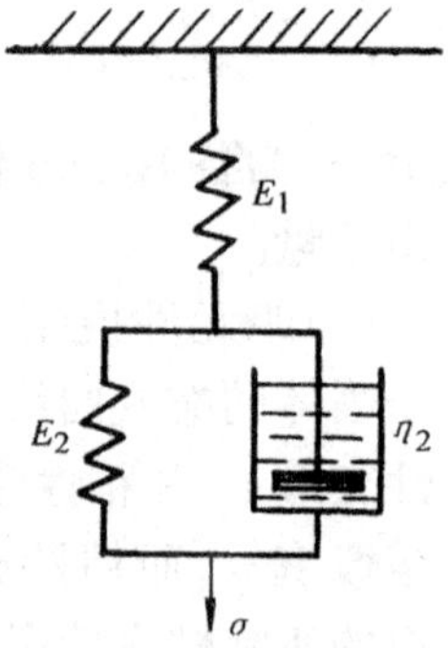

图 4-18 三元件模型

设被研究的高分子材料为线性体，线性体的意义为当材料承受一定交变频率的应力（或应变）时，其应变响应（或应力响应）的变化频率与之相等。又设交变应力、应变的振幅为小振幅，假设的目的是保证研究范围属于材料的线性粘弹性范围。

为讨论简捷起见，采用复数形式描写交变物理量。设在小振幅下，对试样施以正弦变化的应变：

$$\varepsilon^*(\mathrm{i}\omega t)=\varepsilon_0\mathrm{e}^{\mathrm{i}\omega t} \tag{4-45}$$

式中，ε_0 为应变振幅，ω 为交变圆频率，单位为 s^{-1}；$\mathrm{e}^{\mathrm{i}\omega t}=\cos\omega t+\mathrm{i}\sin\omega t$，则试样内的应力响应也是正弦变化的，且频率相同。只是由于材料是粘弹性的，应力与应变之间有一个位相差 δ。应力响应记为

$$\sigma^*(\mathrm{i}\omega t)=\sigma_0\mathrm{e}^{\mathrm{i}(\omega t+\delta)} \tag{4-46}$$

σ_0 为应力振幅。

若试样为纯弹性材料，$\delta=0$；若为纯粘性材料，$\delta=\pi/2$；对于粘弹性材料，$0<\delta<\pi/2$，即应变比应力落后一个相位差 δ，见图 4-19。

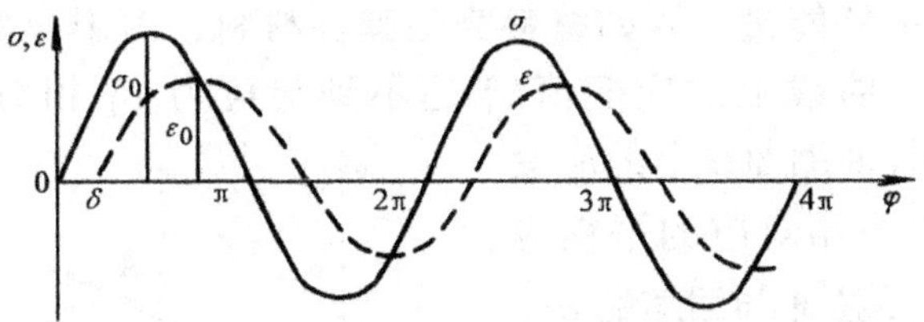

图 4-19 粘弹性材料应力与应变响应的相位关系

仿照普通弹性体模量的定义，可以方便地定义粘弹性材料的复数模量为：

$$E^*(\mathrm{i}\omega) = \sigma^*/\varepsilon^* = \frac{\sigma_0}{\varepsilon_0}\mathrm{e}^{\mathrm{i}\delta} = \frac{\sigma_0}{\varepsilon_0}(\cos\delta + \mathrm{i}\sin\delta)$$
$$= E'(\omega) + \mathrm{i}E''(\omega) \tag{4-47}$$

其实部：
$$E'(\omega) = \frac{\sigma_0}{\varepsilon_0}\cos\delta \tag{4-48}$$

称为材料的贮能模量，它描写应力、应变同相位的弹性形变。

虚部：
$$E''(\omega) = \frac{\sigma_0}{\varepsilon_0}\sin\delta \tag{4-49}$$

描写应变落后应力 π/2 相位的粘性形变，称为损耗模量。

两模量之比

$$\mathrm{tg}\delta = E''(\omega)/E'(\omega) \tag{4-50}$$

称为损耗正切或阻尼因子，它与 $E''(\omega)$ 一样也描写了材料在动态变形下的力学损耗行为。

类似地，仿照柔量的定义，定义复数柔量为：

$$J^*(\mathrm{i}\omega) = \frac{\varepsilon^*}{\sigma^*} = \frac{\varepsilon_0}{\sigma_0}\mathrm{e}^{-\mathrm{i}\delta} = \frac{\varepsilon_0}{\sigma_0}(\cos\delta - \mathrm{i}\sin\delta)$$
$$= J'(\omega) - \mathrm{i}J''(\omega) \tag{4-51}$$

其实部：
$$J'(\omega) = \frac{\varepsilon_0}{\sigma_0}\cos\delta \tag{4-52}$$

同样描写应力、应变同相位的弹性形变。

虚部：
$$J''(\omega) = \frac{\varepsilon_0}{\sigma_0}\sin\delta \tag{4-53}$$

则描写应变落后应力 π/2 相位的粘性形变。$J''(\omega)/J'(\omega)$ 同样描写了材料在动态变形下的力学损耗。

要正确理解粘弹性材料在交变应力作用下产生力学损耗的现象，可以考察材料在一个拉伸－回缩周期中应力和应变的变化情况，见图 4-20。假如材料为弹性材料，其应变完全跟得上应力的变化，应力、应变同位相（同时达到最大值，同时达到最小值，$\delta = 0$），则拉伸与回缩的 σ—ε 曲线重合在一起，拉伸—回缩一个周期材料不损耗能量。假如材料为粘弹性材料，由于应变滞后于应力，因此，拉伸的 σ—ε 曲线上的应变值 ε_1^d 达不到与应力 σ_1 相对应的平衡应变值 $\varepsilon_1(\varepsilon_1^d < \varepsilon_1)$；同样回缩曲线上的应变 ε_1^r 却大于与其应力相对应的平衡应变值 $\varepsilon_1(\varepsilon_1^r > \varepsilon_1)$，拉伸与回缩的 σ—ε 曲线形成一个滞后圈。滞后圈的面积等于在一个周期中，单位体积材料所损耗的机械功，这部分功全部用于克服在交变应力下链段运动的摩擦阻力（内摩擦），转化成热量使材料温度升高，产生动态力学损耗。

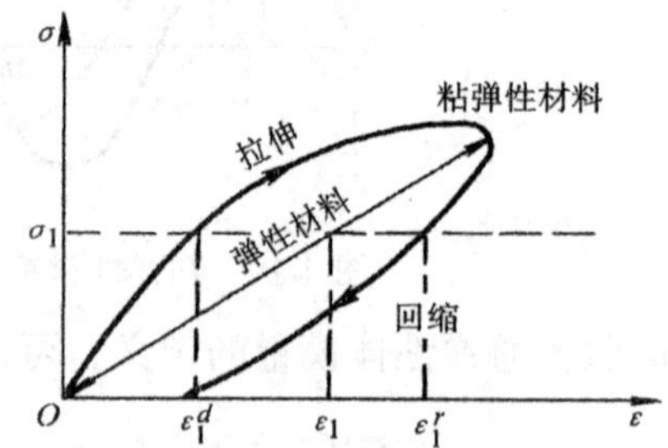

图 4-20　高分子材料在一个拉伸—回缩周期内的应力应变曲线

取应力、应变的虚部计算在一个拉伸—回缩周期（$T = 2\pi/\omega$）中，材料损耗的机械功

$$\begin{aligned}\Delta W &= \oint \sigma_0 \sin(\omega t + \delta) \mathrm{d}(\varepsilon_0 \sin\omega t) \\ &= \int_0^{2\pi/\omega} \sigma_0 \varepsilon_0 \omega \sin(\omega t + \delta) \cos\omega t \, \mathrm{d}t \\ &= \pi\sigma_0\varepsilon_0 \sin\delta \\ &= \pi\varepsilon_0^2 E''\end{aligned} \qquad (4\text{-}54)$$

由上式可见，材料在动态变形中损耗的机械功与损耗模量 E'' 及形变振幅的二次方成比例，由此也可以理解 E'' 称为损耗模量的意义。

（五）影响高分子材料粘弹行为的因素

材料的粘弹行为是微观分子运动松弛过程在力学性能方面的反映。因此，材料的结构与组分的变化对粘弹性有重要的影响。同时，力学松弛过程是一个时间进程的过程，它也与过程进行的条件（温度、压力等）有关。

（1）应力松弛与蠕变　影响应力松弛与蠕变的最主要结构因素是看材料属线型高分子材料还是交联高分子材料。从图 4-10，4-12 可以看出，对于线型高分子材料，应力松弛可以一直松弛到零；蠕变过程中则伴随粘性流动；形变恢复时存在永久变形。而交联高分子材料，由于分子链间有化学键接，构成交联网络，应力松弛只能松弛到与网络变形相应的平衡应力值；蠕变时不存在分子链的相对移动，即不存在粘性流动；形变恢复时也没有永久变形。例如交联（硫化）橡胶与未交联橡胶相比，前者受力时形变程度小，形变速度较慢，不存在塑性变形和流动。热固性塑料如酚醛树脂、三聚氰胺树脂等，交联程度高，因此，材料模量高、蠕变速率低、力学损耗小、制品尺寸稳定性好。

尽管高分子材料的分子运动具有运动单元复杂，运动模式多样化的特点，松弛时间的分布也十分宽广，但是与粘弹行为联系最密切的分子运动为链段的运动。无论在应力松弛或蠕变过程中，材料内部大分子链的移动、重排实际上都是通过链段的运动实现的。因此，与链段运动相关的物理量，如分子链柔顺性、玻璃化转变温度等也与粘弹行为有关。通常分子链刚性好，玻璃化转变温度高（高于使用温度）的材料，蠕变和应力松弛程度小。

结晶和取向对粘弹性行为的影响是：结晶使链段的活动能力下降，蠕变和松弛速率比非晶材料低；微晶如同交联点，微晶的存在使材料的抗蠕变性提高。在取向方向上，链段因高度取向也使蠕变和松弛程度降低。如高度取向的纤维，取向方向的模量比未取向的高一个数量级；双向拉伸（取向）的薄膜，其蠕变和应力松弛都小。

材料处于硬玻璃态时（$T \ll T_g$），相对分子质量对蠕变和应力松弛的影响不大。但温度接近或大于玻璃化转变温度时，随着相对分子质量的增大，材料的松弛模量增大，蠕变柔量减小。当相对分子质量超过分子链发生缠结的临界相对分子质量时，分子链移动困难，蠕变速率下降。

对于填充和增强改性的高分子复合材料，由于填料、纤维与分子链的相互作用，也由于填料等占据部分自由体积，使链段活动能力下降，材料模量提高，尺寸稳定性提高。前提是填料与高分子的两相粘接性良好。如聚甲醛、尼龙、ABS树脂，聚氯乙烯等，加入30%～40%的纤维，松弛模量明显提高，抗变形能力已接近热固性树脂。而增塑剂的加入会使分子链活动性增强，易于发生蠕变。

高分子材料的蠕变能力与环境温度的关系十分密切，温度升高，大分子链活动能力增加，蠕变速率增加。相反，环境压力增大，使自由体积减小，材料蠕变柔量变小。聚乙烯在340.5个大气压下，其蠕变柔量减为常压下的1/10。

高分子材料的蠕变速率还与所受应力大小有关，对聚苯乙烯的拉伸试验表明，应力增加两倍左右，蠕变速率增加20倍。除应力大小外，蠕变能力还与应力作用时间有关，一般应力作用时间越长，蠕变柔量越大。如聚乙烯、聚丙烯、聚苯乙烯等，在室温和10.3MPa应力作用下，作用时间每增加10倍，柔量约增大20%，但有些高分子材料如聚碳酸酯、聚苯醚、聚砜及矿物填充的酚醛树脂，即使应力作用10000h，其尺寸稳定性仍然很好。

高分子材料的抗蠕变性质，是设计高分子产品结构的十分重要的参数，只有知道蠕变柔量的大小及其随外力作用时间的变化，才能合理地选用材料，确保制品的尺寸精确度，延长其有效使用寿命。

（2）动态力学性能　高分子材料的动态力学性能与材料的结构及环境温度和外力作用频率有关。与结构的关系可以从材料的动态力学损耗—温度（或频率）曲线得知（参看图4-5、图4-6）。由这些谱图可以看出，高分子材料发生主转变（玻璃化转变、结晶和熔融）和次级转变时，材料的内耗均出现峰值。这些转变与分子链各级结构单元的运动状态相联系，在这些转变处，总有某种结构单元的运动处于“冻结-释放”的变化之中，运动阻力大，消耗能量多。

研究表明，发生主转变时，动态力学损耗值很大，这与非晶区链段的松弛运动、材料的结晶度及晶区的完善性等因素有关。另外，带有侧基的高分子比没有侧基的高分子内耗大，侧基体积大的比体积小的内耗大，极性大的比极性小的内耗大。所有这些都与不同层次的材料结构在动态应力作用下的松弛响应速率有关。侧基的数目对内耗的影响尤为显著，侧基数目越多，链段运动的阻力越大，内耗就越大。例如，丁基橡胶每一个结构单元都含有两个侧甲基，虽然甲基体积比苯基小，极性比氰基弱，但丁基橡胶的内耗却比丁苯橡胶和丁腈橡胶大。接枝共聚 ABS 树脂的动态力学损耗－温度曲线如图 4-21 所示，图中在 80℃，－5℃，－80℃位置出现三个损耗峰，分析得知，它们分别相应于苯乙烯、丙烯腈、丁二烯链段的运动。

内耗受环境温度或外力作用频率的影响是相关的。图 4-22 给出内耗与温度的关系示意图。图中可见，在玻璃化转变区和粘流温度以上，高分子材料的动态力学损耗大，其他温区的内耗小。在玻璃化转变区，由于链段刚开始运动而体系的粘度还很大，链段运动时受到摩擦阻力较大，形变落后于应力的变化，相位差

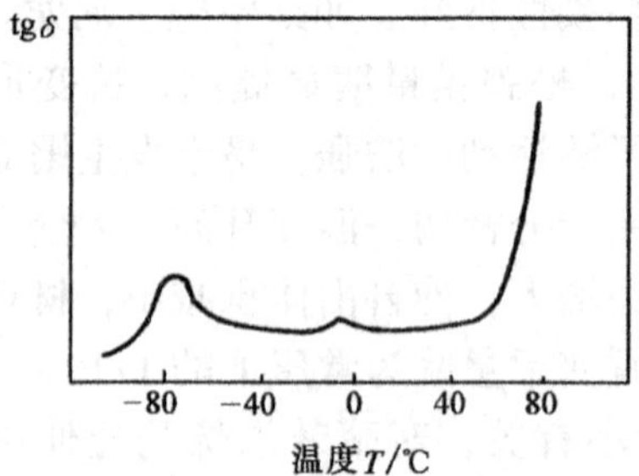

图 4-21 接枝共聚 ABS 树脂的动态力学损耗—温度曲线

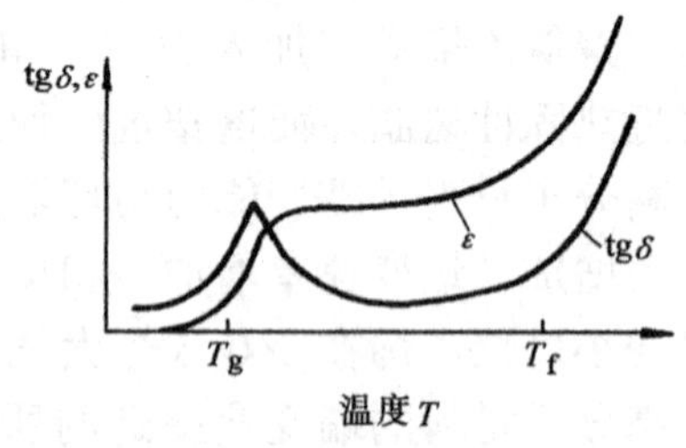

图 4-22 高分子材料的形变、内耗与环境温度的关系

δ 较大，因此内耗大。当温度超过粘流温度，材料处于粘流态，整个大分子链开始运动，由于分子之间相互滑移，内摩擦大，因而内耗也急剧增加。

内耗与外力作用频率的关系如图 4-23 所示。在一定温度下，外力作用频率很低时，高分子链段的运动能够跟得上动态应力的变化，链段运动摩擦小，内耗很小，高分子材料处于相当于橡胶高弹态的状态。当外力作用频率

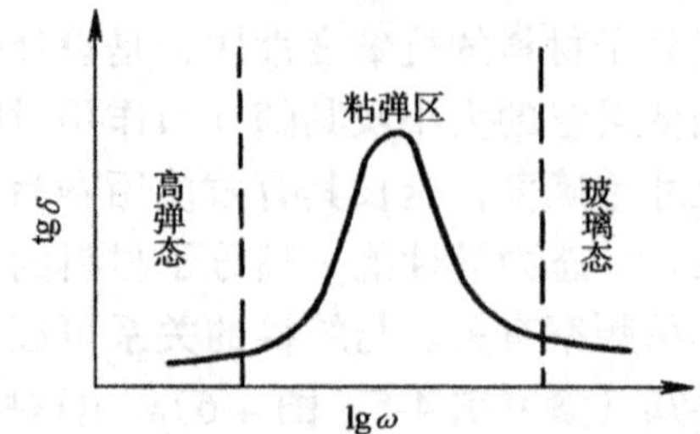

图 4-23 高分子材料的内耗与外力作用频率的关系

很高，致使链段运动完全跟不上外力的变化，链段运动被“冻结”，内耗也很小，材料显示出玻璃态特征。当外力作用频率处于中间范围时，链段开始运动但运动状态还跟不上外力的变化，此时内摩擦很大，内耗出现峰值。这个范围正相当于由玻璃态向高弹态过渡的玻璃化转变区。

研究高分子材料在动态条件下产生内耗的规律，是我们选择材料、进行制品设计的重要依据之一。不同的制品对内耗的要求是不一样的。对轮胎来说，由于行驶中受到周期性的压缩、恢复作用，特别是速度超过 80km/h 的高速行驶中，橡胶强烈发热，轮胎温度可达 100℃，既加速了橡胶老化，降低轮胎的使用寿命，又使耗油量增加。因此，希望轮胎材料的内耗越小越好。但对于防振、吸声等阻尼材料而言，则希望材料在一定的温度范围或频率范围内有较大的内耗值，使之可以吸收或消耗掉更大的能量。测量和研究高分子材料内耗与温度、频率的关系也是研究材料多重转变的最有效手段之一。

（六）叠加原理及其应用

1. 时间-温度等效原理及应用

原理表述：对粘弹性材料的力学松弛性能而言，时间和温度的影响等效，只要改变时间尺度，就能使不同温度下的材料性能相互等价。

例如，根据式（4-44）求得线型高分子材料的蠕变柔量总曲线如图 4-24 所示。可以看出，在两个不同温度下求得的同一材料柔量曲线形状相同，只是位置有偏移。高温下的曲线偏向短时间段，低温下的曲线偏向长时间段。

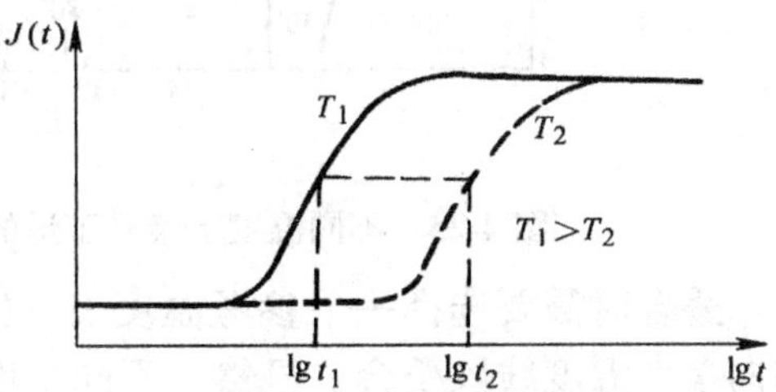

图 4-24　线型聚合物蠕变柔量总曲线及时-温等效性

换句话说，一种高分子材料在高温短时间内表现的粘弹性质，在低温长时间下也能表现出来，这就是时间-温度等效的意义。这种等效性在高分子材料许多其他性质中也同样适用。

时间-温度等效原理的重要性在于，它使我们可以利用在有限温度和（或）有限时间内测量的材料性质，通过等效原理推广得知在更宽的温度和时间范围内材料的性能。利用时间-温度等效原理也能帮助我们将一种实验或工艺设计在比较容易达到的温度或时间尺度范围内进行，提高了工作效率。图 4-25 介绍一种利用时间－温度等效原理求材料松弛模量总曲线的方法。由于高分子材料相对分子质量多分散性和运动单元的多重性，使其松弛时间跨越范围很宽，从10^{-14}～10^5s。但实际上 $t<10^{-2}$s 和 $t\to\infty$ 的测量都是很难进行的。利用时间-温度等效原理，我们可以在不同温度下，在同一时间段内（如 10^{-2}～10^2s）测量材料的松

弛模量，得到如图 4-25 左边的各线段。然后通过恰当位移，将这些线段叠合成一条光滑的跨越十多个时间数量级的松弛模量总曲线，见图 4-25 右方，从而了解材料在极广时间范围内的松弛特性。

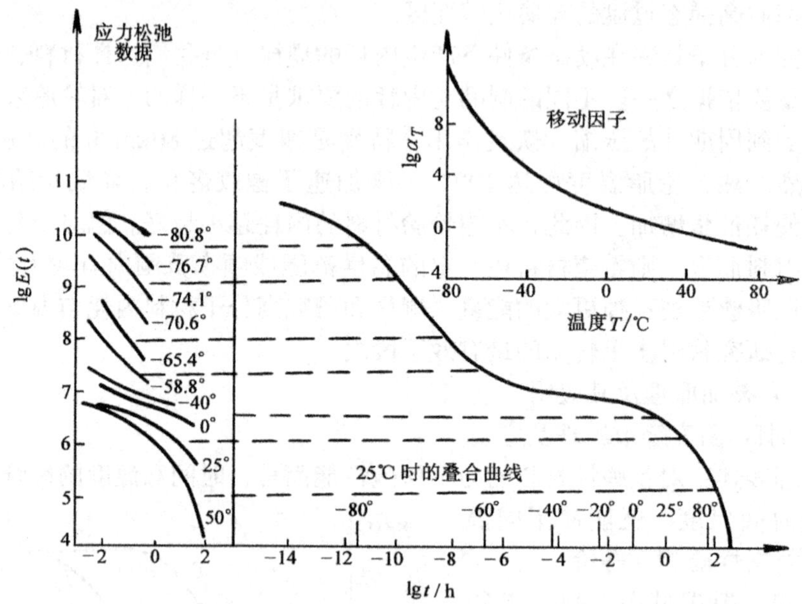

图 4-25　不同温度下聚异丁烯的应力松弛曲线及 25℃叠合曲线

叠合时需要选择一个参考温度 T_s（图中选 $T_s=25℃$），其他温度下的线段均向参考温度线段叠合。显然，不同温度的各线段的位移距离不等，可用位移因子 α_T 来表示。位移因子 α_T 可借助 WLF 方程求得：

$$\lg\alpha_T = \lg\frac{t_T}{t_{T_s}} = \frac{-C_1(T-T_s)}{C_2+(T-T_s)} \tag{4-55}$$

式中，t_T 和 t_{T_s} 分别为温度 T 和 T_s 时的实验观察时间。若选择 $T_s=T_g$，式中 $C_1=17.44$，$C_2=51.6$，该式适用的温度范围是 $T_g \sim (T_g+100℃)$。若选择 $T_s=T_g+50℃$，则式中常数 $C_1=-8.86$，$C_2=101.6$。在适用温度范围内，由 WLF 公式计算的位移因子值的精度是很高的。

由图 4-22、4-23 给出的高分子材料内耗与温度和外力作用频率的关系说明了内耗也遵从时-温等效性原理。在外力作用频率确定的条件下，高分子材料的内耗值随温度变化，与内耗峰值相应的温度范围为玻璃化转变区，由此可确定玻璃化转变温度。同样在确定温度下，高分子材料的内耗值随外力作用频率发生变化，出现峰值的区域也是玻璃化转变区，与峰值相应的频率可称玻璃化转变频率。由此，我们得知，对同一高分子材料在不同外力作用频率下测得的 T_g 是不相同的。例如，用动态力学谱仪测硫化天然橡胶的玻璃化转变温度，当频率为

10r/min 时，测得 $T_g = -62℃$；频率增至 100r/min 时，$T_g = -52℃$。这也说明在考虑橡胶制品的耐寒性时，必须考虑橡胶制品动态工作情况。假如，只根据静态条件下测得的 T_g 去估计材料的耐寒性，可能会得到错误的结论。

2. 玻尔兹曼（Bolzmann）叠加原理

原理表述：对于时间序列中一系列阶跃应变（或应力）的输入，体系在即时 t 的应力（或应变）响应，可以表示为不同时刻 $t'(t' < t)$ 的一系列个别响应的线性叠加。

按照该原理，高分子材料试样中的应力（或应变）是全部形变历史（或受力历史）的函数，每一步形变（或应力）对材料最终应力（或应变）产生独立的贡献，总应力（或应变）为各步独立形变（或应力）贡献之和。

例如，设分别在不同的时刻 t_1，t_2，t_3，t_4，…对试样施加形变 ε_1，ε_2，ε_3，ε_4，…，按照玻尔兹曼叠加原理，试样在 t 时刻的总应力等于

$$\sigma(t) = E(t - t_1)\varepsilon_1 + E(t - t_2)\varepsilon_2 + E(t - t_3)\varepsilon_3 + E(t - t_4)\varepsilon_4 + \cdots \tag{4-56}$$

式中，$E(t - t_i)$ 为材料的松弛模量，它是时间间隔（$t - t_i$）的函数。

第三节 高分子材料的力学性能

在高分子材料诸多应用中，作为结构材料使用是其最常见、最重要的应用。在许多领域，高分子材料已成为金属、木材、陶瓷、玻璃等材料的代用品。之所以如此，除去它具有制造加工便利、质轻、耐化学腐蚀等优点外，还因为它具有良好的力学性能。理论上，根据完全伸直链晶胞参数求得的聚乙烯最高理论强度达 1.9×10^4MPa，是钢丝的几十倍。实验室中，已经获得高拉伸聚酰胺纤维在液氮中的最高实际强度达 2.3×10^3MPa。

为评价高分子材料的使用价值，扬长避短地利用、控制其强度和破坏规律，进而有目的地改善、提高材料的性能，需要掌握高分子材料力学强度变化的宏观规律和微观机理。本节一方面介绍描述高分子材料宏观力学性能的物理量和演化规律；另一方面从分子结构特点探讨影响高分子材料力学性能的因素，为研制设计性能更佳的材料提供理论指导。鉴于高分子材料力学状态的复杂性，以及力学状态与外部环境条件密切相关，高分子材料的力学性能和破坏形式也必然与材料的使用环境和使用条件有关。

一、高分子材料的拉伸特性

（一）应力—应变曲线及其类型

测量材料的应力—应变特性是研究材料强度和破坏的重要实验手段。一般是将材料制成标准试样，以规定的速度均匀拉伸，测量试样上的应力、应变的变

化，直到试样破坏。常用的哑铃型标准试样，如图 4-26 所示。试样中部为测试部分，标距长度为 l_0，初始截面积为 A_0。

设以一定的力 F 拉伸试样，使两标距间的长度增至 l，定义试样中的应力和应变为：

$$\sigma = \frac{F}{A_0} \tag{4-57}$$

$$\varepsilon = \frac{l - l_0}{l_0} = \frac{\Delta l}{l_0} \tag{4-58}$$

注意：此处定义的应力 σ 等于拉力除以试样原始截面积 A_0，这种应力称工程应力或公称应力，并不等于材料所受的真实应力。同样，这样定义的应变为工程应变，属于应变的 Euler 度量。典型高分子材料拉伸应力—应变曲线，如图 4-27所示。

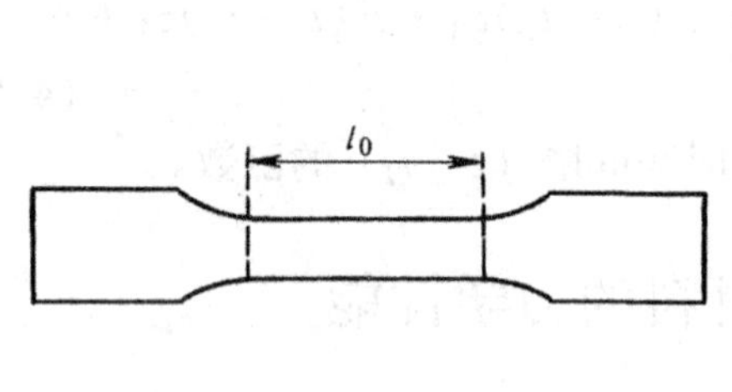

图 4-26 哑铃型标准试样

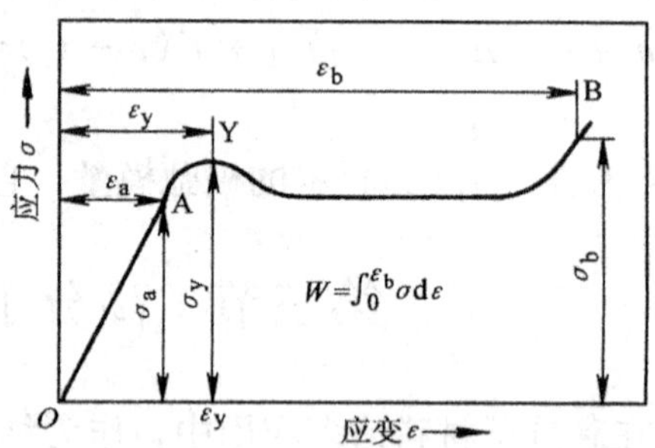

图 4-27 典型的拉伸应力—应变曲线

A—弹性极限 Y—屈服点 B—断裂点

W—应力—应变曲线下部面积

图中曲线有以下几个特征：OA 段，为符合胡克定律的弹性形变区，应力—应变呈直线关系变化，直线斜率 $d\sigma/d\varepsilon = E$ 相当于材料弹性模量。越过 A 点，应力—应变曲线偏离直线，说明材料开始发生塑性形变，极大值 Y 点称材料的屈服点，其对应的应力、应变分别称屈服应力(或屈服强度)σ_y 和屈服应变 ε_y。发生屈服时，试样上某一局部会出现“缩颈”现象，材料应力略有下降，发生“屈服软化”。而后随着应变增加，在很长一个范围内曲线基本平坦，“缩颈”区越来越大。直到拉伸应变很大时，材料应力又略有上升(成颈硬化)，到达 B 点发生断裂。与 B 点对应的应力、应变分别称材料的拉伸强度(或断裂强度)σ_b 和断裂伸长率 ε_b，它们是材料发生破坏的极限强度和极限伸长率。曲线下的面积等于

$$W = \int_0^{\varepsilon_b} \sigma d\varepsilon \tag{4-59}$$

相当于拉伸试样直至断裂所消耗的能量，单位为 $J \cdot m^{-3}$，称断裂能或断裂功。它是表征材料韧性的一个物理量。

由于高分子材料种类繁多，实际得到的材料应力—应变曲线具有多种形状。归纳起来，可分为以下5类（图4-28）：

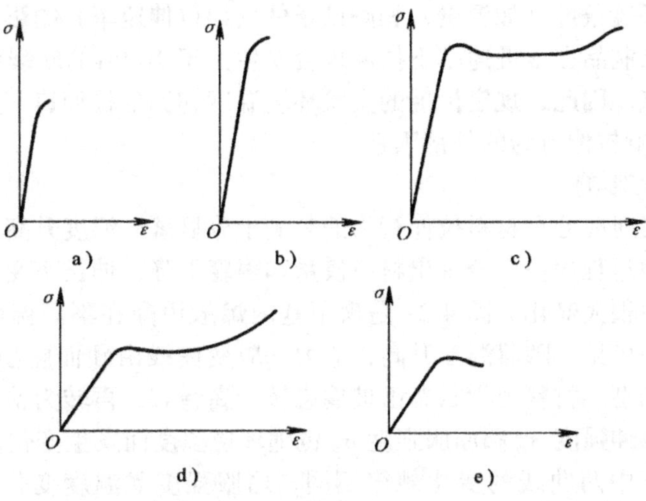

图4-28　高分子材料应力—应变曲线的类型

（1）硬而脆型　如图4-28a，此类材料弹性模量高（OA段斜率大）而断裂伸长率很小。在很小应变下，材料尚未出现屈服已经断裂，拉伸强度较高。在室温或室温之下，聚苯乙烯、聚甲基丙烯酸甲酯、酚醛树脂等表现出硬而脆的拉伸行为。

（2）硬而强型　如图4-28b，此类材料弹性模量高，拉伸强度高，断裂伸长率小。通常材料拉伸到屈服点附近就发生破坏（ε_b大约为5%）。硬质聚氯乙烯制品属于这种类型。

（3）硬而韧型　如图4-28c，此类材料弹性模量、屈服应力及拉伸强度都很高，断裂伸长率也很大，应力—应变曲线下的面积很大，说明材料韧性好，是优良的工程材料。硬而韧的材料，在拉伸过程中显示出明显的屈服、冷拉或缩颈现象，缩颈部分可产生非常大的形变。随着形变的增大，缩颈部分向试样两端扩展，直至全部试样测试区都变成缩颈。很多工程塑料如聚酰胺、聚碳酸酯以及醋酸纤维素、硝酸纤维素等属于这种材料。

（4）软而韧型　如图4-28d，此类材料弹性模量和屈服应力较低，断裂伸长率大（20%～1000%），拉伸强度可能较高，应力—应变曲线下的面积大。各种橡胶制品和增塑聚氯乙烯具有这种应力—应变特征。

（5）软而弱型　如图4-28e，此类材料弹性模量低，拉伸强度低，断裂伸长率也不大。一些高分子材料软凝胶和干酪状材料具有这种特性。

实际高分子材料的拉伸行为非常复杂，可能不具备上述典型性，或是几种类型的组合。例如，有的材料拉伸时存在明显的屈服和“缩颈”，有的则没有；有的材料拉伸强度高于屈服强度，有的则屈服强度高于拉伸强度等。材料拉伸过程还明显地受环境条件（如温度）和测试条件（如拉伸速率）的影响，硬而强型的硬质聚氯乙烯制品在很慢速率下拉伸也会发生大于100%的断裂伸长率，显现出硬而韧型特点。因此，规定标准的实验环境温度和标准拉伸速率是很重要的。

（二）影响拉伸行为的外部因素

1．温度的影响

环境温度对高分子材料拉伸行为的影响十分显著。温度升高，分子链段热运动加剧，松弛过程加快，表现出材料模量和强度下降，伸长率变大，应力—应变曲线形状发生很大变化。图4-29是聚甲基丙烯酸甲酯在不同温度下的应力—应变曲线。图中可见，随着温度升高，应力—应变曲线由硬而脆型转为硬而韧型，再转为软而韧型。材料力学状态由玻璃态转为高弹态，再转为粘流态。

材料的拉伸强度 σ_b 和屈服强度 σ_y 也随环境温度而发生变化，变化规律如图4-30所示。图中两曲线的变化规律不同，屈服强度受温度变化的影响更大些。两曲线交点对应的温度称脆-韧转变温度 T_t。当环境温度小于 T_t 时，材料的 $\sigma_b < \sigma_y$，说明受到外力作用时，材料未屈服之前先已断裂，断裂伸长率很小，呈脆性断裂特征。环境温度高于 T_t 时，材料 $\sigma_b > \sigma_y$，受到外力作用时，材料先屈服，出现细颈和很大的变形后才断裂，呈韧性断裂特征。在温度升高过程中，材料发生脆-韧转变。

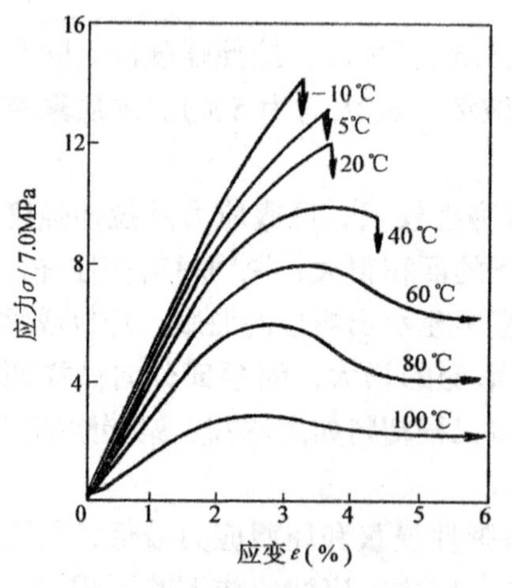

图4-29　聚甲基丙烯酸甲酯的应力—应变曲线随环境温度的变化（常压下）

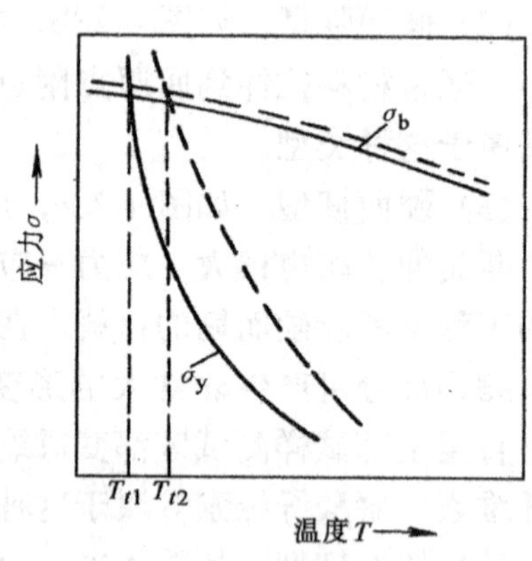

图4-30　σ_b 和 σ_y 随温度的变化趋势（虚线指高拉伸速率，实线指低拉伸速率）

2．拉伸速率的影响

高分子材料拉伸行为还与拉伸速率有关。减慢拉伸速率，一种原来脆断的材料也可能出现韧性拉伸的特点。减慢拉伸速率与升高环境温度对材料拉伸行为有相似的影响，这是时间-温度等效原理在高分子力学行为中的体现。拉伸速率对材料的拉伸强度 σ_b 和屈服强度 σ_y 也有明显影响，图 4-31 给出 σ_b 和 σ_y 随拉伸速率的变化趋势。与脆-韧转变温度相似，根据图中两曲线交点，可以定义脆-韧转变(拉伸)速率 $\dot{\varepsilon}_t$。拉伸速率高于 $\dot{\varepsilon}_t$ 时，材料呈脆性断裂特征；低于 $\dot{\varepsilon}_t$ 时，呈韧性断裂特征。

3. 环境压力的影响

研究发现，对许多非晶聚合物，如 PS、PMMA 等，其脆-韧转变行为还与环境压力有关。图 4-32 给出 PS 的应力—应变曲线随环境压力的变化情形。由图可见，PS 在低环境压力（常压）下呈脆性断裂特点，强度与断裂伸长率都很低。随着环境压力升高，材料强度增高，伸长率变大，出现典型屈服现象，材料发生脆-韧转变。

比较图 4-29 和 4-32 还可发现，两种脆-韧转变方式有很大差别。温度升高材料变韧，但抗拉强度明显下降。升高环境压力则在使材料变韧的同时，强度也得到提高，材料变得强而韧。这两种不同的脆-韧转变方式给我们以启发，告诉我们材料增韧改性并非一定要以牺牲强度为代价。设计恰当的方法，就有可能在增韧的同时，保持或提高材料的强度，实现既增韧又增强。塑料的非弹性体增韧改性技术就是由此发展起来的（后详）。

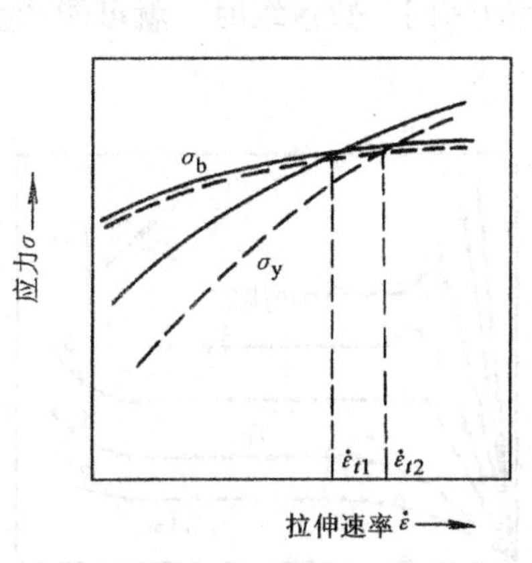

图 4-31　σ_b 和 σ_y 随拉伸速率的变化趋势（虚线指高温，实线指低温）

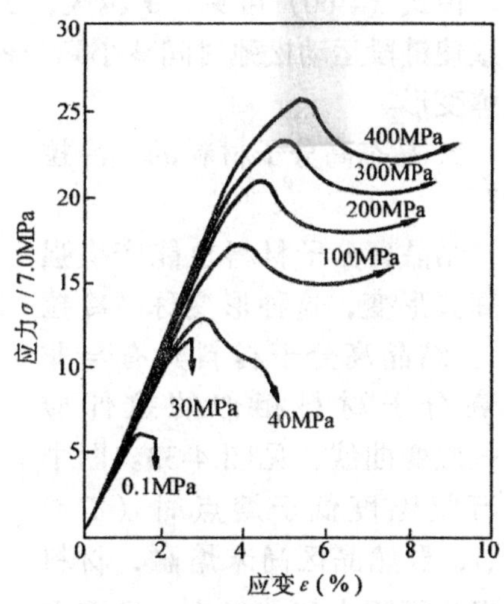

图 4-32　聚苯乙烯的应力—应变曲线随环境压力的变化（$T=31℃$）

（三）强迫高弹形变与“冷拉伸”

已知环境对高分子材料拉伸行为有显著影响，本节再重点介绍在特殊环境条件下，高分子材料的两种特殊拉伸行为。

1. 非晶高分子材料的强迫高弹形变

研究高分子材料拉伸破坏行为时，特别要注意在较低温度下材料被拉伸、屈服、断裂的情形。对于非晶高分子材料，当环境温度处于 $T_b < T < T_g$ 时，虽然材料处于玻璃态，链段冻结，但在恰当速率下拉伸，材料仍能发生百分之几百的大形变（参见图 4-29 中 $T=80$℃，60℃的情形），这种形变称强迫高弹形变。这种现象既不同于高弹态下的高弹形变，也不同于粘流态下的粘性流动。这是一种独特的力学行为。现象的本质是在高应力下，原来卷曲的分子链段被强迫发生运动、伸展，发生大形变，如同处于高弹态的情形。这种强迫高弹形变在外力撤消后，通过适当升温（$T > T_g$）仍可恢复或部分恢复。

强迫高弹形变能够产生，说明提高应力可以促进分子链段在作用力方向上的运动，如同升高温度一样，起到某种“活化”作用。从链段的松弛运动来讲，提高应力降低了链段在作用力方向上的运动活化能，减少了链段运动的松弛时间，使得在玻璃态被冻结的链段能越过势垒而运动。研究表明，链段松弛时间 τ 与外应力 σ 之间有如下关系：

$$\tau = \tau_0 \exp\left(\frac{\Delta E - \gamma\sigma}{RT}\right) \tag{4-60}$$

式中，ΔE 是链段运动活化能，γ 是材料常数，τ_0 是未加应力时链段运动松弛时间。由式（4-60）可见，σ 越大，τ 越小，σ 降低了链段运动活化能。当应力增加致使链段运动松弛时间减小到与外力作用时间同一数量级时，就可能产生强迫高弹变形。

2. 晶态高分子材料的“冷拉伸”

结晶高分子材料也能产生强迫高弹形变，这种形变称“冷拉伸”。结晶高分子材料具有与非晶高分子材料相似的拉伸应力—应变曲线，见图 4-33。图中当环境温度低于熔点时（$T < T_m$），虽然晶区尚未熔融，材料也发生了很大拉伸形变，见图中曲线 3、4、5，称发生了“冷拉伸”。

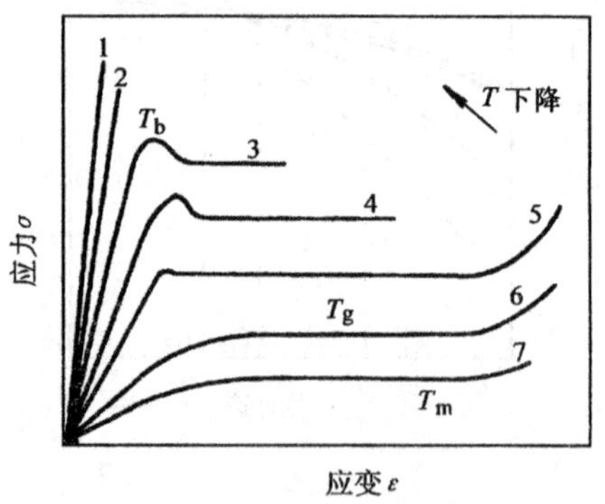

图 4-33 结晶聚合物在不同温度下的应力—应变曲线

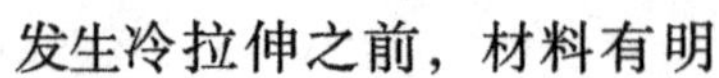
发生冷拉伸之前，材料有明显的屈服现象，表现为试样测试区内出现一处或几处“缩颈”。随着冷拉伸的进

行，细颈部分不断发展，形变量不断增大，而应力几乎保持不变，直到整个试样测试区全部变细。再继续拉伸，应力将上升（应变硬化），直至断裂。

虽然冷拉伸也属于强迫高弹形变，但两者的微观机理不尽相同。结晶高分子材料从远低于玻璃化转变温度直到熔点附近一个很大温区内都能发生冷拉伸。在微观上，冷拉伸是应力作用使原有的结晶结构破坏，球晶、片晶被拉开分裂成更小的结晶单元，分子链从晶体中被拉出、伸直，沿着拉伸方向排列形成的（参看图 3-25）。

实现强迫高弹形变和冷拉伸必须有一定条件。关键有两点：一是材料屈服后应表现出软化效应；二是扩大应变时应表现出材料硬化效应，软、硬恰当，才能实现大形变和冷拉伸。环境温度、拉伸速率、相对分子质量都对冷拉伸有明显影响。温度过低或拉伸速率过高，分子链松弛运动不充分，会造成应力集中，使材料过早破坏。温度过高或拉伸速率过低，分子链可能发生滑移而流动，造成断裂。相对分子质量较低的高分子材料，分子链短，不能够充分拉伸、取向以达到防止材料破坏的程度，也会使材料在屈服点后不久就发生破坏。

二、高分子材料的断裂和强度

（一）宏观断裂方式——脆性断裂和韧性断裂

从材料的承载方式来分，高分子材料的宏观破坏可分为快速断裂、蠕变断裂（静态疲劳）、疲劳断裂（动态疲劳）、磨损断裂及环境应力开裂等多种形式。从断裂的性质来分，高分子材料的宏观断裂可分为脆性断裂和韧性断裂两大类。发生脆性断裂时，断裂表面较光滑或略有粗糙，断裂面垂直于主拉伸方向，试样断裂后，残余形变很小。韧性断裂时，断裂面与主拉伸方向多成 45°角，断裂表面粗糙，有明显的屈服（塑性变形、流动等）痕迹，形变不能立即恢复。

分析条形试样中的内应力分布。见图 4-34，设试样横截面积为 A_0，作用于其上的拉力为 F，可以求得在试样内部任一斜截面 A_θ 上的正应力 σ_n 和切应力 σ_t

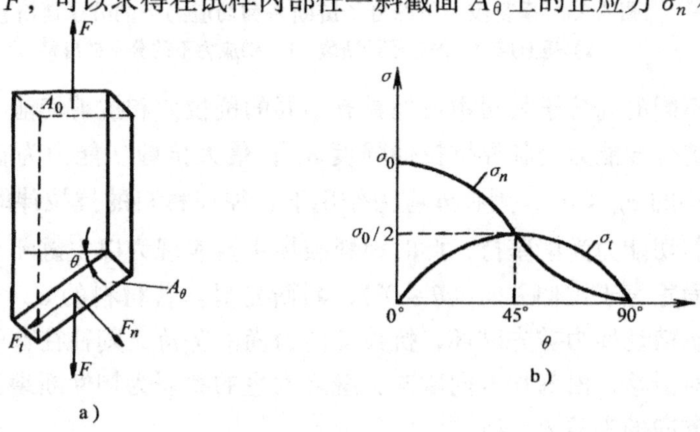

图 4-34　拉伸试样内斜截面上的应力分布

分别为

$$\sigma_n = F_n/A_\theta = \frac{F\cos\theta}{A_0/\cos\theta} = \frac{F}{A_0}\cos^2\theta = \sigma_0\cos^2\theta \qquad (4\text{-}61)$$

$$\sigma_t = F_t/A_\theta = \frac{F\sin\theta}{A_0/\cos\theta} = \frac{F}{A_0}\sin\theta\cos\theta = \frac{1}{2}\sigma_0\sin2\theta \qquad (4\text{-}62)$$

在不同角度的斜截面 A_θ 上，正应力和切应力值不同。由公式（4-61）、式（4-62）得知，在斜角 $\theta=0°$的截面上（横截面），正应力 σ_n 的值最大；在 $\theta=45°$ 的截面上，切应力 σ_t 值最大。注意正应力 σ_n 与材料的抗拉伸能力有关，而抗拉伸能力极限值主要取决于分子主链的强度（键能）。因此，材料在 σ_n 作用下发生破坏时，往往伴随主链的断裂。切应力 σ_t 与材料的抗剪切能力相关，极限值主要取决于分子间的内聚力。材料在 σ_t 作用下发生屈服时，往往发生分子链的相对滑移（图 4-35）。在外力场作用下，材料内部的应力分布与应力变化十分复杂，断裂和屈服都有可能发生，处于相互竞争状态。

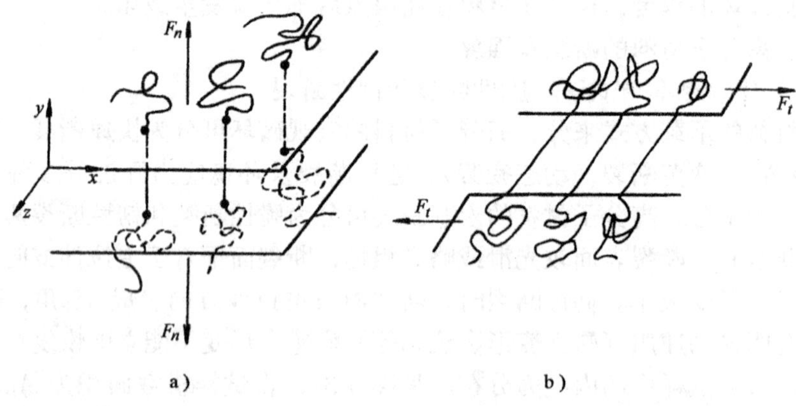

图 4-35　垂直应力下的分子链断裂和切应力下的分子链滑移

a）垂直应力下的分子链断裂　b）切应力下的分子链滑移

已知不同的高分子材料本征地具有不同的抗拉伸和抗剪切能力。我们定义材料的最大抗拉伸能力为临界抗拉伸强度 σ_{nc}；最大抗剪切能力为临界抗剪切强度 σ_{tc}。若材料的 $\sigma_{nc}<\sigma_{tc}$，则在外应力作用下，往往材料的抗拉伸能力首先支持不住，而抗剪切能力尚能坚持，此时材料破坏主要表现为以主链断裂为特征的脆性断裂，断面垂直于拉伸方向（$\theta=0°$），断面光滑。若材料的 $\sigma_{tc}<\sigma_{nc}$，应力作用下材料的抗剪切能力首先破坏，抗拉伸能力尚能坚持，则往往首先发生屈服，分子链段相对滑移，沿剪切方向取向，继之发生的断裂为韧性断裂，断面粗糙，通常与拉伸方向的夹角 $\theta=45°$。

由此，我们可以根据材料的本征强度对材料的脆、韧性规定一个判据：凡

$\sigma_{nc}<\sigma_{tc}$的，发生破坏时首先为脆性断裂的材料为脆性材料；而$\sigma_{tc}<\sigma_{nc}$的，容易发生韧性屈服的材料为韧性材料。表4-3给出几种典型高分子材料在室温下σ_{nc}、σ_{tc}的值。可以看出，聚苯乙烯、丙烯腈-苯乙烯共聚物的$\sigma_{nc}<\sigma_{tc}$，为典型脆性高分子材料，聚碳酸酯、聚醚砜、聚醚醚酮的σ_{tc}远小于σ_{nc}，为典型韧性高分子材料。

表4-3　几种典型高分子材料在室温（23℃）下σ_{nc}、σ_{tc}的值

高分子材料	σ_{nc}/MPa	σ_{tc}/MPa	高分子材料	σ_{nc}/MPa	σ_{tc}/MPa
PS	40	48	PC	87	40
SAN	56	73	PES	80	56
PMMA	74	49	PEEK	120	62
PVC	67	39			

另外，高分子材料在外力作用下发生脆性断裂还是韧性屈服，还依赖于实验条件，主要是温度、应变速率和环境压力，参看影响拉伸行为的外部因素一节。从应用观点来看，希望高分子材料制品受外力作用时先发生韧性屈服，即在断裂前能吸收大量能量，以阻碍和防止断裂，而脆性断裂则是工程应用中需要尽力避免的。

（二）断裂过程，断裂的分子理论

一般认为，高分子材料的断裂过程为：个别处于高应力集中区的原子键首先断裂，然后出现亚微观裂纹，再发展成材料宏观破裂。也即经历一个从裂纹引发（成核）到裂纹扩展的过程。

在外应力作用下材料发生形变后，微观分子链范围内会引起各种响应，这些响应包括：无规线团分子链沿应力方向展开或取向；半伸展分子链完全伸直，并承受弹性应力；分子间次价键断裂，造成局部分子链段滑移或流动等。由于材料内部存在微晶，或化学交联，或物理缠结等制约结构，有些分子链运动受阻，从而使个别分子链段处于高应力状态。这些处于高度伸直状态的分子链在应力涨落和热运动涨落综合作用下，会首先发生断裂。断裂的结果使应力重新分布，一种可能使应力分布趋于均匀，断裂过程结束；另一种可能使应力分布更加不均匀，分子链断裂过程加速，发展成微裂纹（微空穴）。继续承受应力，微空穴合并，发展成大裂缝或缺陷。待到裂缝扩展到整个试样时发生宏观破裂。由此可见，在断裂的全过程中（包括裂纹引发和裂纹扩展），分子链的断裂都起关键作用。

断裂的分子理论认为，材料宏观断裂过程可看成微观上原子键断裂的热活化过程，这个过程与时间有关。设材料从完好状态到断裂所需的时间为材料的承载寿命τ，承载寿命越长，材料越不易断裂。在拉伸应力σ作用下，材料寿命与所加应力有如下关系：

$$\tau = \tau_0 \exp\left(\frac{U - \gamma\sigma}{RT}\right) \tag{4-63}$$

式中，τ_0 为材料常数，U 为断裂过程摩尔活化能，γ 称摩尔活化体积，与高分子材料分子链结构和分子间作用力有关。由式可见，外力 σ 降低了活化势垒，使材料承载寿命降低，加速了材料的破坏。温度升高，材料寿命也降低，强度下降。将上式取对数

$$\ln\tau = C + \frac{U - \gamma\sigma}{RT} \tag{4-64}$$

依据上式可求出材料断裂活化能 U。对一些高分子材料的研究结果表明，由上述方法求得的 U 与这些高分子材料的热分解活化能 U' 非常接近，进一步证实高分子材料的断裂是发生在化学键上。

（三）高分子材料的强度

1. 理论强度和实际强度

理论强度是人们从化学结构可能期望的材料极限强度，由于高分子材料的破坏是由化学键断裂引起的。因此，可从拉断化学键所需做的功计算其理论强度。

就碳链高分子材料而言，已知 C—C 键能约为 335～378kJ·mol^{-1}，相当于每键的键能为（5～6）×10^{-19}J。这些能量可近似看作为克服成键的原子引力 f，将两个 C 原子分离到键长的距离 d 所做的功 W。C—C 键长 d=0.154nm，由此算出一个共价键力 f 为

$$f = \frac{W}{d} = (3 \sim 4) \times 10^{-9}\text{N} \tag{4-65}$$

由 X 射线衍射实验测材料的晶胞参数，可求得大分子链横截面积。如求得聚乙烯分子链横截面为 $S_0 = 20 \times 10^{-20}\text{m}^2$，由此得到高分子材料的理论强度为：

$$\sigma_{\text{theo}} = 2 \times 10^4 \text{MPa} \tag{4-66}$$

实际上，高分子材料的强度比理论强度小得多，仅为几个到几十兆帕。为什么实际强度与理论强度差别如此之大？研究表明，材料内部微观结构的不均匀和缺陷是导致强度下降的主要原因。实际高分子材料中总是存在这样那样的缺陷，如表面划痕、杂质、微孔、晶界及微裂纹等，这些缺陷尺寸很小但危害很大。实验观察到在玻璃态高分子材料中存在大量尺寸在 100nm 的孔穴，高分子材料生产和加工过程中又难免引入许多杂质和缺陷。在材料使用过程中，由于孔穴的应力集中效应，有可能使孔穴附近分子链承受的应力超过实际材料所受的平均应力几十倍或几百倍，以至达到材料的理论强度，使材料在这些区域首先破坏，继而扩展到材料整体。

2. 影响拉伸强度的因素

（1）相对分子质量的影响　相对分子质量是对高分子材料力学性能（包括强

度、弹性、韧性）起决定性作用的结构参数。低分子有机化合物一般没有力学强度（多为液体），高分子材料要获得强度，必须具有一定聚合度，使分子间作用力足够大才行。不同高分子材料，要求的最小聚合度不同。如分子间有氢键作用的聚酰胺类约为 40 个链节；聚苯乙烯约 80 个链节。超过最小聚合度，随相对分子质量增大，材料强度逐步增大。但当相对分子质量相当大，致使分子间作用力的总和超过了化学键能时，材料强度主要取决于化学键能的大小，这时材料强度不再依赖相对分子质量而变化（图 4-36）。另外，相对分子质量分布对材料强度的影响不大。

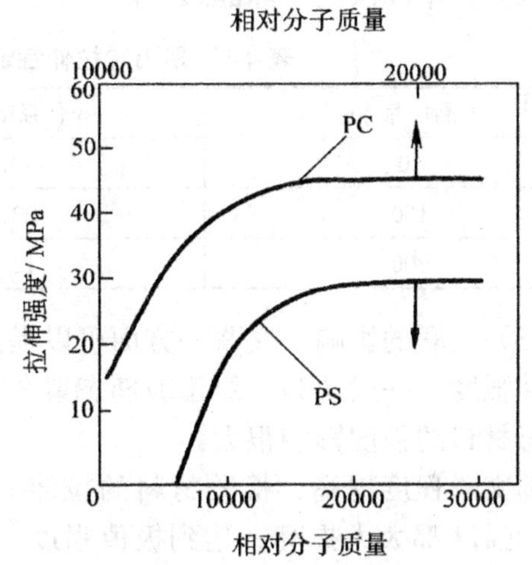

图 4-36　聚苯乙烯和聚碳酸酯的拉伸强度与相对分子质量的关系

（2）结晶的影响　结晶对高分子材料力学性能的影响也十分显著，主要影响因素有结晶度、晶粒尺寸和晶体结构。一般影响规律是：随着结晶度上升，材料的屈服强度、拉伸强度、硬度、弹性模量均提高，但断裂伸长率和韧性下降。这是由于结晶使分子链排列紧密有序，孔隙率低，分子间作用增强所致。表 4-4 给出聚乙烯的断裂性能与结晶度的关系。

表 4-4　聚乙烯的断裂性能与结晶度的关系

结晶度（%）	65	75	85	95
拉伸强度/MPa	14.4	18	25	40
断裂伸长率（%）	500	300	100	20

晶粒尺寸和晶体结构对材料强度的影响更大。均匀小球晶能使材料的强度、伸长率、模量和韧性得到提高，而大球晶将使断裂伸长率和韧性下降。大量的均匀小球晶分布在材料内，起到类似交联点作用，使材料应力—应变曲线由软而弱型转为软而韧型，甚至转为有屈服的硬而韧型（图 4-37）。因此，改变结晶历史，如采用淬火，或添加

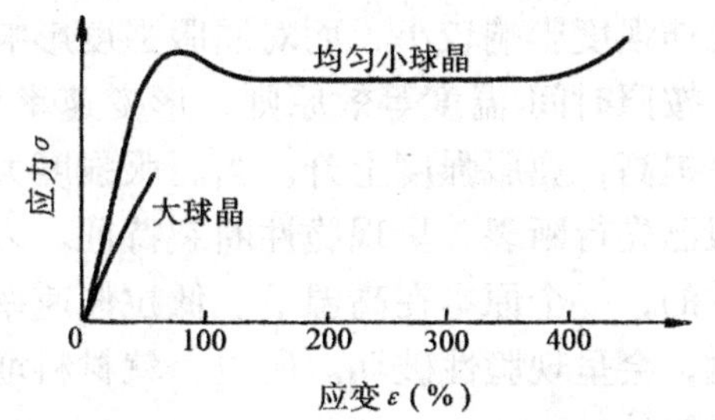

图 4-37　聚丙烯应力—应变曲线与球晶尺寸的关系

成核剂，如在聚丙烯中添加草酸酞作为晶种，都有利于均匀小球晶生成，从而可以提高材料强度和韧性。表 4-5 给出聚丙烯的拉伸性能受球晶尺寸的影响。晶体形态对高分子材料拉伸强度的影响规律是，同一高分子材料，伸直链晶体的拉伸强度最大，串晶次之，球晶最小。

表 4-5 聚丙烯拉伸性能与球晶尺寸的关系

球晶尺寸/μm	拉伸强度/MPa	断裂伸长率（%）
10	30.0	500
100	22.5	25
200	12.5	25

（3）交联的影响　交联一方面可以提高材料的抗蠕变能力，另一方面也能提高拉伸强度。一般认为，对于玻璃态聚合物，交联对脆性强度的影响不大；但对高弹态材料的强度影响很大。

随交联程度提高，橡胶材料的拉伸模量和强度都大大提高，达到极值强度后，又趋于下降；断裂伸长率则连续下降（图 4-38）。热固性树脂由于相对分子质量很低，如果不进行交联，几乎没有强度（液态）。固化以后，分子间形成密集的化学交联，使拉伸强度大幅度提高。

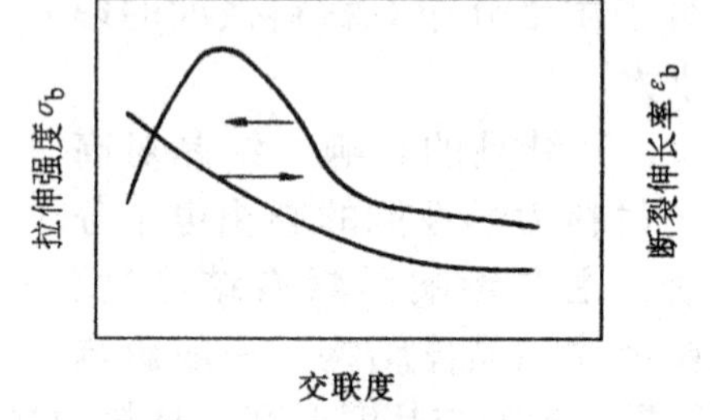

图 4-38 橡胶的拉伸强度与交联剂用量的关系

（4）取向的影响　加工过程中分子链沿一定方向取向，使材料力学性能产生各向异性，在取向方向得到增强。对于脆性材料，取向使材料在平行于取向方向的强度、模量和伸长率提高，甚至出现脆－韧转变，而在垂直于取向方向的强度和伸长率降低。对于延性、易结晶材料，在平行于取向方向的强度、模量提高，在垂直于取向方向的强度下降，伸长率增大。

（5）温度与形变速率的影响　具体影响效果见图 4-30、4-31。由图可见，温度对拉伸强度影响较小，而对屈服强度影响较大，温度升高，材料屈服强度明显降低。按照时间-温度等效原则，形变速率对材料屈服强度的影响也较明显。拉伸速率提高，屈服强度上升。当屈服强度大到超过拉伸强度时，材料受力后，尚未屈服已先行断裂，呈现脆性断裂特征。因此，评价高分子材料的脆、韧性质是有条件的，一个原本在高温下、低拉伸速率时的韧性材料，处于低温或用高速率拉伸时，会呈现脆性破坏。所以，就材料增韧改性而言，提高材料的低温韧性是十分重要的。

（四）高分子材料的增强改性

由于高分子材料的实际力学强度、模量比金属、陶瓷低得多，应用受到限制，因而，高分子材料的增强改性十分重要。改性的基本思想是用填充、混合、复合等方法，将增强材料加入到高分子材料基体中，提高材料的力学强度或其他性能。常用的增强材料有粉状填料（零维材料），纤维（一维材料），片状填料（二维材料）等。除增强材料本身应具有较高力学强度外，增强材料的均匀分散、取向以及增强材料与高分子材料基体的良好界面亲和也是提高增强改性效果的重要措施。

1. 粉状填料增强

粉状填料的增强效果主要取决于填料的种类、尺寸、用量、表面性质以及填料在高分子基材中的分散状况。按性能分，粉状填料可分为活性填料和惰性填料两类；按尺寸分，有微米级填料、纳米级填料等。由于在高分子材料中加入填料等于加入杂质和缺陷，有引发裂纹和加速破坏的副作用，因此，对填料表面进行恰当处理，加强它与高分子基体的亲合性，同时防止填料结团，促进填料均匀分散，始终是粉状填料增强改性中人们关心的焦点。这些除与填料本身性质有关外，改性工艺、条件、设备等也都起重要作用。

炭黑是典型活性填料，尺寸在亚微米级，炭黑增强橡胶是最突出的粉状填料增强高分子材料的例子，增强效果十分显著。表 4-6 列出几种橡胶用炭黑或白炭黑（二氧化硅）增强改性的效果。可以看出，尤其对非结晶性的丁苯橡胶和丁腈橡胶，经炭黑增强后拉伸强度提高 10 倍之多，否则，这些橡胶没有多大实用价值。

表 4-6 几种橡胶采用炭黑增强的效果对比

橡胶		拉伸强度/MPa		增强倍数
		纯胶	含炭黑橡胶	
非结晶型	硅橡胶①	0.34	13.7	40
	丁苯橡胶	1.96	19.0	10
	丁腈橡胶	1.96	19.6	10
结晶型	天然橡胶	19.0	31.4	1.6
	氯丁橡胶	14.7	25.0	1.7
	丁基橡胶	17.6	18.6	1.1

① 白炭黑补强。

活性填料的增强效果主要来自其表面活性。炭黑粒子表面带有好几种活性基团（羧基、酚基、醌基等），这些活性基团与橡胶大分子链接触，会发生物理的或化学的吸附。吸附有多条大分子链的炭黑粒子具有均匀分布应力的作用，当其中某一条大分子链受到应力时，可通过炭黑粒子将应力传递到其他分子链上，使应力分散。而且即便发生某一处网链断裂，由于炭黑粒子的“类交联”作用，其他分子链仍能承受应力，不致迅速危及整体，降低发生断裂的可能性而起增强作用。

碳酸钙、滑石粉、陶土以及各种金属或金属氧化物粉末属于惰性填料。对于惰性填料，需要经过化学改性赋予粒子表面一定的活性，才具有增强作用。例如，用表面活性物质如脂肪酸、树脂酸处理，或用钛酸酯、硅烷等偶联剂处理，或在填料粒子表面化学接枝大分子等都有很好的效果。惰性填料除增强作用外，还能赋予高分子材料其他特殊性能和功能，如导电性、润滑性、高刚性等，提高材料的性价比。

2. 纤维增强

纤维增强塑料是利用纤维的高强度、高模量、尺寸稳定性和树脂的低密度、强韧性设计制备的一种复合材料。两者取长补短，复合的同时既克服了纤维的脆性，也提高了树脂基体的强度、刚性、耐蠕变和耐热性。

常用的纤维材料有玻璃纤维、碳纤维、硼纤维、天然纤维等。基体材料有热固性树脂，如环氧树脂、不饱和聚酯树脂、酚醛树脂；也有热塑性树脂，如聚乙烯、聚苯乙烯、聚碳酸酯等。用玻璃纤维或其他织物与环氧树脂、不饱和聚酯等复合制备的玻璃钢材料是一种力学性能很好的高强轻质材料，其比强度、比模量不仅超过钢材，也超过其他许多材料，成为航空航天技术中的重要材料。表 4-7 给出用玻璃纤维增强热塑性塑料的性能数据，可以看到，增强后复合材料的性能均超过纯塑料性能，特别拉伸强度、弹性模量得到大幅度提高。

表 4-7 部分玻璃纤维增强热塑性塑料的性能①

高分子材料	拉伸强度 /10^5Pa	断裂伸长率 (%)	抗冲击强度 (缺口)/($J \cdot m^{-1}$)	弹性模量 /10^9Pa	热变形温度 (1.86MPa)/K
聚乙烯(未增强)	225	60	78.5	0.78	321
聚乙烯(增强)	755	3.8	236	6.19	399
聚苯乙烯(未增强)	579	2.0	15.7	2.75	358
聚苯乙烯(增强)	960	1.1	131	8.34	377
聚碳酸酯(未增强)	618	60～166	628	2.16	405～471
聚碳酸酯(增强)	1370	1.7	196～470	11.7	420～422
尼龙 66(未增强)	686	60	54	2.75	339～359
尼龙 66(增强)	2060	2.2	199	5.98～12.55	>473
聚甲醛(未增强)	686	60	74.5	2.75	383
聚甲醛(增强)	824	1.5	42	5.59	441

① 均含玻璃纤维 20%～40%。

纤维增强塑料的机理是依靠两者复合作用。纤维具有高强度可以承受高应力，树脂基体容易发生粘弹变形和塑性流动，它们与纤维粘结在一起可以传递应力。图 4-39 给出这种复合作用示意图。材料受力时，首先由纤维承受应力，个别纤维即使发生断裂，由于树脂的粘结作用和塑性流动，断纤维被拉开的趋势得到抑制，断纤维仍能承受应力。树脂与纤维的粘结还具有抑制裂纹传播的效用。材料受力引发裂纹时，软基体依靠切变作用能使裂纹不沿垂直应力的方向发展，而发生偏斜，使断裂功有很大一部分消耗于反抗基体对纤维的粘着力，阻止裂纹传播。由此可见，纤维增强塑料时，纤维与树脂基体界面粘合性的好坏是复合的关键。对于与树脂亲合性较差的纤维，如玻璃纤维，使用前应采用化学或物理方法对表面改性，提高其与基体的粘合力。基于上述机理也可得知，在基体中，即使纤维都已断裂，或者直接在基体中加入经过表面处理的短纤维，只要纤维具有一定的长径比，使复合作用有效，仍可以达到增强效果。实际上，短纤维增强塑料、橡胶的技术都有很好的发展，部分已应用于生产实践。按复合作用原理，短纤维的临界长度 L_c 可按下式计算：

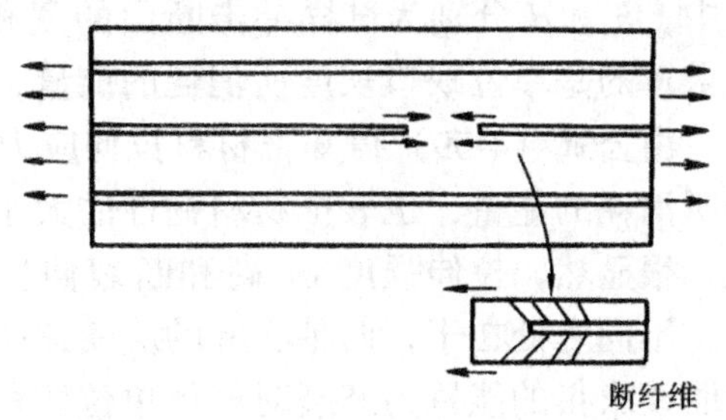

图 4-39　纤维增强塑料的复合作用示意图

$$L_c = d\,\frac{\sigma_{f,y}}{2\tau_{m,y}} \tag{4-67}$$

式中，$\sigma_{f,y}$为纤维的拉伸屈服应力，$\tau_{m,y}$为基体的剪切屈服应力，d 为纤维直径。

三、高分子材料的抗冲击强度和增韧改性

高分子材料抗冲击强度是指标准试样受高速冲击作用断裂时，单位断面面积（或单位缺口长度）所消耗的能量。它描述了高分子材料在高速冲击作用下抵抗冲击破坏的能力，有重要工艺意义。但它不是材料基本常数，其量值与实验方法和实验条件有关。它也不是标准的材料强度性能指标。

（一）抗冲击强度试验

测定材料抗冲击强度的试验方法有：①高速拉伸试验；②落锤式冲击试验；③摆锤式冲击试验。经常使用的是摆锤式冲击试验，根据试样夹持方式的不同，又分为悬臂梁式冲击试验机（Izod）和简支梁式冲击试验机（Charpy，图 4-40）。

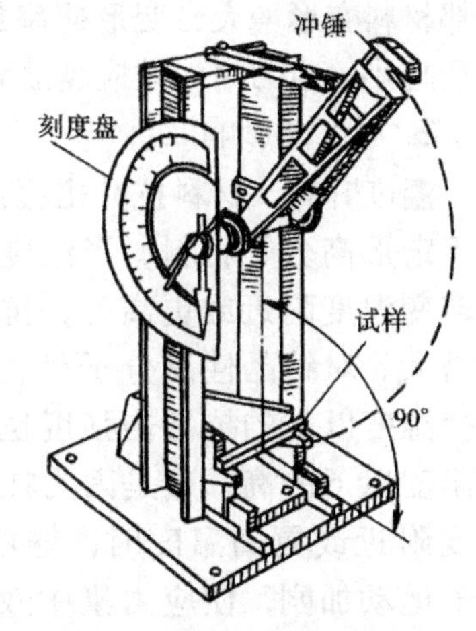

图 4-40　简支梁式冲击试验机（Charpy）示意图

采用简支梁式冲击试验时，将试样放于支架上（有缺口时，缺口背向冲锤），释放事

先架起的冲锤，让其自由下落，打断试样，利用冲锤回升的高度，求出冲断试样所消耗的功 A，按下式计算抗冲击强度：

$$I_s = \frac{A}{bd} \tag{4-68}$$

式中，b 和 d 分别为试样冲击断面的宽和厚，抗冲击强度单位为 $kJ \cdot m^{-2}$。若实验求算的是单位缺口长度所消耗的能量，单位为 $kJ \cdot m^{-1}$。

由公式（4-59）得知，材料拉伸应力—应变曲线下的面积相当于试样拉伸断裂所消耗的能量，也表征材料韧性的大小。它与抗冲击强度不同，但两者密切相关。很显然，拉伸强度 σ_b 高和断裂伸长率 ε_b 大的材料韧性也好，抗冲击强度大。不同之处在于，两种实验的应变速率不同，拉伸速率慢而冲击速率极快；拉伸曲线求得的能量为断裂时材料单位体积所吸收的能量，而冲击实验只关心断裂区表面吸收的能量。

冲击破坏过程虽然很快，但根据破坏原理也可分为三个阶段：一是裂纹引发阶段，二是裂纹扩展阶段，三是断裂阶段。三个阶段中物料吸收能量的能力不同，有些材料如硬质聚氯乙烯，裂纹引发能高而扩展能很低，这种材料无缺口时抗冲击强度较高，一旦存在缺口则极容易断裂。裂纹扩展是材料破坏的关键阶段，因此，材料增韧改性的关键是提高材料抗裂纹扩展的能力。

（二）影响抗冲击强度的因素

1．缺口的影响

冲击试验时，有时在试样上预置缺口，有时不加缺口。有缺口试样的抗冲击强度远小于无缺口试样，原因在于有缺口试样已存在表观裂纹，冲击破坏吸收的能量主要用于裂纹扩展。另外，缺口本身有应力集中效应，缺口附近的高应力使局部材料变形增大，变形速率加快，材料发生韧-脆转变，加速破坏。缺口曲率半径越小，应力集中效应越显著，因此，预置缺口必须按标准严格操作。

2．温度的影响

温度升高，材料抗冲击强度随之增大。对无定形高分子材料，当温度升高到玻璃化转变温度附近或更高时，抗冲击强度急剧增大。对结晶性高分子材料，其玻璃化转变温度以上的抗冲击强度也比玻璃化转变温度以下的高，这是因为在玻璃化转变温度附近或更高温度时，链段运动解冻，分子运动加剧，使应力集中效应减缓，部分能量会由于材料的力学损耗作用以热的形式逸散。图 4-41 给出几种聚丙烯试样的

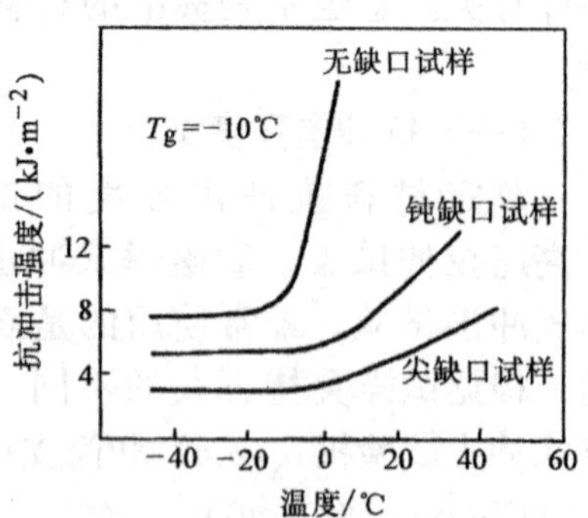

图 4-41 几种聚丙烯试样抗冲击强度随温度的变化

抗冲击强度随温度的变化，可以看出，在玻璃化转变温度附近抗冲击强度有较大的增长。

3. 结晶、取向的影响

对聚乙烯、聚丙烯等高结晶度材料，当结晶度为 40%～60%时，由于材料拉伸时有屈服发生且断裂伸长率高，韧性很好。结晶度再增高，材料变硬变脆，抗冲击强度反而下降。这是由于结晶使分子间相互作用增强，链段运动能力减弱，受到外来冲击时，材料形变能力减少，因而抗冲击强度下降。

从结晶形态看，具有均匀小球晶的材料抗冲击强度好，而大球晶韧性差。球晶尺寸大，球晶内部以及球晶之间的缺陷增多，材料受冲击力时易在薄弱环节破裂。

对取向材料，当冲击力与取向方向平行时，冲击强度因取向而提高，若冲击力与取向方向垂直，冲击强度下降。由于实际材料总是在最薄弱处首先破坏，因此，取向对材料的抗冲击强度一般是不利的。

4. 共混、共聚、填充的影响

实验发现，采用与橡胶类材料嵌段共聚、接枝共聚或物理共混的方法可以大幅度改善脆性塑料的抗冲击性能，例如，丁二烯与苯乙烯共聚得到高抗冲聚苯乙烯，氯化聚乙烯与聚氯乙烯共混得到硬聚氯乙烯韧性体都将基体的抗冲击强度提高几倍至几十倍。橡胶增韧塑料已发展为十分成熟的塑料增韧技术，由此开发出一大批新型材料，产生巨大的经济效益。

在热固性树脂及脆性高分子材料中添加纤维状填料，也可以提高基体的抗冲击强度。纤维一方面可以承担试片缺口附近的大部分负荷，使应力分散到更大面积上，另一方面还可以吸收部分冲击能，防止裂纹扩展成裂缝（参看表 4-7）。

与此相反，若在聚苯乙烯这样的脆性材料中添加碳酸钙之类的粉状填料，则往往使材料抗冲击性能进一步下降。因为填料相当于基体中的缺陷，填料粒子还有应力集中作用，这些都将加速材料的破坏。近年来，人们在某些塑料基体中添加少量经过表面处理的微细无机粒子，发现个别体系中，无机填料也有增韧作用。

（三）高分子材料的增韧改性

1. 橡胶增韧塑料的经典机理

橡胶增韧塑料的效果是十分明显的。无论是脆性塑料或韧性塑料，添加几份到十几份橡胶弹性体，基体吸收能量的本领会大幅度提高。尤其对脆性塑料，添加橡胶后基体会出现典型的脆-韧转变。关于橡胶增韧塑料的机理，曾有人认为是由于橡胶粒子本身吸收能量，橡胶横跨于裂纹两端，阻止裂纹扩展；也有人认为形变时橡胶粒子收缩，诱使塑料基体玻璃化温度下降。研究表明，形变过程中橡胶粒子吸收的能量很少，约占总吸收能量的 10%，大部分能量是被基体连续相吸收的。另外，由橡胶收缩引起的玻璃化转变温度下降仅 10℃左右，不足以引起脆性塑料在室温下屈服。

Schmitt 和 Bucknall 等人根据橡胶与脆性塑料共混物在低于塑料基体拉伸强度的应力作用下，会出现剪切屈服和应力发白现象；又根据剪切屈服是韧性高分子材料（如聚碳酸酯）的韧性来源的观点，逐步完善橡胶增韧塑料的经典机理。认为：橡胶粒子能提高脆性塑料的韧性，是因为橡胶粒子分散在基体中，形变时成为应力集中体，能促使周围基体发生脆-韧转变和屈服。屈服的主要形式有：引发大量银纹（应力发白）和形成剪切屈服带，吸收大量变形能，使材料韧性提高。剪切屈服带还能终止银纹，阻碍其发展成破坏性裂缝。

银纹和剪切屈服带的存在均已得到实验证实。图 4-42 为 PVC/ABS 共混物中，ABS 粒子引发银纹和终止银纹的电镜照片。图 4-43 为聚对苯二甲酸乙二酯中形成剪切屈服带的电镜照片。

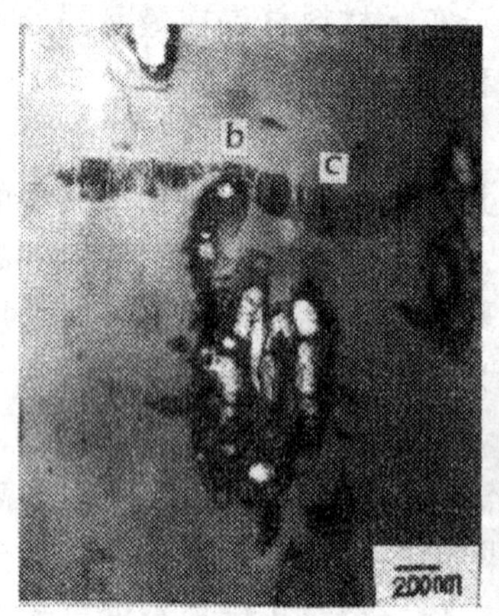

图 4-42　PVC/ABS 共混物中，ABS 引发银纹和终止银纹的电镜照片

2. 银纹化现象和剪切屈服带

许多高分子材料，尤其是玻璃态透明高分子材料如聚苯乙烯、有机玻璃、聚碳酸酯等，在存储及使用过程中，由于应力和环境因素的影响，表面往往会出现一些微裂纹。有这些裂纹的平面能强烈反射可见光，形成银色的闪光，故称为银纹，相应的开裂现象称为银纹化现象。

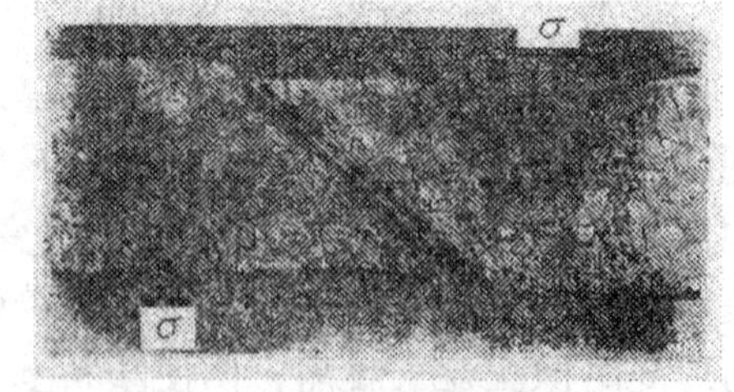

图 4-43　聚对苯二甲酸乙二酯中的剪切屈服带

产生银纹的原因有两个：一是力学因素（拉伸应力），二是环境因素（与某些化学物质相接触）。银纹和裂缝不能混为一谈。裂缝是宏观开裂，内部质量为零；而银纹内部有物质填充着，质量不等于零，该物质称银纹质，是由高度取向的高分子材料纤维束构成。图 4-44 是

聚苯乙烯薄片中的一条银纹。银纹具有可逆性，在压应力下或在 T_g 以上温度退火处理，银纹会回缩或消失，材料重新回复光学均一状态。

剪切屈服带是材料内部具有高度切应变的薄层，是在应力作用下材料局部产生应变软化形成的。剪切带通常发生在缺陷、裂纹或由应力集中引起的应力不均匀区内，在最大剪应力平面上由于应变软化引起分子链滑动形成。在拉伸实验和压缩实验中都曾经观察到剪切带（图 4-43），而以压缩实验为多。理论上，剪切带的方向应与应力方向成 45°角，由于材料的复杂性，实际夹角往往小于 45°。

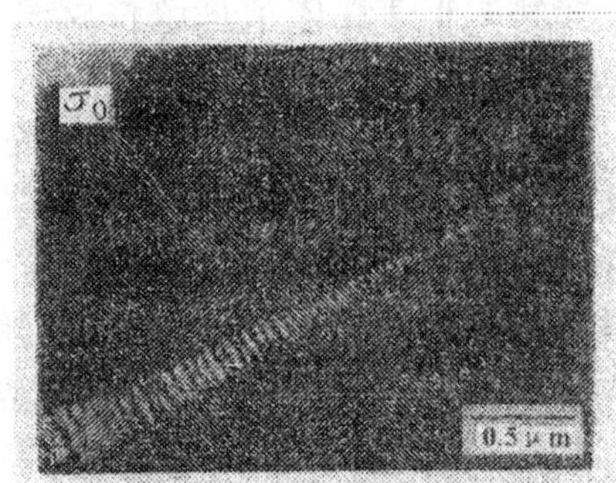

图 4-44 聚苯乙烯薄片中的一条银纹

银纹和剪切带是高分子材料发生屈服的两种主要形式。银纹是垂直应力作用下发生的屈服，银纹方向多与应力方向垂直；剪切带是剪切应力作用下发生的屈服，方向与应力成 45°和 135°角（参看图 4-35）。无论发生银纹或剪切带，都需要消耗大量能量，从而使材料韧性提高。塑料基体中添加部分橡胶，橡胶作为应力集中体能诱发塑料基体产生银纹或剪切带，使基体屈服，吸收大量能量，达到增韧效果。材料体系不同，发生屈服的形式不同，韧性的表现不同。有时，在同一体系中两种屈服形式会同时发生，有时形成竞争。发生银纹时材料内部会形成微空穴（空穴化现象），体积略有胀大；形成剪切屈服时，材料体积不变。

3. 塑料的非弹性体增韧改性及机理

橡胶增韧塑料虽然可以使塑料基体的抗冲击强度大幅提高，但同时也伴随产生一些问题，主要问题有增韧同时使材料强度下降，刚性变弱，热变形温度下降及加工流动性变劣等。这些问题因源于弹性增韧剂的本征性质而难以避免，使塑料的增韧、增强改性成为一对不可兼得的矛盾。

由橡胶增韧塑料经典机理得知，增韧过程中体系吸收能量的本领提高，不是因为橡胶类改性剂吸收了很多能量，而是由于在受力时橡胶粒子成为应力集中体，引发塑料基体发生屈服和脆-韧转变，使体系吸收能量的本领提高。这一机理给我们启发，说明增韧的核心关键是如何诱发塑料基体屈服，发生脆-韧转变，无论是添加弹性体或是非弹性体，甚或添加空气（发泡）作为改性剂，只要能达到这个目的都应能实现增韧。

如前所述，高分子材料发生脆-韧转变有两种方式：一是升高环境温度使材料变韧，但拉伸强度受损，材料变得软而韧（图 4-29）；一是升高环境压力使材料变韧，同时强度也提高，材料变得强而韧（图 4-32）。两种不同的脆-韧转变方式启示我们，增韧改性高分子材料并非一定以牺牲强度为代价，设计恰当的方法有可能同时实现既增韧又增强。

塑料的非弹性体增韧改性就是基于此发展起来的。1984 年日本学者 Kurauchi 和 Ohta 将少量脆性树脂 SAN（丙烯腈-苯乙烯共聚物）添加到韧性聚碳酸酯（PC）基体中，发现 SAN 同时提高了 PC 的拉伸强度、断裂伸长率和吸收能量本领，具有既增韧又增强的效果。之后，国内外研究者又在若干树脂基体中分别采用刚性有机填料（Rigid organic filler，简称 ROF）、刚性无机填料研究非弹性体增韧改性规律，发现塑料的非弹性体增韧改性有一定的普遍意义，但增韧规律与机理不同于经典的弹性体增韧塑料。

表 4-8 给出两种增韧方法的简单比较。由表可见，采用刚性有机填料增韧改性时，要求基体有一定的韧性，易于发生脆－韧转变，不能是典型脆性塑料；增韧剂用量少时效果显著，用量增大效果反而降低；由于基体本身有较好韧性，因此，增韧倍率不象弹性体增韧脆性塑料那样大，一般只增韧几倍，但体系的实际韧性和强度都很高。关于增韧机理，一种说法是，刚性有机粒子作为应力集中体，使基体中应力分布状态发生改变，在很强压（拉）应力作用下，脆性有机粒子发生脆-韧转变，与其周围基体一起发生“冷拉”大变形，吸收能量。电镜照片曾观察到 SAN 粒子在 PC 基体中发生 100％的大变形（SAN 本体的断裂伸长率不到 5％）。作者在研究刚性有机填料增韧改性硬聚氯乙烯韧性体时发现，刚性有机填料一方面有改变基体应力分布状态，发生“冷拉”大变形作用；更重要的是它能促进基体发生脆-韧转变，提高基体发生脆-韧转变的效率，使基体中引发大量“银纹”或“剪切带”。两种增韧机理可以同时在一个体系中存在。

表 4-8 弹性体增韧和非弹性体增韧方法比较

增韧方法	弹性体增韧	非弹性体增韧（刚性有机填料 ROF）
增韧剂性质	软橡胶类材料，模量低，T_g 低，流动性差	硬聚合物材料，模量高，T_g 高，流动性好
被增韧基体性质	既可以是脆性高分子基体，也可以是韧性高分子基体	要求基体有一定程度韧性，易于发生脆-韧转变
增韧剂用量	一般来说，改性剂用量越多，增韧效果越好	在恰当小用量下，改性效果明显；用量偏大，改性效果消失
两相相容性	要求增韧剂与基体有良好相容性	要求增韧剂与基体有良好相容性
增韧改性效果	可以明显改善脆性基体的韧性，但同时使基体的强度，流动性和耐热变形性受到损失	可以同时改善基体的韧性和强度，达到既增韧又增强的目的，同时不损坏材料的可加工流动性
增韧机理	引发基体形成“银纹”，“空穴化”，或形成“剪切带”，吸收变形能	要求基体的模量小于 ROF 粒子模量，基体泊松比大于粒子泊松比，使 ROF 粒子发生“冷拉变形”，吸收变形能

4. 硬聚氯乙烯的非弹性体增韧改性

在国家自然科学基金会支持下，作者对硬聚氯乙烯的非弹性体增韧改性进行了系统研究。发现，要使刚性有机聚合物粒子（如 PS、SAN、PMMA）对硬聚氯乙烯有增韧作用，必须首先调节聚氯乙烯基体的韧性，用氯化聚乙烯（CPE）、ABS、MBS 等与 PVC 共混，配制硬聚氯乙烯韧性体。

图 4-45 给出共混比对 PVC/CPE 体系力学性能的影响。按抗冲击强度图中曲线可分成三个区域：CPE 用量小于 8 份为脆性断裂区，大于 20 份为高韧性区，而 10～20 份之间为脆-韧转变区。图 4-46 是在 PVC/CPE 体系中添加少量刚性 PS 粒子对体系力学性能的影响。可以看出，在脆性断裂区和高韧性区，添加 PS 粒子对体系力学性能几乎无影响，只有在脆-韧转变区，当 PVC/CPE＝100/10 和 100/15 时，PS 对基体的增韧效果十分明显，同时，体系的拉伸强度和断裂伸长率基本保持不变。

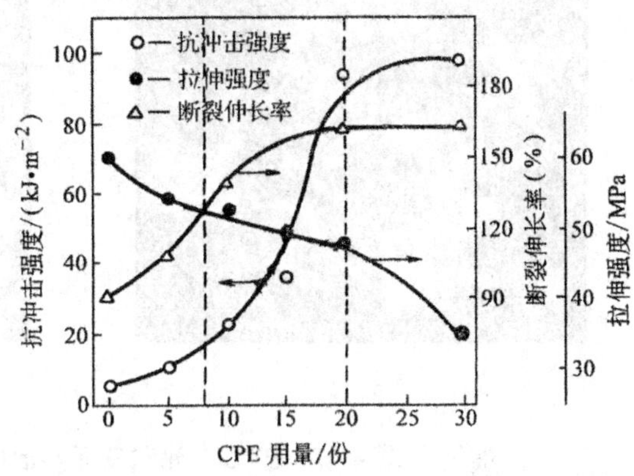

图 4-45　共混比对 PVC/CPE 体系力学性能的影响

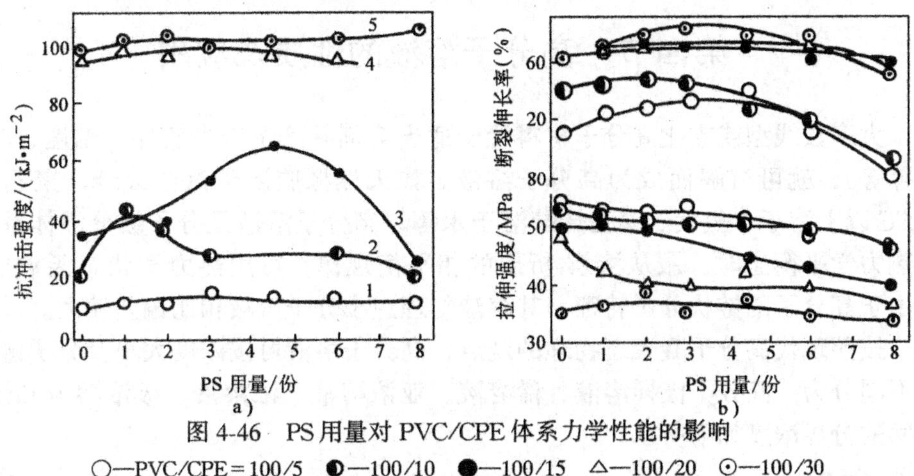

图 4-46　PS 用量对 PVC/CPE 体系力学性能的影响

○—PVC/CPE＝100/5　◐—100/10　●—100/15　△—100/20　⊙—100/30

从试样冲击断面的扫描电镜照片对比中清晰看出（图 4-47），PVC/CPE＝100/15 的冲击断面有拉丝现象，这是材料韧性断裂的特征之一；而在 PVC/CPE/PS＝100/15/4.5 的冲击断面上，拉丝现象更加明显，丝条变密、变细、变长，说明在断裂过程中，体系吸收的能量更多。充分证明添加 PS 粒子对基体脆-韧转变有促进作用。

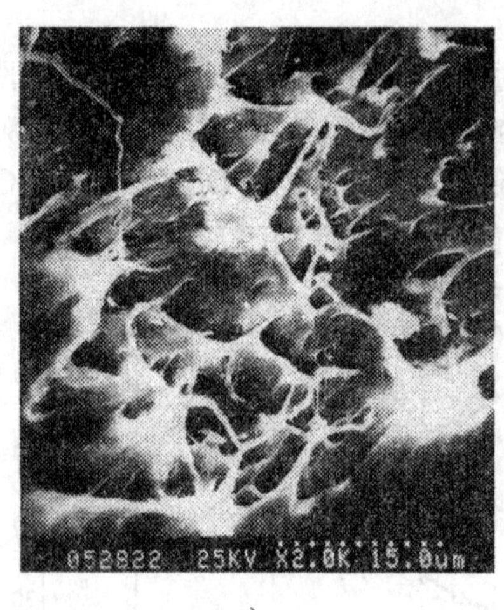

a）

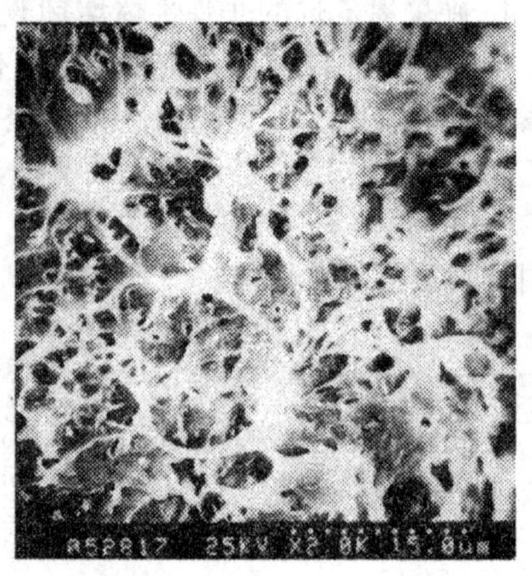

b）

图 4-47　PVC 二元和三元共混体试样冲击断面对比

a）PVC/CPE = 100/15　b）PVC/CPE/PS = 100/15/4.5

实验同时证实，PS、SAN 等填料对 PVC 加工过程中的凝胶化有促进作用。与聚丙烯酸酯类加工助剂（ACR）比较，SAN 不仅能缩短 PVC 的塑化时间，同时平衡扭矩较低，有利于 PVC 加工安全性。

第四节　高分子溶液的性质及应用

大多数线型或支化高分子材料置于适当溶剂并给予恰当条件（温度、时间、搅拌等），就可溶解而成为高分子溶液。如天然橡胶溶于汽油或苯、聚乙烯在 135℃以上溶于十氢萘、聚乙烯醇溶于水等。高分子溶液是分子级分散体系，处于热力学平衡态时，服从溶解-析出的相平衡规律，可用热力学状态函数描述。但由于高分子的链状分子特征，其溶液与理想小分子溶液相比偏差较大。

按照现代高分子凝聚态物理的观点，高分子溶液可按浓度大小及分子链形态的不同分为：高分子极稀溶液、稀溶液、亚浓溶液、浓溶液、极浓溶液和熔体，其间的分界浓度如下所示：

高分子极稀溶液	→稀溶液	→亚浓溶液	→浓溶液	→极浓溶液和熔体
分界浓度：	C_s	C^*	C_e	C^{**}
名　　称：	动态接触浓度	接触浓度	缠结浓度	—
浓度范围：	≈10^{-2}%	≈10^{-1}%	≈0.5%～10%	≈10%

稀溶液和浓溶液的本质区别在于稀溶液中单个大分子链线团是孤立存在的，相互之间没有交叠；而在浓厚体系中，大分子链之间发生聚集和缠结。

高分子稀溶液理论已发展得相当成熟，已经建立起描述稀溶液热力学和动力学性质的定量和半定量关系式，建立起研究大分子尺寸，形态和进行分子量及其分布测定的可行性方法。对高分子浓厚体系，由于 de Gennes 和 Doi-Edwards 等人的出色工作，分别建立了“蠕动模型”和“管道模型”，将多链体系简化为一条受到约束的单链体系，从而使“缠结”问题的处理得以简化，得到了很有价值的结果。该理论已应用于讨论诸如流动、扩散、弛豫、结晶、相分离动力学等问题。上述成就无论在理论还是在指导生产上都有重要的意义。在化学纤维的溶液纺丝、粘合剂、油漆、涂料等工业中，经常会碰到高分子浓溶液问题。

一、高分子材料的溶解和溶胀

（一）高分子材料溶解过程的特点

高分子材料因其结构的复杂性和多重性，溶解过程有自身特点。

（1）溶解过程缓慢，且先溶胀再溶解　由于大分子链与溶剂小分子尺寸相差悬殊，扩散能力不同，加之原本大分子链相互缠结，分子间作用力大，因此，溶解过程相当缓慢，常常需要几小时、几天甚至几星期。溶解过程一般为溶剂小分子先渗透、扩散到大分子之间，削弱大分子间相互作用力，使体积膨胀，称为溶胀；然后链段和分子整链的运动加速，分子链松动、解缠结；再达到双向扩散均匀，完成溶解。为了缩短溶解时间，对溶解体系进行搅拌或适当加热是有益的。

（2）非晶态高分子材料比结晶高分子材料易于溶解　因为非晶态高分子材料分子链堆砌比较疏松，分子间相互作用较弱，因此，溶剂分子较容易渗入高分子材料内部使其溶胀和溶解。结晶高分子材料的晶区部分分子链排列规整，堆砌紧密，分子间作用力强，溶剂分子很难渗入其内部，因此，其溶解比非晶态高分子材料难。通常需要先升温至熔点附近，使晶区熔融，变为非晶态后再溶解。对于极性的结晶高分子材料，有时室温下可溶于强极性溶剂，例如聚酰胺室温下可溶于苯酚-冰醋酸混合液。这是由于溶剂先与材料中的非晶区域发生溶剂化作用，放出热量使晶区部分熔融，然后溶解。对于非极性结晶高分子材料，室温时几乎不溶解。

（3）交联高分子材料只溶胀，不溶解　已知交联高分子材料分子链之间有化学键连结，形成三维网状结构，整个材料就是一个大分子，因此不能溶解。但是由于网链尺寸大，溶剂分子小，溶剂分子也能钻入其中，使网链间距增大，材料体积膨胀（有限溶胀）。根据最大平衡溶胀度，可以求出交联密度和网链平均相对分子质量（后详）。

（二）溶剂选择原则

根据理论分析和实践经验，溶解高分子材料时可按以下几个原则选择溶剂。

（1）极性相似原则　溶质、溶剂的极性（电偶极性）越相近，越易互溶，这条对小分子溶液适用的原则，一定程度上也适用于高分子材料溶液。例如非极性的天然橡胶、丁苯橡胶等能溶于非极性碳氢化合物溶剂（如苯、石油醚、甲苯、已烷等）；分子链含有极性基团的聚乙烯醇不能溶于苯而能溶于水中。

（2）溶解度参数相近原则 这是一条热力学原则。溶解过程是溶质和溶剂分子的混合过程，在恒温恒压下，过程能自发进行的必要条件是混合自由能$\Delta G_m<0$，即

$$\Delta G_m = \Delta H_m - T\Delta S_m < 0 \tag{4-69}$$

式中，T 是溶解温度，ΔS_m 和 ΔH_m 分别为混合熵和混合焓。

溶解过程中分子排列趋于混乱，熵是增加的，即 $\Delta S_m>0$。因此，ΔG_m 的正负主要取决于 ΔH_m 的正负及大小。有两种情况：若溶解时 $\Delta H_m<0$ 或 $\Delta H_m=0$，即溶解时系统放热或无热交换，必有 $\Delta G_m<0$，说明溶解能自动进行。若 $\Delta H_m>0$，即溶解时系统吸热，此时，只有当 $T|\Delta S_m|>|\Delta H_m|$ 溶解才能自动进行。显然 $\Delta H_m\to 0$ 和升高温度对溶解有利。

根据 Hildebrand 的半经验公式：

$$\begin{aligned}\Delta H_m &= V_m\phi_1\phi_2\left[\left(\frac{\Delta E_1}{\widetilde{V}_1}\right)^{1/2} - \left(\frac{\Delta E_2}{\widetilde{V}_2}\right)^{1/2}\right]^2 \\ &= V_m\phi_1\phi_2[\delta_1 - \delta_2]^2\end{aligned} \tag{4-70}$$

式中，V_m 为溶液总体积，ϕ_1、ϕ_2 分别为溶剂和溶质的体积分数。$\Delta E_1/\widetilde{V}_1$、$\Delta E_2/\widetilde{V}_2$ 为溶剂和溶质的内聚能密度，δ_1 和 δ_2 为溶剂和溶质的溶解度参数。溶解度参数定义为溶剂（或溶质高分子材料）内聚能密度的平方根，单位为 $J^{1/2}\cdot cm^{-3/2}$。

由公式（4-70）可见，δ_1 和 δ_2 的差越小，ΔH_m 越小，越有利于溶解，这就是溶解度参数相近原则。实验表明，对非晶态高分子材料来说，若分子间没有强极性基团或氢键基团，高分子材料与溶剂只要满足 $|\delta_1-\delta_2|<1.7\sim2.0J^{1/2}\cdot cm^{-3/2}$，高分子材料就能溶解。表 4-9 和表 4-10 分别列出一些高分子材料和溶剂的溶解度参数。由表可知，天然橡胶的 $\delta=16.6$，它可溶于甲苯（$\delta=18.2$）和四氯化碳（$\delta=17.6$）中，但不溶于乙醇（$\delta=26.0$）；醋酸纤维素（$\delta=22.3$）可溶于丙酮（$\delta=20.4$）而不溶于甲醇（$\delta=29.6$）。

表 4-9 部分高分子材料的溶解度参数 （单位：$J^{1/2}\cdot cm^{-3/2}$）

高分子材料	δ	高分子材料	δ
聚乙烯	16.1～16.5	聚甲基丙烯酸甲酯	18.4～19.5
聚丙烯	16.8～18.8	聚丙烯酸甲酯	20.0～20.7
聚氯乙烯	19.4～20.1	聚乙烯醇	47.8
聚苯乙烯	17.8～18.6	天然橡胶	16.6
聚丙烯腈	31.4	丁苯橡胶	16.5～17.5
聚四氟乙烯	12.7	聚丁二烯	16.5～17.5
聚三氟氯乙烯	14.7	氯丁橡胶	18.8～19.2

（续）

高分子材料	δ	高分子材料	δ
乙丙橡胶	16.2	聚对苯二甲酸乙二酯	21.9
聚异丁烯	16.0～16.6	聚氨基甲酸酯	20.5
聚二甲基硅氧烷	14.9	环氧树脂	19.8～22.3
聚硫橡胶	18.4～19.2	硝酸纤维素	17.4～23.5
聚醋酸乙烯酯	19.1～22.6	乙基纤维素	21.1
聚丙烯酸乙酯	18.8	纤维素二乙酯	23.2
尼龙 66	27.8	纤维素二硝酸酯	21.5
聚碳酸酯	19.4	聚偏二氯乙烯	24.9

表 4-10　若干溶剂的溶解度参数　（单位：$J^{1/2}\cdot cm^{-3/2}$）

溶　剂	δ	溶　剂	δ
正己烷	14.9	十氢萘	18.4
正庚烷	15.2	环己酮	20.2
二乙基醚	15.1	二氧六环	20.4
环己烷	16.8	丙酮	20.4
四氯化碳	17.6	二硫化碳	20.4
对二甲苯	17.9	吡啶	21.9
甲苯	18.2	正丁醇	23.3
乙酸乙酯	18.6	二甲基甲酰胺	24.7
苯	18.7	二甲基亚砜	27.4
甲乙酮	19.0	乙醇	26.0
氯仿	19.0	间甲酚	24.3
邻苯二甲酸二丁酯	19.2	甲酸	27.6
氯代苯	19.4	苯酚	29.7
四氢呋喃	20.2	甲醇	29.7
二氯乙烷	20.0	水	47.4
四氯乙烷	21.3		

（3）广义酸碱作用原则　一般来说，溶解度参数相近原则适用于判断非极性或弱极性非晶态高分子材料的溶解性，若溶剂与高分子之间有强偶极作用或有生成氢键的情况则不适用。例如，聚丙烯腈的 $\delta=31.4$，二甲基甲酰胺的 $\delta=24.7$，按溶解度参数相近原则二者似乎不相溶，但实际上聚丙烯腈在室温下就可溶于二甲基甲酰胺，这是因为二者分子间生成强氢键的缘故。这种情况下，要考虑广义酸碱作用原则。广义的酸是指电子接受体（即亲电子体），广义的碱是电子给予体（即亲核体）。高分子材料和溶剂的酸碱性取决于分子中所含的基团。

下列基团为亲电子基团（按亲合力大小排序）：

$$—SO_2OH > —COOH > —C_6H_4OH > =CHCN > =CHNO_2 > =COHNO_2 > —CH_2Cl > =CHCl$$

下列基团为亲核基团（按亲合力大小排序）：

$$—CH_2NH_2 > —C_6H_4OH > —CON(CH_3)_2 > —CONH > \equiv$$

$PO_4 > —CH_2COCH_2— > —CH_2OCOCH_2— > —CH_2OCH_2—$

聚氯乙烯的 $\delta = 19.4$，与氯仿（$\delta = 19.0$）及环己酮（$\delta = 20.2$）均相近，但聚氯乙烯可溶于环己酮而不溶于氯仿，究其原因，是因为聚氯乙烯是亲电子体，环己酮是亲核体，两者之间能够产生类似氢键的作用。而氯仿与聚氯乙烯都是亲电子体，不能形成氢键，所以不互溶。

Cl—C—H^{+}……$^{-}$O=⬡

实际上，溶剂的选择相当复杂，除以上原则外，还要考虑溶剂的挥发性、毒性、溶液的用途，以及溶剂对制品性能的影响和对环境的影响等。

二、柔性链高分子稀溶液的热力学性质

柔性链高分子稀溶液是处于热力学平衡态的真溶液，可以用热力学函数描述。由于大分子链和溶剂分子的尺寸相差很大，再加之分子链结构、分子量和溶液粘度的影响，使高分子溶液与小分子溶液以及“理想溶液”相比存在很大差异。

（一）混合熵计算

Flory 和 Huggins 采用类格子模型（图 4-48）对 N_1 个溶剂小分子和 N_2 个高分子的混合排列方式数 W 作了近似计算，得到高分子材料溶液的混合熵为：

$$\Delta S_m = -k(N_1 \ln\phi_1 + N_2 \ln\phi_2) \qquad (4\text{-}71)$$

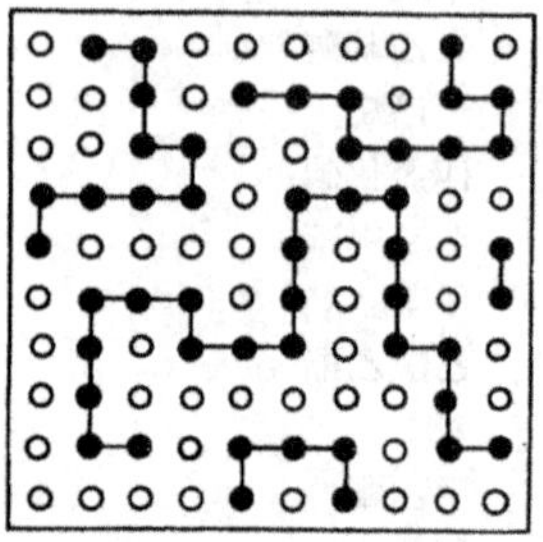

图 4-48 高分子溶液的类格子模型

式中，k 为 Bolzmann 常数；ϕ_1、ϕ_2 分别为溶剂和高分子在溶液中的体积分数。计算中假定一个大分子可视为由 r 个体积与小分子相同的单元（链段）组成，每个单元和每个小分子每次只能占据格子模型中一个格子，于是体积分数为：

$$\phi_1 = \frac{N_1}{N_1 + rN_2} \qquad \phi_2 = \frac{rN_2}{N_1 + rN_2}$$

用物质的量 n 替换分子数，则有：

$$\Delta S_m = -R(n_1 \ln\phi_1 + n_2 \ln\phi_2) \qquad (4\text{-}72)$$

该混合熵比由 N_1 个溶剂小分子和 N_2 个溶质小分子所组成体系的混合熵大。

（二）混合热和混合自由能计算

仍采用类格子模型，并只考虑最近邻分子间相互作用的情况。

当高分子与溶剂混合时，存在三种近邻相互作用，即溶剂分子-溶剂分子、链段-链段、链段-溶剂分子间的相互作用，分别用接触对［1-1］、［2-2］、［1-2］表示，其结合能分别用 W_{11}、W_{22}、W_{12}表示。溶解过程可视为破坏［1-1］、［2-2］接触对，生成［1-2］接触对的过程，每生成一个［1-2］接触对引起体系能

量的变化 ΔW_{12} 为：

$$\Delta W_{12} = W_{12} - 1/2(W_{11} + W_{22}) \tag{4-73}$$

设溶液中共生成 P 个［1-2］对，则混合热为：

$$\Delta H_m = P\Delta W_{12} \tag{4-74}$$

考察溶液中 N_2 个大分子形成的［1-2］对的数目。设空格的配位数为 Z，每个大分子有 r 个链段，因此，每个大分子周围的空格数为 $[(Z-2)r+2]$，而每个空格被溶剂占据的几率等于溶剂在溶液的体积分数 ϕ_1，所以，每一个大分子生成［1-2］对的数目为 $[(Z-2)r+2]\phi_1 \approx Zr\phi_1$（当 r 很大，且 $Z \gg 2$），N_2 个大分子生成的［1-2］对数目为：

$$P_{N_2} = N_2 Zr\phi_1 = N_1 Z\phi_2 \qquad \left(\text{因为}\frac{rN_2}{N_1} = \frac{\phi_2}{\phi_1}\right) \tag{4-75}$$

故总的混合热为：

$$\Delta H_m = N_1 Z\phi_2 \Delta W_{12} = \chi_{12} kTN_1\phi_2 = \chi_{12} RTn_1\phi_2 \tag{4-76}$$

式中引入 $\chi_{12} = \dfrac{Z\Delta W_{12}}{kT}$，称为高分子-溶剂相互作用参数或 Huggins 参数，它是一个无量纲量，$\chi_{12}kT$ 相当于把一个溶剂分子放到高分子中引起的能量变化。上式即高分子溶液的混合热表达式。若溶剂与大分子链段相互作用强，$\Delta W_{12} < 0$，引起 $\chi_{12} < 0$ 和 $\Delta H_m < 0$，表示溶解时体系放热，溶解易于进行。

将（4-72）、（4-76）式代入（4-69）式，得到混合自由能 ΔG_m 表达式：

$$\Delta G_m = RT(n_1\ln\phi_1 + n_2\ln\phi_2 + \chi_{12} n_1\phi_2) \tag{4-77}$$

与小分子理想溶液的混合自由能相比，式中增添了含 χ_{12} 的项，这反映大分子与溶剂分子间相互作用的影响。

（三）稀释自由能的计算

由于组成溶液的各组分在混合体系中的性质（体积、焓、熵、自由能等）与纯态时的性质不同，因此，研究溶液组分相互作用的规律就不能用纯态时的摩尔性质，而应当用偏摩尔性质，否则得不到正确结论。

偏摩尔自由能定义：在一定的温度、压力和浓度下，向溶液中再加入 1 摩尔溶剂（或溶质），体系自由能的改变称为该温度、压力和浓度下溶剂（或溶质）的偏摩尔自由能（又称化学位）。加入溶剂时，由于所加入的溶剂与原来溶液中的溶剂无法区别，因而，这也是原来溶液中溶剂对自由能的贡献。加入溶剂后体系的浓度稀释，因此，溶剂的偏摩尔自由能又称作稀释自由能，记为 $\overline{\Delta G_1}$。

稀释自由能 $\overline{\Delta G_1}$ 是一个重要的热力学参数，高分子溶液的许多性质，诸如渗透压 π，溶液沸点升高或冰点降低等都与稀释自由能有关。

高分子溶液的稀释自由能 $\overline{\Delta G_1}$ 等于溶剂在溶液中的化学位 μ_1 与纯溶剂化学位 μ_1^0 的差值，即

$$\overline{\Delta G_1} = \Delta\mu_1 = \mu_1 - \mu_1^0 = \left(\frac{\partial \Delta G_m}{\partial n_1}\right)_{T,P,n_2}$$

$$= RT\left[\ln\phi_1 + \left(1 - \frac{1}{r}\right)\phi_2 + \chi_{12}\phi_2^2\right] \tag{4-78}$$

若溶液很稀，$\phi_2 \ll 1$，则有：

$$\Delta\mu_1 = RT\left[-\frac{1}{r}\phi_2 + \left(\chi_{12} - \frac{1}{2}\right)\phi_2^2\right] \tag{4-79}$$

括号中第二项表示高分子溶液与理想（小分子）溶液相比多出的部分，反映了高分子溶液的非理想状态，称溶剂的“超额化学位变化”$\Delta\mu_1^E$

$$\Delta\mu_1^E = RT\left(\chi_{12} - \frac{1}{2}\right)\phi_2^2 \tag{4-80}$$

（四）高分子溶液的 Θ 状态

高分子溶液的 Θ 状态是一个重要的参考状态。定义：当一定温度下高分子-溶剂相互作用参数 $\chi_{12}=1/2$，致使“超额化学位变化”$\Delta\mu_1^E=0$，这种溶液状态称 Θ 状态，该温度称 Θ 温度，溶剂称 Θ 溶剂。

在 Θ 状态，$T=\Theta$，$\Delta\mu_1^E=0$，表明此时高分子溶液的热力学性质与理想溶液热力学性质相似，可按理想溶液定律计算。从大分子链段与溶剂分子相互作用来看，此时溶剂-溶剂、链段-链段、链段-溶剂间的相互作用相等，排斥体积为零，大分子与溶剂分子可以自由渗透，大分子链呈现自然卷曲状态，即处于无扰状态中。此时测得的大分子尺寸称无扰尺寸，它是大分子尺度的一种表示，测量无扰尺寸为研究大分子链的结构、形态提供了便利。

对于特定高分子材料，当溶剂选定后，可以通过改变温度以满足 Θ 条件；或溶解温度确定，可以改变溶剂品种（改变 χ_{12}）以达到 Θ 状态。

温度升高，χ_{12}降低。当温度高于 Θ 温度时，有 $\chi_{12}<1/2$，$\Delta\mu_1^E<0$。此时由于链段-溶剂间相互作用大于溶剂-溶剂、链段-链段相互作用而使大分子链舒展，排斥体积增大，高分子溶液比理想溶液更易于溶解。称此时的溶剂为良溶剂，T 高出 Θ 温度越多，溶剂性能越良。

当温度低于 Θ 温度，$\Delta\mu_1^E>0$。此时大分子链段间彼此吸引力大，高分子溶解性能变差。称此时的溶剂为不良溶剂，T 低于 Θ 温度越多，溶解性越差，直至聚合物从溶液中析出、分离。

三、高分子材料相对分子质量、相对分子质量分布及测量方法

利用大分子稀溶液性质可以得到测量高分子材料平均相对分子质量及相对分子质量分布的方法，首先给出这些物理量的定义。

（一）平均相对分子质量及相对分子质量分布

平均相对分子质量和相对分子质量分布是高分子材料最基本，也是最重要的

结构参数。对低分子物质而言，相对分子质量是一个确定的值。但高分子材料不是这样。由于聚合过程复杂，即使同一种高分子材料，分子链也长短不一，相对分子质量大小不同。高分子材料相对分子质量的这种特征称为“多分散性”。因此，讨论高分子材料相对分子质量时，平均相对分子质量十分重要，且不同相对分子质量组分的比例分布也非常重要。平均相对分子质量相同的高分子材料，可能由于其中相对分子质量分布不同而性质各异。

高分子材料平均相对分子质量是采用统计平均法求得的，统计平均方法不同，会得到不同的平均相对分子质量。常见的有数均相对分子质量（$\overline{M}_n$）、重均相对分子质量（$\overline{M}_w$）、Z 均相对分子质量（$\overline{M}_z$）、以及粘均相对分子质量（$\overline{M}_\eta$）等。各种平均相对分子质量的定义为：

$$
\begin{aligned}
\overline{M}_n &= \int_0^\infty M\varphi(M)\mathrm{d}M \\
\overline{M}_w &= \int_0^\infty M^2\varphi(M)\mathrm{d}M \Big/ \int_0^\infty M\varphi(M)\mathrm{d}M \\
\overline{M}_z &= \int_0^\infty M^3\varphi(M)\mathrm{d}M \Big/ \int_0^\infty M^2\varphi(M)\mathrm{d}M \\
\overline{M}_\eta &= \left(\int_0^\infty M^{\alpha+1}\varphi(M)\mathrm{d}M\right)^{1/\alpha}
\end{aligned}
\tag{4-81}
$$

式中，$\varphi(M)$ 为归一化的相对分子质量数量分布密度函数；α 是粘度公式 $[\eta]=KM^\alpha$ 中的指数（意义后详），α 值在 0.5～1 之间；归一化的含义为：

$$\int_0^\infty \varphi(M)\mathrm{d}M = 1 \tag{4-82}$$

图 4-49 给出两种宽窄不同的高分子材料相对分子质量分布示意图，图中标出各平均相对分子质量的大概位置。可以看出，$\overline{M}_n < \overline{M}_\eta < \overline{M}_w < \overline{M}_z$。高分子材料相对分子质量分布（MWD）的宽度可用重均相对分子质量与数均相对分子质量之比定义：

$$MWD = \overline{M}_w / \overline{M}_n \tag{4-83}$$

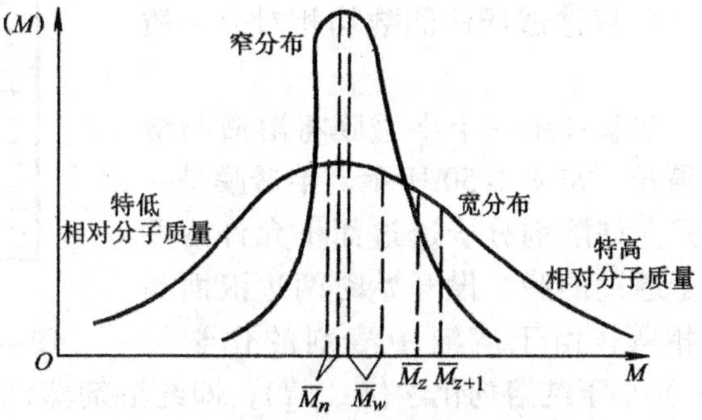

图 4-49　高分子材料的相对分子质量分布及平均相对分子质量

相对分子质量分布的重要性在于它更加清晰而细致地表明高分子材料相对分子质量的多分散性，便于人们讨论材料性能与微观结构的关系。相对分子质量分布窄，$\overline{M}_w/\overline{M}_n=1$ 的体系称单分散体系；反之$\overline{M}_w/\overline{M}_n>1$或偏离1越远的体系，为多分散体系。$\overline{M}_w/\overline{M}_n$ 之值也称多分散性指数或分散度。高分子材料平均相对分子质量及其分布对材料物理力学性能及加工性能有重要影响，相对而言，平均相对分子质量对材料力学性能影响较大些，而相对分子质量分布对材料加工流动性影响较大。

（二）平均相对分子质量测定方法

测定高分子材料平均相对分子质量的方法很多。除化学法（端基分析法）外，大多利用稀溶液各种性质与相对分子质量的关系来测定。其中有热力学法（膜渗透压法、蒸气压法、沸点升高法和冰点下降法等）、动力学法（粘度法、超速离心沉降法）和光学法（光散射法），此外，还有凝胶渗透色谱法（GPC 法），该方法通过测定高分子材料相对分子质量分布求得平均相对分子质量。表 4-11 列出了各种方法的适用范围。

表 4-11 测定高分子材料平均相对分子质量的方法及适用范围

方 法	端基分析	膜渗透压法	蒸气压法（VPO）	沸点上升法	冰点下降法	光散射法	粘度法	超速离心沉降法	GPC 法
测得平均相对分子质量的类型	$\overline{M}_n$	$\overline{M}_n$	$\overline{M}_n$	$\overline{M}_n$	$\overline{M}_n$	$\overline{M}_w$	$\overline{M}_\eta$	$\overline{M}_z$	$\overline{M}_n$、$\overline{M}_w$、$\overline{M}_\eta$
适用相对分子质量范围	$<3\times10^4$	$2\times10^4\sim10^6$	$<3\times10^4$	$<10^4$	$<10^4$	$10^3\sim10^7$	$10^3\sim10^8$	$10^2\sim10^6$	$10^2\sim10^7$

本节选择膜渗透压法、粘度法予以简要介绍。

1. 膜渗透压法测数均相对分子质量

实验采用一个半透膜将溶液与溶剂隔开，如图 4-50 所示，半透膜是一种只允许溶剂分子透过而不允许溶质分子透过的膜。设开始时两边液面高度相等，由于溶液中溶剂的化学位（μ_1）小于纯溶剂化学位（μ_1^0），即纯溶剂蒸汽压大于溶液蒸汽压，因此，溶剂将自发地透过半透膜向溶液一方渗透，使溶液一侧液面升高，纯溶剂一侧液面下降。当两侧液面高度差达到一定值时，渗透过程停止，达到渗透平衡，此时半透膜两边的压力差 π 叫作渗透压。

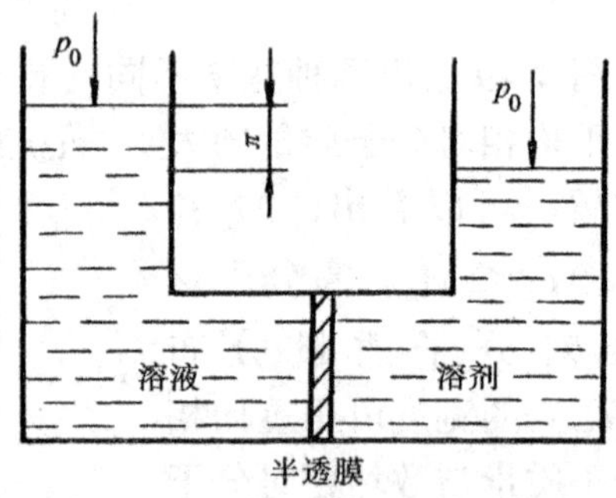

图 4-50 膜渗透压法测分子良示意图

由热力学知，对恒温过程有：$\left(\dfrac{\partial \mu_1}{\partial p}\right)_{T,n_1,n_2}=\overline{V}_1$，式中$\overline{V}_1$ 为溶剂的偏摩尔

体积，p 为液体所受总压力。积分上式，得到渗透平衡时，

$$\mu_1 + \pi \overline{V_1} = \mu_1^0 \tag{4-84}$$

$$\pi \overline{V_1} = \mu_1^0 - \mu_1 = -\Delta\mu_1 = -RT\left[\ln(1-\phi_2) + \left(1 - \frac{1}{r}\right)\phi_2 + \chi_{12}\phi_2^2\right] \tag{4-85}$$

后一个等式借用了公式（4-78）。由于溶液很稀，所以，$\overline{V_1} \approx \widetilde{V_1}$，$\widetilde{V_1}$为溶剂摩尔体积。另外，当 $\phi_2 \ll 1$ 时，展开 $\ln(1-\phi_2) = -\phi_2 - \frac{1}{2}\phi_2^2 - \frac{1}{3}\phi_2^3 \cdots$，由此得到渗透压等于

$$\pi = RT\left[\frac{\phi_2}{\widetilde{V_1} r} + \left(\frac{1}{2} - \chi_{12}\right)\frac{\phi_2^2}{\widetilde{V_1}} + \frac{\phi_2^3}{3\widetilde{V_1}}\right] \tag{4-86}$$

通过换算，用浓度 c 替换体积分数 ϕ_2（$\phi_2 = c/\rho$，ρ 为聚合物的密度），得到

$$\frac{\pi}{c} = RT\left(\frac{1}{M_2} + A_2 c + A_3 c^2\right) \tag{4-87}$$

式中

$$A_2 = \left(\frac{1}{2} - \chi_{12}\right) / \widetilde{V_1}\rho^2 \tag{4-88}$$

称为第二维利系数；

$$A_3 = \frac{1}{3}\left(\frac{1}{\widetilde{V_1}\rho^3}\right) \tag{4-89}$$

称为第三维利系数。

当浓度 c 很小时，c^2 项可以忽略，则式（4-87）变为：

$$\frac{\pi}{c} = RT\left(\frac{1}{M_2} + A_2 c\right) \tag{4-90}$$

由此可见，通过实验分别测定若干不同浓度溶液的渗透压 π，用 π/c 对 c 作图将得到一条直线（图 4-51），从直线的截距可求得高分子材料相对分子质量 M_2，从直线斜率可求得第二维利系数 A_2。

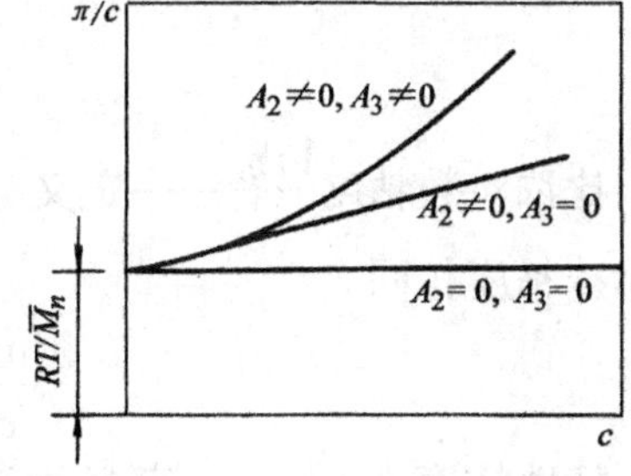

图 4-51　π/c 对 c 作图

渗透压法测得的相对分子质量是数均相对分子质量$\overline{M_n}$，而且是绝对相对分子质量，这是因为溶液的渗透压是各种不同相对分子质量的大分子共同贡献的。其测量的相对分子质量上限取决于渗透压计的测量精度，下限取决于半透膜的大孔尺寸，膜孔大，很小的分子可能反向渗透。

第二维利系数 A_2 是一重要参数，它与 χ_{12}有关，因此，也可以表征大分子链段-链段、链段-溶剂分子间的相互作用，

表征大分子在溶液中的形态，判断溶剂的良劣。

当$\chi_{12}=1/2, A_2=0$，已知，此时溶液处于Θ状态，大分子链处于自由伸展的无扰状态，溶液性质符合理想溶液的行为。由(4-90)式得知，此时渗透压公式变为：

$$\frac{\pi}{c} = RT\frac{1}{M_n} \tag{4-91}$$

当$\chi_{12}<1/2$，$A_2>0$，此时$\Delta\mu_1^E<0$，说明链段-溶剂间的相互作用大，溶剂化作用强，大分子链舒展，排斥体积大，溶剂为良溶剂。

当$\chi_{12}>1/2$，$A_2<0$，此时链段间的引力作用强，链段-溶剂间的相互作用小，大分子链线团紧缩，溶解能力差，甚至从溶液中析出，溶剂为不良溶剂。

A_2除与高分子-溶剂体系有关外，还与实验温度相关。一般温度升高，A_2值增大；温度下降，A_2值降低。原本一个良溶解体系，随着温度下降，有可能变成不良溶解体系。

2. 粘度法测粘均相对分子质量

(1) 几种粘度的定义

相对粘度η_r——定义为溶液粘度η与同温度下纯溶剂粘度η^0之比。相对粘度η_r是一个无量纲的量。

$$\eta_r = \frac{\eta}{\eta^0} \tag{4-92}$$

增比粘度η_{sp}——定义为溶液粘度相对于溶剂粘度所增加的分数。增比粘度η_{sp}也是无量纲的量。

$$\eta_{sp} = \frac{\eta-\eta^0}{\eta^0} = \eta_r - 1 \tag{4-93}$$

比浓粘度$\frac{\eta_{sp}}{c}$——定义为溶液的增比粘度与浓度之比。比浓粘度的量纲是浓度的倒数，单位为$cm^3\cdot g^{-1}$。

$$\frac{\eta_{sp}}{c} = \frac{\eta_r - 1}{c} \tag{4-94}$$

比浓对数粘度$\frac{\ln\eta_r}{c}$——定义为相对粘度的自然对数与溶液浓度之比。其量纲与比浓粘度相同。

$$\frac{\ln\eta_r}{c} = \frac{\ln(1+\eta_{sp})}{c} \tag{4-95}$$

特性粘度[η]——定义为溶液浓度无限稀释时的比浓粘度或比浓对数粘度。[η]也称特性粘数，其值与浓度无关，量纲为浓度的倒数$cm^3\cdot g^{-1}$。

$$[\eta] = \lim_{c\to 0}\frac{\eta_{sp}}{c} = \lim_{c\to 0}\frac{\ln\eta_r}{c} \tag{4-96}$$

（2）粘均相对分子质量的测定

实验证明，当高分子材料、溶剂和温度确定，特性粘度［η］的数值仅由高分子材料相对分子质量 M 决定。［η］与 M 有如下经验关系：

$$[\eta] = KM^{\alpha} \tag{4-97}$$

上式称 Mark-Houwink 方程式，在一定的相对分子质量范围内，K 和 α 是与 M 无关的常数。于是只要知道 K 和 α 的值，即可根据所测得［η］值计算高分子材料相对分子质量。

高分子材料稀溶液粘度的测定，通常用乌氏粘度计（图 4-52）或奥氏粘度计。乌氏粘度计 B 管中有一根长为 l，内径为 R 的毛细管，毛细管上方有一个体积为 V 的玻璃球。测试时，将溶液（或纯溶剂）注入乌氏粘度计 A 管，然后吸入 B 管并使液面升至 a 线以上。B 管通大气，任液体自由流过毛细管，记录液面流经 a、b 线所需的时间，按下式计算溶液相对粘度。

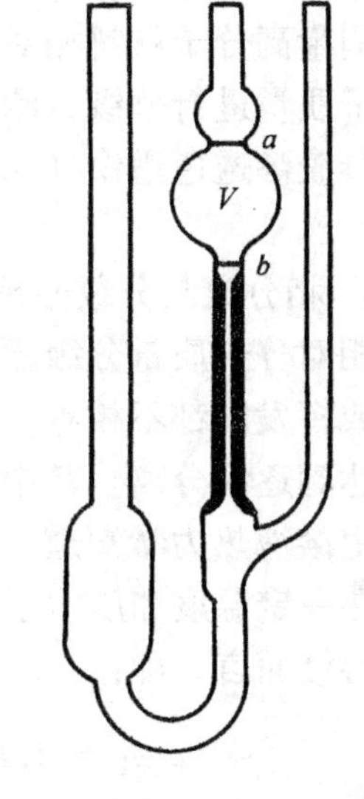

图 4-52　乌氏粘度计结构简图

$$\eta_r = \rho t / \rho_0 t_0 \tag{4-98}$$

式中，ρ 为溶液密度（$g \cdot ml^{-1}$）；ρ_0 为纯溶剂密度（$g \cdot ml^{-1}$）；t 为溶液流出时间（s）；t_0 为溶剂流出时间（s）。由于溶液很稀，$\rho \approx \rho_0$，所以有 $\eta_r = t/t_0$。

为了提高实验精度，注意以下几点：粘度计置于恒温槽内，使测量温差至少控制在 ±0.02℃ 之内；流出时间要长，最好大于 100s，以减少对实验值的校正；为了得到可靠的外推（$c=0$）值，溶液浓度须足够稀。

根据两个半经验式：

Huggins 公式：

$$\frac{\eta_{sp}}{c} = [\eta] + k[\eta]^2 c \tag{4-99}$$

Kraemer 公式：

$$\frac{\ln \eta_r}{c} = [\eta] - \beta[\eta]^2 c \tag{4-100}$$

通过用 η_{sp}/c 或 $\ln\eta_r/c$ 对浓度 c 作图，然后外推到 $c \to 0$，则纵坐标轴上的截距就是［η］（图 4-53），上两式中 k 和 β 为与高

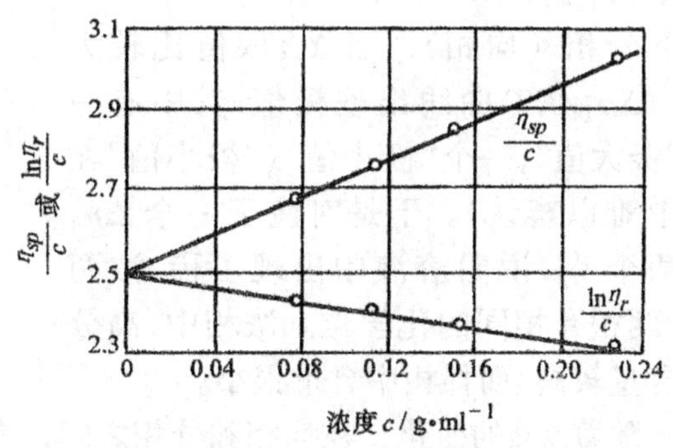

图 4-53　η_{sp}/c 和 $\ln\eta_r/c$ 的浓度依赖性

分子材料-溶剂体系及温度有关的系数。

在高分子材料相对分子质量测量方法中，粘度法是最常用方法之一。粘度法测得相对分子质量是一种统计平均值，称粘均相对分子质量（$\overline{M_\eta}$）。粘度法仪器简单、操作便利、测量和数据处理周期短、实验精确度好，可与其他方法相配合，用以研究大分子在稀溶液中的尺寸、形态以及大分子与溶剂分子之间的相互作用能等。

（三）相对分子质量分布的测定方法

测量高分子材料相对分子质量分布一般有两种方法。一是将高分子材料按相对分子质量进行分级，测出各级分相对分子质量及所占比例，画出分布曲线。二是用凝胶渗透色谱仪（GPC）直接测分布曲线，但 GPC 法不能将各级分严格分开。

1. 相分离与分级原理

相对分子质量分级原理：不同相对分子质量的溶质，其溶解度、沉降速度、吸附或挥发度都不相等，据此可以采用逐步降温或添加沉淀剂、或挥发溶剂等方法，达到逐级分离。其中，利用改变溶解度实现高分子溶液分级的称“相分离”。

由溶液热力学知道，溶液是否分相要视溶剂的化学位 μ_1 与溶液浓度 ϕ_2 的关系。在一定温度和压力下，溶液稳定存在（不分相）的条件是 $\Delta\mu_1<0$，对高分子稀溶液而言，即：

$$\Delta\mu_1 = RT\left[\ln(1-\phi_2)+\left(1-\frac{1}{r}\right)\phi_2+\chi_{12}\phi_2^2\right]<0$$

设高分子材料分子链长度 $r=1000$，计算高分子材料-溶剂相互作用参数 χ_{12} 取不同值时，$\Delta\mu_1$ 随高分子材料体积分数 ϕ_2 的变化，结果示于图 4-54。由图可见，当 χ_{12} 取值比较小时（<0.5），$\Delta\mu_1$ 随 ϕ_2 单调下降，$\Delta\mu_1/RT<0$，体系不分相（均相）；当 χ_{12} 取值比较大时，$\Delta\mu_1/RT$ 曲线出现极值，其中有一个“极大值”，一个“极小值”（“极小值”在图中难以辨认）。于是对应于一个 $\Delta\mu_1$ 有两个 ϕ_2，说明溶液中出现了稀、浓两相，两相有相同的化学位。浓相中，高分子含量较高，而稀相中含量很小。

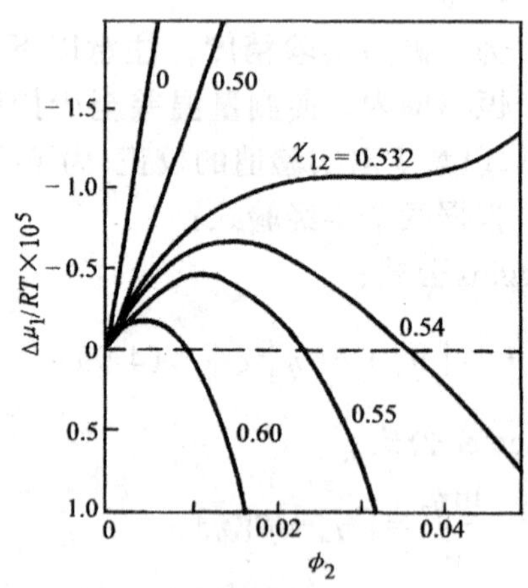

图 4-54 $\Delta\mu_1$ 随 ϕ_2 变化图

随着 χ_{12} 的变化，在均相和分相之间，存在一个临界点，这是相分离的起始点（本例中，$\chi_{12c}=0.532$）。在数学上它应满足拐点条件，即：

$$\frac{\partial(\Delta\mu_1)}{\partial\phi_2} = 0; \qquad \frac{\partial^2(\Delta\mu_1)}{\partial\phi_2^2} = 0 \tag{4-101}$$

解联立方程，得发生相分离的临界点条件：

$$\phi_{2c} = \frac{1}{1 + r^{1/2}} \approx r^{-1/2} \tag{4-102}$$

$$\chi_{12c} = \frac{1}{2} + r^{-1/2} + \frac{1}{2r} \approx \frac{1}{2} + r^{-1/2} \tag{4-103}$$

由高分子材料-溶剂相互作用参数的定义式，还可求出临界共溶温度 T_c：

$$T_c = \frac{Z\Delta W_{12}}{k\chi_{12c}} \tag{4-104}$$

对于具有上临界共溶温度㊀的高分子溶液体系，若温度 $T < T_c$，或 $\chi_{12} > \chi_{12c}$，则体系发生相分离。从上式还可看出，材料相对分子质量大者（r 大），χ_{12c}值小，临界共溶温度 T_c 高，因此，在降温分级过程中，总是相对分子质量大者首先被分离出来。这是逐步降温分级法的原理。

相分离也可以通过在溶液中加入沉淀剂实现。加入沉淀剂等于改变高分子材料-溶剂相互作用参数 χ_{12}（通过改变 ΔW_{12}），使 χ_{12}升高，溶解度下降，发生分离沉淀。这是沉淀分级的原理。

2. 凝胶渗透色谱法（GPC 法）测相对分子质量及分布

凝胶渗透色谱法（GPC 法）是一种快速、高效、试样量少、结果精确的测量高分子材料相对分子质量及其分布的方法。不同相对分子质量的分子分离过程是在装填着惰性、多孔性固体凝胶填料的色谱柱中进行的，常用的凝胶填料为交联的多孔聚苯乙烯凝胶粒、多孔玻璃珠、多孔硅球等。凝胶填料的表面和内部有大量孔径不等的空洞和通道，相当于一个筛子。

测量时将被测高分子材料稀溶液试样从色谱柱上方加入，然后用溶剂连续洗提。洗提溶液进入色谱柱后，小相对分子质量的大分子将向凝胶填料表面和内部的孔洞深处扩散，流程长，在色谱柱内停留时间长；大相对分子质量的大分子，如果体积比孔洞尺寸大，就不能进入孔洞，只能从凝胶粒间流过，在柱中停留时间短；中等尺寸的大分子，可能进入一部分尺寸大的孔洞，而不能进入小尺寸孔洞，停留时间介于两者之间。根据这一原理，流出溶液中相对分子质量大的分子首先流出，相对分子质量小的分子最后流出，相对分子质量从大到小排列，采用示差折光检测仪就可测出试样相对分子质量分布情况。

GPC 法的这一分离原理可用体积排除理论说明。设色谱柱总体积 V_t 由三部

㊀ 有些高分子溶液体系，温度升高容易溶解，温度降低容易相分离，这种体系称具有上临界共溶温度（UCST）体系。反之，称具有下临界共溶温度（LCST）体系。

分组成：

$$V_t = V_0 + V_i + V_g \tag{4-105}$$

式中，V_0为凝胶颗粒粒间体积，V_i为凝胶内部孔洞体积，V_g为凝胶骨架体积。V_0和V_i之和构成柱内的空间体积。根据上述分离原理，测量时，最大的分子（比任何孔洞的尺寸都大）只通过粒间体积V_0就流出，称其淋出体积为V_0；最小的分子（比任何孔洞的尺寸都小）的淋出体积等于$V_0 + V_i$；中等尺寸的分子的淋出体积应等于：

$$V_e = V_0 + KV_i \tag{4-106}$$

式中，K称分配系数，大小不等的分子有不同的分配系数，因而可以分离（图4-55）。

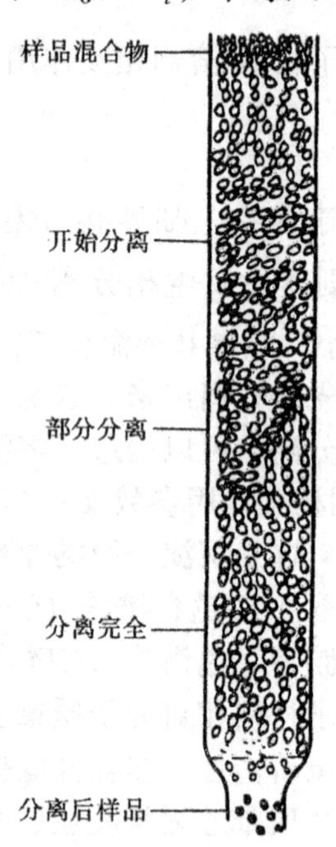

图 4-55 凝胶渗透色谱仪按分子尺寸分离大分子原理

淋出体积与高分子相对分子质量之间存在一定关系，这种关系是利用一组已知相对分子质量的单分散试样作色谱图求得的。表征这种关系的方程称校正曲线方程，一般写作$\ln M = A - BV_e$，式中A、B是常数，V_e是淋出体积。以$\ln M$对V_e作图得到的曲线称校正曲线。淋出体积可通过定量收集瓶连续收集淋洗液而得知。

为了测量高分子材料相对分子质量分布，不仅要把大小不同的分子分离开来，还要知道各级分的含量。级分的含量与淋洗液的浓度有关，通常用示差折光检测仪测量淋出液的折光指数与纯溶剂的折光指数之差Δn表征溶液的浓度。图4-56为凝胶渗透色谱仪绘出的GPC谱图，纵坐标是折光指数之差Δn，表示级分的含量；横坐标是淋出体积，表征分子尺寸的大小。由此可见，GPC谱图反映的是高分子材料相对分子质量分布。根据GPC谱图还可以计算试样的平均分子量$\overline{M}_n$和$\overline{M}_w$。

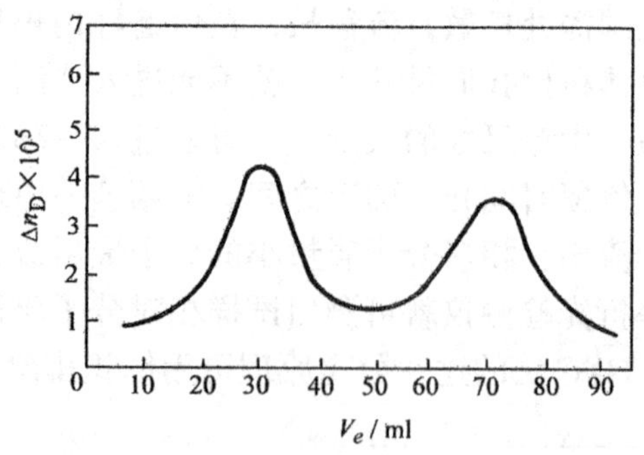

图 4-56 凝胶渗透色谱仪绘出的GPC谱图

四、交联高分子材料的溶胀平衡

已知交联或网状高分子材料，只要交联键不破坏，就不能被溶剂溶解，但交联高分子材料仍能吸收大量溶剂而溶胀，形成凝胶。溶胀过程中，有两种作用力在相互竞争：一是溶剂力图渗入高分子材料内部使其体积膨胀，另一个是由于交联高分子材料膨胀导致网状分子链向三维空间伸展，使交联网受到应力而产生弹性回缩。当这两种竞争的作用相互抵消、达到平衡时溶胀结束，称达到了溶胀平衡。

可以根据交联高分子材料吸收溶剂的质量或体积定义溶胀度 Q：

$$Q=\frac{m-m_0}{m_0}\quad 或\quad Q=\frac{V-V_0}{V_0}\tag{4-107}$$

式中，m_0、V_0 为溶胀前试样的质量和体积；m、V 为溶胀后试样的质量和体积。另外，定义溶胀比 q：$q=\frac{V}{V_0}$。

恒温下测量溶胀度 Q 随溶胀时间的变化，得到溶胀曲线如图 4-57 所示。初始阶段（OA 段）溶胀速度甚快；一段时间后，速度减慢；AB 段近似为直线，但它与时间轴不平行，说明溶胀尚未平衡。延长 BA 交纵轴于 E，过 E 作线段平行于时间轴。我们称 OE 值为最大物理溶胀值，CA 为溶胀的附加增长，这是由于氧化作用引起分子网破裂形成的化学溶胀。

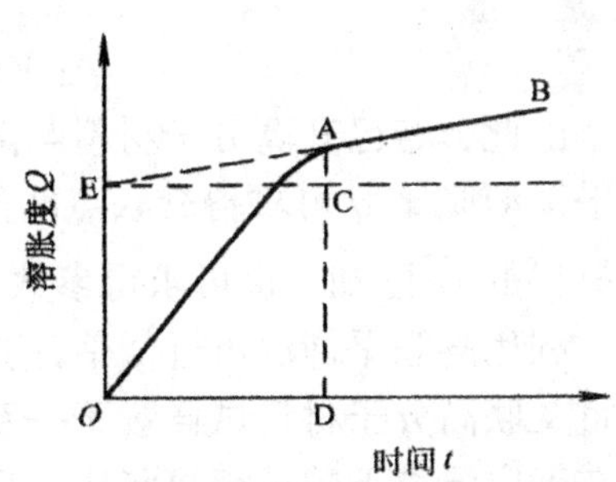

图 4-57　交联高分子材料的溶胀曲线

从热力学角度考虑，溶胀平衡时，溶胀体内溶剂的化学位与溶胀体外溶剂的化学位相等，即 $\Delta\mu_1=0$。而溶胀过程中体系吉布斯自由能的变化由两部分组成：一部分是高分子材料与溶剂的混合吉布斯自由能 ΔG_m，另一部分是交联网变形的弹性吉布斯自由能 ΔG_e，所以有：

$$\Delta\mu_1=\Delta\mu_1^m+\Delta\mu_1^e=\overline{\Delta G_1}+\overline{\Delta G_e}=0\tag{4-108}$$

根据 Flory-Huggins 的晶格模型理论：

$$\overline{\Delta G_1}=\Delta\mu_1^m=\left(\frac{\partial\Delta G_m}{\partial n_1}\right)_{T,P,n_2}=RT\left[\ln\phi_1+\left(1-\frac{1}{r}\right)\phi_2+\chi_{12}\phi_2^2\right]\tag{4-109}$$

而根据高弹性统计理论

$$\overline{\Delta G_e}=\Delta\mu_1^e=\left(\frac{\partial\Delta G_e}{\partial n_1}\right)_{T,P,n_2}=RT\frac{\rho_2\widetilde{V_1}}{\overline{M}_c}\phi_2^{1/3}\tag{4-110}$$

式中，ρ_2 是高分子材料密度，$\widetilde{V_1}$是溶剂的摩尔体积，$\overline{M_c}$ 为网链平均相对分子质量。由此得到：

$$\ln\phi_1 + \left(1 - \frac{1}{r}\right)\phi_2 + \chi_{12}\phi_2^2 + \frac{\rho_2\widetilde{V_1}}{\overline{M_c}}\phi_2^{1/3} = 0 \qquad (4\text{-}111)$$

由于 $r \gg 1$，$\phi_1 = 1 - \phi_2$，因而有：

$$\ln(1 - \phi_2) + \phi_2 + \chi_{12}\phi_2^2 + \frac{\rho_2\widetilde{V_1}}{\overline{M_c}}\phi_2^{1/3} = 0 \qquad (4\text{-}112)$$

此公式称交联高分子材料溶胀平衡方程式。当交联度不太大时，交联高分子材料在良溶剂中的溶胀比 q 可以大于10，因此，$\phi_2 = 1/q \approx 0.1$；展开 $\ln(1 - \phi_2) = -\phi_2 - \frac{1}{2}\phi_2^2 - \cdots$，代入式（4-112)，得到：

$$\frac{\overline{M_c}}{\rho_2\widetilde{V_1}}\left(\frac{1}{2} - \chi_{12}\right) = q^{5/3} \qquad (4\text{-}113)$$

由此，若已知高分子材料与溶剂的相互作用参数 χ_{12}，则从交联高分子材料的平衡溶胀比 q 可求得交联点间的网链平均相对分子质量$\overline{M_c}$；反之若某一高分子材料的$\overline{M_c}$已知，也可求得参数 χ_{12}。

利用溶胀平衡法可近似估计交联高分子材料的内聚能密度和溶解度参数。只要将交联高分子材料试样置于一系列已知内聚能密度或溶解度参数的溶剂中，测定在确定温度下的平衡溶胀比，根据溶解度参数相近原则，溶胀比最大的溶剂的内聚能密度和溶解度参数应该近似等于高分子材料的内聚能密度和溶解度参数。

第五节　高分子液体的流变性

高分子液体包括高分子熔体和高分子溶液。高分子熔体指高分子材料熔融后（T 大于粘流温度 T_f 或熔点 T_m）的凝聚状态；高分子溶液在本节多指浓溶液。高分子熔体和溶液具有流变性，是高分子材料可以加工成型不同形状制品的依据。

高分子液体的流动与小分子液体差别很大。由于高分子材料相对分子质量大，分子链结构及分子链松弛运动特殊，使其流动性变得十分复杂。一方面具有复杂的粘性流动行为，粘度常随剪切速度提高而下降，出现剪切变稀效应；另一方面流动中还包含弹性形变，出现挤出胀大、熔体破裂、法向应力差等效应。所谓高分子液体的流变性就是指其流动过程中的粘弹性。与前面讨论的线性粘弹性不同，高分子液体粘弹性属于非线性粘弹性。研究这种粘弹性有助于人们深刻认识高分子各种非线性性质。

研究高分子液体流变性还具有重要工程意义。迄今为止，几乎所有高分子材料制品都是在熔体或（和）溶液状态下进行加工的，因此，研究其流变规律性，对于聚合工程和高分子材料加工工艺的合理设计、正确操作，对于获得性能良好的制品，实现高产、优质、低耗具有重要指导意义。

一、高分子材料粘流态特征及流动机理

从高分子材料温度-形变曲线可知，粘流态是指高分子材料处于流动温度（T_f）和分解温度（T_d）之间的一种凝聚态。粘流态主要特征，从宏观看是在外力场作用下，熔体产生不可逆永久变形（塑性形变和流动）；从微观看，处于粘流态的大分子链能产生重心相对位移的整链运动。值得注意的是在粘流态下，材料的形变除有不可逆的流动成份外，还有部分可逆的弹性形变成份，因此，这种流动称为"弹性流动"或"类橡胶液体流动"。

绝大多数线型高分子材料具有粘流态。对无定型高分子材料而言，温度高于流动温度即进入粘流态（参看图 4-1）。对结晶型高分子材料而言，相对分子质量低时，温度高于熔点（T_m）即进入粘流态；相对分子质量高时，熔融后可能存在高弹态，需继续升温，高于流动温度才进入粘流态（参看图 4-2）。交联和体型高分子材料不具有粘流态，（如硫化橡胶及酚醛树脂，环氧树脂，聚酯等热固性树脂）其分子链间有化学键联系，不破坏这些联系，分子链就无法相对移动。某些刚性分子链和分子链间有强相互作用的高分子材料，如纤维素酯类，聚四氟乙烯、聚丙烯腈、聚乙烯醇等，其分解温度（T_d）低于流动温度（T_f），因而，也不存在粘流态。表 4-12 给出一些高分子材料的流动温度参考值。

表 4-12　部分高分子材料的流动温度

高分子材料	流动温度/℃	高分子材料	流动温度/℃
天然橡胶	126～160	聚丙烯	200～220
低压聚乙烯	170～200	聚甲基丙烯酸甲酯	190～250
聚氯乙烯	165～190	尼龙 66	250～270
聚苯乙烯	～170	聚甲醛	170～190

研究表明，粘流态下大分子运动的基本结构单元不是分子整链，而是链段。高分子熔体内自由体积（空穴）的尺寸远比分子整链的体积小，而与链段体积相当，这种空穴只能提供链段跃迁所需要的空间。所谓大分子的整链运动，是通过链段相继跃迁，分段位移实现的。

二、高分子液体的流动曲线和流动规律

（一）流动曲线

液体流动时，不同流速的层面之间存在剪切力和剪切形变，这种剪切属于内摩擦，消耗能量，表现为液体具有粘性。单位层面上的剪切力称剪切应力 σ，单位

为 Pa；单位时间内发生的剪切形变（记为 γ）称剪切速率 $\dot{\gamma}=\mathrm{d}\gamma/\mathrm{d}t$，单位为 s^{-1}。剪切速率 $\dot{\gamma}$ 与不同层面流体的速度梯度有关，设速度梯度为 $\mathrm{d}v/\mathrm{d}y$，可以证明：

$$\dot{\gamma}=\frac{\mathrm{d}\gamma}{\mathrm{d}t}=\frac{\mathrm{d}v}{\mathrm{d}y} \tag{4-114}$$

大多数小分子液体流动时，遵循牛顿流动定律：剪切应力与剪切速率成正比。

$$\sigma=\eta_0\dot{\gamma} \tag{4-115}$$

比例系数 η_0 为常数剪切粘度，又称牛顿粘度，单位为 Pa·s 或泊。此类液体称牛顿型流体。若以剪切应力 σ 对剪切速率 $\dot{\gamma}$ 作图，得到流动曲线是一条通过原点的直线（图 4-58）。直线斜率即剪切粘度 η_0，显然 η_0 是与剪切速率 $\dot{\gamma}$ 无关的材料常数。

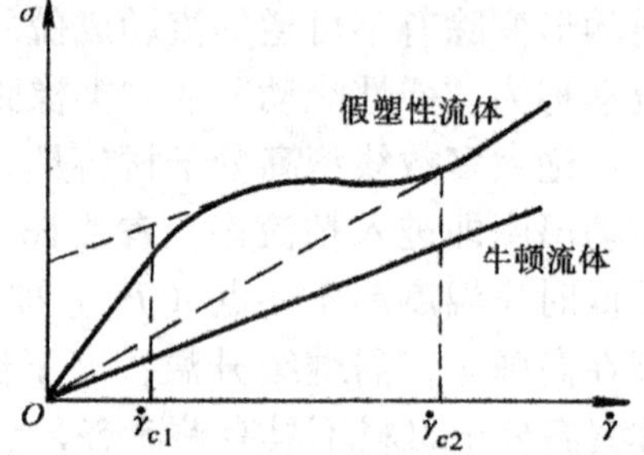

图 4-58 牛顿流体与假塑性流体的流动曲线

高分子液体流动规律不完全服从牛顿流动定律，属于非牛顿型流体的一种。对大多数高分子熔体而言，低速流动时（$\dot{\gamma}\to 0$）近似遵循牛顿流动定律，其粘度称零剪切粘度，也记为 η_0；流速较高时，切应力与剪切速率之间不再呈直线关系（图 4-58）。若仿照牛顿粘度的定义，定义曲线上一点到坐标原点的割线斜率为流体的表观粘度 η_a，即

$$\eta_a=\sigma/\dot{\gamma} \tag{4-116}$$

可以看出，表观粘度是剪切速率（或切应力）的函数。剪切速率增大，表观粘度降低，呈剪切变稀效应。我们称这类流体为假塑性流体。表观粘度单位与牛顿粘度相同。

（二）幂律方程

实验发现，在通常加工过程的剪切速率范围内（大约 $\dot{\gamma}=10^0\sim10^3\mathrm{s}^{-1}$），许多高分子熔体和浓溶液的切应力与剪切速率满足如下经验公式：

$$\sigma=K\dot{\gamma}^n \tag{4-117}$$

或

$$\eta_a=\sigma/\dot{\gamma}=K\dot{\gamma}^{n-1} \tag{4-118}$$

该公式称幂律方程。式中 K 和 n 为材料参数，$n=\dfrac{\mathrm{dln}\sigma}{\mathrm{dln}\dot{\gamma}}$，称材料的流动指数或非牛顿指数，等于在 $\ln\sigma$—$\ln\dot{\gamma}$ 双对数坐标图中曲线的斜率。K 是与温度有关的粘性参数。

对牛顿型流体，$n=1$，$K=\eta_0$；对假塑性流体，$n<1$。n 偏离 1 的程度越

大，表明材料的假塑性（非牛顿性）越强；n 与 1 之差，反映了材料非线性性质的强弱。一般橡胶材料的 n 值比塑料更小些。同一种材料，在不同的剪切速率范围内，n 值也不是常数。通常剪切速率越大，材料的非牛顿性越显著，n 值越小。此外，所有影响材料非线性性质的因素也必对 n 值有影响。如温度下降、相对分子质量增大、填料量增多等，都会使材料非线性性质增强，从而使 n 值下降。填入软化剂、增塑剂则使 n 值上升。

幂律方程由于公式简单，在工程上有较大的实用价值。许多描述材料假塑性行为的软件设计程序采用幂律方程作为材料的本构方程。幂律方程的缺陷在于它是一个纯粹经验方程，物理意义不够明确，而且不能描写材料弹性行为。另外由于 n 值的多变性，使其适用的剪切速率范围较窄，在使用中应注意。

Carreau 方程　为了既能描写材料在高剪切速率下的假塑性行为，又能描写低剪切速率下的牛顿流动行为，Carreau 提出如下公式描写材料粘度的变化规律：

$$\eta_a = \frac{a}{(1+b\dot{\gamma})^c} \tag{4-119}$$

式中，a、b、c 为三个待定参数，可通过与实验曲线对比加以确定。比如当 $\dot{\gamma}\to 0$，由上式得 $\eta_a=\eta_0=a$，$\dot{\gamma}\gg 1/b$，$\eta_a=a(b\dot{\gamma})^{-c}$，相当于幂律方程，可以通过确定 n 值来确定 c；当 $\dot{\gamma}$ 与 $1/b$ 值相当时，公式反映了材料性质由线性区向非线性区（幂律区）的过渡。可见，Carreau 公式能够描述比幂律方程更广剪切速率范围内材料的流动性质。但是 Carreau 公式中有三个待定常数，比幂律方程多，因此更复杂些。也有许多软件设计程序采用 Carreau 公式作为材料的本构方程。

（三）关于“剪切变稀”行为的说明

“剪切变稀”是假塑性流体的典型流变行为，与材料的结构特点紧密相关。关于其机理曾提出多种理论说明，下面介绍“大分子构象改变说”。

“大分子构象改变说”　已知柔性链大分子在溶液或熔体中处于卷曲的无规线团状。在溶液中，根据溶剂分子与大分子链段相互作用的强弱，分子链呈或紧或松的卷曲状态。当分子内外各种相互作用抵消时，大分子处于重要的参考状态，即 Θ 状态，分子链构象为 Gauss 链构象。结构研究表明，当熔体处于平衡态时，熔体中大分子链构象也接近 Gauss 链构象。

当在外力或外力矩的作用下熔体流动时，大分子链的构象被迫发生改变。同时，由于大分子链运动具有松弛特性，被改变的构象还会局部或全部地恢复。当流动过程进行得很慢，体系所受的剪切应力或剪切速率很小，分子链构象变化得也很慢，而且分子链运动有足够的时间进行松弛，致使其构象分布从宏观上看几乎不发生变化，故体系粘度也不变（趋于 η_0），表现出牛顿型流动特点。

当体系所受的剪切应力或剪切速率较大时，一方面高分子链的构象发生明显变化，这种变化主要源于大分子链沿流动方向取向；另一方面由于过程进行速度快，体系没有足够的时间充分松弛，使长链大分子偏离原来的平衡构象。取向的大分子间相对流动阻力减少，使体系宏观粘度下降，出现“剪切变稀”的假塑性现象（图4-59）。

高分子液体流动时，除有剪切粘性外，还表现出弹性液体的性质。这种弹性本质上是熵弹性，与处于高弹态的本体高弹性本质类同。按照高分子构象改变说，柔性大分子链在外界应力作用下沿流动方向取向，使体系的构象熵减小；由于松弛作用，体系的构象熵会部分地恢复，从而表现出熵弹性。高分子液体的弹性与本体高弹性的重要差别在于液体的弹性总是与不可逆的粘性流动纠合在一起。

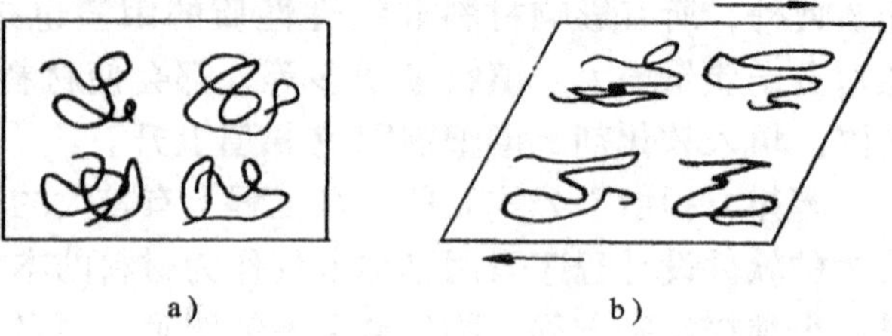

图4-59 大分子链在切应力作用下沿流动方向取向

a）剪切前 b）剪切后

三、影响高分子液体剪切粘度的因素

影响高分子液体剪切粘度的因素众多，归结起来大致分为三类：实验条件和生产工艺条件的影响（温度 T、压力 p、切速度 $\dot{\gamma}$ 或切应力 σ 等）；大分子结构参数的影响（平均相对分子质量 $\overline{M}_W$；相对分子质量分布 $\overline{M}_W/\overline{M}_n$；长链支化度等）；物料结构及成分的影响（配方成分）。

（一）实验条件和生产工艺条件的影响

1. 温度和压力的影响

高分子液体流动过程中，温度 T 和压力 p 对流动行为影响十分显著。图4-60给出温度和压力变化对聚甲基丙烯酸甲酯（PMMA）零剪切粘度的影响。可

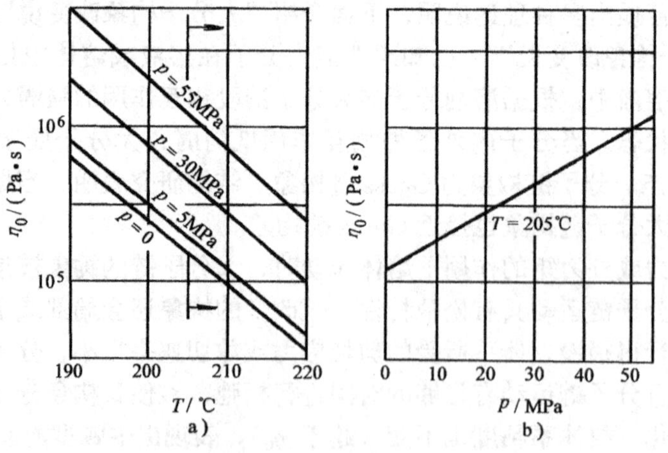

图4-60 PMMA的粘度与温度和压力的关系

以看出温度升高时，物料粘度下降；压力升高时，物料粘度上升。压力升至55MPa（550bar）时，PMMA的零剪切粘度增高近十倍；而如果要保持粘度不变，则温度要相应地升高大约23℃。

图4-61给出乙酸丁酸纤维素在不同温度下的粘度曲线。这些曲线有两大特点：①温度升高，物料粘度下降；温度对粘度的影响在低剪切速率范围特别明显；②不同温度下的粘度曲线形状相似，只是位置因温度不同而相对位移。

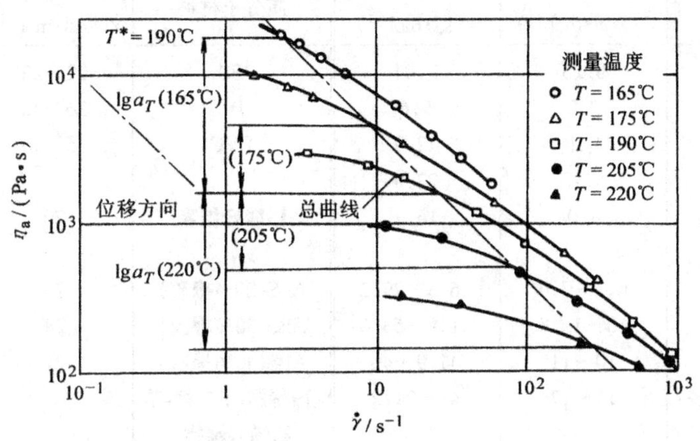

图4-61　不同温度下乙酸丁酸纤维素的粘度曲线

温度是分子无规则热运动激烈程度的反映，温度升高，分子热运动加剧，分子间距增大，材料内部“空穴”（自由体积）增多，使链段更易于活动，内摩擦减少，粘度下降。在温度远高于玻璃化转变温度 T_g 和熔点 T_m 时（$T > T_g + 100℃$），高分子熔体粘度与温度的依赖关系可用Andrade方程（即Arrhenius方程）很好地描述：

$$\eta_0(T) = K\exp\left(\frac{E_\eta}{RT}\right) \tag{4-120}$$

式中，$\eta_0(T)$ 为温度 T 时的零剪切粘度；K 为材料常数，$K=\eta_0(T\to\infty)$；R 为普适气体常数，E_η 称粘流活化能，单位为 $\text{J}\cdot\text{mol}^{-1}$ 或 $\text{kcal}\cdot\text{mol}^{-1}$。

粘流活化能 E_η 是描述材料粘-温依赖性的物理量。E_η 定义为流动过程中，流动单元（对高分子液体而言即链段）用于克服位垒，由原位置跃迁到附近“空穴”所需的最小能量。E_η 既反映着材料流动的难易程度，更重要的是反映了材料粘度变化的温度敏感性。由于高分子液体的流动单元是链段，因此，粘流活化能的大小与分子链结构有关，而与总相对分子质量关系不大。一般说来，分子链刚性大，极性强，或含有较大侧基的材料，链段体积大，粘流活化能较高，如PVC、PC、纤维素等。与此相反，柔性较好的线型高分子材料粘流活化能较低。表4-13给出几种高分子材料粘流活化能。

表中列出的材料按粘流活化能 E_η 大小可分为三大类：橡胶类材料由于分子链柔顺，粘流活化能很低；纤维素材料分子链刚硬，粘流活化能高；塑料类材料居其中。三类材料界限分明。由此可见，粘流活化能 E_η 的大小也成为我们区别不同类型高分子材料的一个判据。

表 4-13　一些高分子材料体系的粘流活化能

高分子材料	E_η /(kcal·mol^{-1})	E_η /(kJ·mol^{-1})	高分子材料	E_η /(kcal·mol^{-1})	E_η /(kJ·mol^{-1})
天然橡胶	0.25	1.04	PS	22～23	92～96
顺丁橡胶	2.3	9.6	PC	26～30	108.3～125
丁苯橡胶	3.1	12.9	PVC	35～40	147～168
丁腈橡胶	5.42	22.6			
聚二甲基硅氧烷	4.0	16.7	醋酸纤维素	70	293.3
HDPE	6.3～7.0	26.3～29.2	ABS(20%橡胶)	26	108.3
LDPE	10～12.8	41.9～53.6	ABS(30%橡胶)	24	100
PP	10～11	41.9～46	ABS(40%橡胶)	21	87.5
PP(长支链较多)	11～17	46～71.2	(丙烯腈-丁二烯-苯乙烯共聚物)		

对(4-120) 式两边求对数，得

$$\lg\eta_0(T) = \lg K + \frac{E_\eta}{2.303RT} \tag{4-121}$$

在不同温度下测量液体的零剪切粘度 $\eta_0(T)$ 值，以 $\lg\eta_0(T) \sim 1/T$ 作图，从所得直线的斜率可方便求得粘流活化能 E_η 的大小。

高分子粘度的温度敏感性与材料的加工行为有关。对于粘-温敏感性大的材料如树脂，纤维等，温度升高，粘度急剧下降，宜采取升温的办法降低粘度。从另一方面看，由于粘度的温敏性大，加工时必须严格控制温度，否则将影响产品质量。粘－温敏感性小的材料，如橡胶，其粘度随温度上升变化不大，不宜采取升温的办法降低粘度。工业上多通过强剪切（塑炼）作用，从降低相对分子质量来降低粘度。但粘-温敏感性小的材料，加工性能较好。因为加工时，即使设备温度有所变化，材料流动性也变化不大，易于控制操作，质量稳定。天然橡胶与丁苯橡胶比较，天然橡胶的加工性能好，这与天然橡胶的粘－温敏感性小有关。

2. 剪切速率和切应力的影响

剪切速率和切应力对高分子液体粘度的影响主要表现为“剪切变稀”效应。这种效应对高分子材料加工具有重要意义。由于实际加工过程都是在一定剪切速率 $\dot{\gamma}$ 范围内进行的（见表 4-14），因此，掌握材料粘-切依赖性的“全貌”对指导改进高分子材料加工工艺十分必要。

表 4-14　各种加工方法对应的剪切速率范围

加工方法	$\dot{\gamma}/s^{-1}$	加工方法	$\dot{\gamma}/s^{-1}$
压　制	$10^0 \sim 10^1$	压　延	$5\times10^1 \sim 5\times10^2$
开　炼	$5\times10^1 \sim 5\times10^2$	纺　丝	$10^2 \sim 10^5$
密　炼	$5\times10^2 \sim 10^3$	注　射	$10^3 \sim 10^5$
挤　出	$10^1 \sim 10^3$		

工业上常用 Mooney 粘度计或熔融指数仪表征材料的流动性，这往往是不够的。Mooney 粘度计测量的剪切速率较低（$\dot{\gamma}\approx1.2s^{-1}$），若几种胶料的粘-切依赖性不同，很可能出现相同 Mooney 粘度的胶料在加工过程的剪切速率范围内（比如 $\dot{\gamma}=10^2s^{-1}$）粘度差别很大的现象。

用毛细管流变仪和转子式粘度计可以较全面地测量材料的粘-切依赖性，见图 4-62。对比图中各种材料的“剪切变稀”曲线，至少可以得到以下几方面的信息：①材料的零剪切粘度 η_0 高低不同；对同一类材料而言，η_0 主要反映了相对分子质量的差别。②材料流动性由线性行为（牛顿型流体）转入非线性行为（非牛顿型流体）的临界剪切速率 $\dot{\gamma}_c$ 不同；③幂律流动区的曲线斜率不同，即流动指数 n 不同。流动指数 n 反映了材料粘-切依赖性的大小。

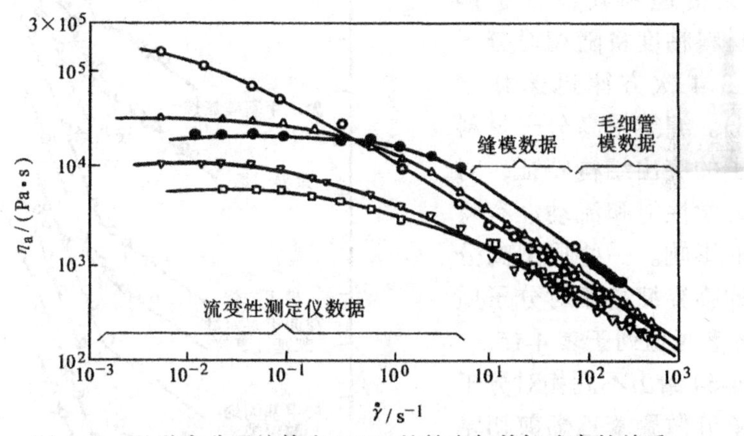

图 4-62　几种高分子熔体在 200℃ 的粘度与剪切速率的关系

○—HDPE；△—PS；●—PMMA；▽—LDPE；□—PP

流动曲线的差异归根结底反映了分子链结构及流动机理的差别。一般讲，相对分子质量较大的柔性分子链，在剪切流场中易发生解缠结和取向，粘－切依赖性较大。长链分子在强剪切场中还可能发生断裂，相对分子质量下降，也导致粘度降低。由此可知，多数橡胶材料的粘切依赖性比塑料大。

（二）分子结构参数的影响

尽管大分子的链结构参数对高分子液体的流动性也有影响，但由于流动时分子整链发生相对位移，因此，影响高分子液体流动性的主要结构参数为超分子结构参数，即平均相对分子质量、相对分子质量分布、长链支化度。

1. 平均相对分子质量的影响

线型柔性链高分子熔体或浓溶液的零剪切粘度 η_0 与平均相对分子质量之间的关系符合 Fox-Flory 公式：

$$\eta_0 = \begin{cases} K_1\overline{M}_w & \overline{M}_w < M_c \\ K_2\overline{M}_w^{3.4} & \overline{M}_w > M_c \end{cases} \tag{4-122}$$

式中，M_c 为分子链发生“缠结”的临界相对分子质量。

公式表明，当平均相对分子质量小于临界缠结相对分子质量时，材料的零剪切粘度与相对分子质量基本成正比。一旦相对分子质量大到分子链间发生相互缠结，分子链间相互作用增强，一条分子链上受到的应力会传递到其他分子链上，则材料粘度将随相对分子质量的 3.4 次方律迅速猛增(图 4-63)。缠结是高分子材料链状分子的突出结构特征，对材料的力学性能和流动性有特别重要的影响。一些典型高分子材料的临界缠结相对分子质量 M_c 的参考值列于表 4-15。

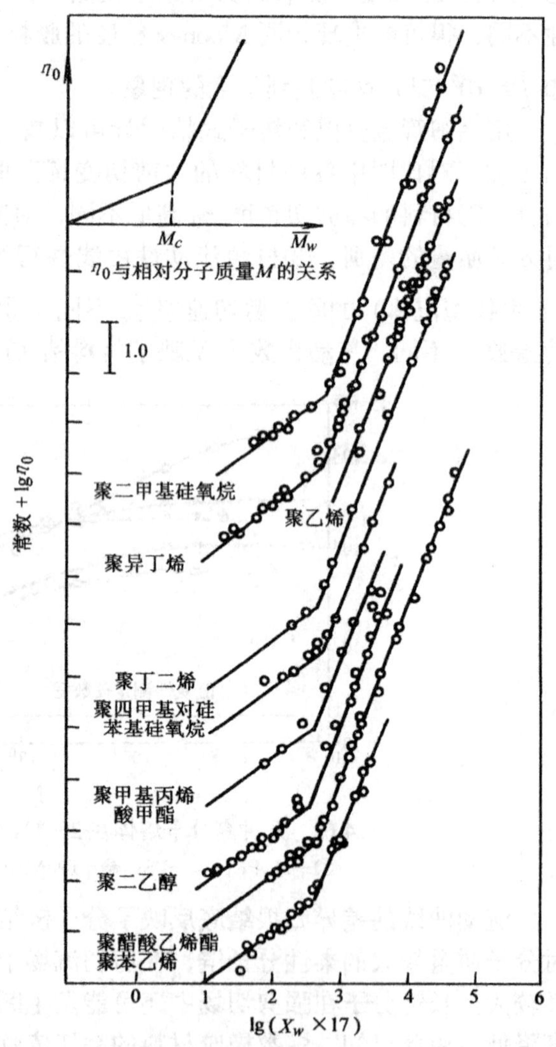

图 4-63 一组高分子材料的粘度与相对分子质量 M 的关系

图 4-64 给出不同相对分子质量的单分散聚苯乙烯剪切粘度对剪切速率的关系曲线。从图中不仅可以看出随相对分子质量增高材料粘度迅速升高，而且看出，随相对分子质量增大，材料开始发生剪切变稀的临界切变速率 $\dot{\gamma}_c$ 变小，非牛顿流动性突出。究其原因是，

相对分子质量大，其变形松弛时间长，流动中发生取向的分子链不易恢复原形，因此，较早地出现流动阻力减少的现象。

表 4-15 典型高分子材料的临界缠结相对分子质量参考值

高分子材料	临界缠结相对分子质量 M_c
线型聚乙烯	3800～4000
聚苯乙烯	38000
聚乙酸乙烯酯	24500～29200
聚异丁烯	15200～17000
聚丁二烯-1,4（50%顺式）	5900
聚甲基丙烯酸甲酯（一般有规）	27500
聚二甲基硅氧烷	24000～35000
聚己内酰胺（线型）	19200

从纯粹加工的角度来看，降低相对分子质量肯定有利于改善材料的流动性，橡胶行业采用大功率炼胶机破碎、塑炼胶料即为一例。但相对分子质量降低后必然影响材料的强度和弹性，因此，需综合考虑。不同的材料，因用途不同，加工方法各异，对相对分子质量的要求不同。总体来看，橡胶材料的相对分子质量要高一些（约 10^5～10^6），纤维材料的相对分子质量要低一些（约 10^4），塑料居其中。而塑料中，用于注射成型的树脂相对分子质量应小些，用于挤出成型的树脂相对分子质量可大些，用于吹塑成型的树脂相对分子质量可适中。橡胶工业中常用门尼粘度表征材料的流动性，塑料工业中常用熔融指数或流动长度表征塑料的流动性，其实也是作为最简单的方法用来判断材料相对分子质量的大小。一般橡胶的门尼粘度值大，表示流动阻力大，相对分子质量高；塑料的熔融指数大，表示流动性好，相对分子质量小。

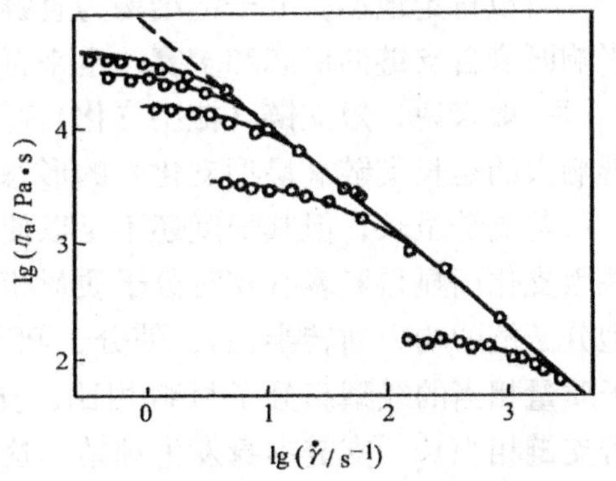

图 4-64 183℃时几种不同相对分子质量的聚苯乙烯的粘度与切变速率的关系

从上到下各曲线对应的相对分子质量分别是 242,000；217,000；179,000；117,000；48,500

2．相对分子质量分布的影响

相对分子质量分布对熔体粘性的主要影响规律有，当分布加宽时，物料粘流温度 T_f 下降，流动性及加工行为改善。这是因为，此时分子链发生相对位移的温度范围变宽，尤其是低相对分子质量级分起内增塑作用，使物料开始发生流动的温度降低。

相对分子质量分布宽的试样，其非牛顿流变性较为显著。主要表现为，在低剪切速率下，宽分布试样的粘度，尤其是零剪切粘度 η_0 往往较高；但随着剪切速率的增大，宽分布试样与窄分布试样相比(设两者重均相对分子质量相当)，其发生剪切变稀的临界剪切速率 $\dot{\gamma}_c$ 偏低，粘-切敏感性较大。到高剪切速率范围内，宽分布试样的粘度可能反而比相当的窄分布试样低。这种性质使得在高分子材料加工时，特别是橡胶制品加工时，希望材料相对分子质量分布稍宽些为宜。宽分布橡胶不仅比窄分布材料更易挤出或模塑成型，而且在停放时的"挺性"也更好些。

对塑料制品加工而言，由于树脂本身的相对分子质量不高，材料流动性好，故对相对分子质量分布宽度要求不高。但在诸如注塑、挤出等切变速率较高的加工过程中，选择相对分子质量分布较宽的材料，其加工流变行为更佳。当然同时也要注意相对分子质量低的组分对材料耐应力开裂性能的影响。

3．支化结构的影响

可以肯定地说，分子链结构为直链型或支化型对材料流动性影响很大，这种影响既来自支链的形态和多寡，也来自支链的长度。

一般来说，短支链（梳型支化）对材料粘度的影响甚微。对高分子材料粘度影响大的是长支链（星型支化）的形态和长度。

若支链虽长，但其长度还不足以使支链本身发生缠结，这时分子链的结构往往因支化而显得紧凑（相对分子质量相当时，支化分子链的均方回转半径小于线型分子链的均方回转半径），使分子间距增大，分子间相互作用减弱。与相对分子质量相当的线型高分子材料相比，支化高分子材料的粘度要低些（$\eta_b < \eta_l$）。若支链相当长，支链本身发生缠结，这时支化高分子材料的流变性质更加复杂。在高剪切速率下，支化高分子材料比相对分子质量相当的线型高分子材料的粘度低，但其非牛顿性较强。在低剪切速率下，与相对分子质量相当的线型高分子材料相比，支化高分子材料的零剪切粘度或者要低些，或者要高些。对于后一种情况，即 $\eta_{0b} > \eta_{0l}$，称支化高分子材料的零剪切粘度出现反转。

（三）配合剂的影响

任何高分子材料加工时均需使用配合剂。在众多配合剂中，除去对材料流动性有质的影响，如交联剂、硫化剂、固化剂外，对流动性影响较显著的有两大类：填充补强材料，软化增塑材料。

关于填充补强材料，无论是碳酸钙，赤泥，陶土，高岭土等无机粉料，或炭黑、短纤维等增强（补强）材料，加入到高分子材料后都有使体系粘度上升，弹性下降，硬度和模量增大，流动性变差的作用。而软化增塑剂（如各种矿物油，一些低聚物等）的作用则是减弱物料内大分子链间的相互牵制，使体系粘度下降，非牛顿性减弱，流动性改善。

1．炭黑的影响

炭黑是橡胶工业中大量使用的增强（补强）材料。橡胶制品添加炭黑后，抗拉强度能够提高几倍到几十倍。大量炭黑的添加也对橡胶的流动性产生显著影响，主要影响为：①增粘效应，使体系粘度升高；②使体系非牛顿流动性减弱，流动指数 n 值升高。单纯从炭黑的角度看，影响体系流动性的因素有炭黑的用量、粒径、结构性及表面性质，其中尤以用量和粒径为甚。一般用量越多，粒径越细，结构性（吸油量）越高，体系粘度增加得越大。增大的原因被解释为：炭黑粒子为活性填料，其表面可同时吸附几条大分子链，形成类缠结点。这些缠结点阻碍大分子链运动和滑移，使体系粘度上升。炭黑用量越多，粒径越细，结构性越高，类缠结点密度越大，粘度也越大。

2. 碳酸钙的影响

碳酸钙属无机惰性填料，填充到高分子材料中主要起增容积作用以降低成本。它对体系性能至少有以下两点影响：一是增多体系内部的微空隙，使材料内部应力集中点增加，导致破坏过程加速；二是使熔体粘度增大，弹性下降，加工困难，设备磨损加快。所以，在加工高填充物料时，一定要充分注意加工条件、工艺的选择和控制，充分注意模具、机头的设计和加工设备的选型。碳酸钙粒子本身也有堆砌结构，在持续剪外力作用下，结构有由解体到再重建，混乱到再有序，不平衡到平衡的渐变过程，表现出触变性质。填充量越高，体系粘度越大，但粘流活化能几乎不变，高填充体系有时还表现出屈服应力。

3. 软化增塑剂的影响

软化增塑剂主要用于粘度大，熔点高，难加工的高填充高分子体系，以期降低熔体粘度，降低熔点，改善流动性。一般认为，软化增塑剂加入后，可增大分子链之间的间距，起到稀释作用和屏蔽大分子中极性基团，减少分子链间相互作用力。另外，低分子量的软化—增塑剂掺在大分子链间，使发生缠结的临界分子量提高，缠结点密度下降，体系的非牛顿性减弱。常用的软化增塑剂有各种油类及一些低聚物。(参看第五章第一、二节)

四、高分子液体流动中的弹性效应

实验发现，几种粘度相近、相对分子质量分布大致相同的聚乙烯熔体，其加工行为却有很大差异，分析得知，这些差异主要因为不同熔体的弹性行为（拉伸粘度和法向应力差）不同引起的。高分子液体的弹性属于熵弹性。在流动过程中，材料的粘性行为和弹性行为交织在一起，因此，研究高分子液体的弹性规律性对高分子材料加工也十分重要。

高分子液体流动时，表现出形形色色的奇异弹性行为。主要有挤出过程中的挤出胀大现象，不稳定流动和熔体破裂现象，“爬杆”现象（Weissenberg 效应），拉伸流动等。下面简单加以介绍。

（一）挤出胀大现象

挤出胀大现象又称口型膨胀效应或 Barus 效应，是指高分子熔体被强迫挤出口模时，挤出物尺寸大于口模尺寸，截面形状也发生变化的现象（图 4-65）。对园型口模，挤出胀大比 B 定义为：

$$B = d_i/D \tag{4-123}$$

式中 D 为口模直径，d_i 为完全松弛的挤出物直径。

挤出胀大现象是高分子液体具有弹性的典型表现。从弹性形变角度看，熔体在进入口模前的入口区受到强烈的拉伸作用，发生弹性形变。这种形变虽然在口模内部流动时得到部分松弛，但由于高分子材料的松弛时间一般较长，直到口模出口处仍有部分保留，于是在挤出口模失去约束后，发生弹性恢复，使挤出物胀大。从熵弹性角度考虑，无规线团状的大分子链在口模入口区被强烈拉伸，构象发生改变，构象熵减少。同样，这种构象变化在口模内部部分得到松弛，但仍有部分直到挤出口模后才回复。挤出后的分子链回复到新的无规线团构象，使熵值升高而胀大（图 4-65）。

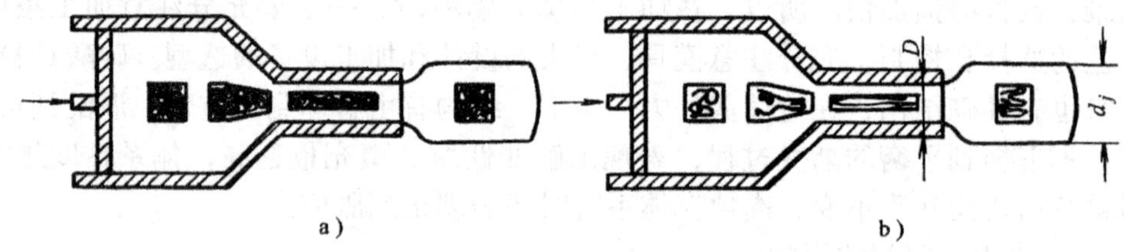

图 4-65 挤出胀大现象及其说明

a）流体元的变形 b）分子链构象的变化

牛顿型流体不具有这种效应或只有很弱的口型变化效应，而高分子液体的口型膨胀效应相当显著。实验表明，一切影响高分子熔体弹性的因素都对挤出胀大行为有影响。如挤出温度升高，或挤出速度下降，或体系中加入填料而导致高分子熔体弹性形变减少时，挤出胀大现象明显减轻。挤出胀大现象影响到挤出制品的质量，对挤出成型工艺及挤出口模和机头设计至关重要。

（二）不稳定流动和熔体破裂现象

高分子液体的流动不稳定性主要表现为挤出成型过程中的熔体破裂现象、拉伸成型过程（纤维纺丝和薄膜拉伸成型）中的拉伸共振现象及辊筒加工过程中的物料断裂现象，以熔体破裂现象最为典型。

实验表明，高分子熔体从口模挤出时，当挤出速率（或切应力）超过某一临界剪切速率 $\dot{\gamma}_c$（或临界切应力 σ_c），就容易出现弹性湍流，导致流动不稳定，挤出物表面粗糙。随挤出速率的增大，可能先后出现波浪形、鲨鱼皮形、竹节形、螺旋形畸变，最后导致完全无规则的熔体破裂（图 4-66）。熔体破裂影响着高分子材料加工质量和产率的提高。

虽然关于发生不稳定流动的机理目前尚无统一认识，但各种假定都认为，这也是高分子液体弹性行为的表现。就熔体破裂现象而言，肯定地说，它与熔体的非线性粘弹性、与分子链在剪切流场中的取向和解取向（构象变化及分子链松弛的滞后性）、缠结和解缠结及外部工艺条件诸因素有关。从形变能的观点看，高分子液体的弹性贮能本领是有限的。当外力作用速率很大，外界赋予液体的形变能远远超出液体可承受的极限时，多余的能量将以其他形式表现出来，其中产生新表面、消耗表面能是一种形式，即发生熔体破裂。

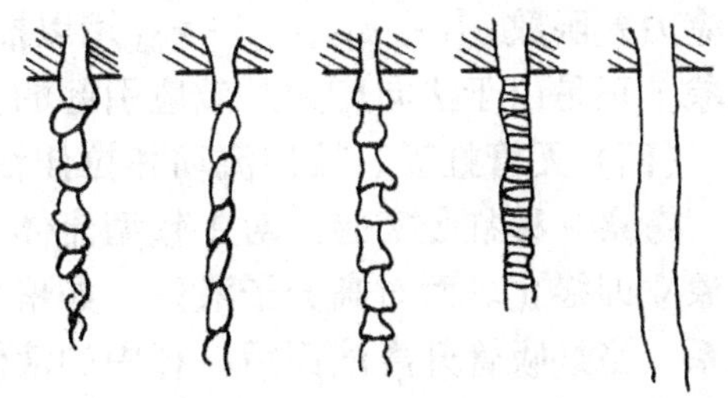

图 4-66 不稳定流动的挤出物外观示意图

（三）“爬杆”现象（Weissenberg 效应）

爬杆现象是一种有趣的高分子液体弹性行为。与牛顿型流体不同，盛在容器中的高分子液体，当插入其中的圆棒旋转时，没有因惯性作用而甩向容器壁附近，反而环绕在旋转棒附近，出现沿棒向上爬的“爬杆”现象（图 4-67）。这种现象称 Weissenberg 效应，又称“包轴”现象。出现这一现象的原因仍然追寻到高分子液体的粘弹性。可以想象在旋转流动时，本身具有弹性的大分子链会沿着圆周方向取向和出现拉伸变形，从而产生一种朝向轴心的压力，迫使液体沿棒爬升。分析得知，在所有流线弯曲的剪切流场中高分子流体元除受到切应力外（表现为粘性），还存在法向应力差效应（表现为弹性）。测量容器中 A、B 两点的压力，可以测得，对牛顿型流体有 $p_A > p_B$，对高分子液体有 $p_A < p_B$。

法向应力差效应是弹性液体特有的效应。纯粘性液体流动时，内部流体元上所受的应力主要在外表面元的切线方向，称切应力，是一种摩擦力，它引起流体元剪切变形。面元的法线方向虽然也有应力（称法向应力，主要为压力和拉力），但由于液体没有弹性，不可压缩，因此，三个正交面元上的法向应力相等，$\sigma_{11} = \sigma_{22} = \sigma_{33}$（图 4-68）。但对弹性液体则不然，弹性液体流动时，除有切应力外，作用在三个正交面元上的法向应力也不相等，使液体既发生粘性形变（表现为有

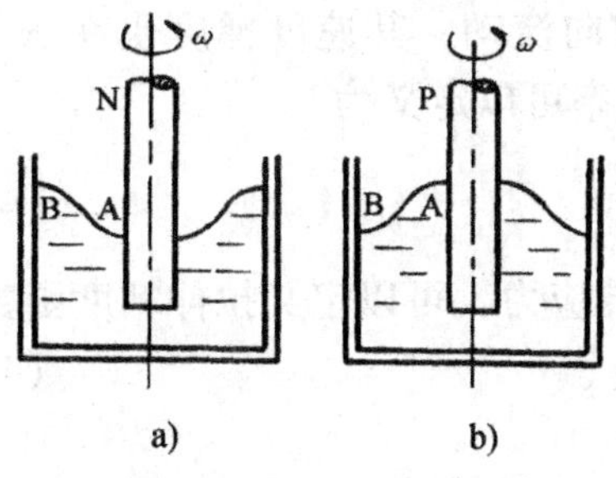

图 4-67 高分子液体的“爬杆”效应

a）牛顿型流体 b）高分子液体

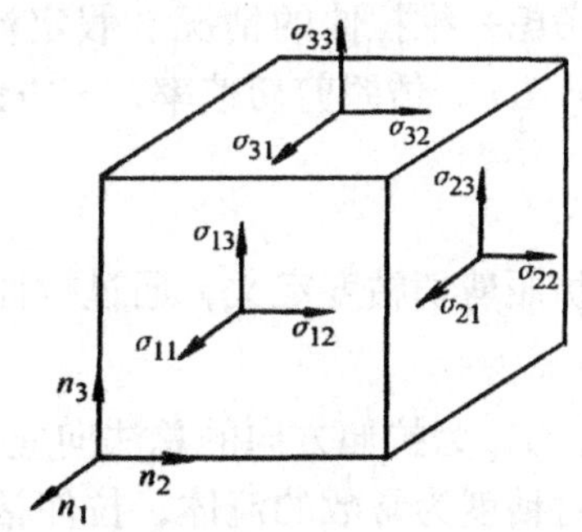

图 4-68 流体元上的应力分布状态

粘度，消耗能量），又发生弹性形变（表现为有法向应力差，贮存能量）。定义法向应力差函数 $\sigma_{11}-\sigma_{22},\sigma_{22}-\sigma_{33}$ 用以描述液体的弹性。高分子液体发生“爬杆”现象，正是由于法向应力差效应引起的。

（四）无管虹吸、拉伸流动和拉伸粘度

考察一种虹吸实验。对牛顿型流体，已知当虹吸管提高到离开液面时，虹吸现象立即终止。而对高分子液体，如聚异丁烯的汽油溶液或聚醣在水中的微凝胶体系，当虹吸管升离液面后，杯中的液体仍能源源不断地从虹吸管流出，这种现象称无管虹吸效应（图 4-69）。还有一种侧吸效应，是将一杯高分子溶液侧向倾倒流出，若使烧杯的位置部分回复，以致杯中平衡液面低于烧杯边缘，但是，高分子液体仍能沿壁爬行，继续维持流出烧杯，直至杯中的液体全部流光为止。这些现象都与高分子液体的弹性行为有关。高分子液体的这种弹性性质使之容易产生拉伸流动，而且拉伸液流的自由表面相当稳定。实验表明，高分子浓溶液和熔体都具有这种性质，因而，能够产生稳定的连续拉伸形变，具有良好的纺丝和成膜能力。

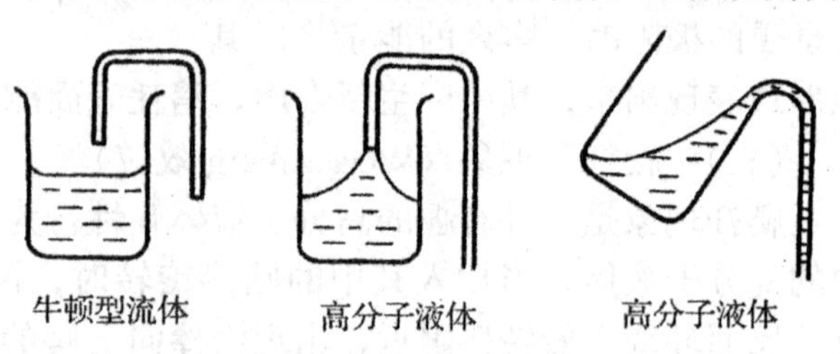

图 4-69　无管虹吸效应

纤维纺丝和薄膜吹塑过程是高分子材料加工业的重要一支。在这两种成型过程中物料承受强烈的拉伸变形，流动过程主要为拉伸流动过程。纤维纺丝过程为一维的单轴拉伸，薄膜吹塑过程属二维的双向拉伸。在其他高分子材料加工过程，如压延、挤出、注塑过程中同样存在拉伸流动。可以说，凡是弹性液体流经截面有显著变化的流道时，都有拉伸流动存在。所谓拉伸流动，从流变学意义来讲，指流体流动的速度方向与速度梯度方向平行，这与剪切流动有很大差别，在剪切流动中，流体流速方向与速度梯度方向垂直。剪切流动与液体的粘性联系在一起，而拉伸流动则与液体的弹性联系在一起。

考虑一维拉伸的情况。假定流体沿 x 方向流动，其速度梯度也在 x 方向，为 $\mathrm{d}v_x/\mathrm{d}x$。仿照剪切速率，$x$ 方向的拉伸速率可以定义为：

$$\dot{\gamma}_E=\frac{\partial v_x}{\partial x}\tag{4-124}$$

仿照剪切粘度定义，通过拉伸速率和拉伸应力，可以定义拉伸粘度函数。

$$\eta_E=T_{xx}/\dot{\gamma}_E\tag{4-125}$$

式中，T_{xx}为拉伸方向的总法向应力。

对粘度为常数的流体，拉伸粘度又称 Trouton 粘度 η_T，它与剪切粘度 η_0 的关系为：

$$\begin{cases} \eta_T = 3\eta_0 & \text{（对单轴拉伸）} \\ \eta_T = 6\eta_0 & \text{（对双轴拉伸）} \end{cases} \tag{4-126}$$

高分子液体的拉伸粘度比 Trouton 粘度复杂得多。高分子液体的拉伸粘度往往是其剪切粘度的 $10^2 \sim 10^3$ 倍，而且拉伸粘度不等于常数值，拉伸粘度随拉伸应力的变化，比剪切粘度随切应力的变化还要复杂得多。高分子液体的剪切粘度随剪应力增大通常是降低的（剪切变稀行为），而拉伸粘度随拉伸应力的变化规律有多种类型：一种是与拉伸应力几乎无关，如聚甲基丙烯酸甲酯、共聚甲醛、尼龙 66 属于这种情况；一种是随拉伸应力的增加而减小，如聚丙烯在应力为 10^8Pa 时的拉伸粘度只有应力为 10^5Pa 时的 1/5；还有一种是随拉伸应力的增加而增加，如低密度聚乙烯，如图 4-70 所示。目前尚无一种恰当的理论能够预言拉伸粘度如此复杂的变化规律。另外，一种高分子材料的单轴拉伸粘度与双轴拉伸粘度的关系也只能通过实验测定。

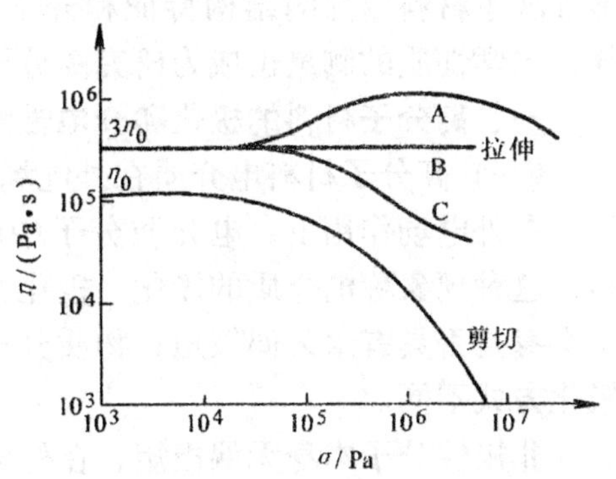

图 4-70　高分子熔体和溶液拉伸粘度对拉伸应力关系的三种类型，以及和剪切粘度对切应力关系的比较

第六节　高分子材料的电学性能

高分子材料的电学性能是指在外加电场作用下材料所表现出来的介电性能、导电性能、电击穿性质以及与其他材料接触、摩擦时所引起的表面静电性质等。

种类繁多的高分子材料的电学性能是丰富多彩的。就导电性而言，高分子材料可以是绝缘体、半导体、导体和超导体。多数高分子材料具有卓越的电绝缘性能，其电阻率高、介电损耗小，电击穿强度高，加之又具有良好的力学性能、耐化学腐蚀性及易成型加工性能，使它比其他绝缘材料具有更大实用价值，已成为电气工业不可或缺的材料。另一方面，导电高分子的研究和应用近年来取得突飞猛进的发展。以 MacDiarmid、Heeger、白川英树等人为代表的高分子科学家发现，一大批分子链具有共轭 π-电子结构的高分子材料，如聚乙炔、聚噻吩、聚吡咯、聚苯胺等，通过不同的方式掺杂，可以具有半导体（电导率 $\sigma = 10^{-10} \sim 10^2 \text{S·cm}^{-1}$）甚至导体（$\sigma = 10^2 \sim 10^6 \text{S·cm}^{-1}$）的电导率。通过结构修饰（衍生物、接枝、共聚）、掺杂诱导、乳液聚合、化学复合等方法人们又克服了导电高分子不溶、不熔的缺点，获得可溶性或水分散性导电高分子，大大改善了加工性，使导电高分子进入实用领域。白川英树等人因其开创性和富有成效的工作获得2000年度诺贝尔化学奖。

研究高分子材料电学性能的另一缘由是因为高分子材料的电学性质非常灵敏地反映了材料内部的结构特征和分子运动状况，因此，如同力学性质的测量一样，电学性质的测量也成为研究高分子材料结构与分子运动的一种有效手段。

一、高分子材料的极化和介电性能

（一）高分子材料电介质在外电场中的极化

在外电场作用下，电介质分子中电荷分布发生变化，使材料出现宏观偶极矩，这种现象称电介质的极化。极化方式有两种：感应极化和取向极化。根据分子本身是否具有永久偶极矩，物质分子可分为极性分子和非极性分子两大类，其极化方式不同。

非极性分子本身无偶极矩，在外电场作用下，原子内部价电子云相对于原子核发生位移，使正负电荷中心分离，分子带上偶极矩；或者在外电场作用下，电负性不同的原子之间发生相对位移，使分子带上偶极矩。这种极化称感应极化，又称诱导极化或变形极化。其中，由价电子云位移引起的极化称电子极化；由原子间发生相对位移引起的极化称原子极化。原子极化比电子极化弱得多，极化过程所需的时间略长。

感应极化产生的偶极矩为感应偶极矩 μ_1，对各向同性介质，μ_1 与外电场强度 E 成正比：

$$\mu_1 = (\alpha_e + \alpha_a)E = \alpha_1 E \tag{4-127}$$

式中，α_1 称感应极化率，α_e 和 α_a 分别为电子极化率和原子极化率。α_e 和 α_a 的值不随温度而变化，仅取决于分子中电子云和原子的分布情况。电子极化和原子极化在所有电介质中（包括极性介质和非极性介质）都存在。

极性分子本身具有永久偶极矩，通常状态下，由于分子的热运动，各偶极矩的指向杂乱无章，因此，宏观平均偶极矩几乎为零。当有外电场时，极性分子除发生电子极化和原子极化外，其偶极子还会沿电场方向发生转动、排列，产生分子取向，表现出宏观偶极矩。这种现象称取向极化或偶极极化（图4-71）。

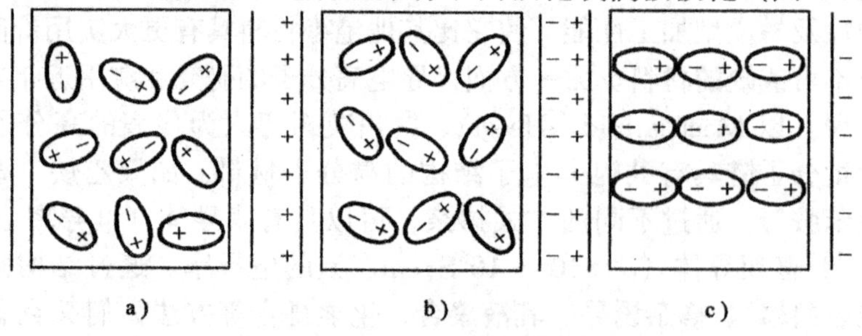

图4-71 极性分子的取向极化

a）无电场作用 b）有电场作用 c）电场很强，温度很低取向极化产生偶极矩的大小取决于偶极子的取向程度，研究表明，取向偶极矩μ_2与极性分子永久偶极矩μ_0的平方成正比，与外电场强度 E 成正比，与绝对温度成反比。即

$$\mu_2 = \frac{{\mu_0}^2}{3kT}E = \alpha_2 E \tag{4-128}$$

式中，α_2 称取向极化率，k 为波尔兹曼常数。由于极性分子永久偶极矩远大于感应偶极矩，故取向偶极矩 μ_2 大于感应偶极矩 μ_1。

极性分子沿电场方向转动、排列时，需要克服本身的惯性和旋转阻力，所以，完成取向极化过程所需时间比电子极化和原子极化长。尤其是对大分子，其取向极化可以是不同运动单元的取向，包括小侧基、链段或分子整链，因此，完成取向极化所需时间范围也很宽。取向极化时因需克服分子间相互作用力，因此也消耗部分能量。

以上讨论单个分子产生的偶极矩。对各向同性介质，若单位体积含 n_0 个分子，每个分子产生的平均偶极矩为 $\bar{\mu}$，则单位体积内的偶极矩 P 为

$$P = n_0\bar{\mu} = n_0\alpha E \tag{4-129}$$

P 称介质极化率，α 为分子极化率。对非极性介质，$\alpha = \alpha_1$；对极性介质，$\alpha = \alpha_1 + \alpha_2$。

除上述三种极化外，还有一种产生于非均相介质界面处的界面极化。由于界面两边的组分可能具有不同的极性或电导率，在电场作用下将引起电荷在两相界面处聚集，从而产生极化。共混、填充高分子材料以及泡沫高分子材料有时会发生界面极化。对均质高分子材料，在其内部的杂质、缺陷或晶区、非晶区界面上，都有可能产生界面极化。

（二）高分子材料的介电性能

高分子材料在外电场作用下贮存和损耗电能的性质称介电性，这是由于高分子材料的分子在电场作用下发生极化引起的，通常用介电系数 ε 和介电损耗 $\mathrm{tg}\delta$ 表示。

1. 介电系数

已知，真空平板电容器的电容 C_0 与施加在电容器上的直流电压 V 及极板上产生的电荷 Q_0 有如下关系：

$$C_0 = Q_0/V \tag{4-130}$$

当电容器极板间充满均质电介质时，由于电介质分子的极化，极板上将产生感应电荷，使极板电荷量增加到 $Q_0 + Q'$（图 4-72），电容器电容相应增加到 C。

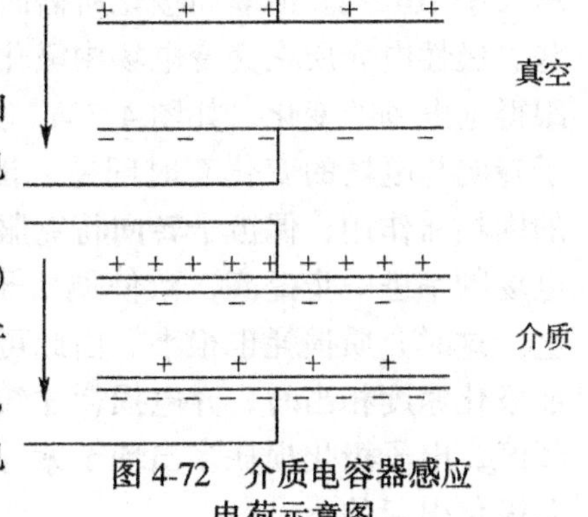

图 4-72　介质电容器感应电荷示意图

$$C = Q/V = (Q_0 + Q')/V > C_0 \tag{4-131}$$

两个电容器的电容之比，称该均质电介质的介电系数 ε，即

$$\varepsilon = C/C_0 = 1 + Q'/Q_0 \tag{4-132}$$

介电系数反映了电介质储存电荷和电能的能力。从上式可以看出，介电系数越大，极板上产生的感应电荷 Q' 和储存的电能越多。介电系数在宏观上反映了电介质的极化程度，它与分子极化率 α 存在着如下的关系：

$$\widetilde{P} = \frac{\varepsilon - 1}{\varepsilon + 2}\frac{M}{\rho} = \frac{4}{3}\pi N_0 \alpha \tag{4-133}$$

式中，$\widetilde{P}$、M、ρ 分别为电介质的摩尔极化率、相对分子质量和密度，N_0 为阿佛加德罗常数。对非极性介质，此式称 Clausius-Mosotti 方程；对极性介质，此式称 Debye 方程。

根据上式，我们可以通过测量电介质介电系数 ε 求得分子极化率 α。另外实验得知，对非极性介质，介电系数 ε 与介质的光折射率 n 的平方相等，$\varepsilon = n^2$，此式联系着介质的电学性能和光学性能。

2. 介电损耗

电介质在交变电场中极化时，会因极化方向的变化而损耗部分能量和发热，称介电损耗。介电损耗产生的原因有两方面：一为电导损耗，是指电介质所含的微量导电载流子在电场作用下流动时，因克服电阻所消耗的电能。这部分损耗在交变电场和恒定电场中都会发生。由于通常高分子材料导电性很差，故电导损耗一般很小。二为极化损耗，这是由于分子偶极子的取向极化造成的。取向极化是一个松弛过程，交变电场使偶极子转向时，转动速度滞后于电场变化速率，使一部分电能损耗于克服介质的内粘滞阻力上，这部分损耗有时是很大的。对非极性高分子材料而言，电导损耗可能是主要的。对极性高分子材料的介电损耗而言，其主要部分为极化损耗。

已知分子极化速率很快。电子极化所需时间约 $10^{-15} \sim 10^{-13}$s，原子极化需略大于 10^{-13}s。但取向极化所需时间较长，小分子约大于 10^{-9}s，大分子更长一些。极性电介质在交变电场中极化时，如果电场的交变频率很低，偶极子转向能跟得上电场的变化，如图 4-73a，介电损耗就很小。当交变电场频率提高，偶极子转向与电场的变化有时间差（图 4-73b），落后于电场的变化，这时由于介质的内粘滞作用，偶极子转向将克服摩擦阻力而损耗能量，使电介质发热。若交变电场频率进一步提高，致使偶极子取向完全跟不上电场变化，取向极化将不发生，这时介质损耗也很小。由此可见，只有当电场变化速度与微观运动单元的本征极化速度相当时，介电损耗才较大。实验表明，原子极化损耗多出现于红外光频区，电子极化损耗多出现于紫外光频区，在一般电频区，介质损耗主要是由取向极化引起的。

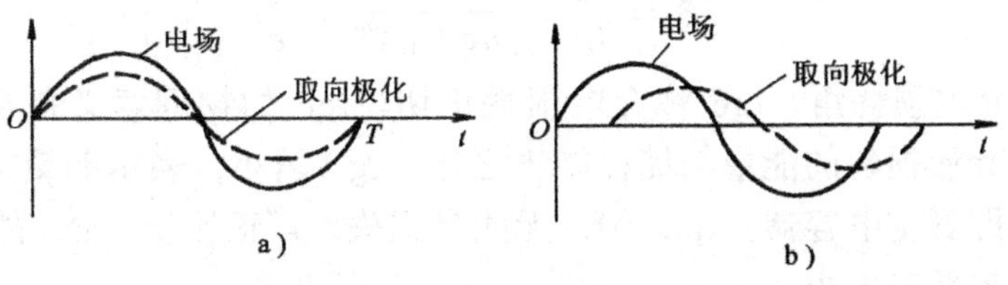

图 4-73　偶极子取向随电场变化图
a）电场交变频率低，偶极子转向与电场同步变化
b）电场交变频率提高，偶极子转向滞后于电场变化

为了表征介电损耗，研究在交变电场中介质电容器的能量损耗情况。

首先，考虑真空电容器，电容量为 C_0，若在其极板上加一个频率为 ω、幅值为 V_0 的交变电压 $V^*(\mathrm{i}\omega t)=V_0\mathrm{e}^{\mathrm{i}\omega t}$，则通过真空电容器的电流为：

$$I^*(\mathrm{i}\omega t)=C_0\frac{\mathrm{d}V^*}{\mathrm{d}t}=\mathrm{i}\omega C_0V^*=\omega C_0V_0\mathrm{e}^{\mathrm{i}\left(\omega t+\frac{\pi}{2}\right)} \tag{4-134}$$

式中，$\mathrm{i}=\sqrt{-1}$，为虚数单位。由上式看出，电流 I^*的相位比电压 V^*超前 90°，即电流复矢量与电压复矢量垂直，其损耗的电功功率为 $P_0=\boldsymbol{I}^*\cdot\boldsymbol{V}^*=0$。

对于电介质电容器，在交流电场中，因电介质取向极化跟不上外场的变化，将发生介电损耗。由于介质的存在，通过电容器的电流 I^*与外加电压 V^*的相位差不再是 90°，而等于 $\phi=90°-\delta$（图 4-74）。仍设 $V^*(\mathrm{i}\omega t)=V_0\mathrm{e}^{\mathrm{i}\omega t}$，通过电容器的电流 I^*为

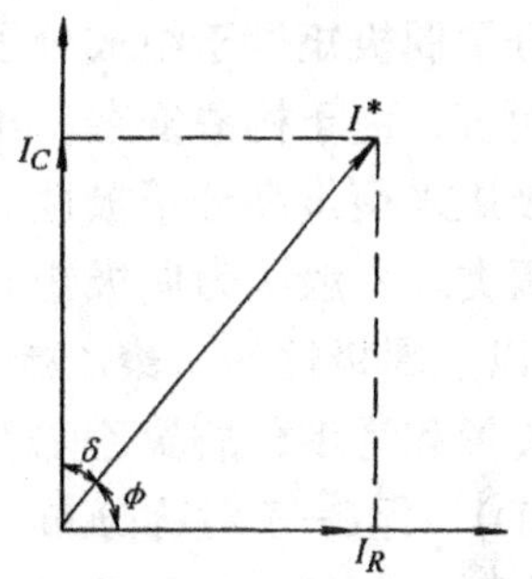

图 4-74　交变电场中电容器的电流、电压矢量图

$$I^*(\mathrm{i}\omega t)=\varepsilon^*C_0\frac{\mathrm{d}V^*}{\mathrm{d}t}=(\varepsilon'-\mathrm{i}\varepsilon'')\mathrm{i}\omega C_0V^*$$
$$=(\mathrm{i}\omega\varepsilon'C_0+\omega\varepsilon''C_0)V^*=I_R+\mathrm{i}I_C \tag{4-135}$$

式中，ε^*称复介电系数，定义为 $\varepsilon^*=\varepsilon'-\mathrm{i}\varepsilon''$。$\varepsilon'$为复介电系数的实数部分，即试验测得的介电系数 ε；ε''为复介电系数的虚数部分，称为损耗因子。

由式（4-135）可见，通过介质电容器的电流 I^*分为两部分，虚数部分 $I_C=\omega\varepsilon'C_0V^*$与交变电压的相位差为 90°，相当于流过“纯电容”的电流，这部分电流不作功；实数部分 $I_R=\omega\varepsilon''C_0V^*$与交变电压同相位，相当于流过“纯电阻”的电流，这部分电流损耗能量。

我们用“电阻”电流与“电容”电流之比表征介质的介电损耗：

$$\mathrm{tg}\delta=\frac{I_R}{I_C}=\frac{\omega\varepsilon''C_0V^*}{\omega\varepsilon'C_0V^*}=\frac{\varepsilon''}{\varepsilon'} \tag{4-136}$$

式中，δ 称介电损耗角，$\mathrm{tg}\delta$ 称介电损耗正切。$\mathrm{tg}\delta$ 的物理意义是在每个交变电压周期中，介质损耗的能量与储存能量之比。$\mathrm{tg}\delta$ 越小，表示能量损耗越小。理想电容器（即真空电容器）$\mathrm{tg}\delta=0$，无能量损失。ε''正比于 $\mathrm{tg}\delta$，故也常用 ε''表示材料介电损耗的大小。

选用高分子材料作电气工程材料时，介电损耗必须考虑。若选用高分子材料作电工绝缘材料、电缆包皮、护套或电容器介质材料，希望介电损耗越小越好。否则，不仅消耗较多电能，还会引起材料本身发热，加速材料老化破坏，引发事故。在另一些场合，需要利用介电损耗进行高分子材料高频干燥、塑料薄膜高频焊接或大型高分子材料制件高频热处理时，则要求材料有较大的 $\mathrm{tg}\delta$ 或 ε''值。

3. 影响高分子材料介电性能的因素

(1) 分子结构的影响　高分子材料的介电性能首先与材料的极性有关。这是因为在几种介质极化形式中，偶极子的取向极化偶极矩最大，影响最显著。

分子偶极矩等于组成分子的各个化学键偶极矩（亦称键矩）的矢量和。对大分子而言，由于构象复杂，难以按构象求整个大分子平均偶极矩，所以用单体单元偶极矩来衡量高分子极性。按单体单元偶极矩的大小，高分子材料分极性和非极性两类。一般认为偶极矩在 0～0.5D（德拜）范围内属非极性的，偶极矩在 0.5D 以上属极性的。聚乙烯分子中C—H键的偶极矩为 0.4D，但由于分子对称，键矩矢量和为零，故聚乙烯为非极性的。聚四氟乙烯中虽然C—F键偶极矩较大(1.83D)，但C—F对称分布，键矩矢量和也为零，整个分子也是非极性的。聚氯乙烯中C—Cl（2.05D）和C—H键矩不同，不能相互抵消，故分子是极性的。非极性高分子材料具有低介电系数（ε 约为2）和低介电损耗（$\mathrm{tg}\delta$ 小于 10^{-4}）；极性高分子材料具有较高的介电常数和介电损耗。一些常见高分子材料的介电系数和介电损耗值见表 4-16。

表 4-16　常见高分子材料的介电系数（60Hz）和介电损耗角正切

高分子材料	ε	$\mathrm{tg}\delta\times10^4$	高分子材料	ε	$\mathrm{tg}\delta\times10^4$
聚四氟乙烯	2.0	<2	聚碳酸酯	2.97～3.71	9
四氯乙烯—六氟丙烯共聚物	2.1	<3	聚　砜	3.14	6～8
聚丙烯	2.2	2～3	聚氯乙烯	3.2～3.6	70～200
聚三氟乙烯	2.24	12	聚甲基丙烯酸甲酯	3.3～3.9	400～600
低密度聚乙烯	2.25～2.35	2	聚甲醛	3.7	40
高密度聚乙烯	2.30～2.35	2	尼龙 6	3.8	100～400
ABS 树酯	2.4～5.0	40～300	尼龙 66	4.0	140～600
聚苯乙烯	2.45～3.10	1～3	酚醛树酯	5.0～6.5	600～1000
高抗冲聚苯乙烯	2.45～4.75		硝化纤维素	7.0～7.5	900～1200
聚苯醚	2.58	20	聚偏氟乙烯	8.4	

分子链活动能力对偶极子取向有重要影响。例如，在玻璃态下，链段运动被冻结，结构单元上极性基团的取向受链段牵制，取向能力低；而在高弹态时，链段活动能力大，极性基团取向时受链段牵制较小，因此，同一高分子材料高弹态下的介电系数和介电损耗要比玻璃态下大。如聚氯乙烯的介电系数在玻璃态时为3.5，到高弹态增加到约15，聚酰胺的介电系数玻璃态为4.0，到高弹态增加到近50。

大分子交联也会妨碍极性基团取向，使介电系数降低。典型例子是酚醛树脂，虽然这种高分子材料极性很强，但交联使其介电系数和介电损耗并不很高。相反，支化结构会使大分子间相互作用力减弱，分子链活动性增强，使介电系数增大。

(2) 温度和交变电场频率的影响　温度和交变电场频率对高分子材料性能的影响表现在：

1) 温度的影响。温度升高一方面使材料粘度下降，有利于极性基团取向，另一方面又使分子布朗运动加剧，反而不利于取向。由图4-75可见，当温度低时，介质粘度高，偶极子取向程度低且取向速度极慢，因此，ε′和ε″都很小。随着温度升高，介质粘度降低，偶极子取向能力增大（因而ε′增大），但由于取向速度跟不上电场的变化，取向时消耗能量较多，所以ε″也增大。温度进一步升高，偶极子取向能完全跟得上电场变化，ε′增至最大，但同时取向消耗的能量减少，ε″又变小。温度很高时，偶极子布朗运动加剧，又会使取向程度下降，能量损耗增大。

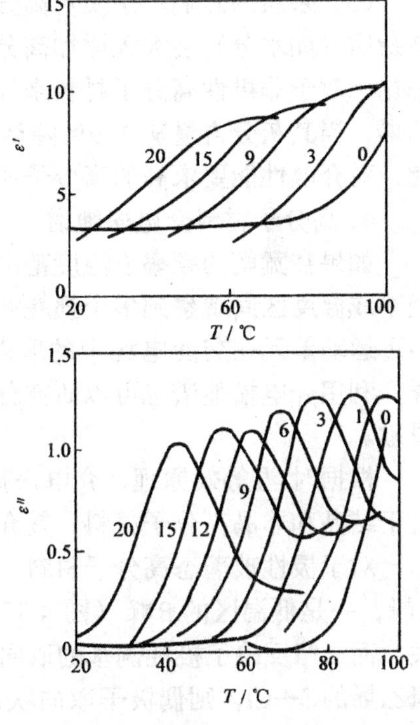

图4-75　聚氯乙烯的ε′和ε″的温度依赖性

（曲线上的数字为增塑剂含量）

上述影响主要是对极性高分子材料的取向极化而言；对非极性高分子材料，由于温度对电子极化及原子极化的影响不大，因此，介电系数随温度的变化可以忽略不计。

在高分子材料中加入增塑剂可以降低材料粘度，利于偶极子取向，与升高温度有相同的效果。图4-75中，加入增塑剂使介电损耗ε″的峰值向低温区域移动，介电系数ε′也在较低温度下开始上升。若加入极性增塑剂，还会因为引入新的偶极损耗而使材料介电损耗增加。

2）电场频率的影响。与材料的动态力学性能相似，高分子材料的介电性能也随交变电场频率而变。当电场频率较低时（$\omega \to 0$，相当于高温），电子极化、原子极化和取向极化都跟得上电场的变化，因此，取向程度高，介电系数 ε' 大，介电损耗小（$\varepsilon'' \to 0$），见图4-76。在高频区（光频区），只有电子极化能跟上电场的变化，偶极取向极化来不及进行（相当于低温），介电系数 ε' 降低到只有原子极化、电子极化所贡献的值，介电损耗 ε'' 也很小。在中等频率范围内，偶极子一方面能跟着电场变化而运动，但运动速度又不能完全适应电场的变化，偶极取向的位相落后于电场变化的位相，一部分电能转化为热能而损耗，此时 ε'' 增大，出现极大值，而介电系数 ε' 随电场频率增高而下降。除去布朗运动的影响外，电场频率与温度对介电性能的影响符合时间-温度等效原理。

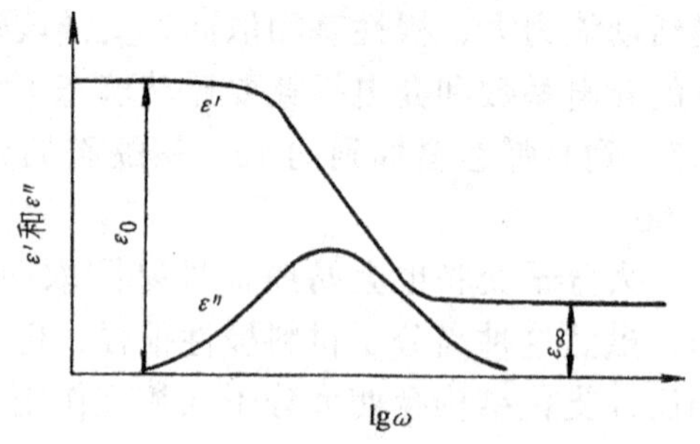

图 4-76　ε' 与 ε'' 随交变电场频率的变化

（3）杂质的影响　杂质对高分子材料介电性能影响很大，尤其导电杂质和极性杂质（如水分）会大大增加高分子材料的导电电流和极化度，使介电性能严重恶化。对于非极性高分子材料来说，杂质是引起介电损耗的主要原因。如低压聚乙烯，当其灰分含量从1.9%降至0.03%时，$\text{tg}\delta$ 从 14×10^{-4} 降至 3×10^{-4}。因此，对介电性能要求高的高分子材料，应尽量避免在成型加工中引入杂质。

4．高分子材料介电松弛谱

如果在宽阔的频率或温度范围内测量高分子材料的介电损耗，可以在不同的频率或温度区间观察到多个损耗峰，构成介电松弛谱图。这种谱图反映了大分子多重运动单元在交变电场中的取向极化及松弛情形，如同力学损耗松弛谱图一样，利用介电松弛谱也可以研究分子链多重结构及其运动，甚至比力学松弛谱更灵敏。

根据时-温等效原理，介电松弛谱通常是在固定频率下通过改变温度测得的。对于结晶和非晶高分子材料，其介电松弛谱图形不同。

对于极性玻璃态高分子材料，介电松弛谱一般有两个损耗峰，一是高温区的 α 峰，一是低温区的 β 峰（图4-77）。研究表明，α 峰与大分子主链链段运动有关，而 β 峰反映了极性侧基的取向运动。假如极性偶极子本身就在主链上，如聚氯乙烯的C—Cl，则偶极子取向状态与主链构象改变有关，α 峰正是反映了主链链段运动对偶极子取向状态的影响。另一方面，若极性偶极子在侧基上，如聚丙烯酸甲酯的酯基，则极性侧基绕主链的转动将影响偶极子取向，β 峰正是反映了这种运动。

对于结晶态高分子材料，介电松弛谱一般有α、β、γ三个损耗峰，α峰反映了晶区的分子运动，β峰与非晶区的链段运动有关，γ峰可能与侧基旋转或主链的曲轴运动相关。图 4-78 给出聚偏氟乙烯的介电松弛谱图，图中三个损耗峰分别反映了这三种运动。

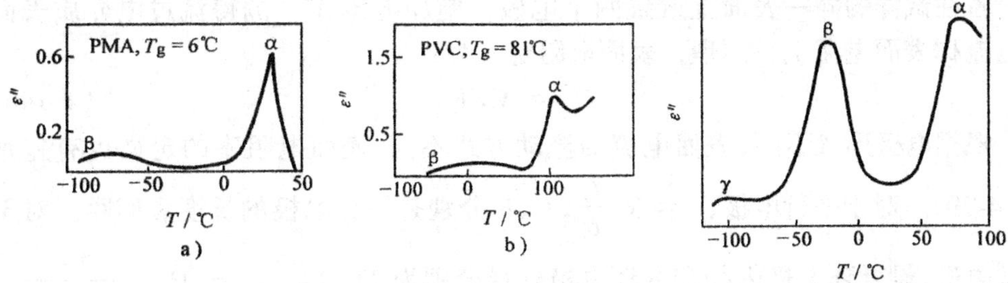

图 4-77 聚氯乙烯和聚丙烯酸甲酯的介电松弛谱图
a) 聚丙烯酸甲酯 b) 聚氯乙烯

图 4-78 聚偏氟乙烯的介电松弛谱图

高分子材料的介电松弛谱广泛地应用于高分子材料结构研究。即使对非极性高分子材料，如聚乙烯、聚四氟乙烯，测量介电损耗谱仍发现有偶极松弛。研究表明，这是由于材料中含有杂质（如催化剂、抗氧剂等）和氧化副产物引起的。采用介电损耗可以测出聚乙烯中浓度为 0.01% 的羰基含量，其灵敏度比光谱法还高。

二、高分子材料的导电性能和导电高分子材料

（一）体积电阻与表面电阻

材料导电性通常用电阻率 ρ 或电导率 σ 表示，两者互为倒数关系。按定义有：

$$\rho = R\frac{S}{d} = 1/\sigma \tag{4-137}$$

式中，R 为试样的电阻，S 为试样截面积，d 为试样长度（或厚度，为电流流动方向的长度）。

从微观导电机理看，材料导电是载流子（电子、空穴、离子等）在电场作用下在材料内部定向迁移的结果。设单位体积试样中载流子数目为 n_0，载流子电荷量为 q_0，载流子迁移率（单位电场强度下载流子的迁移速度）为 v，则材料电导率 σ 等于

$$\sigma = n_0 q_0 v \tag{4-138}$$

注意电阻率 ρ 和电导率 σ 都是表征材料本征特性的物理量，与试样的形状尺寸无关。由式（4-138）可见，材料的导电性能主要取决于两个重要的参数：单位体积试样中载流子数目的多少和载流子迁移率的大小。

但在实际应用中，根据测量方法不同，人们又将试样的电阻区分为体积电阻和表面电阻。将高分子材料电介质置于两平行电极板之间，施加电压 V，测得流过电介质内部的电流称体积电流 I_V，按欧姆定律，定义体积电阻等于：

$$R_V = V/I_V \tag{4-139}$$

若在试样的同一表面上放置两个电极，施加电压 V，测得流过电介质表面的电流称表面电流 I_s，同理，表面电阻定义为：

$$R_s = V/I_s \tag{4-140}$$

根据电极形状不同,表面电流的流动方式不同,表面电阻率的定义也有差别(图 4-79)。对于平行电极,$\rho_s = R_s \dfrac{L}{b}$,$L$、$b$ 分别是平行电极的长度和间距。对于环型电极,设外环电极内径和内环电极外径分别为 D_2、D_1，$\rho_s = R_s \dfrac{2\pi}{\ln(D_2/D_1)}$。注意表面电阻率 ρ_s 与表面电阻 R_s 同量纲。体积电阻率 ρ_V 的定义见式(4-137)。

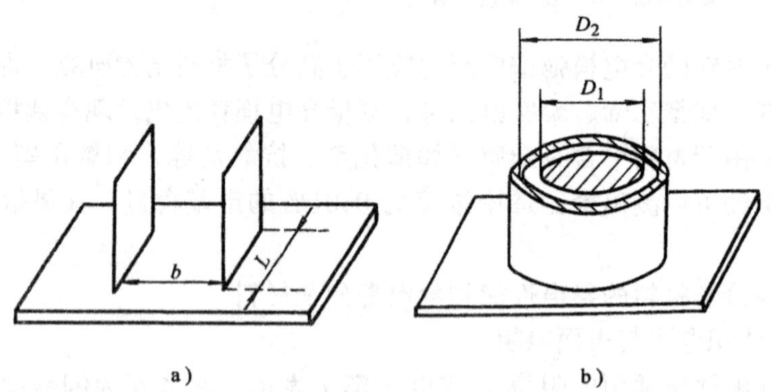

图 4-79 测量表面电阻的不同电极
a) 平行板电极 b) 环形电极

体积电阻率是材料重要的电学性质之一，通常按照 ρ_V 的大小，将材料分为导体、半导体和绝缘体三类：$\rho_V = 0 \sim 10^3 \Omega \cdot cm$，导体；$10^3 \sim 10^8 \Omega \cdot cm$，半导体；$10^8 \sim 10^{18}$（或$>10^{18}$）$\Omega \cdot cm$，绝缘体。表面电阻率与高分子材料抗静电性能有关。

（二）高分子材料绝缘体

大多数高分子材料的体积电阻率很高（约 $10^{10} \sim 10^{20} \Omega \cdot cm$），是良好绝缘材料。在外电场作用下，体积电流很小。这些电流可分为三种：一是瞬时充电电流 I_d，由加上电场瞬间的电子和原子极化引起；二是吸收电流 I_a，可能由偶极取向极化、界面极化和空间电荷效应引起；三是漏电电流 I_b，是通过高分子材料的恒稳电流。充电电流和吸收电流存在的时间都很短，高分子材料的导电性能（绝缘性能）只取决于漏电电流。

如前所述，材料的导电性能主要取决于两个参数：单位体积试样中载流子浓度和载流子迁移率。高分子材料内的载流子很少。已知大分子结构中，原子的最外层电子以共价键方式与相邻原子键接，不存在自由电子或其他形式载流子（具有特定结构的高分子材料例外）。理论计算表明，结构完整的纯高分子材料，电导率仅为 $10^{-25}S\cdot cm^{-1}$。但实际高分子材料的电导率往往比它大几个数量级，表明高分子材料绝缘体中载流子主要来自材料外部，即由杂质引起的。这些杂质来自于高分子材料合成和加工过程中，包括：少量没有反应的单体、残留的引发剂和其他各种助剂以及高分子材料吸附的微量水分等。例如，在电场作用下电离的水，$H_2O \longleftrightarrow H^+ + OH^-$ 就为高分子材料提供了离子型载流子。水对高分子材料的绝缘性影响最甚，尤其当高分子材料是多孔状或有极性时，吸水量较多，影响更大。例如，以橡胶填充的聚苯乙烯材料在水中浸渍前后电导率相差两个数量级，而用木屑填充的聚苯乙烯材料在同样情况下电导率猛增 8 个数量级。

载流子迁移率大小决定于载流子从外加电场获得的能量和热运动碰撞时损失的能量。研究表明，离子型载流子的迁移与高分子材料内部自由体积的大小有关，自由体积越大，迁移率越高。电子和空穴型载流子的迁移则与大分子堆砌程度相关，堆砌程度高，有利于电子跃迁，若堆砌能产生 π 电子云的交叠，形成电子直接通道，导电性会突增。

对离子型导电材料，温度升高，载流子浓度和载流子迁移率均按指数率增加，因此，材料的电导率随温度按以下规律变化：

$$\sigma = \sigma_0 \exp\left(-\frac{E_c}{RT}\right) \tag{4-141}$$

式中，σ_0 是材料常数，E_c 称电导活化能。当高分子材料发生玻璃化转变时，电导率或电阻率曲线将发生突然转折，利用这一原理可测定高分子材料的玻璃化转变温度。

结晶、取向，以及交联均使高分子材料绝缘体电导率下降，因为通常在高分子材料中主要是离子型导电，结晶、取向和交联会使分子紧密堆砌，降低链段活动性，减少自由体积，使离子迁移率下降。例如，聚三氟氯乙烯结晶度从 10% 增加至 50% 时，电导率下降 10～1000 倍。

（三）导电高分子材料

导电高分子的研究和应用是近年来高分子科学最重要的成就之一。1974 年日本白川英树等偶然发现一种制备聚乙炔自支撑膜的方法，得到聚乙炔薄膜不仅力学性能优良，且有明亮金属光泽。而后 MacDiarmid、Heeger、白川英树等合作发现聚乙炔膜经过 AsF_5、I_2 等掺杂后电导率提高 13 个数量级，达到 $10^3S\cdot cm^{-1}$，成为导电材料。这一结果突破了传统的认为高分子材料只是良好绝缘体的认识，引起广泛关注。

随后短短几年，人们相继合成得到一大批如聚噻吩、聚吡咯、聚苯胺、聚对苯撑等本征态导电高分子材料，研究了掺杂及掺杂态结构对导电性能的影响，探讨导电机理。同时，在降低导电高分子材料成本，克服导电高分子困难的加工成型性等方面也取得可喜进展。目前导电高分子已开始应用于国防、电子等工业领域，在制备特殊电子材料、电磁屏蔽材料、电磁波吸收材料、舰船防腐、抗静电和新型电池等诸多方面显现出潜在的巨大应用价值。导电机理的研究也在深入开展中。

1. 本征型导电高分子

聚乙炔、聚对苯撑、聚吡咯、聚噻吩、聚苯胺等属于本征型导电高分子。这些材料分子链结构的一个共同特点是具有长程共轭结构，以单键隔开的相邻双键或（和）三键形成共轭结构时，会有 π-电子云的部分交叠，使 π-电子非定域化。曾有理论认为这类高分子的导电性与 π-电子的非定域化有关，π-电子类似金属导体中的自由电子。

实际上，真正纯净的高分子材料，包括无缺陷的共轭结构高分子材料本身并不导电，要使它导电必须使其共轭结构产生某种“缺陷”。掺杂（Doping）是最常用的产生缺陷和激发的化学方法。通过掺杂使带有离域 π-电子的分子链氧化（失去电子）或还原（得到电子），使分子链具有导电结构（产生导电载流子）。掺杂后，掺杂剂残基嵌在大分子链之间，起对离子作用，但它们本身不参与导电。依据掺杂的程度，材料可以呈半导体性，也可以呈导体性。

按反应类型分类，掺杂有氧化还原掺杂和质子酸掺杂两种。氧化还原掺杂又称电化学掺杂。由于共轭分子链中的 π-电子有较高的离域程度，既表现出足够的电子亲合力，又具有较低的电子离解能。因而，根据反应条件的不同，分子链可能被氧化，也可能被还原。以聚乙炔为例，若用 I_2、AsF_5 掺杂属于氧化掺杂，I_2、AsF_5 为电子受体掺杂剂；用 Na、K 掺杂则为还原掺杂，Na、K 为电子给体掺杂剂。反应方程式如下：

$$2(CH)_x + 3xyI_2 \longrightarrow [(CH)_2^{+y}(I_3^-)_{2y}]_x$$

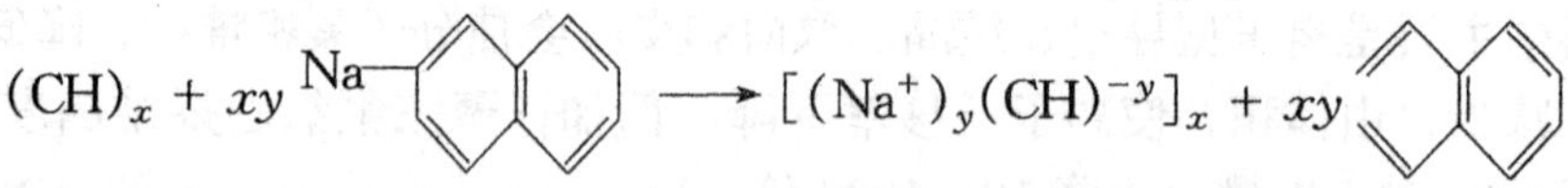

$$(CH)_x + xy\ \text{Na–C}_{10}\text{H}_7 \longrightarrow [(Na^+)_y(CH)^{-y}]_x + xy\ \text{C}_{10}\text{H}_8$$

质子酸掺杂又称氧化掺杂，采用此方法时，向共轭分子链引入一个质子，质子携带的正电荷转移到分子链上，改变了原来的电荷分布状态，相当于分子链失去一个电子而发生氧化掺杂。聚乙炔与 HF 的反应属于质子酸掺杂。

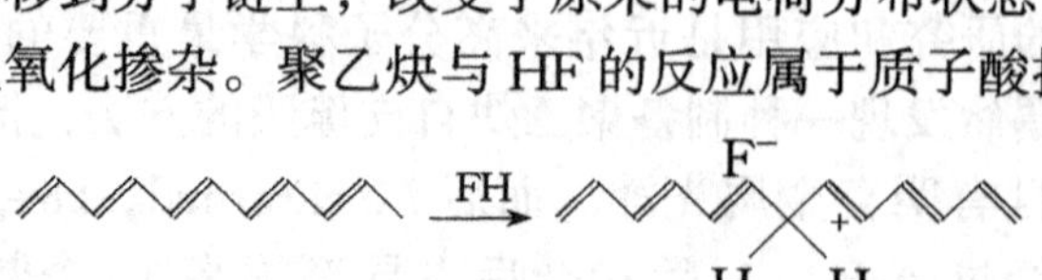

$$\text{polyacetylene} \xrightarrow{FH} \text{(chain with } CH_2\text{, } F^-\text{, } C^+\text{)}$$

由质子引入的正电荷，虽画在一个碳原子上，实际是离域在一定长度的分子链上。

聚乙炔虽是最早研究的导电高分子，但由于其共轭双键易与空气中的氧反应生成羰基化合物，破坏共轭结构，因而，近年来人们将目光转向环境稳定性好的导电高分子，主要有聚苯胺、聚吡咯、聚噻吩三大类。尤其聚苯胺原料价廉、合成简单、稳定性好、具有较高电导率和潜在的溶液、熔融加工可能性，更受到广泛重视。

聚苯胺可以用化学和电化学方法制备，其中化学法能够大批量生产，因而一直是合成聚苯胺的主要途径。苯胺的化学氧化聚合通常在苯胺/氧化剂/质子酸/水体系中进行。质子酸种类很多，一般多用 HCl，质子酸除提供质子外，还起着保证聚合体系有足够酸度，使反应按 1,4-偶联方式进行的作用，以得到低缺陷、高性能的聚苯胺。常用的氧化剂为 $(NH_4)_2S_2O_8$，其氧化能力强，在 -5～50℃ 温度范围内有很高的氧化活性，随氧化剂用量增加，产率增加，但用量过大时，会使聚苯胺氧化降解。作者所在的课题组，采用溶液聚合、乳液聚合、分散聚合、正相或反相微乳液聚合等多种方法制备聚苯胺，发现制备方法不同，得到的样品形态不同（图 4-80）。掺杂程度不同，材料的导电性能不同（表 4-17）。为解决聚苯胺困难的成型加工性，我们采用 PVP（聚吡咯烷酮）为分散剂，制得分散良好、球型或米粒型、纳米级聚苯胺水基分散液（图 4-81），为聚苯胺涂料

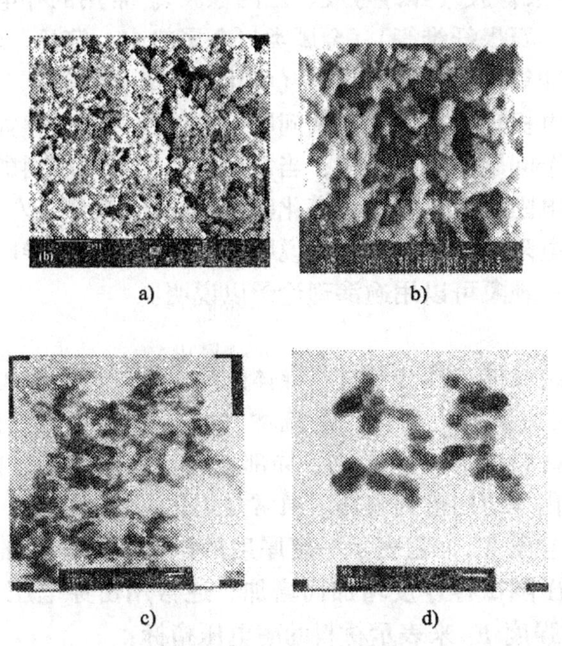

图 4-80　不同聚合方法得到的聚苯胺形貌照片
a）溶液聚合得到的本征聚苯胺（SEM）　b）乳液聚合得到的 DBSA 十二烷基苯磺酸掺杂聚苯胺（SEM）
c）正相微乳液聚合得到的纳米聚苯胺（TEM）
d）反相微乳液聚合得到的纳米聚苯胺（TEM）

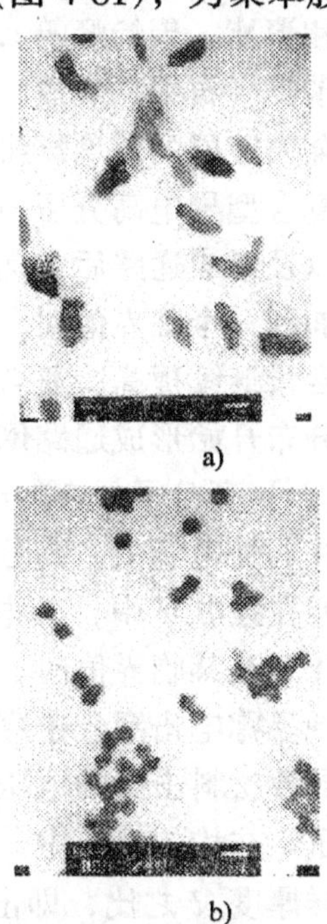

图 4-81　采用 PVP 为空间稳定剂制备的 PAn/PVP 复合微粒的透射电镜照片
a）2.45%（质量分数）PAn
b）33.51%（质量分数）PAn
（图中标尺为 100nm）

和聚苯胺/无机粒子复合材料的开发奠定了基础。

表 4-17 几种聚苯胺样品的电导率

样品状态	聚合方法	掺杂物	电导率/$(S\cdot cm^{-1})$
本征态聚苯胺	—	无	3.5×10^{-5}
掺杂态聚苯胺	溶液聚合	盐酸 HCl	10.3
掺杂态聚苯胺	乳液聚合	十二烷基苯磺酸 DBSA	1.35×10^{-2}
掺杂态聚苯胺	反相微乳液聚合	盐酸 HCl	0.175

2. 复合型导电高分子材料

复合型导电高分子材料是指以绝缘的有机高分子材料为基体，与其他导电性物质以均匀分散复合、层叠复合或形成表面导电膜等方式制得的一种有一定导电性能的复合材料。相对于本征型导电高分子而言，这种复合材料的制备无论在理论上还是应用上都比较成熟，具有成型简便、重量轻、可在大范围内根据需要调节材料的电学和力学性能、成本低廉等优点，因而得以广泛开发应用。

复合型导电高分子的基体有热固性和热塑性树脂（如环氧树脂、酚醛树脂、不饱和聚酯、聚烯烃等），也有合成橡胶（如硅橡胶、乙丙橡胶）。常用的导电填料有碳类（石墨、炭黑、碳纤维、石墨纤维等）、金属类（金属粉末、箔片、丝、条或金属镀层的玻璃纤维、玻璃珠等）和金属氧化物（氧化铝、氧化锡等）。

复合型导电高分子材料的导电机理也是一个复杂问题，它涉及导电通路如何形成以及形成通路后如何导电两个问题。研究表明，当复合体系中导电填料的含量增加到一个临界值时，体系的电阻率突然下降，变化幅度达 10 个数量级左右；填料含量继续提高，复合材料的电阻率变化甚小，这说明在临界值点附近导电填料的分布开始形成通路网络。这一现象可以用逾渗理论予以说明。

（四）高分子材料的电击穿

在弱外电场中，高分子材料绝缘体和高分子材料导体的导电性能服从欧姆定律，但在强电场中，其电流-电压关系发生变化，电流增大的速度比电压更快。当电压升至某临界值时，高分子材料内部突然形成了局部电导，丧失绝缘性能，这种现象称电击穿。击穿时材料化学结构遭到破坏，通常是焦化、烧毁。

导致材料击穿的电压称击穿电压 V_c，它表示一定厚度的试样所能承受的极限电压。在均匀电场中，击穿电压随试样厚度增加而增加，通常用击穿电压 V_c 与试样厚度 d 之比，即击穿电场强度 E_c 来表示材料的耐电压指标：

$$E_c = \frac{V_c}{d} \tag{4-142}$$

此外，工业上多采用耐压实验来检验材料的耐高压性能，耐压实验是在试样上加以额定电压，经规定时间后观察试样是否被击穿，若试样未被击穿即为合格产品。

击穿场强和耐压值是绝缘材料的重要指标，但不是高分子材料的特征物理量。因为这些指标受材料的缺陷、杂质、成型加工历史、试样几何形状、环境条件、测试条件等因素的影响。实际上它只是一定条件下的相对比较值。

三、高分子材料的静电特性

(一) 静电的产生

摩擦起电和接触起电是人们熟知的静电现象，对于高分子材料尤其常见。在高分子材料加工和使用过程中，相同或不同材料的接触和摩擦是十分普遍的。根据目前认识，任何两个物理状态不同的固体，只要其内部结构中电荷载体能量分布不同，接触（或摩擦）时就会在固－固表面发生电荷再分配，使再分离后每一个固体都带有过量的正（或负）电荷，这种现象称静电现象。

静电问题是高分子材料加工和使用中一个相当重要的问题。一般来说，静电是有害因素。例如，在聚丙烯腈纺丝过程中，纤维与导辊摩擦产生的静电压可高达15kV以上，从而使纤维的梳理、纺纱、牵伸、加捻、织布和打包等工序难以进行；在绝缘材料生产中，由于静电吸附尘粒和其他有害杂质，会使产品的电性能大幅度下降；输送易燃液体的塑料管道、矿井用橡胶运输带都可能因摩擦而产生火花放电，导致事故发生。

关于接触起电的机理，研究表明与两种物质的电荷逸出功之差有关。电荷逸出功 U 是指电子克服原子核的吸引从物质表面逸出所需的最小能量。不同物质的逸出功不同。两种物质接触时，电荷将从逸出功低的物质向逸出功高的物质转移，使逸出功高的物质带负电，逸出功低的物质带正电。接触界面上的电荷转移量 Q 与两种物质的逸出功差（$U_1 - U_2$）和接触面积 S 成正比。热力学平衡状态下，有：

$$Q = \alpha S(U_1 - U_2) \tag{4-143}$$

式中，α 为比例系数。

表4-18给出几种高分子材料的电荷逸出功值。其中任何两种高分子材料接触时，位于表中前面的高分子材料将带负电，后面的带正电。高分子材料与金属接触时，界面上也发生类似的电荷转移。

表4-18 几种高分子材料的电荷逸出功

高分子材料	逸出功/eV	高分子材料	逸出功/eV
聚四氟乙烯	5.75	聚乙烯	4.90
聚三氟氯乙烯	5.30	聚碳酸酯	4.80
氯化聚乙烯	5.14	聚甲基丙烯酸甲酯	4.68
聚氯乙烯	5.13	聚乙酸乙烯酯	4.38
氯化聚醚	5.11	聚异丁烯	4.30
聚砜	4.95	尼龙66	4.30
聚苯乙烯	4.90	聚氧化乙烯	3.95

摩擦起电的情况较复杂，机理不完全清楚。实验表明，高分子材料与金属摩擦起电，带电情况与电荷逸出功大小有关。例如尼龙 66 与不同金属摩擦，对逸出功大的金属，尼龙带正电；对逸出功小的金属，尼龙带负电。高分子材料与高分子材料摩擦时，介电系数大的高分子材料带正电，介电系数小的带负电。另外，高分子材料的摩擦起电顺序与其逸出功顺序也基本一致，逸出功高者一般带负电。

摩擦起电是一个动态过程，摩擦时一方面材料不断产生电荷，另一方面电荷又不断泄漏。但由于高分子材料大多数是绝缘体，表面电阻高，因此电荷泄漏很慢。例如聚乙烯、聚四氟乙烯、聚苯乙烯、有机玻璃等的静电可保持数月。通常用起始静电量衰减至一半$\left(Q=\frac{1}{2}Q_0\right)$所需的时间，表示高分子材料泄漏电荷的能力，称高分子材料的静电半衰期。

（二）静电的消除

由于静电给高分子材料加工和使用带来很多危害，因此，应尽量减少静电的产生和设法消除已产生的静电。一般说来控制静电产生较为困难，人们更关心的是如何提高材料的表面电导率或体积电导率，使静电尽快泄漏。

常用的除静电方法包括在高分子材料表面喷涂抗静电剂或在高分子材料内填加抗静电剂。抗静电剂是一些具有两亲结构的表面活性剂，其分子结构通常为：R—y—x，分子一端 R 是亲油基，为 C_{12}以上的烷基；另一端 x 是亲水基，如羟基、羧基、磺酸基等；y 是连接基。加入抗静电剂的主要作用是提高高分子材料表面电导性或体积电导性，使迅速放电，防止电荷积累。例如喷涂在高分子材料表面的抗静电剂，通过其亲水基团吸附空气中的水分子，会形成一层导电的水膜，使静电从水膜中跑掉。在涤纶电影片基上涂敷抗静电剂烷基二苯醚磺酸钾，结果片基表面电阻率降低 7～8 个数量级。另外，根据制造复合型导电高分子材料的原理，在高分子材料基体中填充导电填料如炭黑、金属粉、导电纤维等也同样能起到抗静电作用。

第五章　通用高分子材料及加工工艺简介

按照材料制备方法和在国民经济建设中的用途，高分子材料分为通用高分子材料和功能高分子材料两大类。通用高分子材料指目前能够大规模工业化生产，已普遍应用于建筑、交通运输、农业、电气电子工业等国民经济主要领域和人们日常生活的高分子材料。通用高分子材料又分为塑料、橡胶、纤维、粘合剂、涂料等不同类型。功能高分子材料是近年来随着高分子科学的发展以及与其他学科领域相互交叉、结合，新近研制成功和正在研究开发的一批新型高分子材料，它们被赋予新的功能和高性能，如导电、导磁、光学性能、阻尼性能、生物功能、智能响应能力等。在国防、航空航天、生物医用、微电子等高技术领域显示出极其重要的科学价值和极富挑战性的潜在的经济效益。

通用高分子材料的品种十分丰富，限于篇幅，这儿不能一一介绍。本章只是简要介绍通用高分子材料的特性和分类，以及有关制备技术、加工工艺等方面的基本知识。

第一节　热塑性和热固性塑料

一、塑料的特性和分类

塑料，英文称 Plastics，德文称 Kunststoff，专指以高分子材料为主要成分，在一定条件（温度、压力等）下可塑化成型为一定形状，在常温下具有相当力学强度的材料和制品。

塑料是高分子材料最主要的品种之一，具有质量轻，比强度高，电绝缘性好，耐化学腐蚀，耐辐射，容易成型加工等特点，可以制成多种多样制品，适应人类社会不同的需求。各种塑料的相对密度大致为 $0.9 \sim 2.2 kg/m^3$，仅为钢铁的 1/4～1/8。例如，1t 尼龙 6 从体积上讲可以代替大约 3.6t 铝、7.8t 不锈钢、9.8t 生铁和 10.2t 铜，质轻使塑料在交通运输、航空航天等领域有很强的竞争力。大多数塑料的体积电阻率很高，约 $10^{10} \sim 10^{20} \Omega \cdot cm$，是优良的电绝缘材料，也常用作绝热材料和其他阻隔（如隔声）材料。多数塑料的化学稳定性好，能耐酸、碱，耐油，耐污和其他腐蚀性物质，化学工业大量采用塑料管道和用塑料做贮槽衬里。许多塑料的摩擦因数很低，可用作制造塑料轴承、轴瓦、塑料齿轮等机械工业所需的部件，且可用水作润滑剂。同时，有些塑料的摩擦因数较高，可用于配制制动装置的摩擦零件。与木材、陶瓷、金属材料相比，塑料制品的另一大优点是原料来源广，加工工艺简单，可以方便地制成各种薄膜、管材、型材、造型复杂的配件及产品，而且能耗少，制造成本低，环境污染小。

塑料的突出缺点是，力学性能比金属材料差，表面硬度较低，大多数品种易燃，使用温度范围较窄。这些缺点正是当前塑料改性的研究方向和重点。

根据材料的凝聚态性质，塑料是指玻璃化转变温度 T_g 或熔融温度 T_m 高于通常使用温度的高分子材料。从内聚能密度来看，塑料的内聚能密度介于纤维和橡胶之间，约为 300～400MJ·m^{-3}。但是这种分类并不严格，同一种高分子材料，根据配方和加工方法、加工条件的不同，可能在某种条件下制成塑料，在另种条件下又制成纤维或橡胶。例如，聚氯乙烯在多数情况下用作塑料，但也可纺丝而成为氯纶纤维；也可制成人造革和密封制品。

目前，世界上塑料的体积产量已超过钢的体积产量，其中大批量生产的塑料原料（树脂）有 20 余种。根据受热后形态、性能的变化，塑料可分为热塑性塑料和热固性塑料两大类。热塑性塑料的特点是原料受热后塑化变软，可以流动成型，冷却定型后又变硬，成为具有一定强度的制品。热塑性塑料加工简单，可以大规模连续加工生产，而且，这种软化和变硬的过程可重复、循环进行，即可多次反复成型加工，这对塑料制品再生利用有重要意义。热塑性塑料占塑料总产量的 70%以上，生产量大的品种有聚乙烯、聚丙烯、聚氯乙烯、聚苯乙烯等。

热固性塑料的原料是相对分子质量较低（10^2～10^3）的线形或支链型预聚体，在一定条件下（通过添加固化剂或（和）加热）在模具中固化形成网状或体型高分子材料制品。对热固性塑料而言，聚合过程（最后的固化阶段）和成型过程是同时进行的，一旦形成交联高分子材料，受热后不能再回复到可塑状态。因此，对热固性塑料而言，所得制品是不溶不熔的。热固性塑料的主要品种有酚醛树脂、氨基树脂、不饱和聚酯、环氧树脂等。

大量生产的热塑性塑料又称通用塑料，它们产量大，价格低，力学性能一般，主要作强度要求不高的非结构材料使用。与此相应，一批力学性能优异、耐热、耐磨、尺寸稳定性良好，能经受较宽的温度变化和较苛刻的环境条件的塑料称工程塑料。主要品种有聚酰胺、聚碳酸酯、聚甲醛、ABS 树脂等，多作结构材料使用。工程塑料的大规模发展只有二十多年历史，最初是为了某一特定用途开发的，产量小，价格贵。近年来，随着科学技术迅速发展，工程塑料的应用领域不断开拓，产量逐年增大，使工程塑料与通用塑料的区分变得模糊，难以截然划分。某些通用塑料，如聚丙烯等，经改性之后也可作满意的结构材料使用。塑料的品种和分类如图 5-1 所示。

二、塑料制品的主要组分及其作用

完全由单组分树脂制成的塑料制品是极少的（聚四氟乙烯是典型的单组分塑料，加工时不加任何添加剂），绝大多数塑料制品在制造过程中都需添加各种各

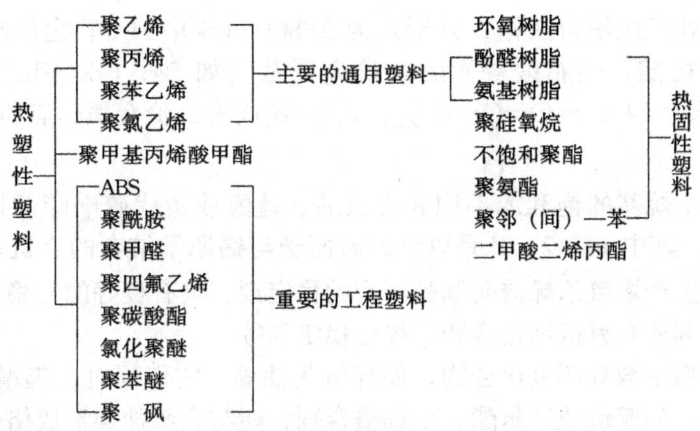

图 5-1 塑料的品种和分类

样的填料和助剂。添加剂种类很多，按性能分，有改善加工性能的润滑剂和热稳定剂；有改进材料力学性能的增强剂、抗冲改性剂、增塑剂和各种填料；有提高使用过程中耐老化性的抗氧剂、光稳定剂等；有改进耐燃性能的阻燃剂以及着色剂、发泡剂、交联剂、抗静电剂等。有些添加剂同时有两种或数种改性作用。有些塑料添加剂用量较少，而有些体系添加剂的种类和用量较多，有时用量甚至超过树脂基体，达到50%～70%，需要很好地进行配方设计和加工工艺设计。

塑料制品的主要添加剂及其作用简介如下。

(一) 稳定剂

为了防止塑料在加工和使用过程中，在热、力、氧、光等作用下过早分解、老化，延长制品的使用寿命，配制塑料时需加入稳定剂。稳定剂种类很多，主要包括：热稳定剂、抗氧剂、紫外线吸收剂、光屏蔽剂等。

1. 热稳定剂

热稳定剂主要用于聚氯乙烯（PVC）及其共聚物。聚氯乙烯分子具有较强极性，其玻璃化转变温度、软化温度及熔融温度较高，一般需加热到150～160℃以上才能塑化加工。而一般商业PVC树脂热稳定性差，受热温度超过90℃就开始分解，超过120℃分解更明显，放出大量HCl气体，使树脂降解，颜色变深，乃至无法加工。目前，一般认为，PVC的热降解机理属自由基反应机理，它在热加工过程中（有氧存在）的降解反应包括：①脱HCl。②氧化及断链。③交联。④环化。分解出的HCl又有进一步加速PVC分子链断裂，继续释放HCl的作用，造成PVC分子链断裂的连锁反应。所谓提高热稳定性，就是在PVC树脂中加入适当的碱性物质，中和分解出来的HCl，阻止大分子进一步发生断链，这些加入的碱性物质称热稳定剂。

常用的热稳定剂分主热稳定剂、辅热稳定剂、复合热稳定剂。主热稳定剂有：铅盐类，包括一些无机酸和有机酸的铅盐，几乎都是带有盐基（PbO）的盐

基性铅盐，如三盐基硫酸铅，分子式为 $3PbO \cdot PbSO_4 \cdot H_2O$；金属皂类，主要为脂肪酸（月桂酸、硬脂酸等）的二价金属盐（如 Ba、Cd、Pb、Zn、Ca、Mg 等），其通式为 $M(-O-\underset{\underset{O}{\|}}{C}-R)_2$，其中 M 代表二价金属；有机锡类稳定剂，一般是带两个烷基的饱和或不饱和有机酸、硫醇或硫代硫酸酯的锡盐，通式为 R_mSnY_{4-m}，其中 $m=2$，Y 是以氧或硫原子与锡原子结合的有机基团，有机锡类稳定剂是生产聚氯乙烯透明制品所用的稳定剂，具有良好的光稳定作用；其他类型主稳定剂还有有机锑化合物、稀土稳定剂等。

辅助热稳定剂有环氧化合物，如环氧化油等，它们同时还起增塑剂的作用；亚磷酸酯类，如亚磷酸三苯酯，也称螯合剂，能与金属盐类形成络合物，单独使用并不见效，与主稳定剂并用则显示稳定作用；还有多元醇等。

近来市场上开发出多种固体或液体复合热稳定剂，它们是由主、辅热稳定剂和其他助剂组成的协同稳定体系。主要有共沉淀金属皂类复合热稳定剂、液体金属皂复合热稳定剂，有机锡复合热稳定剂等。特点是与树脂相容性好，透明性好，不易析出，易计量，无污染，加工性能好。缺点是用量较大，价格较高。

2. 抗氧剂

几乎所有的有机化合物对氧都是敏感的，天然和合成高分子材料也多易被氧化，尤其在应用和加工过程中受热或紫外线作用，更使氧化过程加速，使高分子材料老化。能抑制或延缓高分子材料氧化过程进行，从而阻止老化，延长使用寿命的助剂称抗氧剂，又称防老剂。抗氧剂的作用在于它能消除老化反应中生成的过氧化自由基，还原烷氧基或羟基自由基等，从而使氧化的连锁反应终止。

抗氧剂按作用机理分为主抗氧剂和辅助抗氧剂。主抗氧剂能干预自动氧化反应的链增长过程，使氧化速度大大减缓；主要有取代酚类（如抗氧剂 264、BHT、抗氧剂 CA、抗氧剂 3114 等）和芳胺类（如防老剂 D、防老剂 4010NA 等）。一般而言，酚类抗氧剂对制品无污染和变色性，适用于烯烃类塑料或其他无色及浅色塑料制品。芳胺类抗氧剂的抗氧化效能高于酚类且兼有光稳定作用，缺点是有污染性和变色性，多用于深色橡胶制品。辅助抗氧剂的作用是分解氢过氧化物，塑料工业中常用的有硫代酯类（如防老剂 DLTP）和亚磷酸酯类（如防老剂 TPP）。硫代酯类辅助抗氧剂多用于聚烯烃中，它与酚类抗氧剂并用有显著协同效应。亚磷酸酯类是一种不着色辅助抗氧剂。

还有一类变价金属离子钝化剂也常归于抗氧剂。变价金属离子如铜、铁离子能加速高分子材料（特别是聚丙烯）的氧化老化过程。变价金属离子钝化剂就是一类能与变价金属离子的盐联结为络合物，从而消除这些金属离子的催化氧化活性的化学物质。常用的变价金属离子钝化剂有醛和二胺缩合物、草酰胺类、酰肼类、三唑和四唑类化合物等。

3. 光稳定剂

户外使用的高分子材料，老化速度比户内使用时快得多，主要原因是在紫外线辐射下，氧化降解过程大大加速（此外还有水、臭氧、微生物等的影响）。波长为200～350nm的近紫外线能量达340～600kJ.mol^{-1}，如此强的辐射足以使大分子主链断裂，发生光降解（对比而言，C-C键的键能约为350 kJ·mol^{-1}，C-Cl键的键能约为330kJ·mol^{-1}）。为了防御紫外线对高分子材料的破坏而添加的一类能吸收紫外线或减少紫外线透射作用的化学物质称光稳定剂，其作用原理是将紫外线的光能转化成热能或无破坏性的较长光波的形式，从而把能量释放出来。光稳定剂添加量很少，一般为0.05～0.5重量份。由于各种高分子材料对紫外线的敏感波长不同，各种紫外线吸收剂能够吸收的光波波长范围也不同，因此，要根据具体体系选择适当的光稳定剂才有满意的稳定效果。常用的光稳定剂有紫外线吸收剂、光屏蔽剂、光淬灭剂、受阻胺光稳定剂等类型。

紫外线吸收剂有邻羟基二甲苯酮类、水杨酸酯类、苯并三唑类、三嗪类等。光屏蔽剂主要是炭黑、氧化锌、钛白粉、锌钡白等颜料类填料，其本身具有反射和（或）吸收紫外线的能力。如钛白粉（R型）具有强吸收紫外线的能力，炭黑具有强反射紫外线能力。紫外线淬灭剂是一类较新型高效光稳定剂，主要是一些二价镍的有机螯合物。

（二）增塑剂

增塑剂是塑料工业的一种重要助剂。加工玻璃化转变温度较高的高分子材料时，为制得室温下软质的制品和改善加工时熔体流动性，都需要加入一定量增塑剂。增塑剂一般为沸点较高（高于250℃）、不易挥发、与高分子材料有良好混溶性的低分子油状物，少数为低熔点固体。增塑剂的作用一是分布在大分子链之间，降低分子间作用力和缠结，提高分子链活动能力，因而具有降低高分子材料玻璃化转变温度及成型温度，改善加工流动性的效能；二是增塑剂的加入使塑料制品的柔韧性、弹性和耐低温性提高，但强度、模量以及刚性和脆性等降低。

工业上使用增塑剂的高分子材料，最主要是聚氯乙烯，此外，还有氯乙烯共聚树脂、聚偏二氯乙烯、聚醋酸乙烯酯、聚乙烯醇、ABS树脂以及纤维素树脂等。由于增塑剂的使用，大大开拓了高分子材料的应用范围，既改善了制品性能，又方便了制品成型加工。如刚性的醋酸纤维素树脂，若不加入增塑剂DBP，成型加工根本无法进行。

增塑剂可分为主增塑剂和辅助增塑剂两类。主增塑剂特点是与高分子材料混溶性好、塑化效率高，可单独使用。辅助增塑剂与高分子材料的混溶性稍差，通常与主增塑剂一起使用，以获得某些特殊性能（如耐寒性、耐候性、电绝缘性等），或降低成本（故也称增量剂）。

根据化学结构，增塑剂可分为苯二甲酸酯类，主要品种有邻苯二甲酸二辛酯

(DOP)、邻苯二甲酸二丁酯（DBP）及邻苯二甲酸二甲酯、二乙酯等；磷酸酯类，包括磷酸三芳基、三烷基、烷芳基酯；多元醇类，包括乙二醇、缩乙二醇、丙三醇、季戊四醇等酯类；二元脂肪酸酯类；环氧化油及环氧化油酸酯类；含氯类，如氯化石蜡、氯代脂肪酸酯等；以及其他类型增塑剂。樟脑是纤维素基塑料的良好增塑剂。

（三）填料及增强剂

填料是塑料工业中添加量最大的一种助剂，用量往往高达几十到几百重量份。填料的主要功能是提高树脂的利用率，降低成本（增量型填料），在一定程度上也有改善塑料基体某些性能的作用，如赋予材料导电性、阻隔性、阻燃性、防烟性、防粘性，提高尺寸稳定性，降低收缩率，提高刚性和硬度，减缓热固性树脂固化时的发热，防止其龟裂等（功能型填料）。

填料种类繁多，主要可分无机填料和有机填料两大类。无机填料有：金属粉、金属氧化物；二氧化硅质（白炭黑、石英砂、硅藻土等）；硅酸盐（云母、滑石、陶土、石棉、玻璃纤维、玻璃微珠等）；碳酸盐（轻质、重质碳酸钙，石灰石等）；碳质（炭黑、石墨等）；其他（各种矿渣、工厂废灰料等）等。有机填料多数为纤维状物质，天然有机物有植物性的木粉、壳粉、棉绒、黄麻、亚麻、动物性的蚕丝等；合成纤维有人造丝、维尼龙、尼龙、醋酸纤维素、碳纤维等，都可以用作填充剂加入到树脂基体中去。

凡能够显著提高塑料制品强度和刚性的填充剂也称增强剂，包括各种形状各向异性的片材或纤维状材料，以及短纤维材料。最常用的增强剂有玻璃纤维、石棉纤维，新型的增强剂有碳纤维、石墨纤维和硼纤维等。纤维类增强剂的用量一般为20%～50%。纤维增强的原理见第四章第三节。

大多数填料与塑料基体的相容性很差，为提高填料和增强剂的增强效果，必须改善它们与高分子材料之间的相容性，增强两相界面分子间相互作用。最常用的办法是采用某些化学物质或专用偶联剂处理填料及增强剂表面，增加其活性。一般的表面处理剂有脂肪酸（常用硬脂酸）、树脂酸、金属皂、木质素、硅油、硼酸酯等；常用的偶联剂有有机硅烷偶联剂、钛酸酯偶联剂、铝酸酯偶联剂等。

（四）润滑剂

加入润滑剂是为了改善塑料熔体的加工流动性，防止塑料在热成型加工过程中发生粘模现象。与润滑剂关系最密切的树脂是聚氯乙烯（尤其是硬制品），另外聚烯烃、纤维素树脂、聚酰胺、ABS树脂等热塑性树脂加工时也常使用润滑剂。各种热固性树脂，如酚醛树脂、脲醛树脂、聚氨酯、硅树脂加工时将润滑剂作脱模剂使用。

润滑剂分内润滑剂和外润滑剂两种，主要依其与高分子熔体的相容性而定。内润滑剂的分子与高分子材料有良好相容性，其润滑作用主要是降低极性高分子材料分子间内聚力（如 PVC、ABS 等），从而降低加工时熔体自身的位移阻力，降低内摩擦所导致的升温，提高熔体流动速率。常用的 PVC 内润滑剂有脂肪醇（C_{14}-C_{18}醇）、脂肪酸单甘油酯（如硬脂酸单甘油酯）、脂肪酸低级醇酯（如硬脂酸丁酯）等。外润滑剂分子具有较长的非极性碳链，与高分子材料相容性差。其润滑作用主要是降低熔体与加工机械表面间的摩擦，防止熔体与加工设备热金属表面的粘附，提高熔体流动速度。最常用的外润滑剂有固体石蜡、相对分子质量低的聚乙烯（聚乙烯蜡）、硬脂酸及其金属盐类（如硬脂酸铅、硬脂酸钙等）。实际上，内、外润滑剂的区分并非十分严格，如硬脂酸金属皂类，往往兼具内外润滑两种作用。润滑剂用量一般为 0.5%～1.5%。

（五）阻燃剂

许多高分子材料（如聚乙烯、聚丙烯、聚甲基丙烯酸甲酯、聚苯乙烯等）是极易燃烧的，纯粹 PVC 虽不能点燃，但其中所含增塑剂是可燃的。塑料的易燃性限制了它的应用，因此，在很多领域要求在树脂基体中加入阻燃剂以提高塑料的难燃性，制成不燃性或自熄性（离开火源自动熄灭）塑料制品。根据阻燃剂的使用方法，可分为添加型阻燃剂和反应型阻燃剂两大类。通常添加型阻燃剂多用于热塑性塑料，按化学结构可分为有机阻燃剂（如磷酸酯、含卤磷酸酯、有机卤化物等）和无机阻燃剂（如三氧化二锑、氢氧化铝或水合氧化铝及其他金属化合物）。反应型阻燃剂都具有反应性基团，可作为共聚单体用于热固性或热塑性树脂的合成以及用于热固性树脂的固化反应中。反应型阻燃剂的优点在于其对塑料制品的物理力学性能和电性能影响较小，不易发生迁移，阻燃性持久。缺点是价格较高。

（六）固化剂

固化剂是专用于热固性树脂固化，使树脂由线型分子结构转变成体型交联结构的助剂。固化剂又称变定剂，在固化（变定）过程中对固化起催化作用或本身直接参加固化反应。广义而言，各种交联剂都可视为固化剂。例如，固化剂与环氧树脂混合后，在一定条件下（温度、时间）能与环氧树脂的环氧基或侧羟基发生开环或加成反应，引起环氧树脂交联。使低分子量的流动性树脂交联形成三维网状体型结构塑料，其反应过程复杂。用作固化剂的物质有胺类（如二乙撑三胺、三乙撑四胺、二甲胺基丙胺、六次甲基四胺、间苯二胺等）；酸酐类（如邻苯二甲酸酐、顺丁烯二酸酐、均苯四酸二酐等）；酰胺类（如低分子聚酰胺，它也用作增塑剂）；咪唑类（如 2—甲基咪唑、2—乙基—4—甲基咪唑、2—苯基咪唑等）以及三氟化硼络合物。酚醛压塑粉固化时用六次甲基四胺作固化剂，不饱和树脂固化时则加入过氧化二苯甲酰。

（七）发泡剂

泡沫塑料是人们熟悉的塑料品种，发泡剂是一类受热时会分解放出气体，从而在塑料中形成泡孔结构（气、固相共存）的助剂。按产生气体的方式，发泡剂分物理发泡剂和化学发泡剂两大类；根据化学结构，化学发泡剂又分为无机发泡剂和有机发泡剂两类。物理发泡剂主要指压缩气体、可溶性固体和沸点低于110℃的挥发性液体。它们加入塑料熔体后，通过物理状态变化（相变）形成气泡孔。在挥发性发泡剂中，卤代烃和含5～7个碳的脂肪烃最为常用，但由于氟氯烃对大气臭氧层有破坏作用，为了保护生态环境，这类发泡剂正受限制和禁止生产和使用。无机发泡剂主要是碳酸氢钠和碳酸氢铵，受热分解出 CO_2 和 NH_3。有机发泡剂有偶氮类化合物、亚硝基化合物、磺酰肼类化合物等，它们的分子中都含有 $=N-N=$ 或 $-N=N-$ 结构部分，加热后易产生 N_2，同时产生少量 NH_3、CO、CO_2、H_2O 及其他气体。最常用的有机发泡剂是偶氮二甲酰胺(AC)。

此外，塑料制品中常用的配合剂还有：抗静电剂、着色剂、成核剂、光降解剂、防霉剂、防雾剂等，不再一一介绍。读者可参考有关文献资料。

三、塑料制品成型加工方法简介

塑料制品的生产是一项复杂繁琐工程，其原理是利用塑料固有的特性，在一定条件下（通常有加热塑化、剪切、混合、配制溶液等），利用各种方法将其成型为具有特定形状和使用价值的物件，并冷却定型、修整和后加工，制成要求的制品。热塑性塑料与热固性塑料的性质和受热后表现不同，因此，成型加工方法也不同。迄今成熟的塑料成型加工方法已有数十种，其中最重要的有挤出成型、注射成型、压延成型、吹塑成型及模压成型，它们所加工的制品质量约占全部塑料制品的90%左右。前四种成型方法是热塑性塑料的主要成型加工方法。热固性塑料主要采用模压、铸塑及传递模塑等方法成型。

（一）挤出成型

挤出成型又称挤压模塑或挤塑，是热塑性塑料最主要成型加工方法，有一半左右塑料制品或半成品是挤出成型的。挤出成型法几乎能加工所有热塑性塑料，制品主要有连续生产的等截面的管材、型材、板材、薄膜、电线电缆包覆以及各种异型制品。挤出成型还可用于热塑性塑料的塑化、造粒、着色和共混改性等。

挤出成型的设备由两部分组成：一为挤压部分，主要为螺杆挤出机，根据结构不同分为单螺杆挤出机，双螺杆（又有平行双螺杆，锥形双螺杆之分）挤出机等，借以塑化、输送、计量物料；一为机头口型部分，主要指机头、口型及定型、牵引机构，借以将物料制成规定形状、尺寸的制品。

图5-2为典型螺杆挤出机结构示意图。热塑性高分子材料与各种助剂混合均匀后，在挤出机料筒内受到机械剪切力、摩擦热和外热的作用使之塑化、熔融，并在螺杆挤压推送下，通过过滤板进入成型模具，挤塑成制品。

挤出机的核心是螺杆。根据工作原理和物料在挤出过程的状态变化，可将螺杆工作区分为吃料送料段、熔融压缩段和匀化计量段三部分。吃料送料段又称固

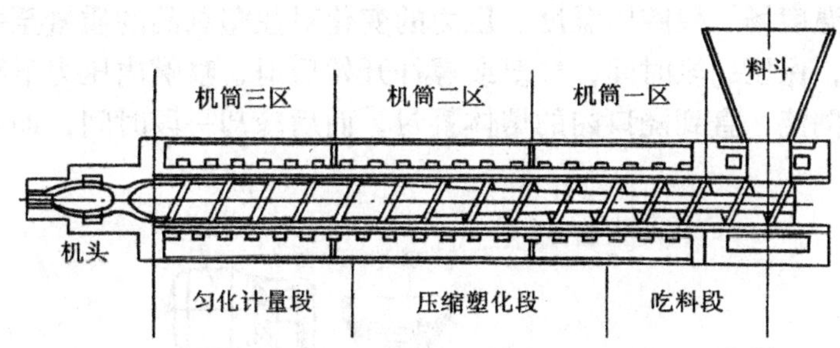

图 5-2　典型螺杆挤出机结构示意图

体输送段，螺杆相当于一个螺旋推进器。在这段中，物料依然是固体状态。螺杆吃料和送料能力的强弱是保证机器正常工作的前提条件。熔融压缩段又称塑化段，在这段中，物料在剪切力场与温度场作用下开始熔融、塑化，由固态逐渐转变为粘流态。并因螺杆设计有一定压缩比，使熔体压实、排气。匀化计量段又称挤出段，从压缩段来的粘流状物料在此进一步压紧、塑化、拌匀，并以一定流量和压力从机头口型流道均匀挤出。这一段的螺槽截面是均匀的。机头、口型部分的核心是口模，它是制品横截面的成型部件，相当于一个长径比很小的管状口模。螺杆挤出机要稳定工作，必须使口模的输送能力与匀化计量段的输送能力相匹配，而且要兼顾吃料送料段的吃料能力及熔融压缩段的塑化、熔融情况。

挤出机的特性主要取决于螺杆数量及结构。螺杆长度与直径之比称长径比 L/D，是关系物料塑化好坏的重要参数。长径比越大，物料在料筒内受到混炼时间越长，塑化效果越好。通常塑料挤出机的螺杆长径比在 20～30 之间，新近开发的用于进行反应性挤出的螺杆长径比达到 40 以上。

近年来，塑料挤出机和挤出成型工艺仍在不断改进和更新中，其中精密挤出成型、反应性挤出加工成型、多种物料复合共挤出成型等都取得很好的发展。

（二）注射成型

注射成型又称注射模塑或注塑，是一种生产形状结构复杂，尺寸精确，用途不同的塑料制品的成型方法，注塑制品产量约占塑料制品总量的 20% 以上。注塑成型方法是将塑料（一般为粒料）在注射成型机料筒内加热熔化，而后在柱塞或螺杆推压下将熔料压缩、前推，通过料筒前端的喷嘴快速注入温度较低的闭合模具内，经过冷却定型，开启模具即得制品。

注塑成型的主要设备是柱塞式或螺杆式往复注射机，和根据制品要求设计的注射模具（见图 5-3）。注射成型过程通常由塑化、充模（即注射）、保压、冷却和脱模等五个阶段组成，全部过程循环往复、连续进行。图 5-4 给出注射成型过程循环示意图，其中有一个主循环和两个辅助工序。合模后，经过预塑化的物料在柱塞或螺杆的前进推力下通过喷嘴、浇口充入模具型腔，在模腔内建立起复杂的应力场和温度场。模腔内温度、压力的变化对注塑制品的质量至关重要。物料充满模腔后，保压一段时间，柱塞或螺杆开始后退，喷嘴内压力下降，部分未凝结熔体可能倒流，直到浇口内的熔体凝封，而后冷却一段时间，即可开模顶出制品。

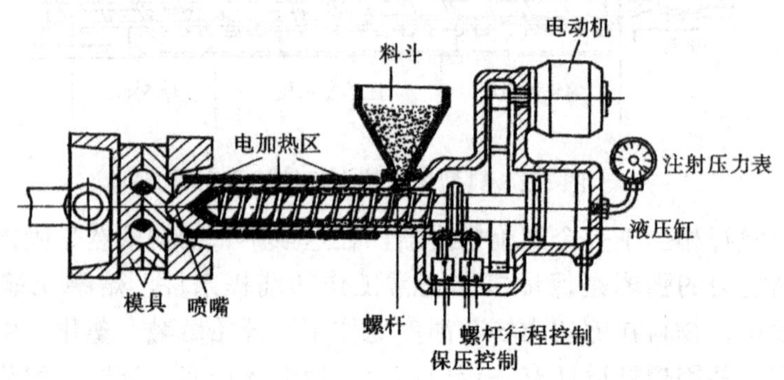

图 5-3 典型注射成型设备示意图

注射成型主要应用于热塑性塑料。近年来，热固性塑料也采用注射成型进行加工，即将热固性塑料在料筒内加热软化，并注意将其保持在热塑性状态，然后将可流动物料通过喷嘴注入模具中，再经加热高温固化而成型。该方法又称喷射成型。若料筒中的热固性塑料是在软化后用推杆一次性全部推入模具，无物料残存于料筒中，则该方法称传递模塑成型或铸压成型。图 5-5 给出传递模塑成型原理示意图。

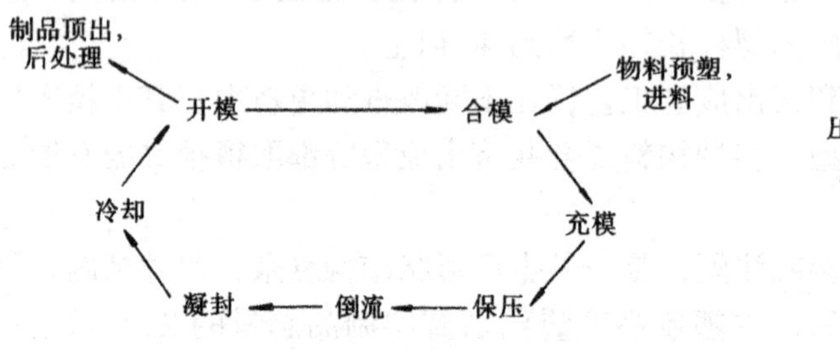

图 5-4 注塑过程循环示意图

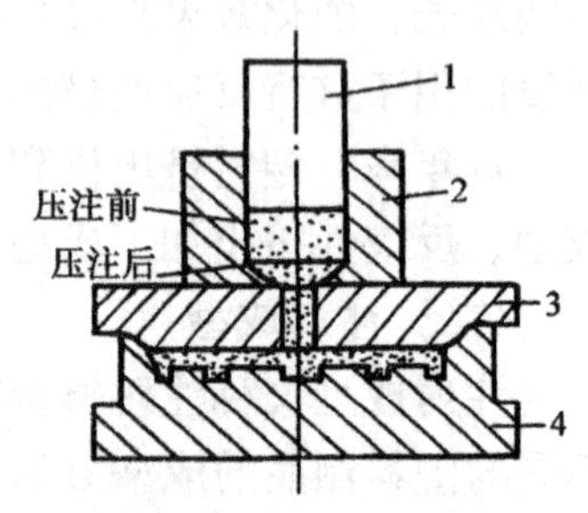

图 5-5 传递模塑过程示意图

1—注压活塞 2—加料套

3—凸模 4—凹模

近年来，注射成型过程也在不断开发新技术，高压注射机、精密注射成型、气辅注射成型、反应性注射成型、带有金属嵌件制品的注射成型、多台注射机共注射及注射成型过程的全自动控制等均为注射成型的发展开辟了广阔领域，带来若干新鲜研究课题。

（三）压延成型

压延成型是将加热塑化的热塑性塑料通过两个以上相向旋转的热辊筒间隙，使其成为规定尺寸的连续均匀片（膜）材的成型方法。压延成型主要用于生产聚氯乙烯、纤维素、聚苯乙烯片材、薄膜、人造革及其他涂层制品。

压延成型的生产特点是加工能力大，生产速度快，产品质量好，生产连续；缺点是设备庞大，投资高，维修保养复杂，制品宽度受限于机器尺寸。大型压延机往往有三个以上辊筒，辊筒越多压制的薄膜厚度越小，可完成的贴胶工艺越多。辊筒有多种空间排列方式，图 5-6 给出三辊筒排列方式（有 I 型和三角型）和四辊筒排列方式（有 I 型、倒 L 型、正 Z 型、斜 Z 型等）。

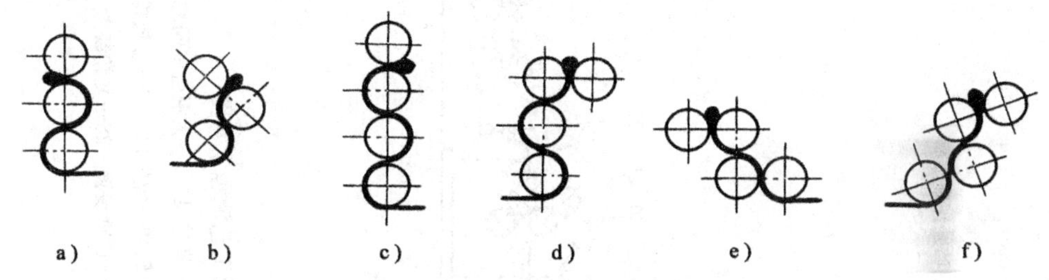

图 5-6　常见压延机辊筒排列方式

a）Ⅰ型（三辊）　b）三角型　c）Ⅰ型（四辊）　d）倒 L 型　e）正 Z 型　f）斜 Z 型

压延成型工艺流程也比较复杂。以生产软质聚氯乙烯薄膜为例，首先把 PVC 树脂与增塑剂、稳定剂等助剂混合，再经螺杆挤出机或两辊筒开炼机塑化，得塑化坯料。经过金属检测器检测后，直接喂入压延机辊筒间进行热压延。调节辊筒辊距可以得到不同厚度的薄膜或片材，再经一系列的导向辊把从压延机出来的膜或片材导向有拉伸作用的卷取装置，使薄膜厚度进一步减小，最后冷却、测厚、成品卷取。压延成型的薄膜若通过刻花辊可以得到刻花薄膜。若把布和薄膜分别导入压延辊经过热压后，就可制得压延人造革制品。图 5-7 为压延成型法生产软质聚氯乙烯薄膜的生产工艺流程示意图。

（四）模压成型

模压成型又称压缩模塑或压制，是将粉状、粒状或纤维状的树脂原料置于由上下模板组成的模具型腔内，在成型温度下闭模加压，使模具内的塑料在热与力作用下成型或固化，经冷却、脱模得到模压成型制品。

模压成型可兼用于热塑性塑料和热固性塑料。对热固性塑料，模压时模具一直处于高温，型腔内的物料在高温高压作用下，先由固态变为半流动态，充满型腔，随着交联反应的进行，半流态的物料逐渐固化变成固体，最后脱模获得制品。对热塑性塑料，模压过程基本与上述相仿，但是由于不存在交联反应，在熔体充满型腔后应强制制冷，使其凝固，然后脱模获得制品。由于热塑性塑料模压

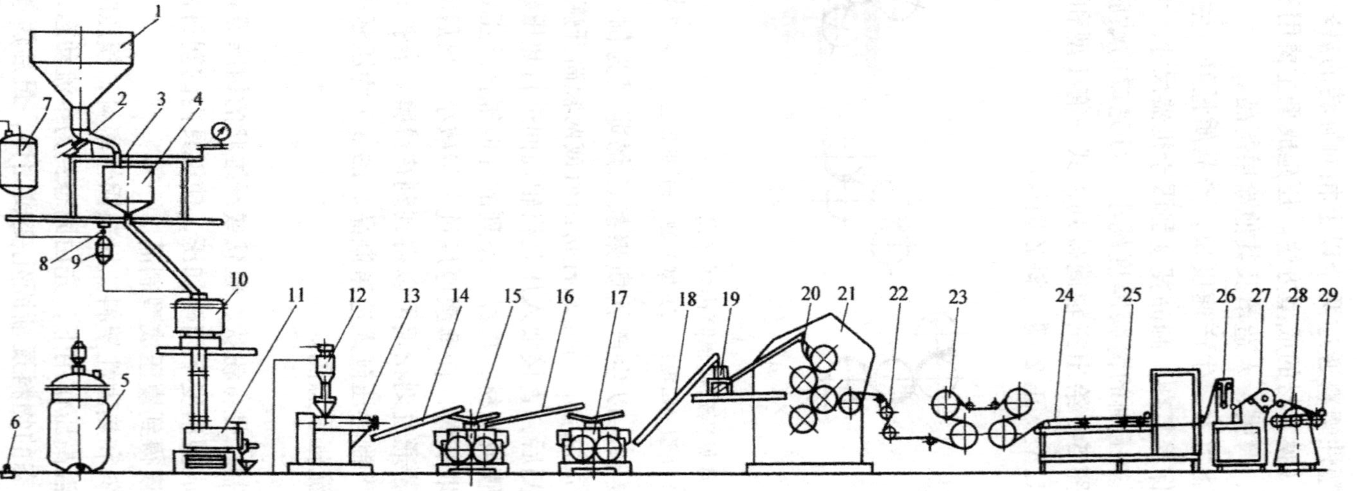

图 5-7 压延法生产软聚氯乙烯薄膜工艺流程示意图

1—树脂料仓 2—电磁振动加料斗 3—自动磅秤 4—称量计 5—大混合器 6—齿轮泵 7—大混合中间贮槽 8—传感器 9—电子秤料斗 10—高速热机 11—高速冷机 12—集尘器 13—塑化机 14、16、18、24—输送带 15、17—辊压机 19—金属检测器 20—摆斗 21—四辊压延机 22—冷却导辊 23—冷却辊 25—运输辊 26—张力装置 27—切割装置 28—复卷装置 29—压力辊时模具需要交替地加热和冷却，因此，生产周期长，成本高，一般只是在生产较大平面制品时才选用模压成型，普通中小制品生产多用注射成型。

热固性塑料的模压成型工艺由物料准备和模压两个过程组成。物料准备包括预压和预热两部分，预压可以将松散的粉料或纤维状物料在冷压下压成重量确定、形样规整的密实体（型坯）；预热一方面有去除水分和其他挥发物作用，另一方面是为模压准备热料，缩短模压周期。预压和预热不但可以提高模压效率，而且对提高制品质量十分重要。

用于模压成型的塑料有：酚醛树脂、氨基树脂、不饱和聚酯、聚酰亚胺等，其中以酚醛树脂和氨基树脂应用最为广泛。模压制品主要用于机械零件、电器绝缘材料、交通运输和日常生活用品等方面。

聚四氟乙烯的冷压烧结成型属于一种特殊的模压成型。大多数氟塑料虽是热塑性塑料，但事实上它们很难熔化，熔体粘度又特高，难以用一般热塑性塑料成型方法加工。工业上采用类似粉末冶金烧结成型的方法，称冷压烧结成型。成型时，先将一定量聚四氟乙烯（悬浮聚合的树脂粉料）放入常温下模具中，在压力作用下（30～50MPa）压制成密实的型坯，然后送至烘室内进行烧结，烧结温度一般为380～400℃，保温一段时间后，冷却、启模得到所需制品。

其他常用的塑料成型加工方法还有：吹塑成型法、滚塑成型法或旋转模塑法、流延成型法、层压成型法、浇铸成型法及固相成型法等。

吹塑成型只限于热塑性塑料中空制品的成型。用挤出机或注射机先挤成型坯，再置于模具内用压缩空气使其紧贴于模具表面冷却定型，此即吹塑中空制品成型工艺。在挤出机前端装配吹塑口模，把挤出的管坯用压缩空气吹胀成膜管，经空气冷却后折叠卷绕成双层平膜，此即吹塑薄膜的成膜工艺。

滚塑成型是把粉状或糊状塑料原料计量后装入滚塑模具中，通过滚塑模的加热和纵横向的滚动旋转，使塑料塑化成流动态并均匀地布满滚塑模的每个角落，然后冷却定型、脱模即得制品。浇铸成型是将液体塑料倒入一定形状的模具中，常压下烘焙、固化、脱模即得制品。浇铸成型对流动性很好的热塑性及热固性塑料都可应用。

第二节　天然橡胶和合成橡胶

一、橡胶的特性和分类

橡胶，英文称 rubber，德文称 Gummi 或 Kautschuk，是指常温下处于高弹态的高分子材料。橡胶材料在很宽的温度（－50～150℃）范围内具有独特的无可比拟的高弹性，同时具有良好的疲劳强度、电绝缘性、耐化学腐蚀性以及耐磨性等，使其成为国民经济中不可或缺和难以替代的重要物质。

橡胶按其来源，可分为天然橡胶和合成橡胶两大类。天然橡胶98%是从三叶橡胶树采集得来，基本成分是顺1,4-聚异戊二烯，相对分子质量在3×10^5左右，结构式为：

0.816nm

$$-CH_2-C(CH_3)=CH-CH_2-CH_2-C(CH_3)=CH-CH_2-CH_2-C(CH_3)=CH-CH_2-$$

合成橡胶是用人工合成方法制得的高分子弹性材料。合成橡胶品种很多，按其性能和用途可分为通用合成橡胶和特种合成橡胶（如图5-8）。凡性能与天然橡胶相同或相近、广泛用于制造轮胎及其他大品种橡胶制品的（如运输带、胶管、垫片、密封圈、电线电缆等）称通用合成橡胶，如丁苯橡胶、顺丁橡胶、异戊橡胶等。凡具有耐寒、耐热、耐油、耐腐蚀、耐辐射、耐臭氧等特殊性能，用于制造特定条件下使用的制品的，称特种合成橡胶，如丁腈橡胶、硅橡胶、氟橡胶、聚硫橡胶、聚氨酯橡胶、丙烯酸酯橡胶等。随着特种橡胶综合性能的改善，制造成本降低以及应用范围扩大，有些特种橡胶品种也开始作为通用橡胶使用，如氯丁橡胶、乙丙橡胶、丁基橡胶等。丁苯橡胶、顺丁橡胶、丁基橡胶、异戊橡胶、乙丙橡胶、氯丁橡胶和丁腈橡胶是产量最大的几种合成橡胶。

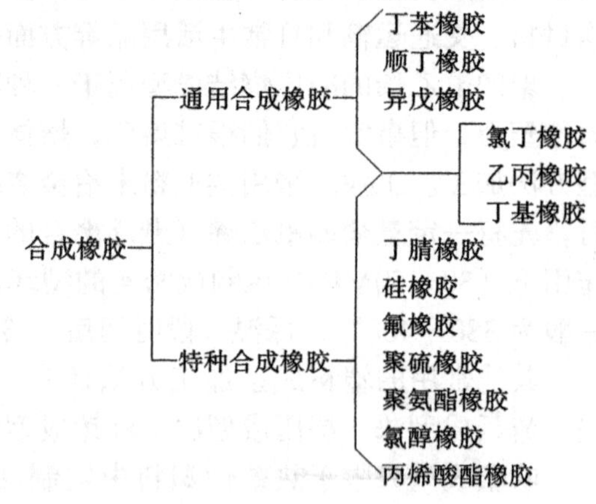

图5-8　合成橡胶的品种与分类

纯粹的橡胶原料没有多大实用价值，橡胶只有经过硫化，达到适度交联才能表现出优异高弹性，可经受500%～1000%的多次拉伸而不破坏，且没有明显的永久变形。如第四章所述，这种高弹性的本质属于熵弹性。橡胶材料也不是完全的弹性体，尤其当经历动态往复的变形和变形恢复时，它将耗散部分能量，因此，橡胶可用作减震和吸声材料。橡胶具有很大的摩擦因数，且有良好的耐磨性，特别适用于制备轮胎、鞋底、摩擦环和制动片等多种制品。另外，橡胶的高耐水性、不透气性、对腐蚀介质的稳定性和优良的电绝缘性能，使其在国民经济各个领域具有广泛应用。

二、主要的橡胶配合剂及其特性

橡胶制品是生胶（天然橡胶和合成橡胶）与多种化合物经恰当配合，采用精心设计的生产工艺制成的多组分复合材料。对比而言，橡胶的配方体系与生产工艺比塑料制品复杂得多，橡胶的配方设计和工艺设计是一项专业性很强的技术工作。配方设计的目的不仅是研究原材料的最佳配比组合，更重要的是掌握材料中各组分间存在的复杂物理与化学作用，研究配合体系对制品性能的影响，以及与生产工艺的关系，在谋求经济合理的同时，求得最佳的综合性能，制成物美价廉的产品。

通常的橡胶配合体系除生胶外，包括使橡胶分子链发生交联反应的硫化体系（硫化剂、促进剂、活性剂、防焦烧剂等）；提高制品力学强度的补强和填充体系（补强剂、填充剂）；保护橡胶制品，防止老化，延长使用寿命的防护体系（各种类型的防老剂）；提高橡胶加工性能的增塑体系（各种类型的增塑剂）。分别简介如下。

（一）硫化体系

硫化是橡胶制品生产过程中最重要环节之一，生胶大分子只有经过硫化、交联，形成具有三维网状结构的体型大分子，才会获得优异的高弹性、高强度，成为有实际使用价值的材料。最早的天然橡胶是采用硫黄进行交联的，因而，橡胶交联过程通常称“硫化”。随着合成橡胶的大量出现，硫化交联剂的品种也不断增加。目前使用的硫化剂有：硫黄、碲、硒、含硫化合物、过氧化物、醌类化合物、胺类化合物、树脂和金属化合物等。而硫黄由于资源丰富，价廉易得，硫化橡胶性能优异，仍然是最佳的硫化剂。

一个完整的硫化体系除硫化剂外，还必须有能加快硫化速度、缩短硫化时间的硫化促进剂，简称促进剂。使用促进剂可减少硫化剂用量，降低硫化温度，并可提高硫化橡胶物理力学性能。此外，还应加有提高促进剂活性的硫化活性剂，简称活性剂，又称助促进剂。几乎所有的促进剂都必须在活性剂存在下，才能充分发挥促进效能。硫化体系中有时还包括能防止胶料在加工过程中不发生早期硫化（焦烧）的防焦剂，又称硫化延迟剂或稳定剂。

由此可见，硫化反应是一个多元组分参与的复杂化学反应，包含橡胶分子与硫化剂及其他配合剂之间的系列化学反应。整个硫化过程大致可分三个阶段。第一阶段称诱导期阶段，此阶段中，先是硫黄、促进剂、活性剂（如氧化锌）之间相互作用，使活性剂溶入胶料，活化促进剂，使促进剂与硫黄发生反应，生成一种活性更大的中间产物；然后引发橡胶分子链，使生成能够发生交联的橡胶大分子自由基（或离子）。第二阶段称交联反应阶段，此阶段中，可交联的自由基（或离子）与橡胶分子链产生反应，生成交联键。第三阶段称网络形成阶段，此阶段的前期，交联反应已趋完成，初始形成的交联键发生短化、重排和裂解反应，最后网络趋于稳定，获得网络相对稳定的硫化橡胶（图 5-9）。

硫化促进剂可分为无机和有机两大类。无机促进剂有氧化镁、氧化铅等，其促进效果小，硫化橡胶性能差，多数场合已被有机促进剂所取代。有机促进剂促进效果大，硫化橡胶物理力学性能优良，发展较快。有机促进剂品种繁多复杂，系统分类比较困难。目前通常按化学结构、促进效果（硫化速度）以及与硫化氢反应呈现的酸碱性（pH 值）进行分类。按化学结构，有机促进剂可以分为八大类，分别为：噻唑类、秋兰姆类、次磺酰胺类、胍类、二硫代氨基甲酸盐类、醛胺类、黄原酸盐类和硫脲类。其中常用的有硫醇基苯并噻唑，商品名为促进剂M，二硫化二苯并噻唑，商品名为促进剂DM，二硫化四甲基秋兰姆，商品名为促进剂 TMTD 等。根据促进效果分类，国际上习惯于以促进剂 M 对天然橡胶的使用效果为标准，凡硫化速度快于 M 者属于超速级或超超速级，相当或接近于 M 的为准速级，低于 M 的为中速及慢速级。如促进剂 TMTD 属于超速级促进剂。促进剂的酸碱性对硫化速度的影响较大，特别在多种促进剂并用的硫化体系中，系统的协同效应会对工艺过程有重要影响。一般 pH 值＜7 者为酸性促进剂，如促进剂 M；pH 值＞7 者为碱性促进剂，如胍类促进剂 D；pH 值＝7 者为中性促进剂，如硫脲类促进剂 NA-22，次磺酰胺类促进剂 CZ 等。

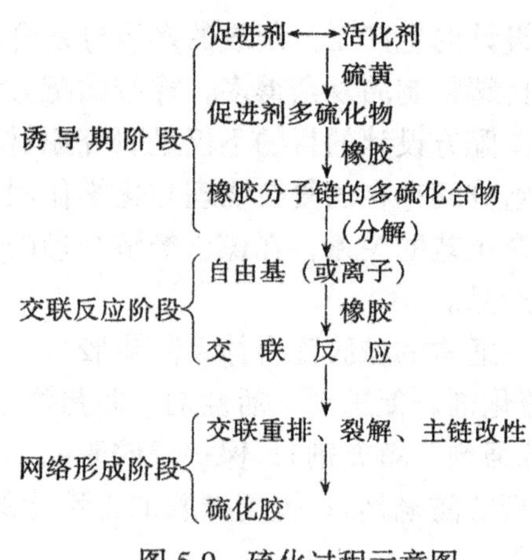

图 5-9 硫化过程示意图

最常用的硫化活性剂（助促进剂）由氧化锌和硬脂酸组成。氧化锌在硬脂酸作用下形成锌皂，使之更易于溶解在胶料中，并与促进剂形成一种络合物，使促进剂更加活泼，催化活化硫黄，形成一种很强的硫化剂。硫化活性剂还有提高硫化橡胶交联密度及耐热老化性能的功效。

橡胶在生产加工过程中要经历塑炼、混炼、压延、硫化等多种工序，经历不同温度、不同时间剪切作用，有时可能出现早期硫化现象，称为焦烧。现代橡胶工业正朝着自动化、联动化方向发展，多采用较高温度的快速硫化法，使硫化诱导期缩短，为此，在硫化过程中，防止胶料焦烧、保证生产安全十分重要。加入防焦剂，目的就在于防止胶料在加工过程中发生早期硫化，保证后续生产安全可靠地进行。防焦剂又称硫化延迟剂或稳定剂。工业上常用的防焦剂有邻羟基苯甲酸、邻苯二甲酸酐、亚硝基二苯胺（NPPA）等。注意：加入防焦剂会影响胶料性能，如降低耐老化性等。

（二）补强与填充体系

补强是橡胶工业的专有名词，指提高橡胶的拉伸强度、撕裂强度及耐磨耗性能。补强在橡胶制品加工中十分重要，许多生胶，特别是非自补强性合成橡胶，如果不通过填充炭黑、白炭黑等予以补强，便没有实用价值。

补强剂与填充剂并无明显界限。补强通过填充实现，凡能提高橡胶物理力学性能的填充剂称补强剂，又称活性填充剂。凡在胶料中主要起增加容积，降低成本作用的称填充剂或增容剂。填料在橡胶工业中用量很大，其中尤以炭黑为甚，炭黑是橡胶工业中最重要的补强性填充剂，炭黑耗量约占橡胶耗量的50%左右。炭黑的补强效果极佳，表5-1给出炭黑对几种重要橡胶材料拉伸强度的补强效果，可以看出，对于一些合成橡胶如SBR、NBR、EPDM等，炭黑的补强倍率达到8～10倍。另外，炭黑还具有优异耐磨性，特别适于制作轮胎胎面胶。

表5-1　炭黑对几种橡胶拉伸强度的补强效果

橡胶种类	未补强的拉伸强度/MPa	炭黑补强的拉伸强度/MPa	补强倍率
丁苯橡胶	2.5～3.5	20.0～26.0	5.7～10.4
丁腈橡胶	2.0～3.0	20.0～27.0	6.6～13.5
三元乙丙橡胶	3.0～6.0	15.0～25.0	2.5～8.3
顺丁橡胶	8.0～10.0	18.0～25.0	1.8～3.1
天然橡胶	16.0～24.0	24.0～35.0	1.0～2.2

除炭黑外，常用的补强剂还有白炭黑（水合二氧化硅 $SiO_2 \cdot nH_2O$、硅酸盐类）和某些超细无机填料。白炭黑的补强效果仅次于炭黑，故称白炭黑。由于其色泽浅，故广泛用于白色和浅色橡胶制品。橡胶制品中常用的填充剂有碳酸钙、陶土、滑石粉、硅铝炭黑等。

（三）防护体系（防老化体系）

橡胶在长期贮存和加工、使用过程中，受氧、臭氧、光、热、高能辐射及应力作用，逐渐发粘、变硬、弹性降低、龟裂、发霉、粉化的现象称老化。老化过程中，橡胶分子结构可发生分子链降解，或分子链间产生交联，或主链或侧基改性等变化。老化使橡胶制品的物理力学性能下降，强度降低，弹性消失，电绝缘性变差，耐磨性变劣等。因此，防止老化是橡胶配方设计中必须考虑的问题。

凡能防止和延缓橡胶老化的化学物质称防老剂。由于橡胶老化的原因复杂，有热降解、热氧老化、臭氧老化、金属离子催化氧化、疲劳老化等，因此，防老剂品种很多。根据作用可分为抗氧剂、抗臭氧剂、有害金属离子作用抑制剂、抗疲劳老化剂、抗紫外线辐射剂等。

与塑料的氧化相似，橡胶的热氧化也是一种自由基链式自催化氧化反应，加入防老剂就是要终止自由基链式反应，或防止引发自由基产生，抑制或延缓橡胶氧化反应。根据这一原理，防老剂分为主防老剂和预防性防老剂两类。主防老剂又称链断裂型防老剂，它是通过截取链增长自由基R·或ROO·终止链式反应，抑制橡胶氧化反应；通常使用的胺类及受阻酚类防老剂、醌类化合物、硝基化合物属于这一类型。预防性防老剂是指能以某种方式延缓自由基引发的化合物，这些物质不直接参与自由基的链式循环过程，只是防止自由基的引发；预防性防老剂包括光吸收剂、金属离子钝化剂和氢过氧化物分解剂。最常用的橡胶防老剂有：防老剂 D（N-苯基-β-萘胺，属胺类防老剂）、防老剂 4010（N-异丙基-N’-苯基对苯二胺，属胺类防老剂）、防老剂 264（2,6-二叔丁基-4-甲基苯酚，属酚类防老剂）。亚磷酸酯类防老剂属于氢过氧化物分解剂。另外，石蜡也具有防护橡胶老化的作用，石蜡能在橡胶表面形成一层薄膜而起屏障作用，这类防老剂称物理防老剂。

（四）增塑体系

橡胶增塑剂通常是一类相对分子质量较低的化合物。增塑剂加入橡胶后，能够降低橡胶分子链间的相互作用力，使粉末状配合剂与生胶很好地浸润，从而改善混炼工艺，使配合剂均匀分散，混炼时间缩短，耗能低，增加胶料的可塑性、流动性、粘着性，便于压延、压出和成型工艺操作。橡胶的增塑体系还能改善硫化橡胶的某些物理力学性能，如降低硫化橡胶的硬度和定伸应力，赋予其较高的弹性和较低的生热，提高耐寒性，降低成本等。

橡胶增塑剂习惯上分软化剂和增塑剂两类。软化剂多来源于天然物质，如石油系的三线油、六线油、凡士林，植物系的松焦油、松香等，常用于非极性橡胶。增塑剂多为合成产品，如酯类增塑剂邻苯二甲酸二辛酯（DOP）、邻苯二甲酸二丁酯（DBP）等，主要应用于某些极性的合成橡胶和塑料中。

按产品来源，软化增塑剂有五大类：石油系增塑剂，主要为芳香烃类、环烷烃类、链烷烃类操作油，工业凡士林、石蜡和石油树脂；煤焦油系增塑剂，包括煤焦油、古马隆树脂、煤沥青等；松油系增塑剂，包括松焦油、松香、妥尔油等；脂肪油系增塑剂，包括由植物油和动物油制取的脂肪酸（硬脂酸、蓖麻酸）、干油和黑、白油膏等；合成增塑剂，包括邻苯二甲酸酯类、脂肪二元酸酯类、脂肪酸酯类、磷酸酯类、聚酯类、环氧类、含氯类增塑剂及其他类型增塑剂。

近年来，为改善增塑效果，防止相对分子质量低的增塑剂在使用过程中从橡胶基体挥发、迁移、析出，又开发了相对分子质量较大的新型反应型增塑剂。如端基含有乙酸酯基的丁二烯、相对分子质量在 10000 以下的异戊二烯低聚物、相对分子质量在 4000～6000 的液体丁腈橡胶等。此类增塑剂在加工过程中起增塑剂作用，而在硫化过程中可与橡胶分子相互反应，或自身聚合，一方面不易挥发、迁移，另一方面还能提高产品的物理力学性能。

三、橡胶加工工艺简介

橡胶材料最宝贵的性质是高弹性，这种高弹性源自于橡胶大分子链的长链特征、柔顺性和高缠结性。橡胶材料的相对分子质量普遍较大，约为几十万到上百万。如此巨大的分子链缠结在一起，使材料粘度大，弹性高，难以塑性变形和加工。为此，要使生橡胶易于加工成型，首先要对其进行塑炼，切断分子链，使粘度下降，改善可塑性和加工流动性，便于进一步混炼、压延、压出和成型。但塑炼的结果也使胶料的弹性下降，物理力学性能受损，为使橡胶制品保持其优异高弹性和足够的力学强度，成型后的半成品还必须在高温高压下硫化、交联，使分子链形成完整的三维网状体型结构，重新获得橡胶材料奇特的优异性能。

由此可见，橡胶制品的成型加工工艺，比塑料制品复杂得多。不同的橡胶制品，加工工艺也不尽相同。图 5-10 给出橡胶制品生产工艺中最重要的加工工序，其中炼胶和硫化是任何橡胶制品加工过程中都必不可少的步骤。

加工过程
- 塑炼——降低橡胶相对分子质量，增加塑性，提高加工性的工艺过程
- 混炼——使配方中各组分均匀分散，形成一个以母体材料或以母体材料与能溶于母体材料的配合剂为连续相，以填料等不溶于母体材料的配合剂为分散相的胶体分散体系，即制成一个混炼胶的工艺过程
- 压延——混炼胶或与纺织物通过压片、压型、贴合、擦胶、贴胶等操作制成一定规格的半成品的工艺过程
- 压出——混炼胶通过压出口型压出各种断面的半成品，如内胎、外胎胎面、胎侧、胶管等的工艺过程
- 硫化——橡胶加工的最后一道工序，通过一定的温度、压力和时间后使橡胶大分子发生化学反应形成交联的工艺过程

图 5-10　橡胶制品生产基本工艺流程图

（一）塑炼工艺

将处于高弹态的强韧性生胶转变为柔软而具有可塑性胶料的工艺过程称塑炼。根据 Fox-Flory 公式（式 4-122），胶料的粘度随相对分子质量的变化十分显著，相对分子质量下降，胶料粘度按 3.4 次幂急剧下降，因此，降低胶料粘度最直接的方法就是采用机械增塑法，利用机械的高剪切力使橡胶大分子链降解，获得可塑性。

常用的塑炼机械有：开炼机、密炼机、螺杆式塑炼机。开炼机是应用最早，且迄今仍在大量使用的塑炼机。与其他塑炼机相比，虽然劳动强度大，自动化程度低，但由于塑炼温度低，塑炼胶可塑度均匀，动态生热少，机台容易清洗，设备投资低，因此仍是最重要的塑炼机械。开炼机的基本工作部分是两个圆柱型中空辊筒，水平排列，以不同转速相对回转。胶料置于两辊间的上方，在摩擦力作用下被带入辊距间，经受强烈剪切而被塑炼（图 5-11）。

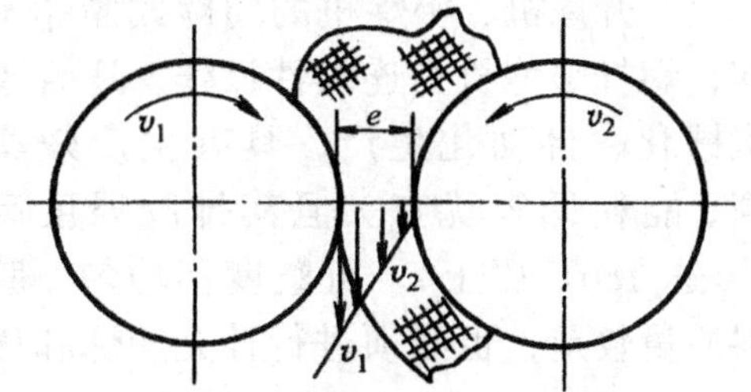

图 5-11　开炼机工作原理图

开炼机操作时最有效的塑炼方法为薄通法。薄通时辊距 e 调到 1mm 以下，使胶料反复经历强烈剪切而降解，同时薄通时胶料散热快，冷却效果好，塑炼效果大，塑炼胶可塑度均匀、质量好、能达到恰当的塑炼程度。表 5-2 给出天然橡胶经历薄通后性质的变化。

表 5-2 天然橡胶物理性质随薄通次数的变化

薄通次数	可塑度（威氏）	门尼粘度 ML_{1+4}^{100}	粘均相对分子质量$\overline{M}_\eta \times 10^6$
0	0.088		1.605
5	0.104	81.25	1.432
11	0.145	76.60	1.110
16	0.337	69.40	0.890
31	0.407	58.00	0.628
48	0.518	42.30	0.438

密闭式炼胶机的基本结构如图 5-12 所示。胶料从加料口进入密闭室后落在相对回转的两个转子之间的上部，在上顶栓压力和转子表面摩擦力作用下被带入转子之间，受转子驱动而回转。胶料在经历转子之间以及转子与密闭室壁的间隙时都受到强烈剪切，产生降解。密炼机的剪切作用比开炼机大得多，自动化程度高，操作安全，但密炼机塑炼温度高，操作不慎容易发生过炼现象，可塑度也不够均匀，还需配备补充加工设备进行补充塑炼和压片。

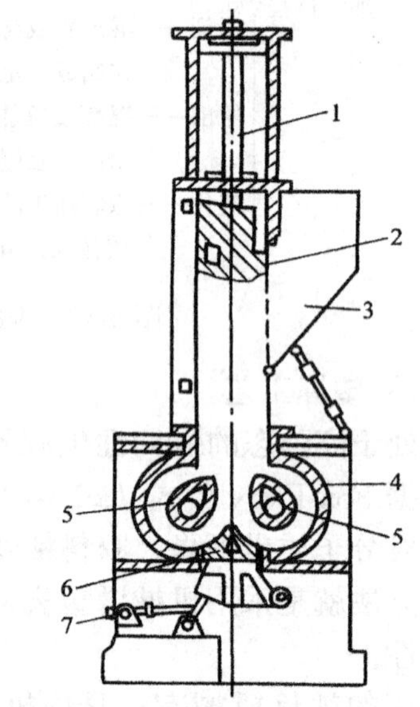

图 5-12 “F”系列本伯里型密炼机结构示意图

1—上顶栓拉杆 2—上顶栓 3—加料斗 4—混炼室壁 5—转子 6—下顶栓 7—卸料门

与开炼机、密炼机的间歇式操作不同，螺杆塑炼机为连续性操作，适合于机械化、自动化生产，具有生产效率高、能耗低等优点。但其排胶温度高(可达 180℃ 以上)，可塑度不均匀，胶料质量较差，也必须进行补充塑炼和压片。

(二) 混炼工艺

按照配方将配合剂和塑炼胶均匀混合，制成质量均一混炼胶的工艺过程称混炼。混炼胶质量对胶料的后续加工性能、半成品质量和成品性能具有决定性影响，因此，混炼工艺是橡胶加工中最重要的基本工艺过程之一。混炼的目的是将配合剂均匀混合并分散到塑炼胶中，达到一定分散度；同时要求胶料可塑度适当而均匀，补强剂与胶料在相界面上产生结合；另外还要求混炼速度快，生产效率高，能耗低。

目前采用的混炼工艺有两种：一是间歇式混炼，二是连续式混炼。间歇式混炼采用得最多，设备为开炼机和（或）密炼机。从混炼生产效率和混炼质量上看，密炼机混炼更为优越。通常密炼机混炼操作有两种方法：一段混炼法和两段混炼法。一段混炼法就是将配方组分加入密炼机后，整个混炼作业过程一次全部完成，中间没有胶料的压片、冷却和停放过程。两段混炼法是将混炼过程分成两阶段完成，其间胶料需经过出片或造粒、冷却和停放。由于在冷却停放后，胶料粘度增大，使第二段混炼的剪切和分散混合效果提高，加快混炼速度，缩短混炼时间，硫化橡胶的物理力学性能也得到提高，总的混炼时间比一段混炼法还短。

连续式混炼采用特殊的螺杆挤出机，其特点是连续加料、连续排料，生产机械化、自动化程度高，生产效率高，混炼胶质量稳定，但其称量加料系统复杂，维护技术水平要求较高。

（三）压延工艺

与塑料加工相仿，压延也是橡胶加工重要的基本工艺之一。对橡胶加工而言，压延是利用压延机辊筒的挤压力使胶料发生塑性流动和变形，将胶料制成具有一定断面形状和规格的胶片，或将胶料覆盖于纺织物表面，制成具有一定断面厚度的胶布的工艺过程。其作业形式有胶料的压片、压型、胶片贴合、纺织物贴胶、擦胶和压力贴胶。

压延工艺在以压延机为中心的联动流水作业生产线上完成。压延操作连续进行，速度较快，生产效率高，对半成品质量要求较高。压延得到的半成品要求表面光滑无杂物，内部密实无气泡，断面几何形状正确，厚度精确，厚度误差在0.1～0.01mm之间，表面花纹清晰。压延操作的技术水平要求较高。

纺织物挂胶是橡胶压延中常见的工艺过程，是通过压延机将胶料渗透入纺织物结构内部缝隙并覆盖附着于织物表面，使之成为胶布的压延操作。挂胶又有贴胶、压力贴胶、擦胶之分。贴胶时，压延机两辊筒等速回转，织物和胶片通过辊筒间隙，靠挤压力贴合在一起。采用三辊压延机每次只能完成纺织物单面贴胶，必须经过两次压延才能完成双面贴胶。用四辊压延机可一次完成纺织物双面贴胶，见图5-13a、b。

擦胶时，设置压延机辊筒速度不同，利用辊筒速比产生的剪切力和挤压力将胶料擦入织物的组织缝隙中，该法提高了胶料对织物的渗透作用和结合强度，适用于结构较紧密的帆布挂胶。擦胶一般在三辊压延机上进行，上辊隙供胶，下辊隙擦胶，上、下辊等速，中辊速度大于上、下辊（$v_2 > v_3 = v_1$），速比一般控制在1∶1.3～1∶1.5之间，见图5-13c。

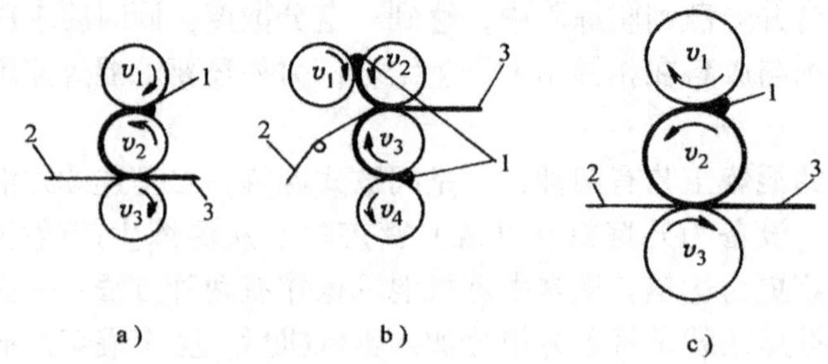

图 5-13 纺织物贴胶、擦胶压延示意图

a) 三辊机贴胶（$v_2=v_3>v_1$） b) 四辊 机两面贴胶（$v_2=v_3>v_1=v_4$）

c) 纺织物擦胶压延（$v_2>v_3$）

1—胶料 2—纺织物 3—胶布

(四) 压出工艺

压出工艺即挤出工艺，是利用挤出机连续制备各种不同形状橡胶半成品的工艺过程，广泛地应用于制造轮胎胎面、内胎、胶管以及各种断面形状复杂、或空心、或实心的半成品。挤出工艺还可用于对胶料进行过滤、造粒、生胶塑炼，以及对密炼机排料的补充混炼和为压延机供应热炼胶等。

与塑料挤出机不同，由于橡胶材料粘度大，流动性差，因此橡胶挤出机的螺杆长径比较小。热喂料挤出机的螺杆长径比一般在 3～8 之间，冷喂料挤出机达到 8～20。

(五) 硫化工艺

硫化是橡胶生产加工中最后一步工艺过程。该过程中，在一定温度、压力下，被切断的橡胶分子链发生一系列化学反应，由线型结构交联变成三维立体网状结构，重新获得宝贵的高弹性和优良的物理力学性能，成为有使用价值的工程制品。

温度、压力、时间是构成硫化工艺条件的主要因素，称为硫化三要素。由于时间-温度的等效性，一个硫化过程既可以在高温短时间内完成，也可以在低温长时间内完成。尽管如此，工程上追求的正硫化，是指橡胶制品的主要性能达到和基本接近最佳值的硫化状态。对于任何一种配方和工艺，胶料的正硫化条件都必须通过硫化仪测量，加以确定。

图 5-14 给出一条典型的橡胶硫化曲线及主要参数。由图可见，在确定温度、压力下，硫化过程可分为四个阶段。①诱导期，也称焦烧期。在硫化反应开始前，胶料必须有充分的延迟时间以便安全地进行混炼、压延、成型和模压充模。焦烧期不能太短，T_{10}称焦烧时间。②热硫化期。硫化反应一旦开始，反应迅速发展，胶料内形成交联键，扭矩很快上升。扭矩达到最大转矩 90% 的时间称

T_{90}，也称正硫化时间，这是完成硫化工艺所需的最短时间。③正硫化期。T_{90}之后，转矩达到最大值，并且在相当长一段时间内，转矩基本保持不变，出现一个平坦期，说明硫化过程已充分进行。④过硫化期。加热时间太长，交联反应完成，继而发生交联键的重排、裂解，而且裂解反应渐趋剧烈，导致胶料的强力性能下降。一个理想的硫化过程应当满足：硫化诱导期要足够长，充分保证生产加工的安全性；硫化速度要快，提高生产效率，降低能耗；硫化平坦期要长。

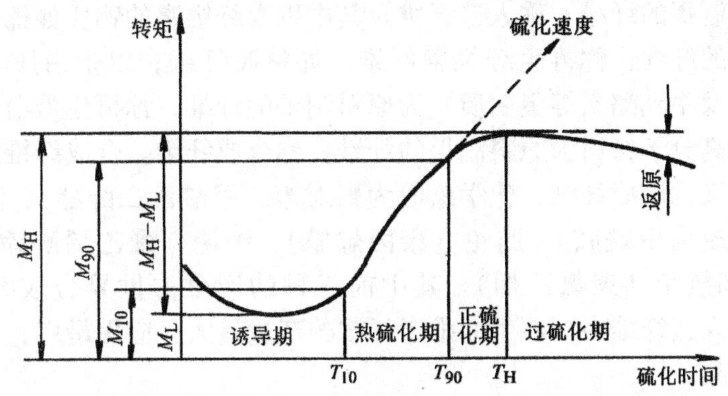

图 5-14　硫化曲线及其参数

硫化的方法和设备种类很多。按硫化温度分，有室温硫化和热硫化之别。室温硫化主要用于硫化胶浆、腻子（密封材料）和薄膜浸渍制品。许多重要的橡胶工业制品都采用热硫化法硫化，采用的设备有硫化罐（硫化胶布、胶管、输送带、传动带、胶鞋等）；个体硫化机（硫化轮胎内、外胎、力车胎等）；平板硫化机（硫化胶板、输送带、各种模型制品）；连续硫化设备，包括鼓式硫化机、热空气室硫化机、红外线硫化机、沸腾床硫化机、液体介质硫化机、微波硫化机、辐射硫化机等。

第三节　天然纤维和合成纤维

一、纤维的特性及分类

纤维（英文：fibre；德文：Faser）是指长/径比非常大，具有一维各向异性和一定柔韧性的纤细材料。常用的纺织纤维，长/径比一般大于1000:1，其直径为几微米至几十微米，而长度超过25mm。

纺织纤维可分为两大类：一类是天然纤维，如棉、麻、羊毛、蚕丝等。另一类是化学纤维，即用天然或合成高分子化合物经化学加工制得的纤维。

天然纤维中，棉纤维和麻纤维属于植物性纤维，而羊毛和蚕丝属于动物性纤维。棉纤维和麻纤维主要成分是纤维素，约占90%～94%，其余是水分、脂肪、蜡质及灰分等。棉纤维呈外观有些扭曲的空心纤维状，纤维长/径比为1000～3000，其保暖性、吸湿性和染色性好。麻纤维（苎麻纤维）细胞的断面形状有扁圆形、椭圆形、多角形等。毛纤维和蚕丝的主要成分是蛋白质，其中羊毛的主要成分是角朊（蛋白质）；而生蚕丝是由丝纤朊（蛋白质）和丝胶朊（蛋白质）粘合而成，两者的质量分数比为75%∶25%到82%∶18%。

化学纤维一般也分两大类。一类是由天然高分子材料为原料，经化学处理与机械加工而制得的纤维，称人造纤维。其中以含纤维素的物质如棉短绒、木材等为原料制得的纤维，称再生纤维素纤维，如粘胶纤维；以蛋白质（如玉米、大豆、花生以及牛乳酪素等蛋白质）为原料制得的纤维，称再生蛋白质纤维。另一类是以合成高分子材料为原料制得的纤维，称合成纤维。合成纤维最主要的品种有：涤纶（又称聚酯纤维，化学组成为聚对苯二甲酸乙二醇酯）、锦纶（又称尼龙，化学组成为聚酰胺）、腈纶（聚丙烯腈）、维纶（聚乙烯醇缩甲醛）、丙纶（聚丙烯）和氯纶（聚氯乙烯）。其中前三种的产量占世界合成纤维总产量的90%以上。人造纤维中，再生纤维素纤维的产量最大，应用最广，其中粘胶纤维是最大宗产品。

化学纤维的主要类型如图5-15所示。

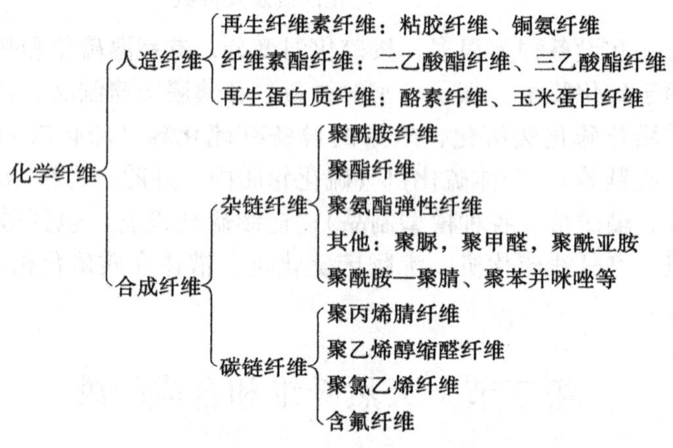

图5-15 化学纤维的分类

二、合成纤维纺丝工艺过程简介

合成纤维纺丝过程包括纺丝液的制备、纺丝、初生纤维后加工等过程。通常，首先将成纤高分子材料溶解或熔融成粘稠性液体，称纺丝液；然后将这种液体用纺丝泵连续、定量而均匀地从喷丝头小孔压出，形成粘液细流，再经凝固或冷凝而形成纤维；最后，根据不同的要求进行后加工。

工业上常规的合成纤维纺丝方法有三种：熔体纺丝、湿法纺丝和干法纺丝，其中熔体纺丝用得最多，湿法纺丝次之。此外，还有一些改进的新方法。

(一) 熔体纺丝法

凡加热能够熔融或转变成粘流态而不发生显著降解的高分子材料，均可采用熔体纺丝法进行纺丝。熔体纺丝时，本体高分子材料在螺杆挤出机中熔化后被送入纺丝部位，经纺丝泵定量送入纺丝组件，过滤后，由喷丝板的毛细孔中挤出（见图5-16）。液态丝条通过冷却介质时逐渐固化，而后由下方的卷绕装置高速拉伸成丝。为不使丝条冷却过速难于成丝，有时采用等温熔体纺丝，即在喷丝板外加一个等温室（称纺丝甬道）。卷绕装置的拉伸速度很高，可达1500～3000m/min，视材料种类及流变性质而定。若定义卷绕装置处丝条卷绕速度与熔体在喷丝口的平均挤出速度之比为熔体纺丝的拉伸比（v_L/v_0），则熔体纺丝的拉伸比很高，产率很高，且可以在较大的范围内调节。涤纶（聚酯纤维）、锦纶（尼龙）和聚烯烃纤维（如丙纶）均是用熔体纺丝成型的。对熔纺高分子材料的一个重要要求是熔点较低，加热软化时不发生降解。由于熔体纺丝不需要溶剂，直接纺丝，因此，工艺简单，成本较低，无溶剂回收问题。

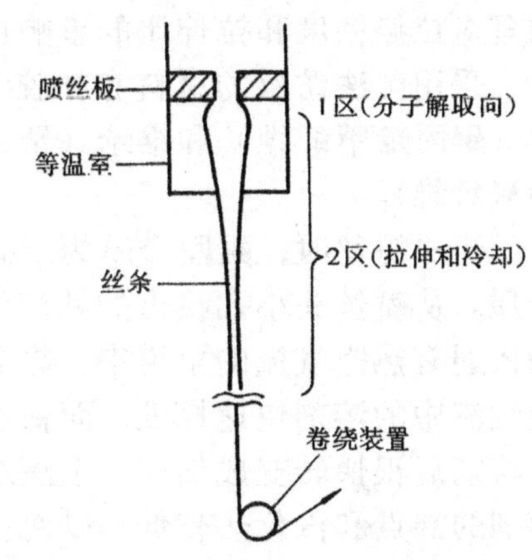

图5-16 熔体法纺丝工艺过程示意图

(二) 湿法纺丝和干法纺丝

若高分子材料的熔点高于分解温度，如聚丙烯腈，则不能采用熔体纺丝，可将其溶于适当的溶剂，配成纺丝溶液，令溶液从喷丝头喷出，形成的丝条或者通过凝固浴得到固化丝线，纺丝液中的溶剂在凝固浴中通过反扩散机理被除去——湿法纺丝（图5-17）；或者让丝条穿过一个通干热空气的密闭室（纺丝甬道），使溶剂蒸发而丝条固化——干法纺丝（图5-18）。

湿法纺丝中因为丝条通过液体凝固浴时摩擦阻力大，因此拉伸速率低，拉伸

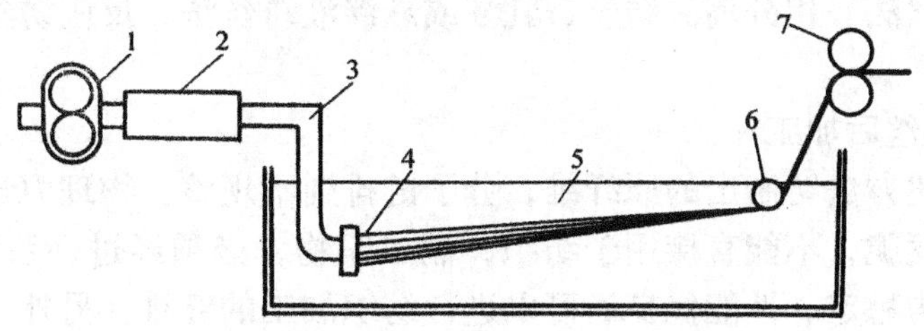

图5-17 湿法纺丝工艺过程示意图

1—纺丝泵 2—烛形过滤器 3—鹅颈管 4—喷丝头 5—凝固浴 6—导杆 7—导丝辊

比也小，产率低。有时为除去溶剂往往需要不止一个液浴，还需要洗涤和干溶等后处理工序，生产成本高。从纺丝机理来看，除了要研究溶液从喷丝孔喷出、纤维拉伸及分子取向等问题外，尚需研究凝固液的组成、浓度和温度。丝条的凝固机理对拉伸粘度和拉伸比的影响也比较复杂。采用湿法纺丝的材料有粘胶纤维、腈纶（聚丙烯腈纤维）和维纶（聚乙烯醇缩甲醛纤维）。

干法纺丝时，凝固介质为干态的气相介质。从喷丝头小孔喷出的粘液细流，被引入通有热空气流的甬道中，热空气使粘液细流中的溶剂快速挥发，而粘丝细流脱去溶剂后很快转变成细丝。干法纺丝要求溶剂的沸点和汽化热较低，以便在干溶室中迅速汽化。通常非极性溶剂比极性溶剂好。此外，溶剂还应当满足易回收、热稳定性好、惰性、无毒、不易起静电和无爆炸危险等要求。三种纺丝技术中以干法纺丝的原理研究最复杂，因为一则涉及到溶剂在丝条内的扩散问题和从丝条表面向环境气体介质的对流传质问题，二则能量方程中还包括溶剂汽化潜热的项和对流传热的项，而与传质和传热相关的物理常数的实验测定是非常困难的。腈纶、维纶和氯纶（聚氯乙烯纤维）是干纺纤维的例子。

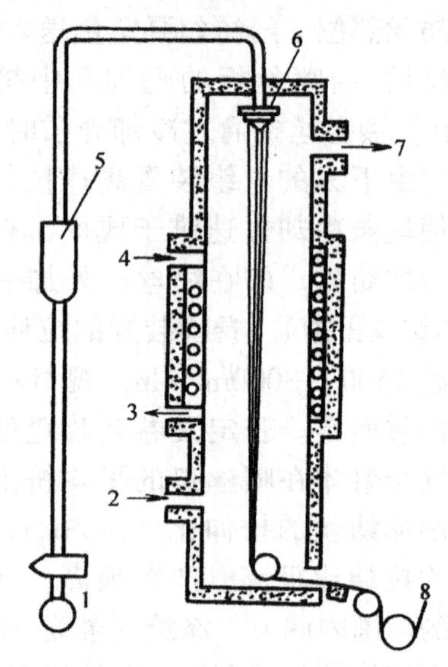

图 5-18　干法纺丝工艺过程示意图
1—纺丝泵　2—空气入口　3—蒸汽出口
4—蒸汽入口　5—过滤器　6—喷丝头
7—空气及溶剂出口　8—卷丝筒

随着航空、空间技术、国防等工业的发展，对合成纤维的性能提出了若干新的要求，同时能够纺丝的新的成纤高分子材料又不断合成出来，它们往往不能用常规方法纺丝，因此，又出现了一系列新的纺丝方法，如干湿纺丝法、液晶纺丝法、冻胶纺丝法、相分离法纺丝、乳液或悬浮液纺丝法、反应纺丝法等，本书不再一一列举。

（三）纺丝后加工

采用上述方法纺制出的原纤维，分子链排列不规整，物理力学性能差，手感粗硬，甚至发脆，不能直接用于纺织，制成织物，必须经过一系列后加工工序，才能得到结构稳定、性能优良、可以进行纺织加工的纤维。另外，目前化学纤维还大量用于与天然纤维混纺，因此在后加工过程中有时需将连续不断的长丝条切断，得到与棉花、羊毛等天然纤维相似的、具有一定长度和卷曲度的纤维，以适应纺织加工的要求。

后加工一般包括上油、拉伸、卷曲、热定型、切断、加捻和络丝等工序，其中拉伸和热定型对所有化学纤维的生产都是必不可少的。后加工工序的内容和顺序，需根据所纺纤维的品种和纺织加工的具体要求而定，基本可分为短纤维与长纤维两大类。另外，通过某些特殊的后加工，还可得到具有特殊性能的纤维，如弹力丝、膨体纱等。

1. 短纤维的后加工

长度在几厘米到十几厘米的化学纤维称短纤维，短纤维后加工通常在一条长的流水作业线上完成，包括集束、拉伸、水洗、上油、干燥、热定型、卷曲、切断、打包等一系列工序。集束工序是将纺制出的若干丝束合并成一定粗细的大股丝束，然后导入拉伸机进行拉伸。拉伸是使大分子沿纤维轴向取向排列，以加强分子链间作用力，提高纤维强度，降低延伸度。拉伸要在 $T_g \sim T_f$ 温度范围内进行，一般拉伸 4～10 倍。热定型是为了进一步调整已拉伸纤维的内部结构，消除纤维内应力，提高纤维尺寸稳定性，降低纤维的沸水收缩率以改善纤维使用性能，热定型常在 $T_g \sim T_m$ 温度范围内进行。上油是使纤维表面覆上一层油脂，赋予纤维平滑柔软的手感，改善纤维的抗静电性能。上油后可降低纤维与纤维之间及纤维与金属之间的摩擦，使加工过程顺利进行。

为使化学纤维具有与天然纤维相似的皱褶表面，增加短纤维与棉、羊毛混纺时的抱合力，拉伸后的丝束一般都加以卷曲。采用热空气、蒸汽、热水、化学药品或机械方法都能使纤维卷曲。

2. 长丝的后加工

纺丝获得的纤维不切断，长度以千米计的光滑纤维称长丝。长丝后加工与短纤维后加工相比，加工工艺和设备结构都比较复杂，这是由于短纤维是集束成大股丝束后，进行后加工的；而长丝后加工需要一缕缕丝（细度为几十特至一百多特）分别进行，要求每缕丝都能经受相同条件的处理。

长丝后加工过程包括拉伸、加捻、复捻、热定型、络丝、分级、包装等工序，其中拉伸和热定型的目的与短纤维后加工基本相同。加捻是长丝后加工的特有工序。加捻的目的是增加单根纤维间的抱合力，避免在纺织加工时发生断头或紊乱现象，同时提高纤维的断裂强度。纤维的捻度以每米长度的捻回数表示。通常经拉伸－加捻后得到的捻度为10～40捻/m。需要更高捻度，则再进行复捻。

3. 弹性丝的加工

热塑性高分子材料制得的合成纤维长丝经过特殊变形热处理，可制得富有弹性的弹力丝。弹力丝在长度上的伸缩性可达原丝的数倍，而在蓬松性方面可相当原纤维的数十倍。

生产弹力丝的主要方法为假捻法，目前世界上约有 80% 的弹力丝用该法生产。此外，还有填塞箱法、空气喷射法等。假捻法生产弹力丝原理示意图见图 5-19。利用合成纤维的热塑性，在加捻器以上，纤维在高捻度情况下在定型器中进行热定型，以消除内应力，固定加捻变形。纤维移至加捻器下方时即退捻至零，但纤维仍保留已定型的卷曲状态，因而形成了蓬松柔软并富有弹性的弹力丝。

4. 膨体纱的加工

膨体纱以腈纶为主，是利用其热塑性制得的具有蓬松性的纱线。制法是将经过一般后加工的腈纶长丝在牵伸机上进行热拉伸，然后骤冷，使拉伸形变冻结。再将纤维切断，取其中一部分（约 50%～60%）在一定温度下进行松弛热定型，使其收缩性减小。将这样得到的两种分别具有高收缩性和低收缩性的不同纤维进行混纺，再将纺出来的纱线在一定温度下进行热处理，这时高收缩性纤维收缩成芯子，而低收缩性纤维浮在表面，就得到蓬松柔软、保暖性好的膨体纱。

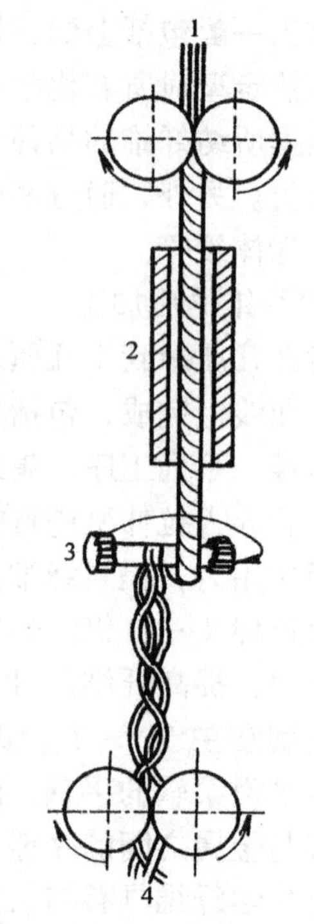

图 5-19 假捻法生产弹力丝示意图

1—原丝 2—定型器 3—加捻器 4—弹力丝

第四节 粘合剂及涂料

一、粘合剂

凡是能把各种相同或不同材料紧密地胶结在一起的物质称粘合剂。借助粘合剂将各种物件连接起来的技术称为粘合（粘接、胶接）技术。

（一）粘合剂的分类及组成

1. 粘合剂的分类

按主要化学组成，粘合剂可分为有机粘合剂和无机粘合剂两大类；有机粘合剂中，又可分为天然粘合剂和合成粘合剂两类，而目前应用最广、最具代表性的是有机高分子类粘合剂。粘合剂的分类如图 5-20 所示。

就合成粘合剂而言，要胶接不同材料，首先粘合剂应能润湿被胶接物体的表面，而后在一定条件下能转变成固态高分子材料。据此，作为合成粘合剂的基材，可以是：①在粘合条件下容易聚合的液态单体；②具有活性基团的低聚物，在粘合过程中能发生固化反应，转变成体型结构高分子材料；③线形高分子材料，使用时或制成溶液和水乳液，粘合时随着溶剂或水分的挥发而发生粘合；或加热熔化，粘合剂涂在粘接面上，冷却后变成固态而粘合；或制成低熔点固态溶液（橡胶类粘合剂），使用时加压使之润湿物体表面而发生粘合。

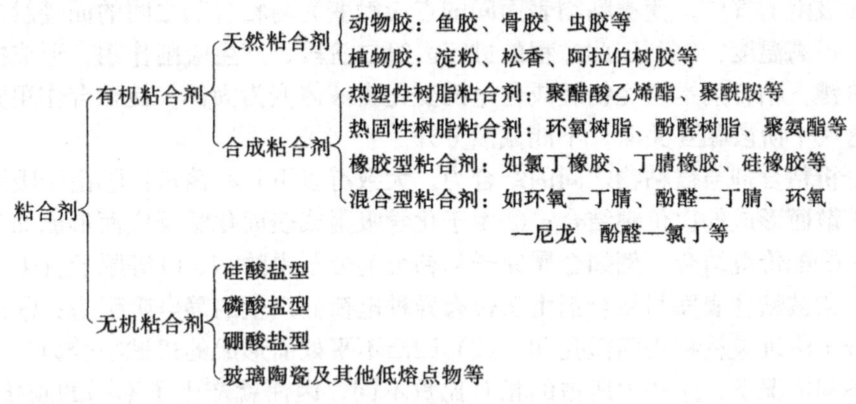

图 5-20　粘合剂的分类

按固化类型，合成粘合剂可分为以下三种。

（1）化学反应型粘合剂　其主要成分是含活性基团的线型高分子材料，加入固化剂后，由于化学反应而生成交联的体型结构，产生粘合作用。此类粘合剂主要包括热固性树脂粘合剂、聚氨酯粘合剂、橡胶类粘合剂及混合型粘合剂等。

（2）热塑性树脂溶液粘合剂　它由热塑性高分子材料加溶剂配制而成，如聚醋酸乙烯酯粘合剂、聚异氰酸酯粘合剂等。

（3）热熔粘合剂　此类粘合剂是以热塑性高分子材料为基本组分的无溶剂型固态粘合剂，通过加热熔融粘合，然后冷却固化。如乙烯—醋酸乙烯共聚物（EVA）热熔胶、低分子聚酰胺热熔胶等。

2. 合成粘合剂的主要组成

已知合成粘合剂是以高分子材料为基本组分的多组分体系，除基本粘料（即高分子材料）外，根据配方及用途不同，合成粘合剂中尚包含以下辅料中的一种、数种或全部。

（1）增塑剂及增韧剂　主要用以提高韧性。

（2）固化剂（或称硬化剂）　用以使液态粘合剂交联、固化。

（3）填料　用以降低固化时的断面收缩率，降低成本，提高冲击强度、胶接强度，提高耐热性等。有时也为了使粘合剂具有某种指定性能，如导电性、耐湿性等。

（4）溶剂　粘合剂有溶剂型与无溶剂型之分。加入溶剂是用以溶解粘料以及调节粘度，便于施工。溶剂的种类与用量、胶接工艺密切相关。

（5）其他辅料　如稀释剂、稳定剂、偶联剂、色料等。

(二) 粘合机理及工艺

(1) 粘合机理　物体粘合的过程一般可分为两个阶段。第一阶段，液态粘合剂向被粘物表面扩散，逐渐润湿被粘物表面并渗入表面微孔中，取代并解吸被粘物表面吸附的气体，使被粘物表面间的点接触变为与粘合剂之间的面接触。施加压力和提高温度，有利于此过程的进行。第二阶段，产生吸附作用，形成次价键或主价键，粘合剂本身经物理或化学的变化由液体变为固体，使粘合作用固定下来。这两个阶段相互关联，不能截然分开。

分析粘合剂与被粘物之间的结合力，大致有以下几种情形：①由于吸附以及相互扩散而形成的次价键结合；②由于化学吸附或表面化学反应而形成的化学键结合；③配价键结合，例如金属原子与粘合剂分子中的N、O等原子所生成的配价键；④被粘物表面与粘合剂由于带有异种电荷而产生的静电吸引力；⑤由于粘合剂分子渗进被粘物表面微孔和（或）凹凸不平处而形成的机械啮合力。

不同情况下，这些力所占的相对比重不同，因而就产生了不同的胶接理论，如吸附理论、扩散理论、化学键理论及静电吸引理论等。

(2) 粘合工艺　粘合工艺一般可分为初清洗、粘合接头机械加工、表面处理、上胶、固化及修整等步骤。初清洗是将被粘物表面的油污、锈迹、附着物等清洗掉。然后，根据粘合接头的形式和形状对接头处进行机械加工，如表面机械处理以形成适当的粗糙度等。粘合面的表面处理是粘合好坏的关键。常用的表面处理方法有溶剂清洗、表面喷砂、打毛、化学处理等。化学处理一般是用铬酸盐和硫酸溶液、碱溶液等，除去表面疏松的氧化物和其他污物，或使某些较活泼的金属"钝化"，以获得牢固的粘合层。上胶厚度一般以0.05～0.15mm为宜。固化时应掌握适当的温度，固化时施加压力有利于粘合强度的提高。

二、涂料

涂料是一种涂布在物体表面能形成具有保护、装饰、标志作用膜层的材料。最早的涂料是用植物油、大漆等天然材料熬炼而成的，因而称为"油漆"。随着石油化工和高分子材料工业的发展，为涂料工业提供了许多新的原料。目前，工业生产的涂料大部分由各种合成树脂配制而成，涂料的作用除一般保护作用外，还被赋予许多特殊的功能，如示温、发光、导电、感光等。

(一) 涂料的组成

涂料为典型的多组分体系，由成膜物质（亦称固着剂或粘料）和颜料、溶剂（稀料)、催干剂、增塑剂等组分构成。成膜物质必须与被涂物表面和颜料都具有良好结合力（附着力)，它是涂料的基本组分，决定涂料的基本性能。根据不同的成膜物质和使用要求，再添加不同的添加剂如颜料、溶剂等。

(1) 成膜物质　以合成树脂为成膜物质的涂料称合成树脂涂料，这类成膜物质分缩聚型和加聚型两类。属缩聚型成膜物质的有：醇酸树脂、酚醛树脂、环氧树脂、聚酰胺树脂、脲醛树脂、聚氨酯树脂、有机硅树脂等；属加聚型成膜物质的有：聚氯乙烯树脂、过氯乙烯树脂、聚苯乙烯树脂、聚乙酸乙烯酯树脂、聚丙烯酸树脂、缩醛树脂等。配制涂料所用的合成树脂的平均相对分子质量一般较低，如有的热固性树脂相对分子质量只有1000～2000左右，涂布时，再通过交联反应形成体型结构的高分子材料膜层。

成膜物质又分为反应性及非反应性两种。由具有反应活性的低聚物、单体等构成的成膜物质称反应性成膜物质，将其涂布于物体表面后，在一定条件下通过聚合或缩聚反应形成坚韧的膜层。非反应性成膜物质由溶解或分散于液体介质中的线型高分子材料构成，涂布后，因液体介质挥发而形成高分子材料膜层。

（2）颜料　颜料主要起装饰作用，同时对有些物体表面起抗腐蚀保护作用。常用的颜料有：无机颜料，如铬黄、铁黄、镉黄、铁红、氧化锌、钛白粉、铁黑等；防锈颜料，如红丹、锌铬黄、铝粉、磷酸锌等；金属颜料如铝粉、铜粉等；有机颜料如炭黑、酞菁蓝、耐光黄、大红粉等；特种颜料如夜光粉、荧光颜料等。

（3）溶剂　涂料中含有大量溶剂（30%～80%），其作用是溶解成膜物质，降低涂料粘度。常用的溶剂有：甲苯、二甲苯、丁醇、丙酮、醋酸乙烯等，均为易挥发、易燃、有毒性液体。为减少公害、防治污染，目前涂料正朝着粉末化、水性化、无溶剂化发展，已开发出多种粉末涂料、水乳液涂料、水溶性涂料、无溶剂涂料等，其所占市场比例正逐步增大。

（4）其他辅料　包括增塑剂、催干剂、增稠剂及稀释剂、填充剂（又称增量剂）、杀菌剂、阻聚剂、防结皮剂等。

（二）涂料的类型

涂料的品种繁多，有有机涂料和无机涂料之分，通常所用的涂料多为有机涂料。按成膜物质的种类有机涂料可分为：

（1）油性涂料　即油基树脂漆，成膜物质为植物油（桐油、亚麻籽油、豆油等）、天然树脂（如松香、虫胶等）和部分合成树脂（如酚醛树脂、醇酸树脂等）。这类涂料在干结成膜过程中，发生干性油的氧化反应或聚合反应。这类涂料包括热油、厚漆、油性调和漆、油基清漆、磁性调和漆、酚醛磁漆、醇酸磁漆等，属于低档涂料。

（2）合成树脂类涂料　成膜物质为各种合成树脂，属于溶液性涂料，成膜过程中只需等涂料中所含溶剂、稀料全部挥发即凝结成膜，有些品种需适当加热或通过催化作用使树脂聚合成膜。这类涂料包括硝酸纤维素漆、醋酸纤维素漆、氯化橡胶漆、环化橡胶漆、乙烯树脂漆、过氯乙烯漆、丙烯酸酯树脂漆、聚酯树脂漆、环氧树脂漆、聚氨基甲酸酯漆、有机硅树脂漆及元素有机聚合物漆等。合成树脂类涂料属于高档涂料。

（3）水乳化涂料　成膜物质仍为上述两类，但是以水为稀释剂的涂料，包括油性乳化涂料和树脂乳化涂料。

涂料还有其他的分类方法。根据用途可分为：防锈漆、绝缘漆、防火漆、耐高温漆、地板漆、罐头漆、船舶漆、木器漆、美术漆等。根据施工的层次，涂料可分为腻子、底漆、面漆、罩光漆等。根据稀释介质的不同可分为：溶剂型、水溶型、水乳型等。根据漆膜的光泽可分为：无光漆、半光（平光）漆和有光漆等。根据施工方法可分为：喷漆、烘漆、电泳漆等。

第六章　功能高分子材料及新技术研究

功能材料的概念最早由美国贝尔实验室 J.A.Morton 博士提出，主要指具有声、光、电、磁、热、化学、生物学等功能及转换功能的一类材料。功能高分子是功能材料中的新军，由于高分子材料具有轻、强、耐腐蚀、原料丰富、种类繁多、制备简便、易于分子设计等特点，功能高分子材料的研究和发展十分迅速，成为近年来高分子科学最活跃的研究领域。功能高分子及有关新技术研究的前沿领域包括：电子功能高分子材料及信息技术研究（光电磁功能高分子、高分子液晶显示技术、电致发光技术、塑料高密度电池、分子器件、非线性光学材料、高密度记录材料等）、医药功能高分子及卫生保健技术研究（高分子药物、控制药物释放材料、医用材料、医疗诊断材料、人体组织修复材料等）、信息高分子的合成及应用技术等。此外，通用高分子的改性技术、天然高分子的利用及改性、高分子材料生物降解材料及高分子材料资源的再利用技术等，也归属于这一领域。本章重点选择电子功能高分子及电光技术、医药功能高分子及卫生保健技术、环境友好高分子材料——完全生物降解高分子材料的应用予以介绍。

第一节　电子功能高分子材料及电光技术研究

电子功能材料具体指那些具有电特性的材料，如电阻材料、导电材料、介电材料、超导材料、电光转换材料、电热转换材料等。电子功能材料在微电子技术、激光技术，特别是近年来迅速发展的信息技术方面发挥着越来越重要的作用。

一、结构型导电高分子材料（π 共轭高分子材料）

（一）典型 π 共轭高分子材料的合成

有机高分子材料一直是以电绝缘性著称的，广泛被用作电器开关、刀开关、电线电缆外绝缘层等。直到 20 世纪 70 年代日本的白川英树发现掺杂聚乙炔具有与传统的金属，如铜、铝接近的电导率时，结构导电高分子才被认识。经过 20 几年的发展，导电高分子已成为化学及物理学的重要研究领域，不仅提出了孤子理论（SSH 理论）解释聚乙炔的导电行为，还相继合成了聚对苯、聚吡咯、聚噻吩、聚苯胺、聚苯硫醚等多种结构导电高分子，产生了导电高分子这门新兴的学科。表 6-1 给出几种典型导电高分子的结构式及室温下的电导率。

1. 聚乙炔

表 6-1 几种典型导电高分子的结构和室温电导率

名　　称	结 构 式	电导率/$(s \cdot cm^{-1})$
聚乙炔	n	$10^5/(10^{-10})$
聚吡咯	N H n	$10^2/(10^{-8})$
聚噻吩	S n	$10^2/(10^{-8})$
聚苯胺	NH n	$10^2/(10^{-10})$
聚苯硫醚	S n	$10/(10^{-16})$
聚对苯撑	n	$10^2/(10^{-15})$

注：括号内数据为未掺杂时的电导率。

仅反式聚乙炔掺杂后才给出高的电导率。聚乙炔是用 Ziegler-Natta 催化剂合成的，如$Ti(OBu)_4/AlR_3$、$Nd(i\text{-}OC_3H_7)_3/AlR_3$ 等，合成方法有搅拌法与在浓的催化剂表面聚合法。在浓的催化剂表面聚合时可以得到高结晶的、具有拉伸性的薄膜状高分子材料，掺杂后可得到高的电导率。搅拌聚合法得到的是粉末状的聚乙炔，电导率也低得多。为得到高的电导率，将聚乙炔膜进行拉伸处理是非常重要的。聚乙炔由于在空气中不稳定，限制了其进一步的应用。

2. 聚苯胺

聚苯胺的合成可以采用电化学法和化学法。电化学聚合可以得到膜状的聚苯胺，适宜合成小批量样品。化学法包括缩聚和氧化聚合两类，适合制备大批量样品。

苯胺氧化聚合常用氧化剂为$(NH_4)_2S_2O_8$，聚合在质子酸-水溶液中进行。质子酸主要有 HCl、HBr、H_2SO_4、$HClO_4$、CH_3COOH、HBF_4，足够高的酸浓度有利于 1,4-偶联方式。目前广泛接受的聚苯胺的结构是 1987 年由麦克迪尔米德（MacDiarmid）提出的苯式-醌式结构单元共存模型（图 6-1），两种结构单元可以通过氧化-还原反应相互转化。聚苯胺比聚乙炔稳定，尤其是可溶性聚苯胺的获得，使得聚苯胺成为最具应用价值的导电高分子之一。

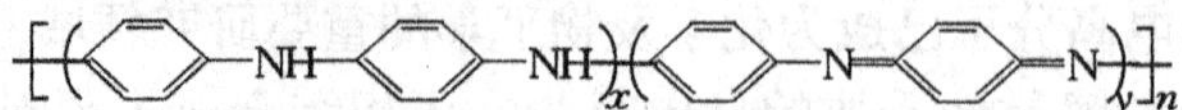

图 6-1 本征态聚苯胺的结构式

3. 聚噻吩

将聚噻吩的结构和聚乙炔的结构联系起来看，可以认为聚噻吩是用硫原子 S

取代了顺式聚乙炔 1,4 位置的氢的结果，图 6-2 所示。

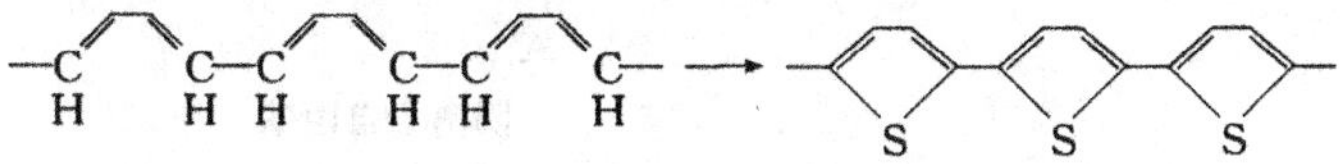

图 6-2　本征态聚噻吩结构

聚噻吩的合成方法有络合催化缩聚、电解氧化和化学氧化。如图 6-3 所示。

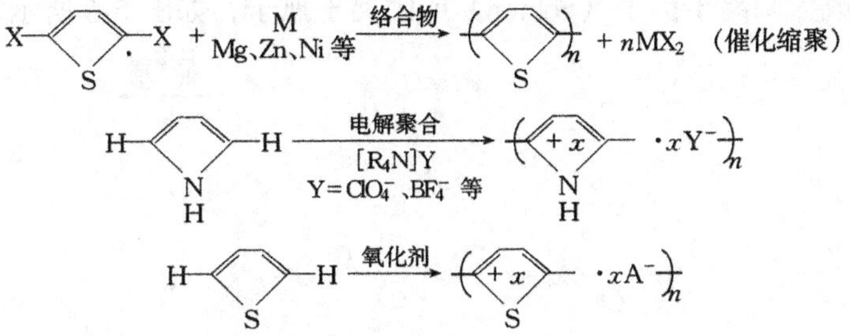

图 6-3　聚噻吩的几种合成方法

（二）π 共轭高分子的导电机理

载流子：金属导电的载流子是电子，半导体导电的载流子是电子和空穴。由于 π 共轭体系的电子具有离域的性质，因此，提出了 π 电子离域理论。这种理论虽然能够说明导电共轭高分子很多导电现象，但在解释掺杂共轭高分子的导电载流子不带自旋的实验结果方面则遇到了很大困难。后来又提出了孤子理论、极化子理论和双极化子理论。

主链共轭的高分子体系通过适当的氧化、还原反应可以形成如下结构（图 6-4），即氧化的结果在 π 共轭高分子链中造成电荷分离（极化），产生了阳离子自由基（物理学上则称为极化子）。正电荷（阳离子）可以通过双键的重排沿着高分子链移动，从而使高分子成为导体。

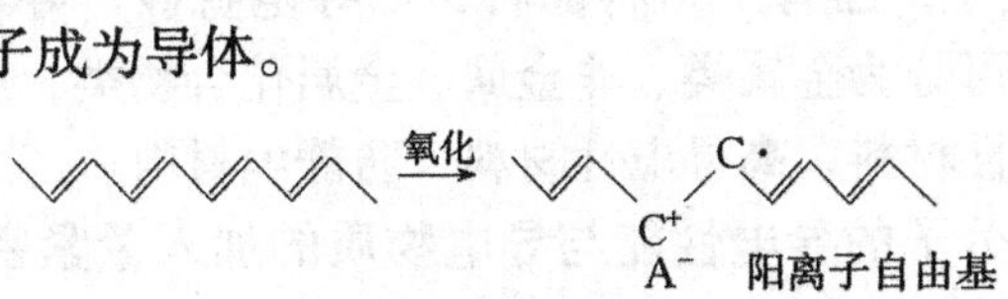

图 6-4　聚乙炔氧化掺杂示意

A^- 为反阴离子

聚乙炔很容易被氧化，可以用 I_2、AsF_5、$FeCl_3$ 等作为氧化剂，则对应的反离子 A^- 分别为 I_3^- AsF_6^-、$FeCl_4^-$ 等。若将聚乙炔还原，则得到下列结构（图6-5）。

此时负电荷（阴离子）可以通过双键的重排沿着高分子链移动，而使高分子成为导体。聚乙炔的氧化能力很低，因此，所用还原剂为 Li、Na 等强还原剂。反离子 A^+ 则为 Li^+、Na^+。

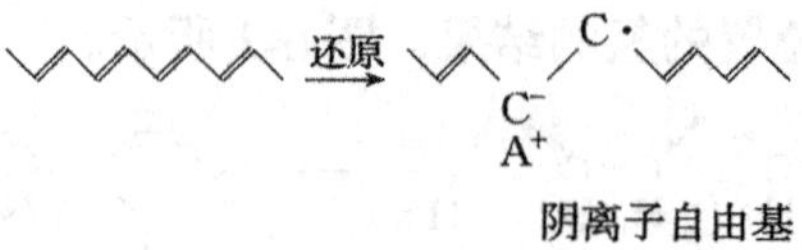

还原 C· C⁻ A⁺

阴离子自由基

图 6-5 聚乙炔还原掺杂示意

A^+ 为反阳离子

掺杂后共轭高分子链中的自由基可以在双键重排过程中消失，仅留下正电荷或负电荷，成为阳离子孤子（Soliton）或阴离子孤子，如图 6-6 所示。

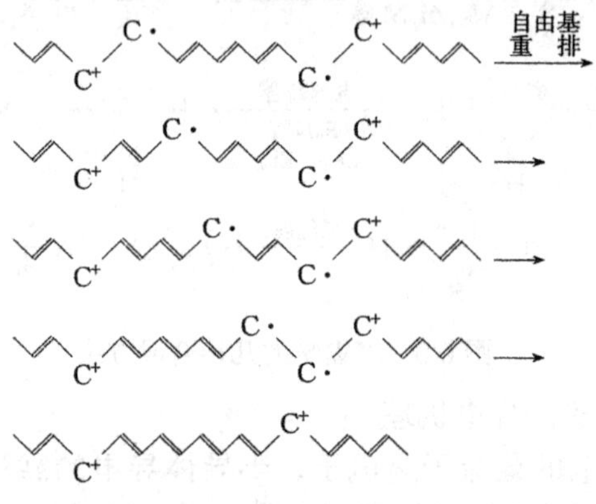

图 6-6 阳离子孤子的形成过程

孤子、极化子（polaron)、双极化子（bipolaron）是共轭高分子中电的传导体。磁化率的测定结构表明聚乙炔主要是孤子导电，而聚噻吩、聚吡咯等高分子的导电载流子则是极化子和双极化子。

二、复合型导电高分子材料

将导电物质与高分子材料复合可得到导电高分子。这类导电高分子从 20 世纪 60 年代迅速发展至今，已有了多种品种，如导电橡胶、导电塑料、导电涂料等。所加入的导电物质可分为金属类、非金属、金属化合物类，所得到的材料可分为半导电性材料、导电性材料、高导电性材料、防静电材料。

复合型导电高分子的导电性能与导电物质的加入量紧密相关，当导电物质的添加量超过某一定值时，复合物的电导率急剧增大，继续增加导电物质的量，电导率几乎不再增加。通常导电物质的体积分数在 5%时，复合物的电导率出现迅速增加的情况。常用的导电性物质有，炭黑、石墨、金属硫化物（硫化铜 CuS)、铜、银、镍、铝等的粉末、箔片、纤维。

复合材料中的载流子仍然是电子和空穴（取决于所加入的导电性物质)，电子和空穴如何在绝缘的高分子介质中传导，一般认为是通过导电通道的形成实现的。在复合型导电高分子材料中导电粒子的体积含量超过一定值后，导电粒子相互接触形成导电通道的几率急剧增大，使电导率迅速增加。除了粒子间直接接触外，电荷可通过隧道效应在粒子之间转移，当导电粒子间的距离达到 1nm 以下时，这种电荷转移就会急剧增大（图 6-7）。

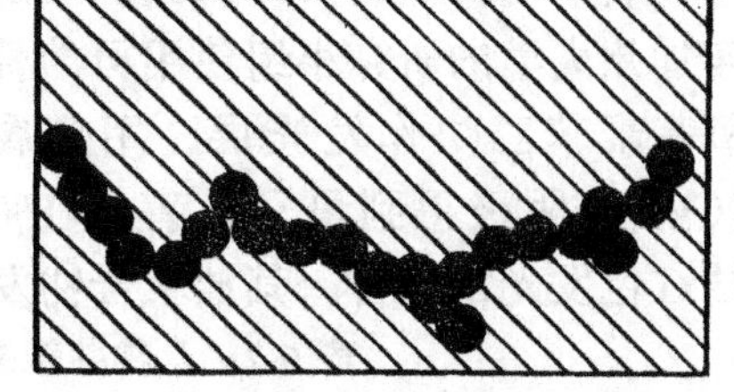

图 6-7 导电通道（导电链）的形成

导电物质与高分子之间的界面粘接力影响导电物质在高分子基质中的分散状态，良好的界面粘接将导致导电物质在高分子基质中均匀分布，不利于形成导电通道。适当的界面粘接力才会形成导电通道。硫化铜与几种高分子复合所得到的电导率比较结果如下：

$$PVA > PMMA > PAN$$

这几种高分子的表面张力顺序则为：PVA＜PMMA＜PAN，即表面张力小的高分子基质给出高的电导率。

三、其他导电高分子材料

除上述导电高分子外，还有电子转移络合物型导电高分子，离子导电型高分子等多种形式的导电高分子。其中离子导电型高分子作为高分子电解质用于固体电池的制备已接近实用阶段。

四、电子功能高分子材料的应用技术

（一）电致发光器件

无机半导体材料（电导率 $10^{-9} \sim 10^{0} s \cdot cm^{-1}$）一直是电致发光器件的主要材料，如无机半导体二极管、无机半导体薄膜、无机半导体粉末等电致发光器件已经获得了广泛的应用，但无机半导体材料由于制作工艺复杂、难以大面积平板显示、发光效率低等缺点限制了无机电致发光材料的进一步应用。采用有机高分子材料制作电致发光器件将有许多优势：分子结构可以设计（种类繁多）、可以加工成任意形状（可弯曲、大面积）、可以实现红绿蓝多色显示、附加电路简单、不需要背照明（可实现小型便携式显示）等。

1. 高分子光二极管

1990 年英国剑桥大学的 Friend 首次报道了 Al/PPV（聚苯乙炔，电导率 $10^{-12} \sim 10^{5} s \cdot cm^{-1}$）/$SiO_2$ 夹心电池在外加电场作用下可以发出绿色荧光以来，高分子材料电致发光材料的研究迅速成为电子功能高分子领域的热点之一。

这种电致发光器件是一个二极管，制备方法是首先在导电玻璃表面旋转流延（旋转涂膜）上聚苯乙炔预聚体，然后高温转化形成聚苯乙炔薄膜（发光层），最后真空镀铝薄膜，如图 6-8。

无机半导体薄膜型电致发光二极管的发光层为掺杂的硫化锌（ZnS），制膜时先把 ZnS 制成小球，再用电子轰击使其沉积在 250℃左右的衬底上制成电致发光薄膜，然后在 550℃真空下热处理 1h。

图 6-8 所示的发光二极管荧光效率很低，量子效率≤0.05%。2000 年加州大学的研究小组使用可溶性烷氧基聚苯乙炔作发光层，用金属钙（Ca）作阴极得到量子效率为 1% 的桔红色发光二极管。其他聚合物发光二极管结构组成见表 6-2。

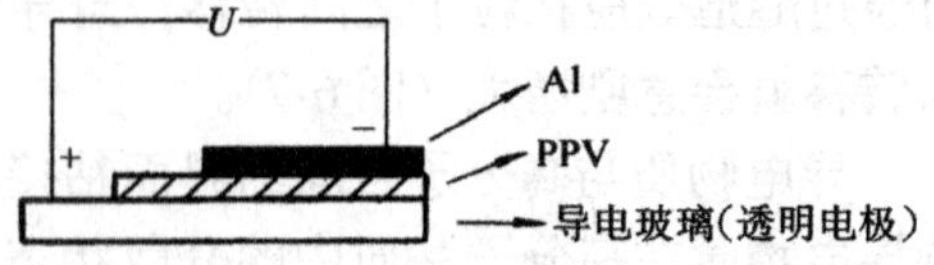

图 6-8 高分子材料发光二极管示意图

表 6-2 几种共轭高分子材料发光二极管组成及性能

高分子材料	二极管结构	荧光颜色	量子效率（%）
n	ITO/Polymer/Al	蓝 色	0.01～0.05
O n	ITO/PVK/Polymer/Ca	蓝 紫	3.0
OR OR n	ITO/Polymer/Ca	黄 色	0.3
S n	ITO/PVK/Polymer/Ca	绿 色	≤0.01

注：ITO 为导电玻璃。

2. 电致发光机理

当给材料施加一定能量时，可以使材料的电子状态发生改变，从基态变到激发态，这种情况称为电子跃迁。当处于激发态的电子重新回到基态时，将放出能量。若以光的形式放出能量，则材料便会发光（图 6-9）。

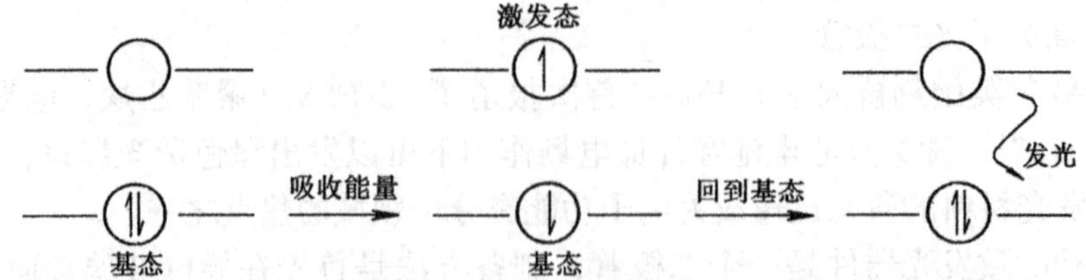

图 6-9 材料发光机理示意图

若材料吸收的能量为热能，则称作热致发光。若材料吸收的能量为电能，则称作电致发光。

（二）非线性光学材料

1. 基本原理

光波作为一种电磁波，当其通过介质时将使介质极化（比如电子激发、晶格畸变、电荷转移等），在介质中感生出电偶极子。单位体积内电偶极子的偶极矩总和称为极化强度（用 J 表示），它反映了介质对光波电磁场（场强用 E 表示）的响应程度。同时，介质中大量存在的感生电偶极子将产生极化场 P，极化场反过来对光波的电磁场产生作用，结果将使透射光、折射光、反射光的频率等物理性能发生改变。

传统光学中，光的强度较弱，极化场强较小，与光波电磁场相互作用较弱，极化强度（J）与光波电磁场强度（E）的关系可用下式表示：

$$J = \varepsilon\chi^{(1)}E \tag{6-1}$$

式中，ε 为真空介电常数，$\chi^{(1)}$ 为线性光学极化率，E 为光波电磁场强度。即极化强度（J）与光波电磁场强度（E）呈线性关系，这种性质称为线性光学现象。图 6-10 表示光波穿过线性光学晶体时透射光频率与入射光频率相同。

1960 年激光出现后，其强度比普通光的强度大几个数量级，当用激光作光源时，感生出的大量电偶极子与光波的电磁场产生强的相互作用，极化强度（J）与光波电磁场强度（E）呈如下关系：

图 6-10　线性光学现象示意

$$J = \varepsilon[\chi^{(1)}E^1 + \chi^{(2)}E^2 + \chi^{(3)}E^3 + \cdots] \tag{6-2}$$

这种 J 与 E 呈非线性关系式的现象称为非线性光学现象，$\chi^{(2)}$、$\chi^{(3)}$ 分别称为二阶、三阶非线性光学极化率。E^1、E^2、E^3 分别为基频、二倍频和三倍频光波的电磁场强度。若仅考虑二次项，则有

$$J = \varepsilon[\chi^{(1)}E^1 + \chi^{(2)}E^2] \tag{6-3}$$

设入射光波的 $E = A_0\cos\omega t$，ω 为光波角频率，则

$$J = \varepsilon[\chi^{(1)}A_0\cos\omega t + 0.5\chi^{(2)}A_0^2\cos2\omega t + 0.5\chi^{(2)}A_0^2] \tag{6-4}$$

即产生了频率为 2ω 的倍频分量。

图 6-11 表示光波穿过非线性光学晶体时透射光频率是入射光频率的两倍。除倍频现象外还有更高层次的非线性光学现象，如和频、差频等。

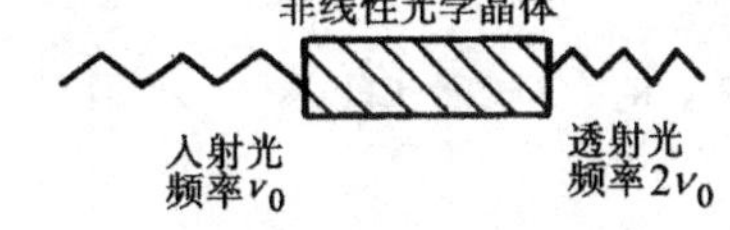

图 6-11　非线性光学中的二倍频现象

2. 非线性光学材料

具有非线性光学效应的材料称为非线性光学材料。二阶非线性光学材料的一个主要应用领域就是激光的频率转换，如倍频、混频、参量振荡等。三阶非线性光学材料主要应用领域有三倍倍频、光学运算元件、超高速光学开关等。非线性

光学材料主要是那些具有一定电子功能的材料：①无机压电型晶体、无机铁电型晶体及其他晶体，如磷酸二氢钾（KDP）、磷酸二氢铵（ADP）、铌酸锂、三硼酸锂、偏硼酸钡等；②半导体晶体，如硒化镉、硒化镓等；③有机和聚合物非线性光学材料。

有机和高分子非线性光学材料是通过共轭的 π 电子的极化作用产生非线性光学现象的，而共轭体系的大小、共轭体系中取代基的电子效应等都将对 π 电子的极化程度、极化效果产生各种各样的影响，因此，可以通过改变这些因素设计所需要的非线性光学性能。

研究中的共轭有机高分子有，聚乙炔（PA）类、聚苯胺（PANI）类、聚噻吩（PTh）类、聚二乙炔（PDA）类等。PDA 研究最多，其结构如下：

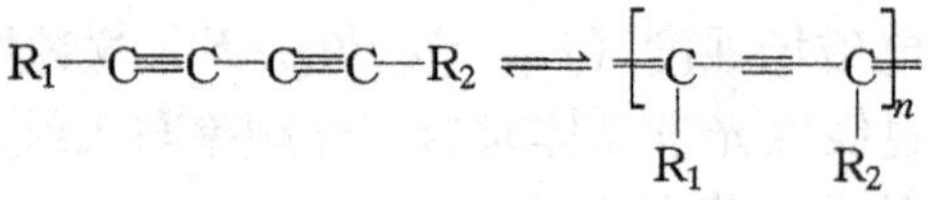

$$R_1—C{\equiv}C—C{\equiv}C—R_2 \rightleftharpoons \left[\begin{array}{c} C \\ | \\ R_1 \end{array} = \begin{array}{c} C \\ | \\ R_2 \end{array}\right]_n$$

取代二乙炔　　　　PDA

二乙炔的结构为 $H—C{\equiv}C—C{\equiv}C—H$，将两端的氢原子用其他基团取代，则得到取代二乙炔。通过改变 R_1、R_2 的结构将改变 PDA 共轭体系的大小及 PDA 共轭体系的电荷密度。已经设计了多种结构的 PDA。

有机和高分子非线性光学材料是在 20 世纪 70 年代中期迅速发展起来的新型材料。它们有许多独特的优点，如非线性光学系数（二阶、三阶非线性极化率）比无机材料高 1～2 个数量级，更快的响应时间，高分子非线性光学材料具有分子结构可以设计（如表 6-3 中所看到的仅改变 R_1、R_2 的结构就会得到不同的 PDA）、可任意加工成各种形状等特点。虽然研究仍处于初级阶段，有许多问题需要解决，但目前已成为高科技领域的热点之一，材料及器件都在积极的研究中，其中设计开发光计算机将是非线性光学材料研究的最具吸引力的方面。

表 6-3　几种取代 PDA 中 R_1、R_2 的结构

1. R_1、R_2：$—CH_2OSO_2—C_6H_4—CH_3$ 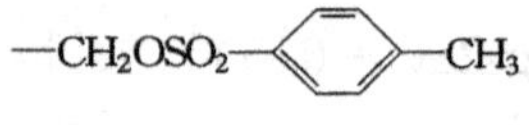	4. R_1：$—C_6H_4—NO_2$　R_2：$—C_6H_4—NHCOR$ 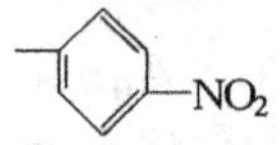 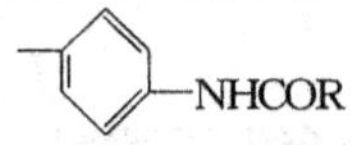
2. R_1、R_2：$—CH{=}CH—C_6H_5$ 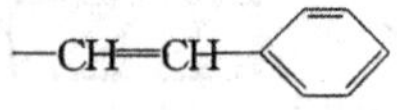	5. R_1、R_2：$—CH_2Cl$
3. R_1、R_2：$—C_6H_4—NHCO—(CH_2)_n—CH_3$ 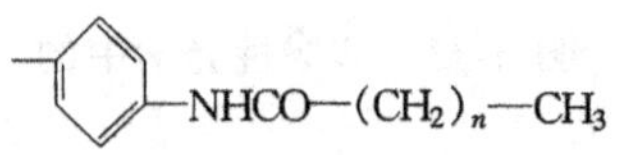	6. R_1、R_2：$—C_6F_4—R$ 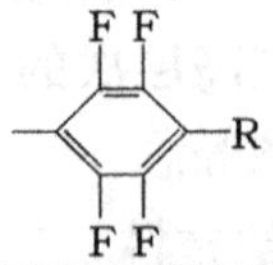

（三）分子电子器件

高分子材料导电是通过载流子在高分子链上迁移、在高分子链间迁移实现的，载流子通过链间将遇到较大的阻力。如果导电是在一个高分子链上实现的，且通过改变分子链的局部结构（即进行分子设计），使一个分子上的各个局部区域具有不同的导电性能，则有可能制成分子导线、分子电路和分子器件。有关的研究已经进行，导电材料主要是电荷转移络合物和离子自由基盐。

（四）导电塑料

实用的导电塑料为复合型导电高分子材料，通常是以聚乙烯或其共聚物为基材加入导电填料与抗氧剂及其他助剂，经混炼加工而成。可用于电缆的半导体层、电子元件的包装材料、防静电材料及屏蔽材料等。

第二节　医用功能高分子材料及卫生保健技术

医用功能高分子材料涉及的范围非常广泛，泛指具有治疗、修复、替代、恢复功能、增强人体组织或器官等功能的高分子材料。医用功能高分子材料主要包括医用高分子材料（以修复、替代为主）、药用高分子材料（以药理疗效为主）。医用功能高分子材料在许多教科书及功能材料专著中被称作医用生物高分子材料。医用功能高分子材料从20世纪60年代兴起，经历了20年，到80年代开始迅速发展，现今已取得了许多卓越的成就。

一、用于人工器官和植入体的高分子材料

修复、替代人体组织或器官是医用高分子材料最具实际意义的应用领域。已用于临床或正在研究中的部分人工器官及其所用高分子材料见表6-4。

表6-4　部分医用高分子材料的应用领域

用　途	材　料	用　途	材　料
肝　脏	赛璐珞	人工红血球	全氟烃
心　脏	硅橡胶、嵌段聚醚型聚氨酯	鼻	聚乙烯、硅橡胶
血　管	聚酯纤维、聚四氟乙烯	腹　膜	
气　管	聚四氟乙烯、聚硅酮、聚乙烯、聚酯纤维	面部修复	丙烯酸基有机玻璃
食　道	硅橡胶、聚氯乙烯	角　膜	聚甲基丙烯酸甲酯、硅橡胶
尿　道	聚酯纤维、硅橡胶	缝合线	聚亚胺酯
胆　管	硅橡胶	肠胃片段	硅氧烷类
人工关节 人工骨	硅橡胶、超高分子量聚乙烯、高密度聚乙烯、聚甲基丙烯酸甲酯、尼龙		

究竟什么样的高分子材料才能满足医用材料的要求呢？不同的用途对材料的要求也不一样，像血管、气管、心脏、肝脏等需要长期植入体内的人工器官，要求材料为生物惰性高分子材料，在体内不降解、不变性、不引起长期组织反应。而有些材料则要求成为生物吸收高分子材料，比如吸收型手术缝合线，这类材料希望在体内逐渐降解，降解产物能够被肌体吸收代谢。然而，在所有要求当中，

材料的生物相容性则是非常重要的方面。

二、医用高分子材料的生物相容性

医用高分子材料的生物相容性主要包括硬组织相容性、软组织相容性和血液相容性。用于硬组织替代或修复的材料必须具有良好的硬组织相容性，能与所替代或修复的硬组织，如骨骼、牙齿相互适应，且有与替代组织类似的力学性能。用于软组织替代或修复的材料（如皮肤、肌腱、肌肉、皮下等）必须具有良好的软组织相容性，不对邻近软组织产生不良反应，强度相当。与血液接触的材料必须具有良好的血容相容性，不产生凝血、溶血，不影响血相，与活组织有良好的互相适应性。

生物体与高分子材料之间的相互作用是相容性问题产生的根本原因，其中高分子材料对生物体可能产生的不良影响见图 6-12。

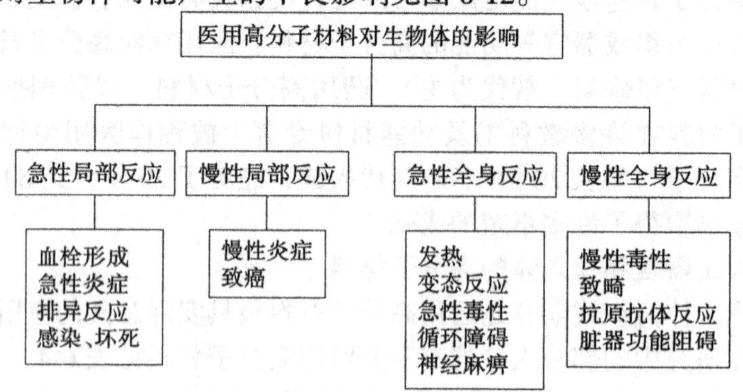

图 6-12　高分子材料对生物体的影响

（一）血液相容性

高分子材料植入人体后必然要长期与体内的血液接触，因此，血液相容性是诸多性能中最重要的一种。研究表明下列因素将在血液中形成血栓：①血液的流动状态发生变化；②血管壁性质及状态发生变化；③血液的性质发生变化。高分子材料植入体内时必将使血液的流动状态、血管壁的性质发生变化。若材料中有溶出物进入血液则将使血液的性质，比如酸碱性等发生变化，因此，血栓的形成极易发生。血栓的形成机理极为复杂，一般认为当异物与血液接触时，首先将吸附血浆内蛋白质，然后粘附血小板使血小板崩解，放出血小板因子，在异物表面凝血，产生血栓。

大量的研究已表明材料的抗血栓性能直接与材料的表面结构相关，并已发现具有抗血栓性能的材料，其表面结构有以下特征：

（1）表面带有负电荷　例如用涤纶、泡沫聚四氟乙烯制作的人造血管于－100℃下涂覆上超低温各向同性碳素，则显示出良好的抗血栓性能。分析表明，人体血管内壁、血液中的红血球、血小板都带有负电荷，因此，表面带负电荷的材料可以与其产生静电排斥作用，阻止红血球、血小板等血液成分粘附于材料表面，从而达到抗凝血、抗血栓的目的。值得指出的是并非所有带负电荷的表面都表现出良好的抗血栓性能，有些表面带正电荷的材料同样给出较好的抗凝血性能。究竟材料表面应带何种电荷还有待进一步研究。

（2）具亲水性或疏水性的表面　水能在其上铺展的表面为亲水性表面，水仅能以小水滴的形式存在其上的表面为疏水性表面，材料的亲疏水性可以处在上述两种情况之间。血液可以在亲水性表面上铺展。研究发现，高分子材料表面的亲、疏水性与材料的抗血栓性有关。常用的医用高分子材料，如聚甲基丙烯酰胺、聚乙烯醇、聚乙烯基吡咯烷酮等亲水性高分子材料具有良好的抗凝血性；而广泛用作心脏、心瓣膜、人工血管等人工器官材料的硅橡胶却具有极强的疏水性，但仍具有良好的抗血栓性。已知，硅橡胶与亲水性高分子具有低的表面能（亲水性的材料或具有一定的疏水性的材料通常具有低的表面能）。因此，可以认为血小板难于粘附于低表面能的材料，低表面能的材料具有较高的抗血栓性。

（3）具有微相分离结构的表面　两亲性高分子是由亲水的链段与亲油的（即疏水的）链段构成的高分子，这类高分子具有表面活性剂的性质，其聚集态结构往往呈现微相分离的结构，亲水微区构成一相、疏水微区构成另一相。这种相态结构与生物膜的表面结构很相似，生物膜表面也具有这样的微相分离结构。因此，可以通过设计两亲性高分子的结构、调节亲水微区、疏水微区的形态，以达到模拟生物膜结构和功能的目的。例如，聚氨酯三嵌段（亲水-疏水-亲水）共聚物 HEMA-St-HEMA 具有优良的血液相容性。如图 6-13 所示。

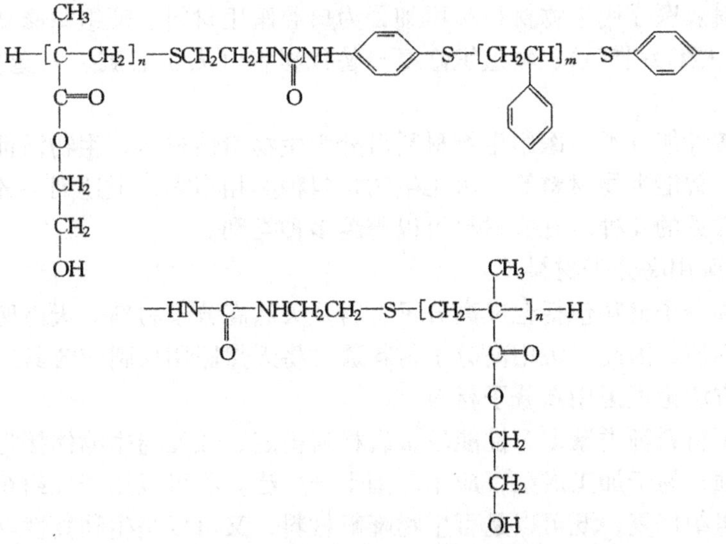

图 6-13　HEMA-St-HEMA 三嵌段共聚物结构

（4）光滑程度高的表面　材料表面的凸凹程度将影响血液的流动状态，从而影响材料的抗血栓性能。研究发现，材料表面有 3μm 以上的凸凹不平的区域，就将形成血栓。光滑程度高的表面抗血栓性能高。

（5）生物化的表面　在材料表面覆盖或接枝上天然抗凝血物质，使材料表面生物化将大大改善材料的抗血栓性能。这些天然抗凝血物质有肝素、前列腺素、尿激酶等。

（二）组织相容性

组织相溶性是指材料在与生物体接触时对生物体无刺激、不使组织和细胞发炎、坏死及功能下降。材料与生物体的相互作用主要表现为机械作用（摩擦、冲击、反复曲伸）、化学作用（水解、氧化、腐蚀）、物理作用（吸附、渗透、溶出）等。这些作用将会引起急性炎症、致癌、慢性炎症、血栓等排异反应，材料本身也可能出现性能变化等劣化反应，因此，组织相容性也是医用材料必须具备的基本性能之一。具有组织相容性的材料，当其植入生物体后，活体组织不产生排斥反应，材料自身的性能和功能也不因与活体组织接触而下降。目前所用到的软、硬组织材料都具有良好的组织相容性。

三、医用生物材料

（一）医用生物材料的分类

医用生物材料种类繁多，迄今为止有多种分类方法。

（1）按化学组成和来源分类　医用生物材料可分为无机医用生物材料（医用金属材料、生物陶瓷）、医用高分子材料、天然医用材料、复合医用材料。

（2）按用途分类　医用生物材料可分为医疗用生物材料、药用生物材料、医疗器械材料。医疗用生物材料又可细分为口腔医用材料、硬组织修复与替代材料（人工骨、人工关节等）、软组织修复与替代材料（人工心脏、人造皮肤、肌肉、人工肺等）。

（3）按性能分类　医用生物材料可分为生物惰性材料、生物活性材料、生物降解材料、智能生物材料等。医用生物材料种类相当多，上述列举的分类方法仅是其中较常见的几种。有些材料可以跨越多种类别。

（二）医用高分子材料

医用高分子材料包括合成高分子材料及天然高分子材料。天然医用材料多数为高分子物质，因此，医用高分子材料通常将天然医用材料包含其中。本节将以这种分类方法论述医用高分子材料。

高分子材料种类繁多、性能较金属材料稳定、强度与生物体接近、一般不发生生理腐蚀、易于加工成型，应用范围十分广泛。既可以用于硬组织修复，也可以用于软组织修复；既可以是可生物降解材料，又可以是生物惰性材料；既可以用作人工器官，又可以用作各种医疗器材。高分子材料的不足之处是易于发生老化，即性能可能因体液、血液中的离子、蛋白质和各种酶的作用而降低；耐磨性能较金属差；耐蠕变性能不如金属及生物陶瓷。

1．硅橡胶

硅橡胶用于医疗保健开始于 1964 年。硅橡胶为生物惰性材料，可长期埋植于体内，也可以用作体外循环用品。用硅橡胶制作的医疗器件、器官有：心脏起博器、人工皮肤、人工肌腱、人工关节、人造脑膜、人工角膜支架、面部衬垫等长期植入修复、替代品；导液管、静脉插管、胃插管等短期植入修复、替代品等。

（1）硅橡胶的一般性能　硅橡胶制品的外观是无色透明的。目前使用较多的硅橡胶是硫化型硅橡胶，尤其是室温硫化硅橡胶生理惰性好，高温消毒不变色、不变形。硅橡胶是交联体型结构的高分子量聚硅氧烷。线型聚硅氧烷强度较低，需加入 SiO_2 等补强剂并在硫化剂存在下进行交联后才能有足够的强度。硅橡胶具有有机硅高分子材料的一般特性：良好的耐温性、优异的抗氧化性、耐辐射性、耐老化性、极高的疏水性及低的极性。

适用于医用材料最重要的方面是其良好的生物相容性，前已述及硅橡胶的血液相容性可能缘于其极强的疏水性，而良好的组织相容性可能是由于硅橡胶低的极性。聚硅氧烷无毒，选择适当的无毒的硫化剂和补强剂制备的硅橡胶制品也是无毒的。硅橡胶已在医用领域使用多年，但其安全性问题的争论一直没有停止过，已有过一些毒副作用的例子，已有建议不在生物体内使用硅橡胶材料。因此，医用硅橡胶的研究是一个长期的课题。

（2）硅橡胶的制备　聚硅氧烷有下列主链结构：

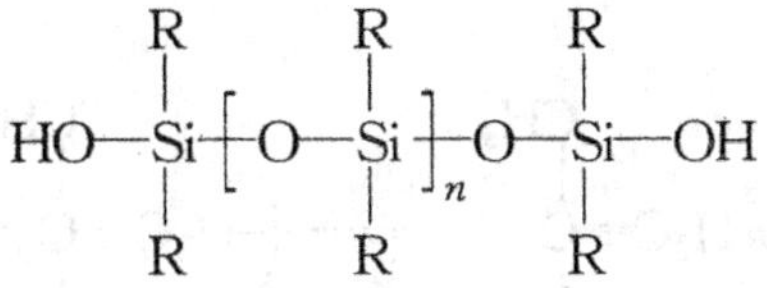

$$HO-\underset{R}{\overset{R}{Si}}\left[-O-\underset{R}{\overset{R}{Si}}-\right]_n O-\underset{R}{\overset{R}{Si}}-OH$$

聚硅氧烷

R 可以是$-CH_3$、$-CH_2CH_3$、$-CH=CH_2$ 等。乙烯基的引入是为了得到可硫化的聚硅氧烷。聚硅氧烷是由单体二氯硅烷经水解后生成硅醇，硅醇经由缩聚反应制备的，具体过程见图 6-14。除二氯硅烷外，缩聚单体也可以是一氯硅烷、三氯硅烷，经水解、缩聚可以得到不同结构、不同相对分子质量、不同物理力学性能的聚合产物。

2．聚甲基丙烯酸甲酯

自 1936 年发明有机玻璃（聚甲基丙烯酸甲酯）后，即被用于制作假牙及补牙等医用高分子材料。1950 年开始用作人工股骨。

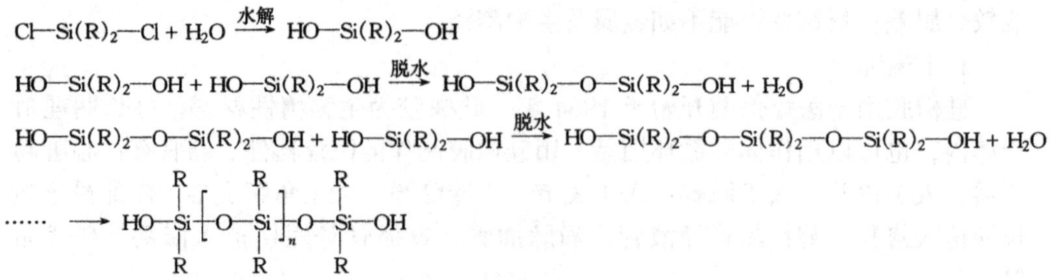

$$Cl—Si(R)_2—Cl + H_2O \xrightarrow{水解} HO—Si(R)_2—OH$$

$$HO—Si(R)_2—OH + HO—Si(R)_2—OH \xrightarrow{脱水} HO—Si(R)_2—O—Si(R)_2—OH + H_2O$$

$$HO—Si(R)_2—O—Si(R)_2—OH + HO—Si(R)_2—OH \xrightarrow{脱水} HO—Si(R)_2—O—Si(R)_2—O—Si(R)_2—OH + H_2O$$

$$\cdots\cdots \longrightarrow HO—\underset{R}{\overset{R}{Si}}—\left[O—\underset{R}{\overset{R}{Si}}\right]_n—O—\underset{R}{\overset{R}{Si}}—OH$$

图 6-14 硅橡胶的制备反应

（1）聚甲基丙烯酸甲酯的一般性能 聚甲基丙烯酸甲酯为无色透明的物质、易于加工成各种形状、特别是可以浇铸成型（将液态单体甲基丙烯酸甲酯灌注到一定形状的模具内，在引发剂作用下单体缓慢聚合，转变成透明的、硬质的、尺寸稳定的固态制品的过程称作浇铸成型）。因此，在牙科领域，聚甲基丙烯酸甲酯被用来堵塞空洞治疗龋齿、及制作假牙；利用其高度的透明性，在眼科领域聚甲基丙烯酸甲酯大量用于制作隐形眼镜、人工晶状体。聚甲基丙烯酸甲酯为生物惰性材料，在体内不降解。目前能找到的综合性能最接近于真牙的材料多为聚甲基丙烯酸酯类均聚物及共聚物。聚甲基丙烯酸甲酯比硅橡胶坚硬得多，因此，更实用于制作牙齿、骨头等硬质材料。

（2）聚甲基丙烯酸甲酯的制备 聚甲基丙烯酸甲酯由单体甲基丙烯酸甲酯在自由基引发剂作用下经链式聚合反应得到，聚合方法可以是本体浇铸聚合，也可以是悬浮聚合。浇铸聚合不仅可以得到各种形状的透明制品，同时还可以流延成透明的薄膜。下面是甲基丙烯酸甲酯的结构、聚甲基丙烯酸甲酯结构及聚合反应式：

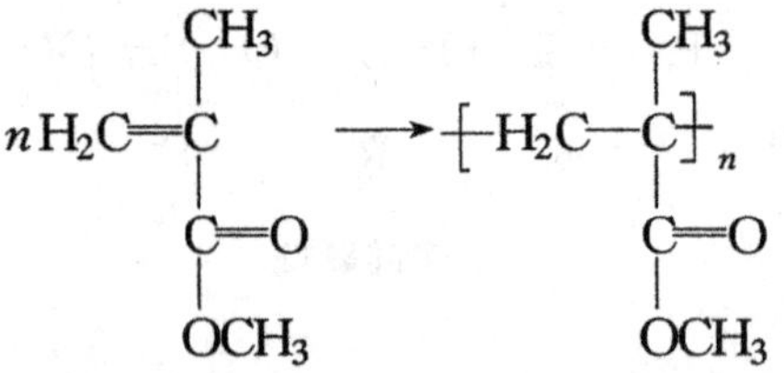

$$n\,H_2C{=}\underset{\underset{OCH_3}{|}}{\underset{C=O}{|}}\overset{CH_3}{\overset{|}{C}} \longrightarrow \left[H_2C—\underset{\underset{OCH_3}{|}}{\underset{C=O}{|}}\overset{CH_3}{\overset{|}{C}}\right]_n$$

甲基丙烯酸甲酯 聚甲基丙烯酸甲酯

3．聚氨酯

聚氨酯是一类由二元异氰酸酯与多元醇经逐步加成反应制备的物理性能变化非常宽广的合成高分子。合成聚氨酯的主要组分有芳香族、脂肪族二元异氰酸酯，聚酯/聚醚多元醇及扩链剂。聚氨酯可以是弹性体、纤维状物质、泡沫体及软质、硬质塑料。在聚氨酯结构中异氰酸酯组分作为硬段（即分子链中较刚性的结构部分），聚酯/聚醚多元醇组分作为软段（即分子链中较为柔软的结构部分），而扩链剂则可以有效地改变聚氨酯的相对分子质量、或得到交联体型结构的产物、或得到各种泡沫体结构（硬泡沫体、软泡沫体）。聚氨酯广泛变化的物理性能是由其分子结构的可设计性产生的（如不同的软、硬段结构，不同的交联密度等）；由于异氰酸酯的高度反应性，很容易制得两亲性的聚氨酯材料，从而得到亲水微区与疏水微区相分离的结构。设计合理的聚氨酯材料有良好的软组织相溶性和血液相容性，其临床比较成功的例子有人工软骨、人工血管、人工心脏的搏动膜、体外循环管路、医用粘合剂、药物释放体系等。聚氨酯虽然有一定的水解性，但也属于惰性高分子材料。

4．聚乳酸及其共聚物

聚乳酸及其共聚物是可完全生物降解高分子材料中的一大类别。在医学领域他们可用作手术缝合线、骨内固定（骨夹板、骨螺钉等）、组织修复、细胞培养。在药学领域是制备药物控制释放体系的重要材料。

（1）聚乳酸的结构和性质　聚乳酸是由乳酸（LA）经缩合聚合反应制备的。乳酸的化学名称是α-羟基丙酸，乳酸有两种旋光异构体，D-乳酸（DLA）、L-乳酸（LLA）。乳酸存在于酸乳、血液和尿中，分子式 $CH_3CHOHCOOH$，为无色或略带黄色的糖浆状液体。纯的D-乳酸、L-乳酸缩聚后生成的聚D-乳酸（PDLA）、聚L-乳酸（PLLA）具有与单体DLA、LLA相同的旋光性；聚LA有良好的生物相容性，其中PLLA生物相容性更好。聚乳酸在体内可发生水解反应而降解，降解产物为乳酸，乳酸可参加体内生化代谢，最终生成二氧化碳和水。因此，聚乳酸是完全可生物降解型高分子。

（2）聚乳酸的制备　聚乳酸的制备方法有二种：

1）直接缩聚法：直接由乳酸在催化剂作用下缩聚，生成聚乳酸的方法为直接缩聚法。

$$n\,HO—CH(CH_3)—COOH \xrightarrow{\text{直接缩聚}} H\!\left[O—\underset{\underset{H}{|}}{\overset{\overset{CH_3}{|}}{C}}—\underset{\underset{O}{\|}}{C}\right]_n OH$$

聚乳酸

2）开环聚合法：将乳酸二聚生成环状单体（丙交酯），然后环状单体经开环聚合制备聚乳酸。

$$HO—CH(CH_3)—COOH + HO—CH(CH_3)—COOH \xrightarrow{ZnO_2} \text{丙交酯（环状二聚体，含两个 } CH_3 \text{）}$$

丙交酯

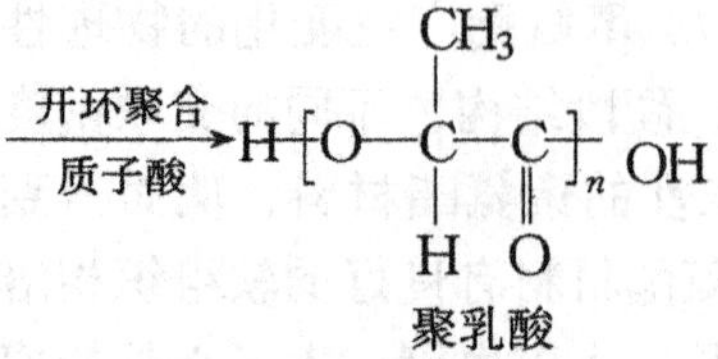

$$\xrightarrow[\text{质子酸}]{\text{开环聚合}} H\!\left[O-\overset{\overset{CH_3}{|}}{\underset{\underset{H}{|}}{C}}-\underset{\underset{O}{\|}}{C}\right]_n OH$$

聚乳酸

选择适当的催化剂，开环聚合法可以得到相对分子质量高的聚乳酸。获得相对分子质量高的聚乳酸一直是乳酸聚合反应追求的目标之一。

(3) 乳酸共聚物　采用共聚合方法可以得到多种性能的聚乳酸系列聚合物。常见的乳酸共聚物有乙交酯（羟基乙酸的环状单体，GA)-丙交酯交替共聚物(alt-PLGA)、乙交酯（GA)-丙交酯无规共聚物(ran-PLGA)、聚乙二醇醚/聚乳酸共聚物、聚乙二醇-丙交酯-己内酯三嵌段共聚物等。如商品名为 Vicryl 的乙交酯/丙交酯共聚物用作手术缝合线具有良好的手感及优良的力学性能和组织相容性。

聚乳酸及其乳酸共聚物的另一重要应用领域是用于药物控制释放体系。它们可作为溶蚀载药的基材，制备缓释制剂、靶向给药制剂。剂型有注射剂、胶囊剂、片剂、乳剂、膜剂、微球剂、植入剂等。相当多的制剂已用于临床研究。

5．聚酸酐

(1) 基本性质　聚酸酐是一类重要的医用高分子材料，具有体内可降解性及生物吸收性，且降解速度取决于分子链中取代基的结构。聚酸酐具有良好的血液相容性、组织相容性。因此，聚酸酐多用于载药材料制作药物控制释放制剂、用于组织替代材料进行组织修复等。

(2) 聚酸酐的制备　聚酸酐的种类非常多：脂肪族聚酸酐、芳香族聚酸酐、均聚酸酐、共聚酸酐、可交联聚酸酐、杂环聚酸酐等。聚酸酐的结构通式为：

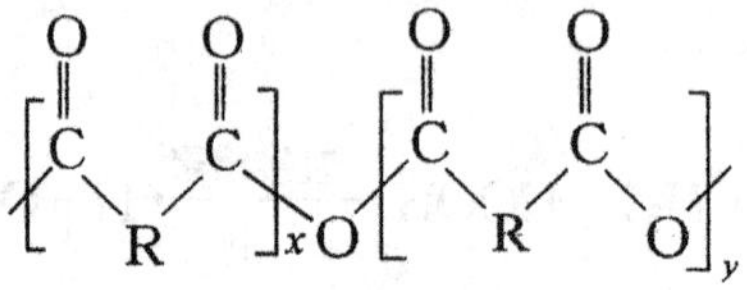

$$\left[\overset{\overset{O}{\|}}{C}-R-\overset{\overset{O}{\|}}{C}\right]_x O \left[\overset{\overset{O}{\|}}{C}-R-\overset{\overset{O}{\|}}{C}-O\right]_y$$

聚酸酐

聚酸酐分子链中不同的 R 结构，将得到不同类型的聚合物，R 基为脂肪族基团时，得到脂肪族聚酸酐。R 基为芳香族基团时，得到芳香族聚酸酐。已在医学上广泛应用的聚[1,3-双(对羧基苯氧基)丙烷-癸二酸](PCCP-SA)具有如下结构：

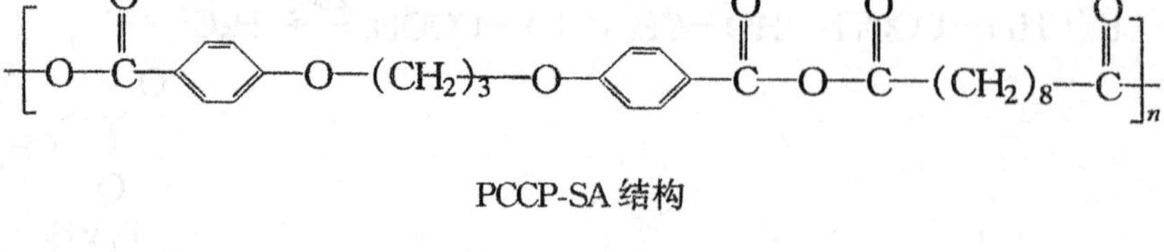

$$\left[O-\overset{\overset{O}{\|}}{C}-C_6H_4-O-(CH_2)_3-O-C_6H_4-\overset{\overset{O}{\|}}{C}-O-\overset{\overset{O}{\|}}{C}-(CH_2)_8-\overset{\overset{O}{\|}}{C}\right]_n$$

PCCP-SA 结构

聚酸酐的制备方法分为缩聚法和开环聚合法。缩聚法的单体通常为二元羧酸＋乙酸酐，二元羧酸＋二元酰氯。二元羧酸＋乙酸酐合成聚酸酐的反应通常采用熔融缩聚方法。

$$\mathrm{HO{-}\overset{O}{\overset{\|}{C}}{-}R{-}\overset{O}{\overset{\|}{C}}{-}OH + H_3C{-}\overset{O}{\overset{\|}{C}}{-}O{-}\overset{O}{\overset{\|}{C}}{-}CH_3 \longrightarrow}$$

$$\mathrm{CH_3{-}\overset{O}{\overset{\|}{C}}{-}O{-}\overset{O}{\overset{\|}{C}}{-}R{-}\overset{O}{\overset{\|}{C}}{-}O{-}\overset{O}{\overset{\|}{C}}{-}CH_3 + HO{-}\overset{O}{\overset{\|}{C}}{-}CH_3}$$

$$\mathrm{CH_3{-}\overset{O}{\overset{\|}{C}}{-}O{-}\overset{O}{\overset{\|}{C}}{-}R{-}\overset{O}{\overset{\|}{C}}{-}O{-}\overset{O}{\overset{\|}{C}}{-}CH_3 \longrightarrow CH_3{-}\overset{O}{\overset{\|}{C}}{-}O{\left[\overset{O}{\overset{\|}{C}}{-}R{-}\overset{O}{\overset{\|}{C}}{-}O\right]_n}\overset{O}{\overset{\|}{C}}{-}CH_3}$$

这种方法工艺简单，可以得到相对分子质量高的产物。二元羧酸＋二元酰氯合成聚酸酐的反应通常采用溶液缩及界面聚方法：

$$\mathrm{HO{-}\overset{O}{\overset{\|}{C}}{-}R{-}\overset{O}{\overset{\|}{C}}{-}OH + Cl{-}\overset{O}{\overset{\|}{C}}{-}R'{-}\overset{O}{\overset{\|}{C}}{-}Cl \longrightarrow}$$

$$\mathrm{\left[R{-}\overset{O}{\overset{\|}{C}}{-}O{-}\overset{O}{\overset{\|}{C}}{-}R'{-}\overset{O}{\overset{\|}{C}}{-}O{-}\overset{O}{\overset{\|}{C}}\right]_n + HCl}$$

该反应可在室温进行，适合于高温分解的单体。由于使用了溶剂，增加了后处理过程的复杂性且聚合物相对分子质量有一定程度的降低。开环聚合法系采用环状单体进行的聚合过程，是一种新的合成方法。聚合一般需要专门的催化剂（如烷基金属化合物等），如己二酸酐的开环聚合是在辛酸亚锡或三异丁基铝催化下进行的。

$$\text{(环状己二酸酐：}(CH_2)_4\text{ 与 }\mathrm{C{=}O,\ O,\ C{=}O}\text{ 成环)} \xrightarrow{\text{催化剂}} \mathrm{\left[O{-}\overset{O}{\overset{\|}{C}}{-}(CH_2)_4{-}\overset{O}{\overset{\|}{C}}\right]_n}$$

（三）其他医用材料

（1）医用金属材料　金属及合金（不锈钢、钴合金、钛合金、镍铬合金）用于医疗保健已有上百年历史，如用作人工骨、人工关节、牙科材料等。金属具有良好的耐磨性、耐疲劳性，但韧性差、使用寿命短，同时与人体接触时有疼痛感。当用金属-高分子复合材料（聚甲基丙烯酸甲酯、聚四氟乙烯、超高分子量聚乙烯等）时不仅提高了使用寿命，耐磨性也提高了。

（2）生物医用陶瓷　性能稳定，组织相容性好，易于成型是生物陶瓷的主要特点。如用生物陶瓷可以制造形状各异的精密人工骨制件：骨钉、骨夹板、颅骨、长骨、颌骨等。羟基磷灰石（HAP），分子式$Ca_{10}(PO_4)_6(OH)_2$是脊椎动物骨和齿的主要成分，也是广泛使用的生物医用陶瓷。如HAP可以用于制造人造颌骨、人造齿根、人造鼻软骨、皮肤内植材料等。HAP还可用作填充材料，如牙膏添加剂、骨填充材料，亦可与高分子材料复合制备具有延展性的生物医用陶瓷材料，HAP填充的超高相对分子质量聚乙烯人工骨已用于临床。除HAP外，生物医用陶瓷材料还有Al_2O_3、SiO_2、TiO_2、$Ca_3(PO_4)_2$（TCP）等。

（3）天然高分子　如肝素，肝素广泛存在于动物的肝、肺、心、脾、肾、血液里，为天然高分子材料。肝素具有优异的抗凝血性，是典型的天然抗凝血物质。通常，为获得优良的血液相容性材料，可以使材料表面生物化，材料表面的肝素化即是生物化的方法之一。肝素分子链上含有$—OSO_3^-$、$—COO^-$等阴离子基团，—OH、—NH—等官能团，可以与材料表面形成离子键及共价键，从而使材料表面肝素化。

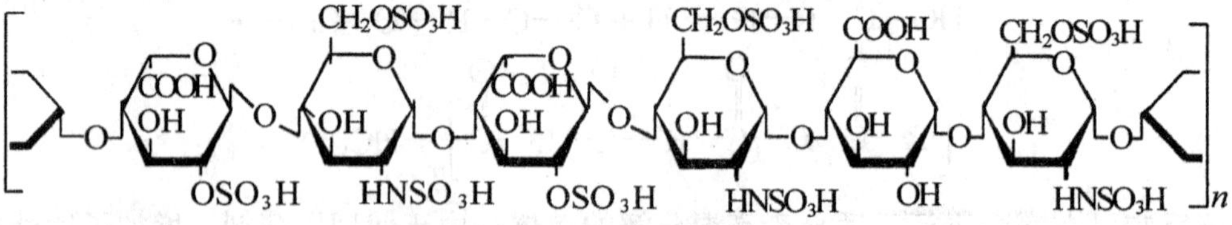

肝素分子的六糖重复单元结构

肝素的重复结构单元由硫酸酯化的和磺酰胺化的六糖或八糖单元构成，为线形链状分子。硫酸酯键和磺酰胺键分别在碱性和酸性条件下水解，此时仅改变环上取代基的类型。肝素的糖苷键则可在肝素酶的作用下断裂，从而使肝素降解。

四、药用高分子材料

药用高分子是以药理疗效为主的医用功能高分子材料。药用高分子的定义至今并不十分明确，通常按其应用性质的不同将药用高分子分为药用辅料和高分子药物两类。药用辅料高分子指用于改善药物使用性能及用于药剂加工的高分子材料，如稀释剂、润滑剂、粘合剂、糖胞衣、胶囊壳等。高分子药物则是具有药理疗效的一类医用功能高分子材料。

（一）高分子药物

高分子药物按其在药理疗效中的作用可分为三类：

（1）高分子载体药物　其药效部分仍然是低分子药物，但低分子药物以某种化学方式负载在高分子链上，或称高分子化的低分子药物。

（2）本身具有药理活性的高分子药物　其药效部分是整个高分子链，与它们相应的低分子模型化合物一般无药理活性。

（3）微胶囊化的低分子药物　这类药物中，起药理疗效作用的仍然是低分子药物。低分子药物以物理的方式被包裹在高分子膜中，并能透过高分子膜以一定的速度逐渐释放出来。

（二）高分子药物的基本性能

药物通常是以进入人体内而发挥其药理疗效作用为特征的，它们将进入消化系统、血液或体液循环系统。高分子药物若发挥其疗效必将进入人体各种系统，因此，除药理疗效外还必须具备一些基本的特性：①高分子药物本身无毒，其分解产物也无毒，不会引起炎症和组织变异反应；②不引起血栓；③具有水溶性和亲水性，能在体内水解掉有药理活性的基团（通常为低分子药物）；④在体内不积累，根据进入体内的方式不同可以通过循环系统或消化系统排除体外；⑤能够有效地到达病灶，并保持足够的浓度。

（三）高分子药用载体

1. 高分子药用载体的结构组成

作为药用载体的高分子必须具有能与低分子药物反应的基团（以便使药物负载于高分子链上）。高分子链作为骨架，根据需要可以是可生物降解型的和非生物降解型的。Ringsdorf 等提出高分子药用载体应具有如下的结构（见图 6-15）：

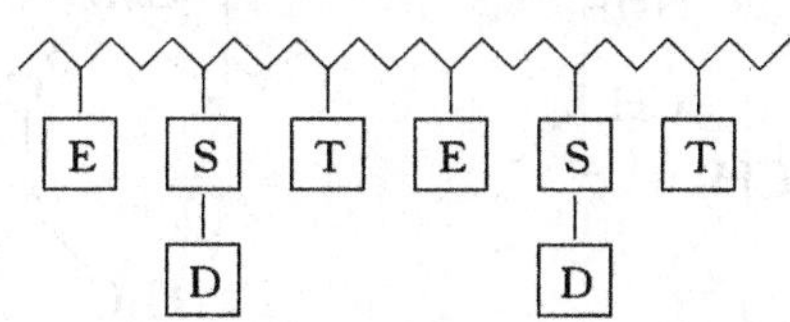

图 6-15　高分子药用载体的 Ringsdorf 模型

图中 S 为连接基团，其作用是使低分子药物 D 与高分子骨架形成稳定的或暂时性的结合，当高分子载体药物进入体内后，在体液和酶的作用下，低分子药物 D 又可以重新断裂下来。E 称作可溶性基团，该基团的作用是赋予高分子链具有水溶性或亲水性。T 称作输送基团，输送基团的作用是有选择地将药物分子送到特定的组织细胞中。

2. 已经用于临床或正在研究中的高分子药用载体

实际上，大多数水溶性高分子材料和共聚物，如聚乙烯基吡咯烷酮、聚乙烯醇、聚丙烯酸酯、聚丙烯酰胺、纤维素衍生物、乙烯醇-乙烯胺共聚物等都可以作为药用载体。所不同的是有些水溶性高分子材料和共聚物可以生物降解，有些则不能降解以及不同的高分子骨架对药理活性基团的活化和促进作用不同。第一个高分子载体药物是 1962 年制备的青霉素-聚乙烯胺载体药物。

（1）聚乙烯基吡咯烷酮　聚乙烯基吡咯烷酮是水溶性高分子，分子链中含有胺基、羰基，除了使高分子具有水溶性外，还可以作为连接基团与药物小分子连接。

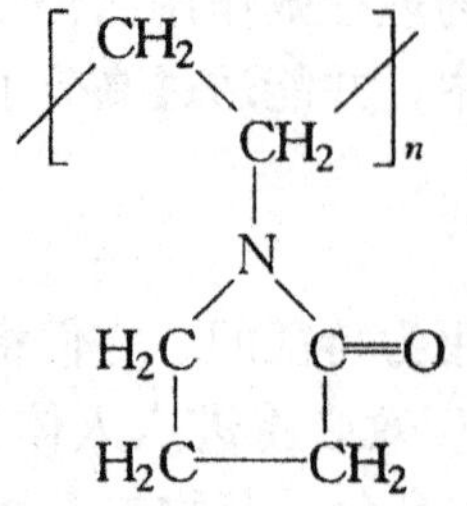

聚乙烯基吡咯烷酮 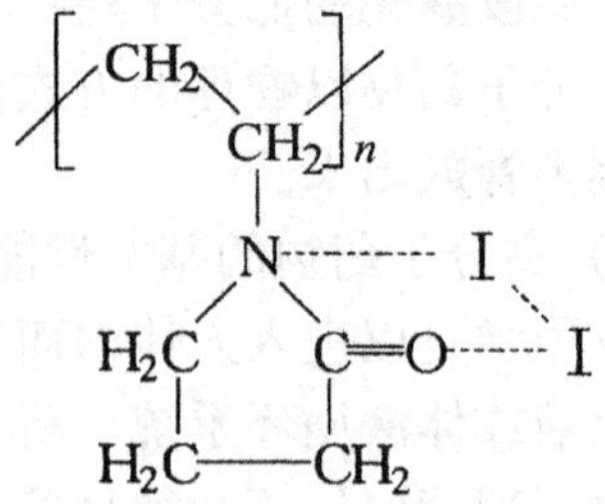　　碘酒-聚乙烯基吡咯烷酮载体药物(碘伏)

碘酒是最常用的外用消毒剂，杀菌效果好。但由于其毒性大，尤其是较大的刺激性近年来已很少使用。制成碘伏后与碘酒有同样的杀菌作用，毒性及刺激性大大降低，可用于口腔、皮肤的消毒。

(2) 乙烯醇-乙烯胺共聚物　乙烯醇-乙烯胺共聚物为水溶性高分子，分子链上的羟基和胺基可以作为连接基团与药物小分子连接。

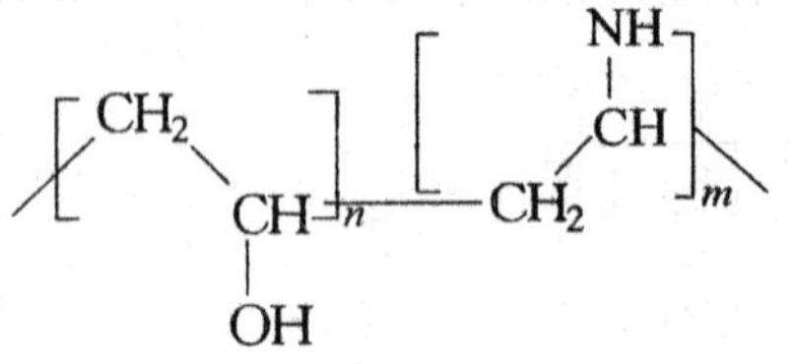

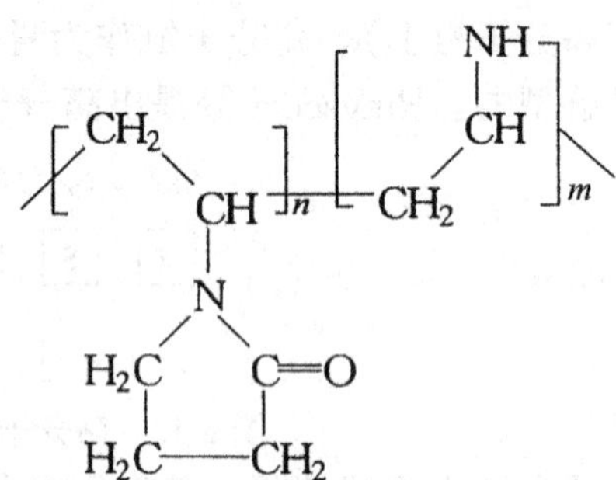

乙烯醇-乙烯胺共聚物　　乙烯基吡咯烷酮-乙烯胺共聚物

(3) 乙烯基吡咯烷酮-乙烯胺共聚物和乙烯基吡咯烷酮-丙烯酸共聚物　同样是水溶性高分子，可以利用乙烯胺组分中的胺基、丙烯酸组分中的羧基作为连接基团与药物小分子连接。

青霉素是一种应用十分广泛的抗菌素，它具有易吸收、见效快的特点，有些情况下其药效作用没有其他抗菌素可以替代。青霉素的缺点有疗效短（排泄快）、过敏性强（严重情况将造成死亡）。将青霉素制成高分子载体药物后，可使其具有稳定性和长效性。如青霉素-乙烯醇/乙烯胺共聚物载体药物在人体内的停留时间比低分子青霉素长 30～40 倍。

其他高分子载体药物还有聚 L-赖氨酸-氨甲喋呤、聚 N-羟丙基丙酰胺-阿奇霉素、氟哌酸聚乙烯醇酯等。

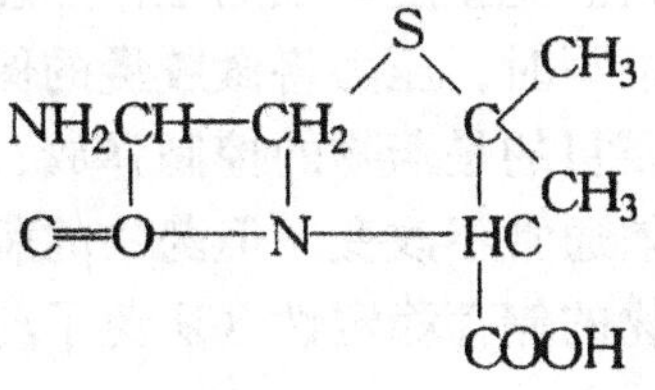

青霉素分子结构 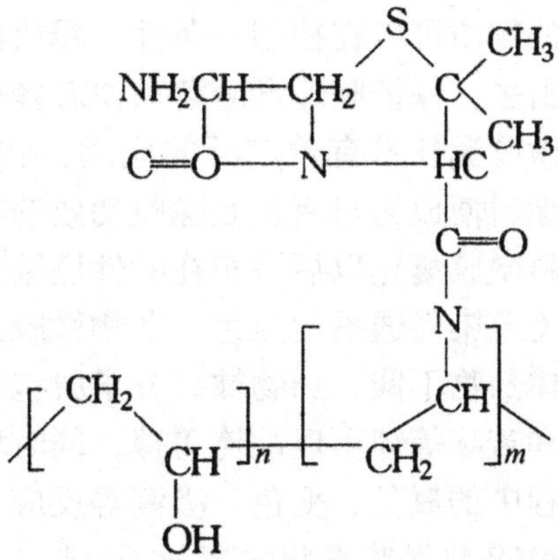　　　　青霉素-乙烯醇/乙烯胺共聚物载体药物

高分子载体药物具有靶向性并能够克服低分子药物的缺点（排泄快、有毒性），同时具有低分子药物的药理疗效是药物研究中非常引人入胜的领域，近20年有了迅速的发展。然而很多高分子载体药物不具有药理活性、高分子载体结构因素对药理作用的影响也没有得到清楚的阐述，所能得到的高分子载体为数有限。因此，高分子载体药物领域的研究还有大量的工作要做。

（四）具有药理活性的高分子药物

高分子载体药物中起药理疗效作用的是低分子药物基团，而具有药理活性的高分子则是本身具有恢复人体功能、治愈人体组织病变等功能的一类高分子。

具有药理活性的高分子既可以是天然高分子也可以是合成高分子。天然高分子药物的应用已有悠久的历史，如激素、肝素、葡萄糖、酶制剂等都是典型的天然具药理活性高分子物质。合成高分子药物的研究历史较短、且药理作用也不十分清楚，由于人体本身就是由高分子物质构成的，所以，研究人员相信高分子药物将能够对人类疾病的治疗产生更有效的作用。已经发现具药理疗效的高分子有聚乙烯基N-氧吡啶，当其相对分子质量大于3万时能够较有效地治疗因大量吸入游离二氧化硅粉尘引起的急性和慢性矽肺病。聚乙烯基吡咯烷酮，为较早研究的代血浆，其对治疗脊髓炎也有一定的疗效。对高分子药物目前研究的重点是具抗癌活性的高分子，主要有聚乙烯磺酸钠、聚丙烯酸、葡萄糖磺酸钠、聚氨基酸等。

（五）药物微胶囊

1．微胶囊微技术及应用

将药物（通常是低分子药物颗粒）包覆在高分子膜当中，形成尺寸在几微米甚至更小的胶囊，这种过程叫做药物的微胶囊化。不仅仅是药物，其他物质也可以进行微胶囊化处理得到各种微胶囊复合物。微胶囊内被包覆的物质通常叫做芯、核或填充物，外壁被称作壳或保护膜。物质微胶囊化以后，最大的特点是内部被包覆的物质可以在控制的条件下释放出来，释放的过程可以是芯向保护膜外逐渐渗透出去、保护膜逐渐溶解而使芯释放出来、保护膜被压破而使芯瞬间释放出来等。微胶囊技术有着广泛的应用，例如，在内墙涂料中放入驱蚊剂的微胶囊，则该涂料便成为具有长效除蚊功效的功能性涂料。无碳复写纸的工作原理是将无色染料微胶囊化以后涂布在酸性底基的纸上，书写时，压力将微胶囊的保护膜压破，无色染料遇酸而显色。药物微胶囊化的主要目的是药物的控制释放，与高分子载体药物不同，药物被高分子膜包裹后，药效通常不改变，但药物的刺激性、毒性和苦味等却可以被掩盖掉，同时增加了药物的储存稳定性（避免了药物在储存过程中的氧化、变色、吸潮等反应）。

2. 用作药物微胶囊膜的高分子材料

任何能够成膜的高分子材料原则上都可以用于制备微胶囊。但为了使药物能够以需要的速度释放出来同时高分子膜不对人体有害，则对膜的渗透性、溶解性、生物降解性、毒性等都是有要求的。植入体内和注入血液、体液循环系统的微胶囊，要求具有生物降解性，能够参与人体代谢、被体液分解吸收；用于消化系统的微胶囊，只要求药物能够渗透即可。

目前已使用的高分子材料有：天然高分子，如骨胶、明胶、阿拉伯树胶、鹿角菜胶、琼脂、葡萄糖硫酸盐等；半合成高分子（改性的天然高分子），如醋酸纤维素、羧甲基纤维素、乙基纤维素、硝基纤维素、羟丙基甲基纤维素等；合成高分子，如聚葡萄糖酸、聚乳酸、乳酸-氨基酸共聚物、丙交酯-ε-己内酯共聚物、聚丙烯酸酯等。

第三节　生物降解高分子材料及环境友好高分子材料

一、高分子降解类型

高分子材料在受热、光照、水解、氧化作用下的降解过程称为高分子材料的非生物降解。高分子材料在微生物（真菌、细菌）作用下的降解过程称为高分子材料的生物降解。可生物降解的高分子称为生物降解高分子。生物降解高分子又细分为完全生物降解高分子和生物破坏性高分子。

（1）完全生物降解高分子　指在微生物作用下，在一定时间内可完全分解、代谢为二氧化碳和水的高分子。

（2）生物破坏性高分子　指在微生物作用下，仅能被分解为散乱碎片的高分子。

二、高分子结构与生物降解性的关系

高分子的生物降解是高分子被自然界中微生物及动植物分解、代谢的过程。

生物降解主要取决于高分子的相对分子质量、结构和微生物种类及环境因素。研究表明，高分子的生物降解过程主要是高分子在各种生物酶作用下的水解反应，有时是先水解再进一步氧化或先氧化再水解。因此，易水解的高分子往往具有生物降解性。从键化学结构看可以有如下的降解顺序：脂肪族酯键＞氨基甲酸酯键＞肪族醚键＞亚甲基。

（一）具有 —C—C— 主链结构的高分子（聚烯烃）

合成高分子绝大多数具有 —C—C— 主链结构。一般认为这种结构的高分子很难生物降解。实际上，相对分子质量超过 1000 以上的聚乙烯已不能生物降解，相对分子质量 1000 以下的 PE 可以生物降解。PE 的生物降解过程被认为从端基开始，相对分子质量高的 PE 端基含量低，故难以生物降解。

（二）具有 —C—C(OH)— 结构的高分子（聚乙烯醇）

上述结构为聚乙烯醇的主链结构，研究发现聚乙烯醇（PVA）具有良好的生物降解性，PVA 在湿环境中有细菌存在的条件下 6 个月内可完全分解成水和二氧化碳。通过对模型物质的降解反应研究，认为羟基氧化是造成 PVA 主链断裂的原因：

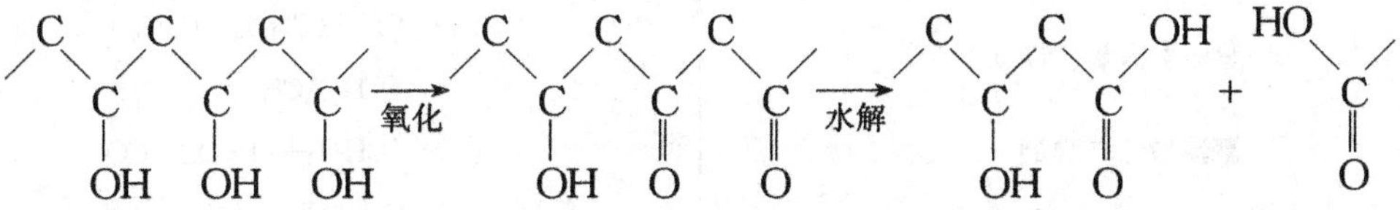

$$\sim C-CH(OH)-C-CH(OH)-C-CH(OH)\sim \xrightarrow{\text{氧化}} \sim C-CH(OH)-C-C(=O)-C-C(=O)\sim \xrightarrow{\text{水解}} \sim C-CH(OH)-C-C(=O)-OH + HO-C(=O)\sim$$

（三）具有 —C—O—C— 主链结构的高分子（聚醚、多醣）

天然高分子如淀粉、纤维素、甲壳素等多醣类是典型的具有 —C—O—C— 主链结构的高分子，其生物降解性早已为人们所熟知。降解机理是 —C—O—C— 键（糖苷键）在生物酶作用下断裂，多醣分解为葡萄糖，最后代谢为水和二氧化碳。有研究认为与糖苷键相邻的羟基的存在使得多醣类化合物具有良好的生物降解性，而合成高分子中的普通聚醚则与多醣的分解机理不同。

在合成聚醚中研究比较集中的是聚乙二醇（PEG）或聚氧化乙烯或聚环氧乙烷。PEG 具有良好的可生物降解性，但其降解性与相对分子质量有很大关系，例如，能分解相对分子质量 10000 以下 PEG 的细菌，不能分解相对分子质量 20000 以上的 PEG。PEG 的降解反应是通过末端羟基被氧化、水解进行的。

（四）具有 —C(=O)—O— 主链结构的高分子（聚酯）

聚酯是一类主链可以水解的高分子、有些聚酯的水解性还相当高，因此，有关聚酯用作生物降解高分子的研究相当多。采用化学方法合成的生物降解的聚酯主要有聚乙交酯（PGA）、聚乳酸（PLA）、聚 ε-已内酯（PCL）、聚戊内酯

(PVL)、聚 ε-癸内酯（PDL)、聚草酸乙二醇酯、聚-3-羟基丁酸酯、聚-β-苹果酸等。

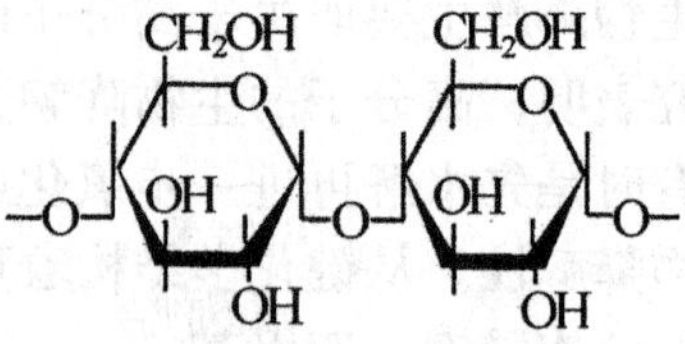

聚酯的结构和相对分子质量与其生物降解性有关，虽然水解可以发生在主链中，但聚酯的相对分子质量越大，降解越困难。例如 PCL 相对分子质量为 3 万时，在水中几个月便可降解，相对分子质量为 9 万时，在土壤中 1 年也不降解。另外，芳香族聚酯几乎不降解。一些主要的生物降解性聚酯及其结构见表 6-5。

淀粉结构示意图

表 6-5　一些主要的生物降解性聚酯及其结构

聚　　酯	结　　构
聚乙交酯(PGA)	$\lbrack O-CH_2-CO \rbrack_n$
聚乳酸(PLA)	$\lbrack O-\underset{CH_3}{\underset{\vert}{CH}}-CO \rbrack_n$
聚 ε-己内酯(PCL)	$\lbrack O-(CH_2)_5-CO \rbrack_n$
聚戊内酯(PVL)	$\lbrack O-(CH_2)_4-CO \rbrack_n$
聚 ε-癸内酯(PDL)	$\lbrack O-\underset{(CH_2)_3CH_3}{\underset{\vert}{CH}}-(CH_2)_4-CO \rbrack_n$
聚草酸乙二醇酯	$\lbrack O-(CH_2)_2-O-CO-CO \rbrack_n$
聚-3-羟基丁酸酯	$\lbrack O-\underset{CH_3}{\underset{\vert}{CH}}-CH_2-CO \rbrack_n$
聚-β-苹果酸	$\lbrack O-\underset{COOH}{\underset{\vert}{CH}}-CH_2-CO \rbrack_n$

（五）具有 $-\overset{O}{\overset{\Vert}{C}}-NH-$ 主链结构的高分子

聚酰胺类高分子具有上述主链结构。合成高分子中各种尼龙是常见的聚酰胺类高分子，尼龙被认为是难以生物降解的塑料之一，虽然已经有实验发现尼龙 66可以被某种细菌分解，但机理尚不清楚。天然聚酰胺（主链同样由酰胺键构成）——蛋白质是典型的可生物降解高分子，分析表明，组成蛋白质的基本单元为 α-氨基酸类：

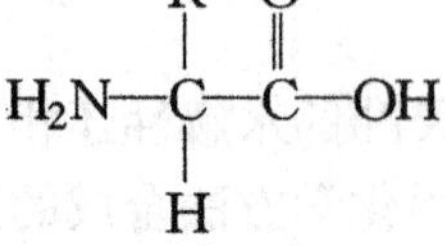

$$H_2N-\underset{H}{\underset{\vert}{\overset{R}{\overset{\vert}{C}}}}-\overset{O}{\overset{\Vert}{C}}-OH \qquad\qquad \left[NH-\underset{H}{\underset{\vert}{\overset{R}{\overset{\vert}{C}}}}-\overset{O}{\overset{\Vert}{C}}\right]_n$$

α-氨基酸 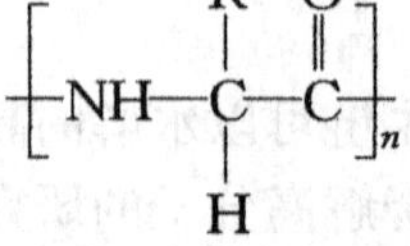　　　　聚 α-氨基酸（蛋白质的主链结构）

随取代基R的不同得到不同的α－氨基酸，当R为H时为甘氨酸，除甘氨酸外，α－氨基酸都具有旋光活性。蛋白质中的酰胺键又称肽键，所以，蛋白质又叫多肽化合物。蛋白质的降解是在蛋白水解酶作用下进行的，通过蛋白水解酶，蛋白质被分解成短肽键链，短肽键链则在肽酶作用下分解成氨基酸。氨基酸是被微生物用作能源（碳源）、维持机体生长的物质。

三、环境友好高分子材料——完全生物降解高分子材料的应用

完全生物降解高分子材料在生物医用高分子领域有着广泛的应用，如吸收型手术缝合线、高分子载体型药物、骨内固定材料等。随着“塑料垃圾”（白色污染）对环境污染的日益严重，20世纪80年代后期制备及使用环境友好高分子材料的重要性和必要性越来越受到世界各国的重视。环境友好高分子材料并没有明确的定义，通常指使用后、丢弃后可以在自然环境中转化成其他形式的资源、不对环境造成污染的材料。显然，完全生物降解高分子材料非常适合作为环境友好高分子材料。

降解高分子材料类型有：

1. 生物降解型塑料

生物降解型塑料分为结构型和掺混型。

（1）结构型降解塑料的原料　结构型降解塑料的原料有：①天然高分子物质，如纤维素、甲壳素、淀粉等。这类天然多糖最大的特点是难以塑化，已有报道采用化学改性及通过加入增塑剂等手段制备可以流延成膜、板的天然多糖塑料制品的技术。另据报道，已开发出了糊化淀粉直接注射成型的工艺。②化学合成高分子物质，如聚乳酸、聚ε-己内酯、聚3-羟基丁酯、聚4-羟基丁酯或它们的共聚物等。目前主要从降低成本及获得适合的物理力学性能方面进行研究。解决脆性大、相对分子质量不够高及成本高等问题是主要研究目标。

（2）掺混型可降解塑料　主要有淀粉基塑料、纤维素基塑料。如淀粉-聚苯乙烯、淀粉-聚甲基丙烯酸甲酯、淀粉-聚甲基丙烯酸丁酯、淀粉-聚乙烯等。淀粉的含量需超过一定的值所得材料才有生物降解性。由于这类淀粉填充型塑料仅能崩解成细小的碎片，并未真正被生物降解掉，因此，重要性不如结构型生物降解塑料。

2. 光分解型塑料

降解塑料目前以光分解型为主。早已发现紫外光可以使塑料降解。可以通过在高分子主链和侧链引入光敏基团或在将光敏剂加入到高分子材料中制备降解塑料。

光降解过程主要是通过光照下的氧化作用实现的，因此，分子中带有易被氧化的部位将发生光降解反应。

参考文献

1 (日)高分子学会编.高分子科学基础.复习,沈静珠,谢萍译.北京：化学工业出版社，1983
2 马德柱等著.高聚物的结构与性能.第2版.北京：科学出版社，1995
3 (法)德热纳 PG 著.高分子物理学中的标度概念.吴大诚等译.北京：化学工业出版社，2002
4 殷敬华,莫志深主编.现代高分子物理学.北京：科学出版社，2001
5 刘凤歧,汤心颐编著.高分子物理.北京：高等教育出版社，1995
6 何曼君，陈维孝，董西侠编.高分子物理(修订版).上海：复旦大学出版社，2000
7 (日)土田英俊，户嶋直树，西出宏之编.高分子络合物的电子功能.方世壁,王云普，王林等译校.北京：北京大学出版社，1992
8 潘祖仁.高分子化学.第2版.北京：化学工业出版社，1997
9 肖超渤，胡运华.高分子化学.武汉：武汉大学出版社，1998
10 王建国，王公善.功能高分子.上海：同济大学出版社，1996
11 戈进.生物降解高分子材料及其应用.北京：化学工业出版社，2002
12 欧国荣，张德震主编.高分子科学与工程实验.上海：华东理工大学出版社，1997
13 周其凤，胡汉杰主编.高分子化学.北京：化学工业出版社，2001
14 杨玉良，胡汉杰主编.高分子物理.北京：化学工业出版社，2001
15 何天白，胡汉杰主编.功能高分子与新技术.北京：化学工业出版社，2001
16 何天白，胡汉杰编.海外高分子科学的新进展.北京：化学工业出版社，1997
17 吴其晔，巫静安.高分子材料流变学.北京：高等教育出版社，2002
18 国家自然科学基金委员会编.高分子材料科学.北京：科学出版社，1994
19 (日)小野木重治著.高分子材料科学.林福海译.北京：纺织工业出版社，1983
20 Menges G. Werkstoffkunde Kunststoff. Muechen：Carl Hanser Verlag，1990
21 Eisele U. Introduction to Polymer Physics. Berlin：Springer-Verlag，1990
22 Michler G H. Kunststoff-Mikromechanik. Muechen：Carl Hanser Verlag，1992
23 李斌才. Fundamentals of Polymer Physics.北京：化学工业出版社，1999
24 Brostow W，Corneliussen R D. Failure of Plastics. Muechen：Carl Hanser Verlag，1986
25 Schwarzl F R. Polymer-Mechanik. Berlin：Springer-Verlag，1990
26 Saechtling H. Kunststoff Taschenbuch. Muechen：Carl Hanser Verlag，1995
27 Carlowitz B. Kunststoff Tabellen. Muechen：Carl Hanser Verlag，1995
28 Shah V. Handbook of Plastics Testing Technology. New York：Awiley-Interscience Publication，John Wiley & Sons，1984
29 Pearson J R A. Mechanics of Polymer Processing. London：Elsevier，1985
30 Utracki L A. Polymer Alloys and Blends. Munich：Hanser Publishers，1989
31 金日光，华幼卿编. 高分子物理.北京：化学工业出版社，1991

32　何平笙，杨海洋等编．高分子物理实验．合肥：中国科技大学出版社，2002
33　郝立新等编．高分子化学与物理教程．北京：化学工业出版社，1997
34　张留成，瞿雄伟，丁会利编著．高分子材料基础．北京：化学工业出版社，2002
35　天津轻工业学院编．塑料助剂．北京：中国轻工业出版社，1997
36　杨清芝主编．现代橡胶工艺学．北京：中国石化出版社，1997